P9-CAN-159

행복한 엄마들의 아기 존중 육아법

베이비 위스퍼2

행복한 엄마들의 아기 존중 육아법

베이비 위스퍼2

Secrets of the Baby Whisperer for Toddlers

트레이시 호그 · 멜린다 블로우 지음
노혜숙 옮김

세종서적

행복한 엄마들의 아기 존중 육아법
베이비 위스퍼 2 토들러편

지은이 트레이시 호그 · 멜린다 블로우
옮긴이 노혜숙
펴낸이 안희곤
펴낸곳 세종서적(주)

기획편집 류영훈 · 장웅진 · 박주희
디자인 박정민 · 박은진
마케팅 김하수 · 송진근 · 강희성 · 이화숙
경영지원 이정태 · 유지연

출판등록 1992년 3월 4일 제 4-172호
우편번호 100-012 서울시 중구 충무로 2가 61-4
전화 영업(02)778-4179, 편집(02)775-7011
팩스 (02)776-4013
E-mail sejongbooks@sejongbooks.co.kr
www.sejongbooks.co.kr

초판 1쇄 발행 2002년 12월 20일
35쇄 발행 2009년 11월 10일

ISBN 978-89-8407-109-4 04590
ISBN 978-89-8407-106-7(전2권)

※잘못 만들어진 책은 바꾸어 드립니다.
※값은 뒤표지에 있습니다.

감사의 말

먼저 지난 2년여에 걸쳐서 나의 일을 진솔한 글로 옮겨서 이렇게 훌륭한 책을 내는 데 큰 역할을 담당해 준 멜린다 블로우의 노고와 우정에 감사한다.

사랑과 성원을 아끼지 않는 나의 남편과 가족, 특히 나의 자랑이자 기쁨인 두 딸 사라와 소피에게도 고마움을 전한다. 처음으로 나의 재능을 발견하고 보다 깊이 있게 아기들과 교감할 수 있었던 것은 모두 너희들 덕분이다.

변함없이 성실하고 충실한 지나 센트렐로, 유능한 편집자이자 엄마인 모린 오닐, 근면하고 호의적인 킨 호베이, 초보 엄마로서의 경험을 들려주고 해외 출판 허가를 위해 애써준 레이첼 카인드에게 감사한다.

마지막으로, 언제나 나에게 마음과 가정을 개방해 주는 가족들에게 깊이 감사한다. 말하지 않아도 알겠지만, 특히 훌륭한 엄마이자 자랑스러운 친구 다나 월든, 지난 3년간 내 삶에서 빼놓을 수 없는 일부가 되어주었고 항상 정곡을 찌르는 충고를 해주는 노니 화이트와 밥 추디커에게 고마운 마음을 전한다.

캘리포니아에서 **트레이시 호그**

트레이시 호그의 인내심과 뛰어난 유머 감각은 실로 놀라울 정도다. 그녀는 작은 것도 놓치지 않는 세심한 눈과 놀라운 판단력으로 60센티미터 키의 아이들 눈높이에서 바라보는 세상의 모험담을 흥미롭게 펼쳐낸다.

두 권의 『베이비 위스퍼』를 위해 연구하고 글을 쓰면서 나는 많은 훌륭한 부모들과 전화나 이메일을 주고받고 직접 만나기도 했다. 이 책에서는 자신들의 생활을 들여다볼 수 있도록 허락해 준 분들께 진심으로 감사한다.

트레이시와 나를 초대해서 아이들의 놀이그룹 참관을 허락해 준 어머니들과 할머니들 그리고 아기 때 만났던 아이들의 재회에 참여해 준 다르시 아미엘과 맨디 리처드슨, 셀리 그루브만, 질 하퍼와 사라 시겔에게도 감사한다.

마지막으로 책을 쓰는 일이 훌륭한 모험이 될 수 있다고 격려해 준 에일린 코프와 바바라 로웬스타인, 의식에 관한 연구를 인용하도록 허락해 준 바바라 비쥬, 변함없이 친절한 우리 이웃들에게 감사한다. 그리고 내가 하는 일을 계속할 수 있는 것은 모두 우리 아이들, 딸 제니퍼와 사위 피터 그리고 아들 제레미의 성원 덕분이다.

매사추세츠에서 멜린다 블로우

옮긴이의 말

첫아기를 낳은 부모들은 불안감에 흔히 육아서에 몰입한다. 그리고 이내 좌절한다. 그들의 입에서 나오는 말은 "이 모든 요구 조건을 어떻게 다 충족시킬 것인가"라는 한탄이다. 육아서대로라면 육아는 너무도 어려운 고통스러운 작업이다.

『베이비 위스퍼』의 저자 트레이시 호그는 이처럼 첫아기를 키우면서 당황하고 불안해 하는 초보 엄마 아빠들에게 20년간 5,000명이 넘는 아기를 돌봐오면서 터득한 자신의 육아 비법을 전수해 준다. 그녀의 미국 내 위상은 확고부동해서 조디 포스터 등 유명인사들이 육아를 의뢰했고, 그녀에게 전화로 육아를 상담할 경우 2시간에 500달러, 자신의 집에 입주시키려면 하루에 1,000달러를 지불해야 한다고 한다. 그런 고액을 지불할 수 없는 평범한 엄마와 아빠를 위해 트레이시가 펴낸 『베이비 위스퍼』는 뉴욕타임스는 물론 월스트리트 저널, 아마존 등의 베스트셀러가 되기도 했다. 우리나라에서도 그녀의 육아 비법이 담긴 『베이비 위스퍼』는 특히 첫아기를 키우는 엄마 아빠들에게 꾸준히 사랑받고 있다.

아이의 요구를 존중하면서 즉각적인 행동보다는 듣고 관찰하고 평가하는 느림의 육아법을 강조하는 트레이시 호그가 이번에는 걸음마 단계의 아이들을 위한 육아서를 펴냈다. 『베이비 위스퍼』에서 E.A.S.Y. 육아법과 S.L.O.W. 규칙으로 가족 모두 행복해지는 비법을 전수해 준 저자는 이 책에서도 아이를 대하는 부모의 자세인 H.E.L.P.와 아이와의 대화 방법인 T.L.C. 등을 소개하고 아이의 기질과 부모의 유형별로 여러 구체적인 사례를 들려준다. 그래서 편안하게 읽어 내려가다 보면 어느새 트레이시의 육아법에 젖어들게 된다.

필자의 말대로 아이를 키우는 일은 우리에게 맡겨진 한 인간을 구현하고 책임지는, 이 세상의 그 무엇보다도 중요한 과업이다. 그만큼 육체적으로나 정신적으로 소모가 큰 일이기도 하다. 엄마들은 힘든 임신과 출산을 거쳐 얻은 아기를 아무 탈 없이 건강하게 키워야 한다는 절박한 심정으로 정신없이 1년을 보낸다. 그래서 아이가 첫발을 떼고 말로 의사표현을 하기 시작하면 한 고비를 넘겼다고 생각하는데, 그때쯤이면 또 다른 좀더 복잡한 문제가 시작된다. 아이가 화목한 가족의 일원으로 그리고 예의바르고 능력 있는 사회인으로 독립할 수 있도록 준비를 시켜야 하는 것이다.

무엇보다 잠시도 눈을 뗄 수 없는 아이에게 경계와 원칙을 가르치면서 동시에 잠재력을 일깨워주고 독립심을 길러준다는 것이 말처럼 쉬운 일은 아니다. 아무리 훌륭한 육아철학을 갖고 있는 엄마라고 해도 이제 자의식과 의지가 발달하기 시작한 아이와 부딪치면 당황하고 갈등하는 상황이 벌어진다. 그래서 우물쭈물하다가 아이에게 휘말려 들고 문제가 장기화되면서 온 가족이 힘든 시간을 보내게 된다.

풍부한 경험을 바탕으로 유아를 데리고 씨름하는 엄마들의 문제점들을 하나하나 세심하게 짚어주는 이 책 역시 엄마들로부터 좋은 반응을 얻으리라고 기대해 본다.

『베이비 위스퍼』가 출간된 후에 엄마들이 아기를 키우는 바쁜 와중에도 짬을 내서 인터넷에 올려놓은 독자서평을 읽어보니 마음이 뿌듯하다. 선배 엄마로서 후배 엄마들에게 자신 있게 권할 수 있는 또 한 권의 책이 나오기를 바라면서 이 글을 맺는다.

2002년 11월
노혜숙

차례

프롤로그

유아를 위한 베이비 위스퍼

부모는 아이들을 인생의 교훈과 모험으로 인도해 주는

최초의 가장 중요한 스승이다.

—산드라 버트와 린다 펄리스의 『스승으로서의 부모』 중에서

유아기의 도전

간절히 원하면 이루어진다는 말이 있다. 당신이 여느 부모들과 다르지 않다면 아마 아이가 태어나고 처음 8개월 동안 이제나저제나 모든 것이 좀 수월해지기만 기다려왔을 것이다. 엄마는 아기가 배앓이를 끝내고, 밤새 깨지 않고 자고, 고형식을 먹기 시작하는 날을 고대한다. 그리고 아빠는 자신의 작은 분신이 하루 빨리 '애물단지'에서 벗어나 함께 축구를 하는 아들 쪽에 가까워지기를 바란다. 엄마 아빠 모두 아이가 걸음마를 하고, 처음 말을 하는 날을 눈앞에 그려본다. 숟가락을 잡고, 양말을 신고, 언젠가는 혼자 용변을 보기를 손꼽아 기다린다.

이제 당신의 아기가 유아가 되었다면 그런 바람들이 이루어진 셈인데, 당신은 아마 머잖아 다시 시계를 거꾸로 돌리고 싶어질 것이다! 바야흐로 아이를 키우면서 가장 고단하고 조마조마한 시간이 시작된 것이다.

사전에서는 유아를 "대강 한 살에서 세 살까지 사이의 작은 아이"라고 정의한다. 어떤 책에 보면 아기가 처음 아장아장 또는 뒤뚱뒤뚱 걷기 시작할 때라고 되어 있다. 그렇다면 어떤 아기들은 8~9개월부터가 될 수도 있다. 하지만 책에서 뭐라고 하건 아이를 키우는 부모가 더 잘 알고 있다.

뒤뚱뒤뚱 걷기 시작한 아이는 이제 혼자서 사람과 장소와 사물을 탐험하려고 한다. 사교적이 되며, 흉내 내기를 좋아한다. 손뼉을 치고, 노래를 하고, 춤을 추고, 다른 아이들과 나란히 앉아서 놀기도 한다. 한마디로 이제 아기라기보다는 작은 사람에 가깝다. 호기심이 가득한 눈을 빛내면서 끊임없이 문제를 일으킨다. 이 시기의 아이들은 비약적으로 발전하지만 너무 변화가 빠르고 번잡스러워서 부모는 정신이 없다. 그릇, 전기 플러그, 자질구레한 장신구 할 것 없이 손에 잡히는 것은 모두 목표가 된다. 아이는 눈에 띄는 것마다 신기하고 흥미롭다. 부모 입장에서는 집이며 모든 것이 폭격을 맞는 기분이다.

유아기는 영아기가 완전히 끝나는 시기다. 또한 사춘기의 예행연습 시기이기도 하다. 사실 많은 전문가들이 이 시기를 10대와 같은 맥락에서 생각한다. 비슷한 분리 과정이 진행되기 때문이다. 아이에게는 더 이상 엄마 아빠가 이 세상의 전부가 아니다. 사실 아이는 신속하게

나는 엄마들에게 영아에서 유아가 되었을 때의 가장 뚜렷한 변화가 뭐냐고 물어본다. 그러면 엄마들은 대개 이렇게 대답한다.

"내 시간이 더 없어요."
"아이가 고집이 세졌어요."
"음식점에 데려갈 수가 없어요."
"떼를 더 많이 써요."
"아이가 무엇을 원하는지 쉽게 알 수 있어요."
"낮잠 재우기가 힘들어요."
"아이를 쫓아다녀야 해요."
"끊임없이 '안돼'라고 말해야 해요."
"아이가 배우는 것을 보면 놀라워요."
"모든 걸 흉내 내요."
"사사건건 참견해요."
"나를 항상 시험해요."
"모든 걸 알려고 해요."
"사람에 가까워졌죠!"

새로운 신체적 · 지적 · 사회적 능력을 습득하며 또한 사춘기 아이들이 툭하면 내뱉는 '싫어'라는 말을 배운다.

이 모든 변화는 사실 반가운 일이다. 아이는 탐험하고 투쟁하면서 환경에 적응하고 자신감과 모험심을 기른다. 그 과정에서 때로 부모를 기진맥진하게 만들기도 하지만 아이는 점차 자립하는 법을 배우는 중이다. 무엇보다 나의 첫 실험대상, 그리고 나의 최고의 학생들이었던 우리 집 아이들을 겪어봐서 알고 있다. 나는 지금 19세와 17세가 된 두 딸을 훌륭하게 키웠다고 자부한다. 그렇다고 항상 순조로운 항해를 했다고는 말할 수 없다. 아이를 키우다보면 울기도 하고 화가 치밀 때도 있을 뿐 아니라 좌절하고 장벽에 부딪히기도 한다.

행복한 엄마들의 아주 신나는 육아법

나는 무수히 많은 부모들, 다시 말해 종종 아기 때부터 만났던 아이들의 부모와의 상담을 바탕으로 이 책을 썼다. 대략 8개월부터 2세 이후까지의 아이를 키우는 부모들에게 힘든 시기를 무사히 넘길 수 있도록 도와주고 싶었던 것이다. 만일 나의 첫 책인 『베이비 위스퍼』를 읽었다면 이미 나의 육아 철학에 대해 알고 있을 것이다. 더구나 아기가 집에 온 날부터 규칙적인 일과에 따라 생활해 왔다면 유아기에도 역시 유리한 출발점에 서 있는 셈이다.

반면에 내가 처음 심신장애아들, 즉 언어 능력이 없는 아이들을 돌보면서 터득한 육아법에 생소한 독자들도 있을 것이다. 장애아들이 필요로 하고 원하는 것을 이해하기 위해 나는 그들의 행동과 신체 언어에서 미묘한 차이를 관찰하고 아무 의미도 없는 것처럼 들리는 소리를 이해하는 법을 배웠다.

나중에는 거의 모든 시간을 아기들과 보내면서 그 당시에 습득한 기술을 내가 돌보는 아기들에게 적용하였다. 5,000명이 넘는 아기들을 돌보면서 나는 어떤 고객으로부터 '베이비 위스퍼러'라는 호칭을 얻었다. 아기들을 돌보고 서로 소통하기 위해서는 그들의 언어를 배워야 한다. 따라서 '베이비 위스퍼'는 아이의 입장에서 무슨 일이 일어나고 있는지를 관찰하고 귀를 기울이고 이해하는 것을 의미한다.

유아들은 언어를 배우면서 좀더 수월하게 자신을 표현하기 시작하지만 마찬가지로 베이비 위스퍼의 원칙을 적용할 수 있다. 나의 첫 책을 읽지 않은 부모들을 위해서 그 주제를 요약 설명하면, 다음과 같다.

♥ 모든 아이는 독립된 존재다.

아기들은 좋아하고 싫어하는 것이 다 다르며 각자 고유한 개성을 갖고 태어난다. 따라서 한 가지 육아법을 모든 아이에게 적용할 수 없으며 각각의 아이에게 적절한 방법을 찾아야 한다. 아기의 기질 테스트(『베이비 위스퍼』 48~51쪽)를 해보면 당신의 아이가 어떤 기질을 타고 났는지 평가해서 적절한 육아법을 알아볼 수 있다. 하지만 아이들을 몇 가지 성격으로 구분한다고 해도 모든 아이는 특별하다는 사실을 기억하자.

♥ 모든 아이는 마땅히 존중받아야 하며 또한 타인을 존중하는 법을 배워야 한다.

아이의 보호자로서 우리는 아이 주위에 '존중의 둘레'를 그어주어야 한다. 존중의 둘레는 아이의 허락을 구하거나 아무런 설명 없이 넘어갈 수 없는 보이지 않는 경계선을 말한다. 그리고 무작정 덤벼들기보다 우리 아이가 어떤 아이인지 알아야 한다. 부모 마음대로 하기보다 아이가 어떻게 느끼고 무엇을 원하는지 고려해야 한다. 분명 유아들은 좀더 다루기가 힘들다. 왜냐하면 이제 그들에게도 존중의 둘레가 상호적이라는 사실을 가르쳐야 하기 때문이다. 이 시기의 아이들은 떼를 쓰고 고집을 부리기도 하는데, 아이들도 부모를 존중하는 법을 배워야 한다. 이 책에서 나는 부모의 권리를 포기하지 않으면서 아이를 존중하고 배려하는 법을 가르쳐주겠다.

♥ 시간을 갖고 아이들을 관찰하고 귀를 기울이고 일방적이 아닌 양방향 대화를 나눈다.

아이를 알아가는 과정은 아기가 세상에 나온 첫날부터 시작할 수 있다. 나는 항상 부모들에게 경고한다. "아이가 우리가 하는 말을 알아듣지 못한다고 생각하면 안 됩니다. 아이들은 우리가 짐작하는 것보다 훨씬 더 많이 알고 있답니다." 말을 못하는 유아들도 자신을 표현할 수 있다. 관찰을 해서 아이의 특성을 이해하자. 귀를 기울여서 아이가 원하는 것이 무엇인지 들어보자. 그리고 일방적이 아닌 양방향 대화를 통해 아이가 자신을 충분히 표현하게 해주자.

♥ 모든 아이는 규칙적인 일과를 필요로 한다.

이 원칙은 이제 아이가 걷기 시작하면서 더욱 중요해진다. 부모나 보호자는 습관, 일과, 규칙을 통해 아이에게 일관성과 안정감을 제공해야 한다. 아이의 천성과 성장 발달 능력을 보면 아이의 활동 반경을 대충 짐작할 수 있으며, 동시에 부모가 안전을 책임져야 한다는 것을 기억하자. 부모는 아이에게 탐험을 허락하면서 동시에 경계를 정해주어야 한다.

부모가 아이에게 귀를 기울이고 이해하고 존중해 주면 아이는 무럭무럭 자란다. 아이는 세상이 자신에게 무엇을 기대하는지, 그리고 세상으로부터 무엇을 기대할 수 있는지 알게 된다. 처음에 그들이 사는 세상은 제한되어 있다. 가족과 이따금 하는 외출이 전부다. 만일 이 첫 환경이 안전하고 편안하고 긍정적이라면, 안심하고 탐험을 하고 실험할 수 있는 곳이라면, 그 안에 있는 사람들에게 의지할 수 있다면, 아이는 새로운 환경과 사람들을 받아들일 준비가 된다. 아이가 때로 너무 부산하고 호기심이 많고 부모를 힘들게 하고 화나게 만든다고 해도 모두가 바깥세상에 나가기 위한 리허설이라는 것을 기억하자. 우리 자신을 아이의 첫 연기 지도자, 연출가 그리고 가장 열렬한 관객이라고 생각하자.

조화로 가는 길

서점에 나가보자. 최신 육아 이론을 소개한 책들이 넘쳐날 것이다. 하지만 아무리 훌륭한 이론이라도 실천하는 방법을 모르면 아무런 소용이 없다. 이 책은 새로운 눈으로 아이를 바라보고 보다 적절히 대처하는 법을 가르쳐줄 것이다. 아이의 눈높이에서 세상을 바라보면 그들의 작은 몸과 마음 안에서 일어나는 일들을 좀더 분명히 이해할 수 있다. 그래서 아이와 부대끼면서 매일 어쩔 수 없이 마주해야 하는 도전을 좀더 수월하게 넘길 수 있게 된다.

이 책의 궁극적인 목표는 가정의 기강을 확립하는 것이다. 따라서 좀더 큰 아이들, 10대들에게도 해당되는 내용이다. 여기서 내가 가르치고 장려하고자 하는 목표를 구체적으로 설명하면 다음과 같다.

♥ 아이를 인격체를 지닌 개인으로 보고 존중한다.

나이를 따지기보다는 아이를 있는 그대로 보자. 아이들은 자신이 좋아하고 싫어하는 것을 표현할 권리가 있다. 실망스럽고 동의할 수 없다고 해도 아이의 의견을 인정해 주어야 한다.

♥ 강요하지 않고 독립심을 길러준다.

아이가 어느 정도 준비가 되어 있는지를 가늠해서 식사하기, 옷 입기, 배변, 기본적인 위생과 같은 일상적 능력을 가르치자. 나는 부모들이 "어떻게 해야 우리 아이를 걷게 할 수 있을까요?" 또는 "우리 아이가 말을 빨리 하게 하려면 어떻게 해야 하나요?"라고 물으면 벌컥 화가 난다. 성장 발달은 자연적인 현상이며 가르친다고 되는 일이 아니다. 게다가 아이 등을 강제로 떠미는 것은 예의에 어긋난다. 더 나쁘게는, 아이에게 패배감을 안겨주고 부모 스스로 실망감을 자초하는 일이다.

♥ 아이의 언어와 비언어적 의사 표현을 이해한다.

유아는 신생아보다 이해하기가 훨씬 쉽기는 하지만 의사소통 능력은 아이에 따라 천차만별이다. 아이가 뭔가를 말하려고 할 때는 참고 기다릴 수 있어야 하고 동시에 적절할 때 도와줄 수 있어야 한다.

♥ 유아는 끊임없이 변화한다.

때로 밤새 잘 자던 아이가 갑자기 밤에 자다가 깨기 시작하면 부모들은 "뭐가 잘못된 걸까요?" 하고 묻는다. 사실 아이는 또 다른 발달 단계를 거치고 있을 뿐이다. 유아기의 가장 큰 도전은 부모가 아이의 어떤 행동이나 특정 단계에 익숙해질 만하면 아이가 다시 변한다는 것이다. 그리고 계속해서 자꾸 변한다.

♥ 가족의 화합을 증진한다.

나는 이미 『베이비 위스퍼』에서 아이가 가족을 지배해서는 안 되며 가족의 일원이 되어야 한다는 가족 전체를 위한 육아법에 대해 설명했다. 그 원칙은 이제부터 더욱 중요하다. 아이가 즐겁고 안전하게 모험을 할 수 있는 환경을 마련해 주면서 동시에 엉뚱한 행동으로 가족을 힘들게 하지 않도록 해야 한다. 가정은 아이가 새로운 능력을 시험하고, 자신의 역할을 기억하고, 적절히 입장하고 퇴장하는 법을 배우는 연습장이며, 부모는 아이가 공연할 인생극을 준비시키는 연출자라고 생각하자.

♥ 감정, 특히 화를 조절하는 법을 배우게 한다.

유아기는 정서적으로 비약적인 발전을 하는 시기다. 영아기에는 감정이 주로 배고픔, 피로, 더위나 추위, 감각 등의 신체적인 원인에서 비롯된다. 하지만 유아기가 되면 자의식이 생기고 주변상황을 인식하면서 두려움, 기쁨, 자부심, 부끄러움, 죄책감, 당혹감 등 좀더 복잡한 감정을 느끼게 된다. 감정 조절 능력은 배울 수 있다. 연구에 따르면, 14개월 정도가 되면 자신이나 보호자의 기분을 파악하거나 짐작할 수 있고, 감정이입을 하며, 말을 하기 시작하자마자 기분에 대해서도 이야기한다고 한다. 또한 화를 내는 것은 미리 예방할 수 있고 적어도 다스릴 수 있다. 감정을 조절하는 문제는 단순히 화를 참는 것 이상으로 중요하다. 격한 감정을 조절할 줄 아는 아이들은 그렇지 못한 아이들보다 잘 먹고 잘 잔다. 또한 새로운 능력을 쉽게 배우고 사회성이 발달한다.

♥ 아빠와의 결속력을 강화한다.

아무리 시대가 변했다고 해도 여전히 아이들은 엄마와 보내는 시간이 많다. 대부분의 가정에서 아빠는 토요일에 잠깐씩 도와주는 사람에 불과하고 그 이상 하려면 특별한 노력이 요구된다. 아빠들도 진정으로 육아에 참여해서 단순한 놀이 친구가 아닌 정서적으로 연결하는 방법을 찾을 필요가 있다.

♥ 원만한 인격을 갖추게 한다.

유아기는 다른 사람들과의 관계가 시작되는 시기다. 따라서 감정이입을 하고 타인을 배려하고 타협하고 갈등을 해결하는 능력을 배울 필요가 있다. 그러한 능력들은 부모가 모범을 보이고 지도와 반복을 통해 가르쳐야 한다.

♥ 부모 스스로 감정을 조절한다.

유아를 다루는 것은 까다로운 일이다. 부모는 어떻게 인내해야 하는지, 언제 어떻게 아이를 칭찬하고 애정을 표현해야 하는지, 그리고 분노와 실망감을 어떻게 처리해야 하는지 배워야 한다. 무조건 '양보'하는 것은 사랑이 아니다. 실제로 아이의 장단점은 단지 기질이 결정하는 것이 아니라 부모가 아이를 대하는 방법에 따라 달라질 수 있다. 아이가 공공장소에서 말썽을 피울 때 부모가 자신의 감정을 조절하지 못하고 신경질적인 반응을 보이거나 체벌을 하면 사태를 더욱 악화시킬 수 있다.

♥ 엄마 자신을 위한 시간을 갖는다.

유아는 엄마에게 잠시도 쉴 틈을 주지 않는다. 따라서 아이에게서 벗어나 심신을 재충전할 수 있는 기회를 가질 필요가 있다. 이런 기회는 저절로 생기지 않으므로 엄마 스스로 만들어야 한다.

이런 것들이 터무니없는 바람일까? 나는 그렇게 생각하지 않는다. 사실 나는 매일 이 목표에 충실하게 생활하는 가족들을 보고 있다. 물론 시간과 인내와 각오가 필요하다.

부모가 아이 문제에서 좀더 자신 있게 결정을 내릴 수 있고 각자에게 맞는 최선의 육아법을 찾을 수 있도록 도와주는 것이 나의 임무다. 결국 좀더 눈치 빠른 부모, 아이에게 귀 기울일 줄 아는 부모, 주관이 뚜렷하면서도 다정다감한 '베이비 위스퍼러'가 되도록 하는 것이다.

베이비 위스퍼러의 육아 철학

아이가 걷기 시작하면 엄마들은 전보다 책 읽을 시간이 더 없다. 이 사실을 알고 있기 때문에 나는 되도록이면 이 책이 쉽게 읽히고 아무 데서나 중간부터 읽어도 이해할 수 있도록 만들려고 노력했다. 하지만 나의 육아 철학을 이해하기 위해서는 서문을 포함해서 1장에서 3장까지는 계속 읽어 내려가야 한다.

1장에서는 선천성과 후천성의 상호작용에 관한 이론을 읽게 될 것이다. "우리 아이는 어떤 아이일까?"라는 테스트를 통해 우리 아이가 어떤 기질을 갖고 태어났는지 알아보자.

2장에서는 전반적인 양육에 관련된 전략을 소개한다. H.E.L.P.가 무엇인지, 왜 필요한지 알려준다.

3장에서는 유아들이 반복을 통해 배운다는 것을 강조한다. 규칙적인 생활과 정해진 의식의 중요성에 대해 이야기한다.

4장에서 9장까지는 유아기와 관련된 구체적인 문제점들을 다룬다. 순서대로 읽을 수도 있고, 특별한 문제에 대해 알고 싶으면, 그 부분을 먼저 찾아서 읽어도 무방하다. 특히 4장 '기저귀 떼기'에서는 아이가 준비될 때까지 강요하지 않고 독립심을 길러줄 수 있는 방법에 대해 알아본다.

5장 '언어의 발달'에서는 즐거울 수도 있고 힘들 수도 있는 두세 살 아이들과의 의사소통, 즉 말하기와 듣기에 대해 알아본다.

6장 '바깥세상으로 나가기 위한 리허설'에서는 친구들과의 놀이와 가족 외출에 초점을 맞추어서 아이가 사회성을 기르고 새로운 행동을 시험해 볼 수 있는 '변화 리허설'을 계획하도록 도와준다.

7장 '의도적 훈련'은 아이를 훈련하는 문제에 대한 내용이다. 아이들은 세상에 태어날 때 행동 규범과 사회 규칙을 배워서 오지 않는다. 만일 부모가 아이를 가르치지 않으면 세상이 가르칠 것이다!

8장에서는 부모자식 관계를 좀먹고 가족들의 시간과 에너지를 앗아가는 고질적이고 바람직하지 못한 습관인 '시간도둑'을 해결한다. 부모들은 본의아니게 아이들의 버릇을 잘못 들여서 결국 곤경에 처하는 경우가 많다. 내가 첫 책에서 이야기한 임기응변식 육아가 바로 그 원인이다. 어떤 문제가 있는지, 어떻게 멈추어야 하는지 모르면 결국 시간도둑이 된다.

마지막으로 9장 '동생이 생기는 큰아이 육아법'에서는 가족을 늘리는 문제, 다시 말해 둘째아이를 갖는 문제에 대해 결정하고, 아이에게 동생을 맞이할 준비를 시키고, 형제간의 갈등을 해결하고, 부부관계와 우리 자신을 돌보는 것에 대해 이야기할 것이다.

이 책에서는 연령별 지침을 찾아볼 수 없다. 자신의 아이에 적합한 육아법은 책보다는 아이를 통해서 터득할 수 있다고 나는 믿기 때문이다. 내가 부모들에게 마지막으로 하고 싶은 말은 멀리 내다보고 객관적으로 생각하라는 것이다. 아이가 갓난아기인 채로 시간이 정지하지 않았던 것처럼, 유아기도 역시 언젠가 지나간다. 귀중품들을 치우고 유해물이 들어 있는 찬장을 잠그고 나서 심호흡을 한번 하자. 이제부터 18개월 정도가 유아기다. 아무것도 할 줄 모르던 아기가 어느새 걸어 다니고 말을 하며 스스로 생각을 할 줄 아는 아이로 놀라운 도약을 하게 될 것이다. 그 여행을 즐기자. 아이가 새로운 것을 배울 때마다 조마조마하고 가슴이 철렁 내려앉을 때도 많을 것이다. 한마디로 말하자면, 유아를 돌보는 일만큼 고단하지만 흥미진진한 경험은 아마 없을 것이다.

1장

우리 아이 사랑하기

모든 아이는 특별하다

자식을 아는 어버이는 현명하다.

—윌리엄 셰익스피어의 『베니스의 상인』 2막 2장 중에서

다시 만난 아이들

이 두 번째 책을 쓰는 동안, 나는 아기 때 우리 수업에 참가했던 유아들을 다시 만났다. 마지막으로 보았을 때 1개월에서 4개월 사이의 영아였던 다섯 명의 졸업생들이 이제 한창 유아기에 들어서 있었다. 1년 반이라는 세월 동안 얼마나 많이 변했는지! 놀이방으로 들이닥친 아이들은 얼굴은 크게 달라 보이지 않았지만, 신체적으로는 내가 알았던 아기들과는 전혀 딴판이었다. 한때는 머리를 들거나 배를 깔고 기기만 해도 대단하게 여겼지만 이제는 못 하는 것이 없다. 엄마들이 말려도 아랑곳하지 않고 기어 다니고, 뭔가를 붙잡거나 혼자 일어서고, 비틀거리며 걸어 다니면서 탐험을 하느라고 열심이었다. 눈을 빛내면서 뭐라고 하는지 도통 이해할 수 없는 말들을 지껄이고 여기저기 손을 뻗었다.

나는 순식간에 훌쩍 커버린 아이들을 보고 멍해졌다가 곧 전에 알았던 아기들을 기억하기 시작했다.

엄마의 무릎에 앉아서 다른 아이들을 쳐다보기만 하고 선뜻 나서지 못하는 레이첼이 있었다. 아기였을 때 낯선 사람을 보면 울음을 터뜨리고 신생아 마사지 수업을 거부하면서 지나친 자극에 준비가 되지 않았다는 것을 알려준 바로 그 레이첼이었다.

다른 아기들과 만나면 먼저 손을 내밀던 베시는 여전히 누구보다 활동적이고 사교적이고 사사건건 참견을 했다. 영아기 때도 매우 수선스럽던 베시는 '나는 아무도 못 말린다'는 표정으로 원숭이처럼 탁자 위로 기어오르기 시작했다. 베시의 곡예에 익숙한 엄마가 눈을 떼지 않고 곁에 있었으므로 걱정할 필요는 없었다.

모든 면에서 예정대로 정확한 성장 발달을 보여주었던 터커는 탁자 옆에서 놀고 있었다. 가끔씩 베시를 흘깃거리고 쳐다보았지만 알록달록한 퍼즐상자에 관심을 쏟고 있었다. 터커는 여전히 정확한 성장 과정을 거치고 있었다.

다른 아이들로부터 떨어져서 혼자 놀이터에 있는 알렌을 보니 3개월 때의 심각한 표정이 기억났다. 아기답지 않게 알렌은 이미 많은 생각을 하고 있는 듯이 보였고, 지금도 여전히 걱정스러운 표정을 지으며 장난감 우편함에 '편지'를 넣는 중이었다.

마지막으로, 너무도 상냥하고 나긋나긋해서 내가 특히 귀여워했던 안드레아에게 자꾸 눈길이 갔다. 무슨 일에도 당황하지 않던 옛날 모습 그대로였다.

이 아이들은 그 동안 세월이 많이 흘렀지만, 모두 영아기 때의 모습을 그대로 간직하고 있었다. 기질은 이제 개성이 되었다. 다만 더 이상 아기가 아니라 다섯 명의 특별한 작은 사람들이었다.

있는 그대로의 아이를 인정하고 존중하자

영아에서 유아가 되어도 아이의 기질은 변하지 않으며, 아기들은 각자 고유한 특성을 갖고 이 세상에 태어난다. 어떤 아이는 천성적으로 수줍어하고, 어떤 아기는 고집이 세고, 또 어떤 아기는 활동적이고 모험을 좋아한다. 지난 10년간의 연구는 유전자와 뇌의 화학물질이 사람들의 성격, 장단점, 취향 등에 영향을 준다는 사실을 입증해 왔다.

이러한 최근 연구에서 비롯된 가장 반가운 결과 중에 하나는 모든 것을 부모 탓으로 돌리는 심리가 줄어들었다는 것이다. 그렇다고 너무 한쪽으로 기울면 안 된다. 다시 말해, 부모가 아무런 상관이 없다고 생각하면 안 된다는 것이다. 물론 부모는 상관이 있다. 실제로 최근의 선천성 · 후천성 이론은 두 가지 요인을 상호작용하는 과정으로 설명한다. 선천성 대 후천성이 아니라 '후천성을 통한 선천성'이라고

선천성과 후천성

쌍둥이와 입양아들에 관한 연구는 중요한 실용적 자료가 될 수 있다. 양육과 다른 환경적인 요인들이 아이들의 선천적인 성향의 발전에 영향을 줄 수 있으므로 부모나 보호자들이 아이의 행동 경향을 눈치 빠르게 읽어내고 아이에게 도움이 되는 환경을 만들어주어야 한다는 것이다. 예를 들어, 환경 조건과 아이의 특성을 고려해서, 가정에서는 활동적인 아이를 위해 마음껏 뛰어놀게 하는 기회를 제공할 수 있고, 보육원에서는 수줍어하는 아이들을 위해 조용한 장소를 마련해 둘 수 있다. 선천적으로 취약한 부분이 있다고 해도 선택의 기회를 주고 따뜻하게 어루만져주고 규칙적인 생활로 안정감을 제공하는 방향으로 일정을 짜면 아이들의 행동 문제를 줄일 수 있다.

나 할까? 이것은 학자들이 일란성 쌍둥이와 입양아들을 대상으로 연구한 자료를 분석해서 얻어진 결과다. 두 연구 결과 모두 선천적 요인과 후천적 요인이 서로 복잡하게 얽혀 있음을 보여준다.

예를 들어, 염색체와 부모가 같은 쌍둥이라고 해서 반드시 똑같이 성장하지 않는다. 생부가 알코올 중독자나 정신질환자인 입양아들을 조사해 보면 어떤 경우에는 후천적인 환경, 즉 양부모에 의해 만들어진 환경이 유전적인 요인에 대한 면역성을 제공하기도 한다. 하지만 또 아무리 훌륭한 양육도 유전적인 특성을 극복하지 못하는 경우도 있다.

결론은 아무도 선천성과 후천성이 정확히 어떤 식으로 연결되는지 모른다는 것이다. 우리가 아는 것은 다만 그 두 가지가 함께 작용하고 서로 영향을 준다는 것뿐이다. 따라서 우리는 아이를 타고난 그대로 존중하면서 동시에 아이에게 부족한 면을 보완해 주어야 한다. 물론 그 균형을 잡기가 쉽지 않으며 특히 유아기에는 더욱 어려운 일이기도 하다. 하지만 다음의 몇 가지 중요한 개념들을 염두에 두고 있으면 도움이 될 것이다.

♥ 먼저 아이를 이해하고 있는 그대로 인정한다.

훌륭한 부모가 되려면 무엇보다도 먼저 아이에 대해 알아야 한다. 나는 『베이비 위스퍼』에서 아기들을 크게 천사 아기, 모범생 아기, 예민한 아기, 씩씩한 아기 그리고 심술쟁이 아기의 다섯 가지 유형으로 나누어 설명했다. 이 장에서는 그러한 기질들이 어떻게 유아기로 이어지는지 살펴본다. 유아의 기질 테스트(36~39쪽)를 통해 각자 자신의 아이가 어떤 유형에 속하는지 알아보도록 하겠다. 우리 아이는 어떤 재능을 갖고 있을까? 무엇을 힘들어할까? 좀더 격려를 해주어야 할까 아니면 통제해야 할까? 우리 아이는 기꺼이 새로운 상황에 뛰어드는 타입인가? 무모할 정도로 덤벼드는가? 각자 편견 없이 아이를 관찰하고 정직하게 물음에 답하기 바란다.

부모는 자신이 원하는 아이가 아니라 있는 그대로의 아이를 인정하고 존중해야 한다. 우리의 목표는 아이를 있는 그대로 바라보고 사랑하며, 되도록이면 아이의 입장에서 생각하고 행동하는 것이다.

♥ 아이의 잠재력을 최대한 발휘하도록 도와준다.

모든 인간은 다른 동물들과 마찬가지로 선천성과 후천성이 한데 어우러져 만들어진 산물이다. 어떤 아기가 낯설음에 대한 저항력이 약한 유전자를 물려받아서 '수줍어하는 기질'이라면 수줍음을 극복할 수 있도록 도와줄 수 있다. 또 '물불을 가리지 않는' 기질을 가진 아이라면 충동을 조절하는 법을 배우도록 도와줄 수 있다. 간단히 말해서, 아이의 기질을 알면 미리 준비할 수 있다.

♥ 아이는 부모를 보고 배운다.

인생이라는 무대에서 부모는 아이의 첫 연기 지도자이며 연출자다. 부모가 하는 행동은 DNA만큼이나 아이에게 영향을 준다. 아이는 부모를 보면서 세상으로부터 기대하는 것을 배운다. 계속 칭얼거리는 아이를 예로 들어보자. 나는 그런 아이를 보면 아이가 일부러 그런다고 생각하지 않는다. 단지 부모가 가르친 대로 하고 있을 뿐이다.

왜 그렇게 되었을까? 아이가 칭얼거릴 때마다 부모가 만사를 제치고 아이를 안아주거나 함께 놀아주었을 것이다. 엄마 아빠는 아이에게 '반응한다'고 생각하겠지만 아이는 "아, 알겠어. 칭얼거리면 엄마 아빠의 관심을 끌 수 있군" 하고 배운다. 부모 스스로 깨닫지 못하면 내가 임기응변식 육아라고 부르는 이런 태도가 영아기에서 유년기로 이어진다. 그리고 그 결과는 점점 더 심각해진다. 왜냐하면 점점 아이가 부모를 점점 더 능수능란하게 조종하기 때문이다.

♥ 아이의 기질은 부모가 보는 관점이 중요하다.

물론, 어떤 아이들은 다른 아이들보다 다루기가 힘들다. 또 아이의 성격에 따라서 부모의 행동과 반응이 달라진다는 증거 자료들도 있다. 사람들은 대부분 성급하고 요구가 많은 아이와 있을 때보다는 원만하고 협조적인 아이와 함께 있을 때 편하게 느낀다. 하지만 부모가 아이를 보는 관점이 중요하다. 고집이 센 딸을 두고 어떤 엄마는 '우리 아이는 제멋대로'라고 말하는 반면 또 다른 엄마는 '주관이 뚜렷한' 아이라고 생각할 수 있다. 두 번째 엄마는 딸의 공격적인 성향을 좀더 바람직한 방향, 예를 들어 리더십이 강한 아이로 커갈 수 있도록 도와줄 수 있을 것이다. 마찬가지로 어떤 아버지는 아들이 수줍어한다고 고민하는 반면에 다른 아버지는 긍정적으로 모든 상황을 신중하게 판단하는 아이라고 생각한다. 두 번째 아버지는 아이의 등을 억지로 떠밀기보다 인내심을 갖고 기다릴 수 있을 것이다. 강요를 하면 아이는 점점 더 겁 먹게 된다는 사실을 이 아버지는 알아차린 것이다.

우리 아이는 어떤 아이일까?

어떤 면에서 기질은 유아기에 와서 더욱 중요하다. 아이는 이제 진짜 성격이 형성되고 매일 새로운 도전을 마주해야 하기 때문이다. 기질에 따라서 아이가 낯선 과제와 환경을 맞는 '첫 경험'이 달라진다.

이미 당신의 아이가 어떤 타입인지—천사 아이, 모범생 아이, 예민한 아이, 씩씩한 아이 또는 심술쟁이 아이—알고 있을지도 모른다. 그렇다면 다음에 나오는 질문에 답하면서 다시 확인해 보는 시간을 가져보자.

종이 두 장을 가져다가 두 사람이 각자 다음 질문에 각자 대답하면 된다. 사람마다 아이를 보는 눈은 다르며, 아이도 상대에 따라 다르게 행동하므로 두 사람이 설문에 대답해 보자. 여기에서는 맞거나 틀린 답은 없다.

『베이비 위스퍼』를 읽은 많은 부모들이 그랬듯이, 아마 "우리 아이는 두 가지 타입의 중간인 것 같아요"라고 말할지도 모른다. 그래도 상관없다. 그런 경우에는 두 가지 타입에 대한 정보를 활용하면 그만이다. 그래도 대개 한 가지 타입이 지배적일 것이다.

이것은 단지 아이의 천성을 좀더 잘 이해하고 파악하기 위한 문제라는 것을 기억하자. 부모나 다른 환경 요인도 역시 영향을 미친다. 사실, 이 시기의 아이들에게는 모든 만남이 모험이고 시험이다. 이 테스트는 아이의 가장 중요한 특성, 즉 얼마나 활동적인지, 산만한지, 집중을 잘 하는지, 적응을 잘 하는지, 낯선 상황에서 어떻게 하는지, 환경에 어떻게 반응하는지, 얼마나 내향적이거나 외향적인지 등에 대해 알기 위한 것이다. 질문에 답할 때는 아이가 현재뿐 아니라 과거에 어떠했는지에 대해서도 생각해야 할 것이다. 평소에 행동하거나 반응하는 방식에 가장 근접한 답에 표시를 하면 된다.

기질에 따른 특성

점수를 매겨보면 주로 한두 가지 기질이 많이 나올 것이다. 다음 설명은 아이가 특별히 힘들어하는 날, 예를 들어 이가 나는 시기와 같은 특별한 발달 단계에 관련된 행동이 아니라 아이의 일상적인 존재 방식에 대한 것이다. 당신의 아이가 어떤 한 가지 타입에 정확하게 일치할 수도 있고 아니면 한 가지 이상에 속할 수도 있다. 이제 각각의 타입에 대해 이 장을 시작할 때 내가 만났던 아이들을 예로 들어서 설명하겠다.

♥ 천사 아이

수월했던 아기들은 천사 아이가 된다. 보통 매우 사교적이며 즉시 사람들을 편안하게 해주고 어떤 상황에도 잘 적응한다. 종종 또래 아이들보다 말을 일찍 시작하거나 분명하게 표현한다. 뭔가를 요구하다가 감정이 격해지기 전에 다른 곳으로 쉽게 관심을 돌릴 수 있다. 또한 기분이 언짢을 때도 쉽게 진정시킬 수 있다. 한 가지 놀이에 오래 집중하며, 다루기가 쉽고 어디나 데리고 다닐 수 있다. 예를 들어, 이 장을 시작할 때 만난 안드레아는 부모와 수월하게 여행을 한다. 시간 변화에도 곧바로 적응한다. 엄마 일정에 맞추어서 낮잠 시간을 바꾸려고 했을 때도 단 이틀 만에 조정이 되었다. 안드레아 역시 기저귀를 갈아주는 동안 참기 힘들어하던 때가 있었지만 손에 장난감을 쥐어주는 것으로 충분히 관심을 돌릴 수 있었다.

아이의 기질 테스트

1. 영아기 때 우리 아이는

A. 좀처럼 울지 않았다.
B. 배고플 때나 피곤할 때만 울었다.
C. 뚜렷한 이유 없이 자주 울었다.
D. 아주 큰 소리로 울었고, 그냥 두면 곧 자지러지게 울었다.
E. 평소의 일과나 기대에 어긋나면 투정을 부리며 울었다.

2. 아침에 일어나면

A. 좀처럼 울지 않는다. 내가 들어갈 때까지 침대 안에서 놀고 있다.
B. 지루해지면 옹알이를 하면서 두리번거린다.
C. 바로 안아달라고 울기 시작한다.
D. 들어오라고 소리를 지른다.
E. 칭얼거리면서 자기가 일어났다고 알린다.

3. 처음 목욕할 때

A. 오리처럼 물을 좋아했다.
B. 잠시 놀랐지만 금방 좋아했다.
C. 매우 민감했다. 약간 떨면서 겁먹은 듯이 보였다.
D. 법석을 떨었다. 팔다리를 휘두르며 첨벙거렸다.
E. 싫다고 울었다.

4. 우리 아이의 신체 언어는 보통

A. 아기 때부터 거의 항상 편안했다.
B. 아기 때부터 대체로 편안했다.
C. 긴장해 있고 외부 자극에 매우 민감하게 반응했다.
D. 수선스럽다. 아기 때 팔다리를 종종 사방으로 휘둘렀다.
E. 굳어 있다. 아기 때 종종 팔다리가 뻣뻣했다.

5. 유동식에서 고형식으로 바꿀 때

A. 아무 문제가 없었다.
B. 차츰 무난하게 적응했다.
C. 얼굴을 찡그리거나 입술을 떨면서 "도대체 이게 뭐야?" 하는 표정을 지었다.
D. 줄곧 고형식을 먹어온 것처럼 처음부터 잘 먹었다.
E. 숟가락을 밀어내면서 안 먹으려고 버텼다.

6. 하고 있는 활동을 중간에 못하게 되면

A. 쉽게 그만둔다.
B. 때로 울지만 관심을 돌려주면 새로운 활동으로 옮겨간다.
C. 몇 분 동안 울어야 풀어진다.
D. 울면서 발버둥치고 바닥에 누워버린다.
E. 서럽게 운다.

7. 화가 나면

A. 훌쩍거리다가 금방 풀어지거나 다른 것으로 관심을 돌린다.
B. 분명하게 표현하고 달래야 풀어진다.
C. 짜증을 부린다.
D. 어쩔 줄 모르고 물건을 던지기도 한다.
E. 공격적이 되어서 떠밀고 밀쳐낸다.

8. 다른 아이들과 함께 어울릴 때

A. 잘 어울려서 논다.
B. 놀다가 때로 싸우기도 한다.
C. 칭얼대거나 울기 쉽다.
D. 돌아다니면서 사사건건 참견을 한다.
E. 어울리기 싫어하고 방관한다.

9. 낮잠을 자거나 밤에 잘 때

A. 누가 업어가도 모르고 잔다.
B. 잠을 잘 이루지 못하지만 부드럽게 다독거리거나 안심시켜 주면 곧 잠이 든다.
C. 집안에서나 창문 밖에서 들리는 소음에 쉽게 방해받는다.
D. 진정시켜야 한다. 뭔가 아쉬워한다.
E. 주위가 조용해야 잠이 들고, 그렇지 않으면 짜증을 부리며 울기 시작한다.

10. 다른 집이나 익숙하지 않은 환경에 가면

A. 쉽게 적응하고, 웃고, 어울린다.
B. 적응하려면 약간 시간이 필요하며, 미소를 보냈다가도 금방 외면한다.
C. 쉽게 지치고 엄마 뒤에 숨거나 움츠러든다.
D. 곧장 뛰어들지만 어떻게 해야 할지 잘 모른다.
E. 떼를 쓰거나 화를 내거나 아니면 혼자 나가버릴지도 모른다.

11. 장난감을 갖고 노는데 다른 아이가 같이 놀고 싶어하면

A. 눈치는 채지만 계속 하던 일에 집중한다.
B. 일단 다른 아이가 눈에 걸리면 집중하기 어렵다.
C. 불안해 하면서 울기 쉽다.
D. 즉시 상대편이 갖고 노는 것을 탐낸다.
E. 혼자 놀고 싶어하고 그 아이가 영역을 침범하면 울기 쉽다.

12. 엄마가 방을 나가면

A. 처음에는 불안해 하지만 곧 다시 놀기 시작한다.
B. 우려를 나타내지만 보통 피곤하거나 아프지 않는 한 상관하지 않는다.
C. 즉시 주눅이 든다.
D. 당장 따라온다.
E. 울음을 터뜨리고 손을 내민다.

13. 외출에서 집에 돌아오면

A. 쉽게 그리고 즉시 안정이 된다.
B. 몇 분 후에 안정이 된다.
C. 매우 보챈다.
D. 흥분해서 진정시키기 힘들다.
E. 화를 내고 투정을 부린다.

14. 우리 아이에게서 가장 눈에 띄는 점은

A. 믿기지 않을 정도로 얌전하고 적응을 잘 한다.
B. 책에 쓰여 있는 대로 정확하게 발달할 뿐 아니라 행동한다.
C. 모든 것에 예민하게 반응한다.
D. 공격적이다.
E. 불만스럽다.

15. 아는 어른들과 아이들이 모이는 가족모임에 가면

A. 상황을 살피지만 보통 금방 어울린다.
B. 몇 분만 지나면 적응한다.
C. 수줍어하고, 엄마 무릎에 앉거나 옆에 바짝 붙어 있고 울기도 한다.
D. 곧장 한가운데로 뛰어든다.
E. 억지로 강요하지 않는 한 준비가 되면 어울리다가 금방 시들해 한다.

16. 음식점에 가면

A. 얌전하다.

B. 30분 정도 식탁에 앉아 있는다.
C. 붐비고 시끄러운 곳에 가거나 낯선 사람이 말을 걸면 겁을 먹는다.
D. 뭔가를 먹고 있지 않는 한 탁자에 10분 이상 앉아 있지 못한다.
E. 15~20분 정도 앉아 있지만 식사가 끝나자마자 떠나야 한다.

17. 우리 아이를 한마디로 표현하면

A. 집에 아이가 있는지 모를 정도다.
B. 다루기 쉽고 예측하기 쉽다.
C. 매우 민감하다.
D. 잠시도 눈을 뗄 수 없을 정도로 사고뭉치다.
E. 매우 심각하다.

18. 우리 아이의 의사표현은

A. 언제나 자기가 필요로 하는 것을 정확하게 알린다.
B. 대부분 이해하기 쉽다.
C. 툭하면 이유를 알 수 없이 운다.
D. 좋아하고 싫어하는 것을 아주 분명하게, 행동으로, 떠들썩하게 주장한다.
E. 종종 화가 나서 울며 엄마의 주의를 요구한다.

19. 기저귀를 갈거나 옷을 입힐 때

A. 보통 협조적이다.
B. 때로 가만히 눕혀 놓으려면 다른 곳에 관심을 돌려야 한다.
C. 당황하고 때로 운다.
D. 잠시도 가만히 누워 있거나 앉아 있지 않으려고 한다.
E. 시간이 오래 걸리면 짜증을 낸다.

20. 가장 좋아하는 놀이나 장난감은

A. 단순한 블록 쌓기처럼 결과를 볼 수 있는 종류는 거의 모두 좋아한다.
B. 연령에 맞는 장난감
C. 너무 시끄럽거나 자극적이지 않은 단순한 놀이
D. 부딪치거나 요란한 소리를 내는 놀이나 장난감
E. 방해를 받지 않고 할 수 있다면 대부분 좋아한다.

위의 질문에 A. B. C. D. E로 답하고 각각의 문자가 몇 번 나왔는지 세어본다.

A : 천사 아이　B : 모범생 아이　C : 예민한 아이　D : 씩씩한 아이　E : 심술쟁이 아이

♥ 모범생 아이

영아 때와 마찬가지로 책에 쓰여 있는 대로 정확하게 발달예정표에 맞추어서 성장한다. 대개 사람들을 좋아하지만 처음 보는 사람에게 수줍어하기도 한다. 집에 있을 때 가장 편안해 하지만, 외출 계획을 잘 세우고 충분한 시간을 주면 새로운 환경에 무난히 적응한다. 규칙적인 일과를 좋아한다. 터커가 바로 그런 아이다. 그는 언제나 돌보기 쉽고 예측 가능하며 온순하다. 변화가 많은 유아기에 와서도 놀라울 정도로 발달예정표와 일치한다. 터커는 8개월에 분리 불안을 느끼기 시작했고, 9개월에는 첫 이가 나왔으며, 돌에 걷기 시작했다.

♥ 예민한 아이

영아 때와 마찬가지로 민감하며 새로운 환경에 적응하는 속도가 느리다. 정돈되고 익숙한 환경을 좋아한다. 뭔가에 열중해 있을 때 방해

변화는 성장 과정의 일부다

유아기에 변하지 않는 것이 있다면 아이가 계속 변한다는 사실뿐이다. 유아들은 계속 성장하고 탐험하고 실험하면서 그야말로 하루가 다르게 변한다. 한순간 말을 잘 듣다가도 다음 순간에는 고집을 부린다. 보채지 않고 옷을 잘 입다가도 다음에는 요리조리 도망을 다닌다. 금요일에는 맛있게 먹다가도 토요일에는 잘 먹지 않는다. 그럴 때는 아이의 기질이 변한 것이 아니라 또 다른 발달 과정을 거치고 있을 뿐이다. 이러한 변화의 파도를 무사히 넘기는 방법은 너무 심각하게 생각하지 않는 것이다. 아이가 후퇴하거나 잘못되는 경우는 별로 없다. 모두 성장 과정의 일부다.

받는 것을 싫어한다. 예를 들어, 장난감이나 퍼즐에 빠져 있을 때 그만두게 하면 화를 내고 운다. 사람들은 이런 아이를 보통 수줍어한다고 말한다. 예민한 아이는 특히 억지로 밀어붙이면 안 된다. 레이첼은 이 타입에 정확하게 들어맞는다. 만일 뭔가를 억지로 시키면 울음을 터뜨린다. 그래서 레이첼의 엄마는 '엄마와 나' 수업에서 큰 어려움을 겪었다. 레이첼은 그 그룹의 다른 아이들을 몇 명 알고 있었지만 3주가 지나서야 엄마 무릎에서 겨우 벗어났다. "다른 아이들과 어울릴 때까지 계속 데리고 가야 할까요? 집에 두면 너무 고립되지 않을까요?" 엄마는 고민하다가 이 수업에 계속 데리고 나왔지만, 상황이 바뀔 때마다 고전했다. 하지만 억지로 강요하지 않으면 신중하게 상황을 판단하고 문제를 심사숙고하는 신중한 아이로 자랄 수 있다.

♥ 씩씩한 아이

가장 활동적인 아이로 부산하고 종종 제멋대로 굴고 쉽게 흥분한다. 매우 사교적이고 호기심이 많으며 일찍부터 사물이나 사람을 향해 손을 내민다. 이 아이는 지칠 줄 모르는 모험가다. 무엇이든 직접 해봐야 직성이 풀린다. 뭔가를 완성하면 대단하게 자랑한다. 따라서 소란을 피우지 않도록 분명한 행동범위를 정해줄 필요가 있다. 한번 울기 시작하면 시끄럽고 끈질기다. 취침 의식을 제대로 진행하지 못하면 오랫동안 시달릴 수 있다. 또한 보호자의 눈치를 살핀다. 우리 놀이방에 와서 탁자 위로 기어 올라갔던 베시는 끊임없이 엄마 랜디를 시험했다. 보통 베시는 뭔가 눈에 들어오면, 예를 들어 만지지 못하게 하는 전기 플러그 같은 것들이 있으면, 그것을 향해 움직이면서 계속 엄마를 돌아본다. 베시는 대부분의 씩씩한 아이들이 그렇듯이 자기 중심적이다. 엄마와 함께 있을 때 아빠가 안아주려고 하면 싫다고 밀어낸다. 그러나 잘 이끌어주고 에너지를 발산할 출구를 제공한다면 언젠가 리더십을 발휘하고 관심을 갖는 분야에서 두각을 나타낼 수 있다.

♥ 심술쟁이 아이

일찍부터 드러난 고약한 성질이 이어진다. 고집이 세고 뭐든지 자기 마음대로 하려고 한다. 준비가 되기 전에 뭔가를 시키면 몸을 뒤튼다. 엄마가 뭔가 하는 법을 보여주려고 하면 손을 치워버릴 것이다. 혼자 노는 것을 좋아해서 독립적인 놀이를 잘한다. 하지만 뭔가를 배우고 완수하기 위해 필요한 지구력이 떨어질 수 있고, 쉽게 좌절한다. 짜증이 나면 세상이 끝난 것처럼 슬프게 울기도 한다. 종종 자신을 잘 표현하지 못해서 떼를 쓰고 억지를 부리기도 한다. 나는 엄마가 만나자마자 아이를 내 품에 강제로 안겨주려고 하면 "억지로 하지 마세요. 엄마의 시간표가 아니라 아이의 시간표대로 하도록 내버려 두세요" 하고 말한다. 심술쟁이 아이의 경우에는 특히 그렇다. 부모가 강요할수록 아이는 점점 더 완강해진다. 그리고 아이에게 이것저것 시키지 말자. 앨런은 혼자 알아서 하게 내버려두면 귀여운 짓을 잘한다. 하지만 누가 뭔가를 해보라고 요구하면, 예를 들어 "이모한테 짝짜꿍하는 것좀 보여줄래?" 하고 말하면 오만상을 찌푸린다. 심술쟁이 아이들은 통찰력이 뛰어나고 꾀가 많고 창의적이고 때로 현명하기도 하다.

아마 위의 다섯 가지 유형에서 당신의 아이를 찾았을 것이다. 아이가 어떤 유형에 속하거나 이 책의 목적은 부모들을 안내하고 가르쳐주려는 것이지 겁을 주려는 것이 아니다. 무엇보다 각 유형마다 나름대로 장단점이 있다. 또한 아이를 유형별로 분류하는 것보다 아이의 특성을 알아서 적절하게 대처하는 방법을 배우는 것이 중요하다. 사실 분류한다는 것은 좋은 생각이 아니다. 모든 인간은 여러 가지 얼굴을 갖고 있으며 아이들도 어른들처럼 여러 가지 특성을 갖고 있다.

예를 들어, '수줍어하는' 아이들은 신중하고 민감하며 음악적인 소질이 있다. 하지만 만일 어떤 아이를 단지 '수줍어한다'고만 생각하고 끊임없이 아이의 모든 행동을 수줍음 탓으로 돌린다면 역동적이고 살아 숨쉬는 온전한 인간이 아닌 피상적인 모습만 보게 될 것이다.

또한 우리가 누군가를 단정적으로 표현하면 그는 곧 그런 사람이 되어버린다는 사실을 기억하자. 우리 가족 중에 어릴 때 '반사회적'이라는 말을 들었던 오빠가 있다. 돌아보면 그는 분명 심술쟁이 타입이었다. 하지만 그에게는 장점이 훨씬 더 많았다. 호기심이 많고 창의적이었다. 그리고 성인이 된 후에도 여전히 호기심이 많고 창의적이며 혼자 있는 것을 좋아한다. 그에게 다른 것을 기대하면 실망할 수밖에 없다. 그가 혼자 있고 싶어한다는 것을 인정하면, 다시 말해 야속하게 생각할 것이 아니라 그의 타고난 성품이라고 생각하면 아무 문제가 없다. 그는 아마 억지로 함께 있으려고 하는 사람은 더 빨리 쫓아낼 것이다.

당연히 부모는 아이의 모든 면이 마음에 들 수는 없다. 아마 속으로 아이가 다른 타입이었으면 하고 바랄지도 모른다. 하지만 현실을 인정하고 어리석은 기대는 버리자. 부모로서 우리가 해야 할 일은 아이의 타고난 약점을 보완하고 장점을 살리는 환경을 만들어주는 것이다.

아이를 있는 그대로 인정하자

우리 아이가 어떤 타입인지 아는 것만으로는 충분치 않다. 우리가 알게 된 사실을 인정하는 것 또한 중요하다. 안타깝게도 나는 자신의 아이를 이해하지 못하는 부모들을 매일 만난다. 그런 엄마 아빠들은 아마 자신의 아이를 있는 그대로 인정하지 않고 있는 것인지도 모른다.

다른 부모들이 부러워할 만한 귀엽고 다루기 쉬운 아이인데도 불구하고 "우리 아이는 왜 다른 아이들과 좀더 어울리지 못할까?" 하고 걱정한다. 아니면 과자가 더 먹고 싶어서 바닥에 누워 소리를 지르면, "이해할 수 없어. 전에는 이런 적이 없었는데" 하고 말한다. 그들은 아이를 이해하려 하기 전에 비관적으로만 생각한다. 그런 부모는 아이 대신 변명을 하거나 끊임없이 아이의 성품을 못마땅해한다. 그들은 무심코 아이에게 "나는 지금의 네가 마음에 들지 않는다. 그러니 너를 바꿔야겠다고"고 말하고 있는 것이다.

물론, 부모가 자식을 부정하는 것은 아니겠지만 결과적으로는 그런 셈이다. 결국 문제가 있는 아이를 장밋빛 안경을 쓰고 보거나 아니면 아이의 장점을 보지 못한다. 왜? 그 몇 가지 이유에 대해 내가 알고 있는 부모들을 예로 들어 설명해 보겠다.

♥ 수행 불안 : 아멜리아

요즘 많은 엄마들이 육아에 대한 수행 불안을 겪고 있는 것 같다. 그것은 임신을 하고나서 '올바른' 육아 정보를 구해보겠다고 손에 잡히는 대로 책을 읽으면서 시작된다. 문제는 어떤 책(이 책을 포함해서)도 아이에게 구체적으로 들어맞지는 않는다는 것이다. 책에서 가르쳐주는 대로 할 수는 있지만 아이가 반드시 책에 쓰여 있는 대로 성장하지는 않는다. 그러면 엄마는 자신이 뭔가 잘못하고 있다고 생각한다. 자책감은 육아에 큰 걸림돌이 된다.

게다가 수행 불안은 아이를 분명하게 볼 수 없게 만든다. 아멜리아는 27세에 양가의 첫 손자인 에단을 낳았다. 아멜리아는 많은 육아책을 섭렵했을 뿐만 아니라 어머니 대화방에도 가입했고 특히 작은 에단의 성장발달을 '책'을 보며 점검하겠다고 마음먹었다. 그녀는 에단의 영아기 내내 정기적으로 나에게 전화를 해서 항상 같은 식으로 질

부모들이 하는 말

다음은 아이를 있는 그대로 인정하지 못하는 부모들이 하는 말들이다. 진짜 의미가 무엇인지 생각해 보자.

♥ "그럴 때가 있답니다. 크면 안 그럴 거예요."

정말 그럴까? 부모의 희망사항 아닌가? 언제까지 기다릴 것인가?

♥ "괜찮다."

아이의 감정을 부정한다.

♥ "일단 아이가 말을 하기 시작하면 다루기가 수월해질 거예요."

커가면서 행동이 달라지기는 하지만 기질이 완전히 변하지는 않는다.

♥ "오, 항상 수줍어하지는 않아요."

하지만 아이는 계속 새로운 상황에 적응하지 못할지도 모른다.

♥ "우리 아이가 …라면 좋을 텐데." 또는 "왜 우리 아이는 좀더 …수 없을까?" 또는 "전에는 …하지 않았는데." 또는 "언제 우리 아이는 …할까?"

이런 식의 이야기는 아이를 있는 그대로 인정하지 않는 것이다.

♥ "우리 아이가 너무 …해서 미안해요."

부모가 아이 대신 사과를 하면, 아이가 자신감을 잃어버릴 수 있다. 아이는 나중에 심리 상담을 받으러 가서 "내 자신이 될 수 없었다"고 하소연할지도 모른다.

문을 시작했다. "제가 본 책에 의하면 에단은 지금쯤…" 그리고 아이가 웃고, 뒤집고, 앉고 할 때마다 전화를 했다. 유아기가 되자 질문이 약간 바뀌었다. "아이가 좀더 잘 기어다니게 하려면 어떻게 해야 할까요?" "지금쯤 손으로 음식을 먹을 때가 되었어요. 어떤 음식을 주면 목에 걸리지 않을까요?" 또 새로운 이론에 대해 들으면 그 즉시 시도했으며, 새로 유아수업이 열리면 "운동능력을 기를 필요가 있다" 또는 "창의력을 발달을 위해" 곧바로 등록했다. 뿐만 아니라 새 장난감이 나오는 대로 사들였다. 아이를 위해 뭔가를 하지 않고는 하루도 그냥 지나가는 날이 없을 정도였다. 매일 에단의 발달을 돕고, 새로운 기술을 가르치고, 다른 아이들보다 앞서갈 수 있다고 생각되는 새로운 장치를 사주거나 활동을 시켰다.

"에단은 항상 기분이 저조합니다." 아멜리아는 아들이 18개월이 되었을 때 나에게 말했다. "까다로운 아이가 될까봐 걱정이에요." 그 모자와 몇 시간을 함께 지내보니 엄마는 아이에게 활동을 시키고 장난감을 사주면서 자신이 더 즐거워하고 있다는 것을 알 수 있었다. 그녀는 아이를 지켜보고 있는 그대로 인정해 주는 것이 아니라 이리저리 정신없이 끌고 다녔다. 또한 탐구할 시간을 주지 않고 자꾸만 더 많이 사들였다. 아이의 방은 장난감 가게처럼 보였다!

"에단은 예나 지금이나 변함이 없어요." 나는 종종 에단이 아기였을 때의 찌푸린 이마를 기억하면서 엄마를 안심시켰다. "아이는 변하지 않았어요. 아기였을 때나 지금이나 심술쟁이죠. 혼자 자기 식대로 놀고 싶어합니다." 그녀는 세상에서 최고 엄마가 되려고 애쓰다가 아이를 보지 못하고 있었다. 아마 무의적으로 에단의 천성을 바꾸어보려고 했을지도 몰랐다. 어떤 경우든 타고난 아이의 기질을 바꿀 수는 없다. 아멜리아는 아이를 있는 그대로 인정해야 했다.

아멜리아가 이렇게 힘들어 할 때 그녀의 이모가 충고했다. "너는 가엾은 아이를 너무 바쁘게 만들고 있단다." "여태까지 나는 그게 무슨 말인지 몰랐어요. 문제는 훌륭한 엄마가 되기 위해서 뭔가를 증명해 보여야 한다고 생각한 것 같습니다" 하고 그녀는 자신의 잘못을 인정했다. 말할 나위도 없이, 아멜리아가 고삐를 늦추자 에단은 좀더 다루기가 쉬워졌다. 갑자기 활달한 사내아이가 된 것은 아니었지만 예전처럼 모든 것을 거부하지는 않았다. 아멜리아도 역시 변했다. 그녀는 육아가 매 순간을 의도적인 활동으로 '채우고 장식하는' 일이 아니라는 사실을 깨달았다. 그녀는 에단이 원하는 것을 표현할 때까지 참는 법을 배웠고 아이의 독립심과 욕구를 인정해 주기 시작했다.

♥ 완벽주의 : 마그다

완벽주의는 극단적인 수행 불안으로, 아이를 제대로 파악하지 못하게 만든다. 종종 사회적으로 성공해서 기반을 잡은 후에 어머니가 되기로 한 30대 후반에서 40대의 여성들에게서 볼 수 있다. 마그다가 전형적인 예다. 마흔둘에 아기를 낳기로 했을 때 주변 사람들은 모두들 그녀를 말렸다. 모든 것을 '제대로' 해야 한다는 그녀의 수행 불안은 주위 사람들에게 자신의 판단이 옳았다는 것을 증명해 보이겠다는 생각에서 비롯되었다. 게다가 그녀는 여동생의 아기처럼 엄마의 바쁜 일정에 쉽게 적응하는 천사 아기를 꿈꾸었다.

하지만 마그다가 낳은 아들 아담은 씩씩한 아기였고, 그녀는 자신이 아기를 데리고 쩔쩔매고 있다는 사실이 믿기지 않았다. 그녀는 대기업을 관리하고 다른 회사 이사회에도 참석했으며, 요리솜씨도 훌륭할 정도로 모든 면에서 뛰어났으므로 엄마가 되는 것도 그렇게 쉬울 줄 알았다. 소아과 의사가 아담이 우는 것을 '산통'이라고 진단했을 때 마그다는 누가 뭐래도 천사 아이인 아담은 크면서 산통이 사라질 것이라는 믿음에 매달렸다.

그러나 대개 길어야 5개월인 일반적인 산통 기간이 지나고 한참 후에도 아담은 여전히 다루기가 힘들었고 내가 만났을 때는 13개월 된 폭군이었다. 마그다는 변명거리를 찾았다. "낮잠을 충분히 자지 않았어요… 기분이 좋지 않은 것뿐이에요. 아니면 이가 나느라고 그런가 봐요…" 그녀는 아담이 씩씩한 아이라는 것을 부정하고 있을 뿐 아니라 자신이 도움을 필요로 한다는 사실을 창피스럽게 생각했다. 그녀는 친구들의 제안으로 나에게 상담 전화를 했을 때 내가 그 집을 방문한다는 것을 아무에게도 알리지 말라고 부탁했다.

그녀는 완벽주의로 인해 아담에게 귀를 기울이고 관찰하기보다 통제하는 쪽으로 기울어지는 반면, 아담에게 분명한 경계를 정해줄 생각을 하지 못했다. 끊임없이 아이의 비위를 맞춰주고 구슬렸다. 게다가 마그다는 재빨리 직장으로 돌아갔고 아담과 함께 지내는 시간에도 보통 단 둘이나 아니면 아빠와 함께 보냈으므로 다른 아이들과 부모들은 좀처럼 만날 기회가 없었다. 나는 그녀에게 놀이 모임에 참가해서 다른 아이들이 어떻게 하는지 보라고 권유했다. 마침내 마그다는 엄마들과 이야기해 보고 다른 아이들을 접해보면서 새로운 시각을 얻을 수 있었다. 아담이 변할 것이라는 환상에 매달리는 대신 아이의 천성을 인정하게 되었다. 그녀는 아들에게 거는 기대치를 조절했고 좀더 분명한 경계를 정해주었으며 화를 내지 않고 좀더 참을 수 있게 되었다. 또한 아담의 일과에 활동적인 놀이를 포함시켜서 에너지를 적당히 발산할 수 있도록 했다.

당연히 처음에는 시끄러웠다. 아무런 제재를 받지 않고 자란 씩씩한 아이를 다루기는 쉽지 않다. 또한 마그다는 여전히 사람들에게 완벽한 엄마로 보이고 싶어했다. "엄마 노릇도 당신이 여태까지 살아온 다른 길에서 배운 능력들과 같아요." 내가 설명했다. "배워야 하는 거죠." 무엇보다 에단에게는 씩씩한 아이의 기를 죽이는 처벌이 아니라 가정교육으로서의 훈련이 필요했다.

♥ 안팎에서 들려오는 목소리 : 폴리

어떤 엄마는 다른 사람들의 의견과 기대 때문에 주관을 내세우지 못한다. 우리 모두 어느 정도는 이런 경향이 있다. 부모님들의 의견이 들린다. 이웃사람이나 의사나 친구가 뭐라고 할지 걱정한다. 때로는 의문을 갖기도 하고 현명한 충고를 활용할 줄도 알아야 한다. 하지만 때로 그 목소리들이 우리 자신의 지혜를 몰아낸다.

스물여섯의 폴리는 서른여섯 살에 전처 소생의 두 아이가 있는 부유한 남자와 결혼했다. 폴리는 어느 날 울며불며 내게 전화를 해서 15개월 된 아리엘을 어떻게 좀 해달라고 말했다. "아이를 위해서 최선을 다하려고 해도 제대로 하는 것이 아무것도 없는 것 같아요. 아이가 너무 떼를 써서 어떻게 해야 할지 모르겠어요."

폴리는 죄책감과 무력감을 느꼈다. 시부모가 자주 전화를 해서 당연히 손녀에 대해 물었다. 폴리는 그들의 관심이 질책으로 들렸다. 시어머니는 근처에 살았지만 아들의 전처, 카르멘을 더 좋아할 뿐 아니라 폴리가 아이를 잘 기르지 못한다고 생각했다. 시어머니는 끊임없이 잔소리를 했다. "오, 카르멘은 아이들을 아주 잘 길렀다. 다른 손자들은 이렇게 칭얼거리지 않았어." 가끔은 노골적으로 못마땅해했다. "네가 아이를 어떻게 기르는 건지 모르겠구나."

폴리와 좀더 이야기를 하면서 나는 그녀가 또한 아기가 우는 것이 엄마 잘못이라는 터무니없는 생각을 하고 있다는 것을 알았다. 그녀는 아리엘을 울지 않게 하려고 온갖 수단을 다 동원하여 구슬렸다. 그 결과 그녀의 모범생 아기는 인내심이나 자기 위안을 배우지 못한 떼쟁이가 되고 말았다. 설상가상으로 이제는 아리엘이 엄마의 약점을 이용해서 꾀를 부릴 줄도 알았다. 게다가 다른 아이들의 장난감을 빼앗고 때리기도 했으므로 더 이상 놀이 모임에서 환영받지 못했다. 다른 엄마들은 폴리가 아이 버릇을 잘못 들였다고 원망했다.

나는 우선 폴리가 자신의 머리 속에서 들리는 목소리 때문에 아리엘을 있는 그대로 보지 못하고 있다는 것을 알게 해주었다. 그녀는 아리엘의 행동이 반드시 천성이 아닐 수도 있다는 사실을 깨달아야 했다. 그것은 그녀가 아이에게 경계를 정해주지 못한 결과였다. 아리엘은 타고나기를 '고약하고, 짓궂고 또는 제멋대로'인 아이가 아니었다. 사실은 분명한 행동범위를 정해주면 아주 협조적이 될 수 있는 모범생 아이였다. 폴리가 자각하는 데까지는 몇 달이 걸렸지만 그 후로는 아리엘을 이해하고 반복적인 훈련으로 아이가 걷잡을 수 없이 되기 전에 진정시킬 수 있었다.

머지않아 폴리는 시어머니가 하는 말은 도움이 되지 않는다고 털어놓을 수 있었다. "시어머니가 어느 날 아리엘이 전보다 말을 잘 듣는 것 같다고 하시기에 저는 고맙다고 했죠. 그리고 아리엘은 항상 수월한 아기였지만 내가 제대로 반응을 하지 못했을 뿐이었다고 분명히 말했습니다. 내가 아이를 좀더 분명히 볼 수 있게 되니까 아이가 말을 잘 듣게 된 거라고 설명했어요. 그 후로 시어머니는 훨씬 많이 도와주고 잔소리는 덜하십니다."

♥ 어린 시절의 망령 : 로저

아기가 태어나자마자 사람들은 어디가 누구를 닮았는지 따지기 시작한다. '코는 아빠, 눈은 엄마, 얼굴을 찡그리는 것은 할아버지' 하면서. 우리 자신의 유전자와 혈통을 이어받은 소중한 자손이니 당연히 그럴 수밖에 없다. 하지만 그런 식으로 연결을 시키면서 아이의 개성을 무시하면 곤란하다. 아이는 부모를 닮을 수 있고 부모처럼 행동할 수 있다. 하지만 아이는 부모와 달라질 수 있는 독립된 존재이며 부모 마음처럼 따라와주지 않을 수 있다. 하지만 부모들은 때로 아이를 자신과 너무 동일시하는 바람에 그런 사실을 이해하지 못한다. 로저가 그랬다. 그의 아버지는 공군 장교로 아들을 "강인하게 길러야 한다"고 믿었다. 아이였을 때 로저는 심하게 수줍음을 탔지만 그의 아버지는 그가 세 살이었을 때 '아들을 남자로 만들기로' 작정했다.

그로부터 30년 후 로저는 예민한 아이 샘의 아버지가 되었다. 샘은 로저가 어릴 때와는 다르다. 샘은 아기 때 갑작스러운 소리에 깜짝깜짝 놀라고 일과가 바뀌면 혼란스러워했다. 로저는 끊임없이 아내 매리에게 물었다. "우리 아이가 왜 이러지?" 샘이 8개월이 되자 로저는 그의 아버지가 그랬듯이 '아들을 강하게 키울' 때가 되었다고 판단했다. 매리가 아무리 말려도 로저는 샘을 공중으로 던져 올렸다. 처음에 아이는 너무 놀라서 30분 동안 자지러지게 울었다. 로저는 포기하지 않았다. 그는 다음날 저녁에 다시 시도했고, 샘은 먹은 것을 토했다. 매리는 화가 머리끝까지 났다.

그 후 1년 내내 로저와 매리는 샘을 놓고 부부싸움을 벌였다. 로저는 매리가 아이를 계집아이처럼 키운다고 생각했다. 매리는 남편이 무지막지하다고 나무랐다. 매리는 샘이 두 돌이 되었을 때 음악 수업에 데리고 갔다. 그녀는 처음 몇 번을 수업시간 내내 샘을 안고 있어야 했다. 로저가 그 이야기를 듣더니 말했다. "내가 데려가볼게. 두고 보라고." 하지만 샘이 다른 아이들과 어울리기는커녕 악기를 손에 잡지도 않았으므로 실망한 로저는 자신의 아버지가 사용한 방법으로 강제로 아들을 부추겼다. "이 탬버린을 잡아라. 가서 어울려보라구."

샘은 오히려 멀찌감치 뒷걸음질을 쳤다. 음악 수업을 하는 건물 주차장에 들어가기만 해도 샘은 비명을 질렀다. 매리는 나에게 도움을 청했다. 그녀의 사정을 듣고 나는 로저를 함께 만나자고 제안했다. "샘은 예민한 아이입니다." 내가 두 사람에게 말했다. "좋아하고 싫어하는 것이 아주 분명하죠. 아이의 천성을 최대한 존중해 주고 부모가 좀더 인내심을 가져야 합니다. 아이 스스로 편한 방식대로 참여하게 내버려두세요." 로저는 반대하면서 '나는 그런 식으로 강해졌다'고 일장 연설을 했다. 로저의 아버지는 가족모임이나 공군기지의 행사에서 다른 아이들과 만나면 항상 그를 한가운데로 밀어 넣었다. 어린 로저가 불편해 하거나 준비가 되지 않았어도 상관하지 않았다. "그래도 나는 견뎌냈습니다." 그가 주장했다.

"아마 당신에게는 댁의 아버님 방법이 도움이 되었을지도 모르죠. 아니면 그 당시에 당신이 얼마나 두려웠는지 잊어버렸겠죠. 어쨌든, 댁의 아이에게 그 방법은 맞지 않는 것 같습니다. 내 말은 적어도 다른 방법을 시도해 보라는 겁니다. 샘에게 탬버린을 사주고 집에서 갖고 놀도록 해줄 수도 있겠죠. 만일 부모의 방식이 아닌 아이의 방식으로 자기 시간표에 맞추어서 탐험할 수 있도록 해주면, 샘은 좀더 적극적이 될 수 있을 겁니다. 그 동안 참을성을 갖고 지켜보면서 아이를 나무라지 말고 자신감을 갖도록 격려해 주어야 합니다." 로저는 기특하게도 양보를 했다. 다른 많은 아빠들도 이 교훈을 배운다면 특히 아들을 위해 더할 나위없는 선물이 될 것이다. 아들을 억지로 강하게 만들려고 하지 않으면 오히려 좀더 자진해서 탐험을 하고 수월하게 배운다.

♥ 궁합이 맞지 않는다 : 멜리사

자식과 부모 사이에도 '궁합이 맞지 않는' 경우가 많다. 20여 년 전 심리학자들이 기질을 선천적으로 보기 시작하면서 당연히 부모의 성격을 관찰했다. 부모와 자식이 서로 잘 어울리는 경우도 있지만, 그렇지 못하다고 해도 아이를 취소할 수는 없다! 부모는 먼저 위험하고 파괴적인 충돌 가능성을 인식해야 한다. 예를 들어, 멜리사는 씩씩한 여성으로 하루 16시간 움직이는 것을 예사로 생각하는 방송국 프로듀서이다. 천사 아이인 그녀의 딸 라니는 한시도 쉴 틈이 없다. 나는 라니가 태어났을 때 그 집에서 일했다. 그리고 라니가 겨우 4개월이었을 때 벌써 멜리사는 딸을 '적절한' 유아원에 넣으려는 움직임을 보이기 시작했던 것을 기억한다. 그녀는 또한 라니를 무용가를 만들기로 했다. 어처구니없게도 가여운 라니는 일어서기도 전에 발레복을 입었다! 멜리사는 그런 일들을 대수롭지 않게 여겼고 자신이 두 돌이 된 라니를 너무 바쁘게 만들고 있다는 생각을 하지 못했다. 하지만 우리 유아 모임에서 그 모녀가 내 주의를 끌었다.

"우린 여기서 음악 수업을 들으러 간답니다." 멜리사가 다른 엄마들에게 선언했다.

"정말요?" 캘리가 깜짝 놀라서 물었다. "우리 숀은 이 수업이 끝나면 기진맥진해요. 낮잠을 재워야지 안 그러면 하루 종일 칭얼거리죠."

"가는 길에 차 안에서 잠깐 재우면 되요." 멜리사가 말했다. "라니는 저와 한 팀인 걸요." 그녀가 자랑스럽게 덧붙였다.

그날 나는 다른 엄마들이 떠난 후에 멜리사를 불렀다. "요즘 라니가 자주 기분이 안 좋은 것 같다고 말씀하셨는데, 내 생각에는 아이가 너무 지쳐 있는 것 같군요, 멜리사." 멜리사가 약간 기분이 상한 것처럼 보였지만 나는 계속했다. "라니는 하루 종일 수업을 듣고 있지 않으면 당신과 함께 방송국에서 지내는 것 같군요. 라니는 이제 겨우 두 돌입니다. 잠시 숨을 돌릴 사이도 없는데 어떻게 뭔가에 지속적인 관심을 보일 수 있겠어요."

처음에 멜리사는 라니가 자신과 함께 직장에 가는 것을 좋아하고 이런저런 활동을 즐긴다고 항의했지만 나는 다른 가능성을 제시했다. "그건 아이가 좋아서 하는 것이 아닙니다. 아이가 착해서 견디는 거죠. 하지만 어떤 날은 분명 지쳐 있었을 겁니다. 만일 엄마가 조심하지 않으면 아이가 비뚤어질 수 있어요. 천사 아이가 심술쟁이 아이로 변할 수도 있죠."

나는 멜리사에게 천~천히 하라고 말했다. "라니가 정말 참여하고 즐기기에는 수업이 너무 많아요." 멜리사는 내 말을 충분히 이해했다.

우리 아이 있는 그대로 인정하기

아이의 기질을 인정하지 못하는 부모들의 이야기에서 당신 자신을 발견할지도 모른다. 그렇다면 아이를 보는 관찰력과 이해력을 증진하기 위해 다음 사항들을 점검해 보자.

♥ 우리 자신을 돌아보자.

부모 자신의 어린 시절과 성인이 된 지금을 돌아보자. 부모의 성격과 머리 속에서 들리는 목소리에 대해 알아보자.

♥ 모임에 참가해서 다른 아이들이 행동하고 반응하는 모습을 지켜보자.

당신의 아이가 다른 아이들과 어떻게 어울리는지 관찰해 보자.

♥ 어떤 목소리에는 귀를 기울일 가치가 있다는 것을 기억하자.

다른 부모들과 이야기해 보자. 당신의 아이에 대한 그들의 의견에 열린 마음으로 귀를 기울이자. 모든 것을 비판적으로 듣거나 방어적이 되지 말자.

♥ 당신의 아이를 남의 아이라고 생각하고 보자.

한 걸음 뒤로 물러서자. 되도록이면 객관적이 되자. 당신 자신과 아이에게 좀더 너그러워질 것이다.

♥ 변화를 위한 계획을 세우자.

단계적으로 아이에게 부족한 점들을 보완해 가자. 변화에는 시간이 필요하다는 것을 기억하자.

그녀는 씩씩한 사람들 사이에서나 통하는 이야기를 털어놓았다. 그녀는 라니를 데리고 다니면서 다른 엄마들과 사귀고 의견을 나누는 것을 좋아했다. 또한 누가 보아도 귀엽고 조숙한 딸을 자랑하고 싶었고 아이가 사람들과 어울리는 모습을 보면서 흐뭇해 했다.

"그러면 아이에게도 좋은 게 아닌가요, 트레이시?" 멜리사가 물었다. "다른 아이들과 어울릴 필요가 있지 않을까요? 다양한 경험을 하게 해주는 것이 좋지 않겠어요?"

"아기는 앞으로 평생을 배울 겁니다. 물론 다른 아이들과 어울릴 수 있도록 도와줘야 하지만, 아이가 피곤해 하는 것도 존중해 주어야 합니다. 당신은 아이가 지치면 '이 아이가 왜 이럴까?' 하고 이해를 못합니다. 내가 보기에 라니는 짜증을 부릴 정도로 심술궂지가 못해요. 아마 그럴 때마다 라니는 이렇게 말하고 싶을 겁니다. '이제 충분해요. 만일 내 얼굴에 또 다시 끔찍한 탬버린을 들이밀면 곧바로 엄마에게 던져버릴 거예요!'"

변화를 위한 계획

이런 경우에 나는 먼저 부모 자신의 문제점을 깨닫게 해서 아이를 좀더 현실적으로 보게 해주려고 한다. 어떤 사람은 쉽게 객관적이 된다. 예를 들어, 멜리사는 내가 충고한 대로 속도를 늦추고 그녀 자신의 바람이 아닌 라니에게 필요한 것이 무엇인지 이해하려고 노력하는 중이다. 하지만 그녀는 아직 좀더 분발해야 한다. 지난번에는 그녀가 다른 엄마들에게 라니가 <라이온 킹>의 공연을 처음부터 끝까지 관람했다고 자랑하는 이야기를 듣고 나는 오래된 습관은 좀처럼 버리지 못하는구나 생각했다.

만일 당신이 이런 이야기에서 자신의 모습을 발견한다면 당신의 아이를 있는 그대로 받아들이지 못할 수도 있다. 그래서 계획이 필요한 것이다.

1. 한걸음 뒤로 물러선다.

아이를 솔직하게 바라보자. 아이의 기질을 무시하거나 모른 척한 적이 있는가? 당신은 아마 아이가 어떤 성격인지 이미 알고 있을지도 모른다. 그 사실을 부인하지 말고 계속 관심을 기울이자.

2. 아이의 타고난 기질을 그대로 인정한다.

아이를 사랑한다고 입으로만 말하지 말고 아이를 있는 그대로 받아들이자.

3. 아이의 기질에 맞지 않는 뭔가를 하고 있는지 돌아보자.

아이에게 어떻게 행동하고 반응하며 어떤 말을 하고 있는가? 예를 들어, 심술쟁이 아이에게 충분한 시간을 주고 있는가? 예민한 아이에게 너무 시끄럽게 말하거나 너무 빨리 움직이는 것은 아닌가? 씩씩한 아이에게 충분한 활동을 제공하고 있는가?

4. 부모 자신의 행동을 바꾸고 아이에게 필요한 환경을 만든다.

물론 변화는 시간이 필요하다. 또한 아이들은 제각기 다르기 때문에 꼭 집어서 어떻게 하라고 말할 수가 있는 문제가 아니다. 하지만 다음 장에서 소개하는 H.E.L.P.는 아이를 있는 그대로 존중해 주는 동시에 아이가 정해진 규칙과 경계 내에서 무럭무럭 자라게 도와줄 수 있는 훌륭한 육아 전략이 되어줄 것이다.

2장

아이와 엄마를 이어주는 H. E. L. P. 육아법

도와주는 부모는 H.E.L.P.의 기본 원칙을 항상 지킨다

나를 용서해다오.

귀를 기울여야 할 때 말을 하고, 참아야 할 때 화를 내고,

기다려야 할 때 행동하고, 기뻐해야 할 때 두려워하고, 격려해야 할 때 나무라고,

칭찬해야 할 때 비판하고, 허락해야 할 때 거절하고,

거절해야 할 때 허락했던 모든 일에 대해서.

—마리안 라이트 에델만의 『성공의 척도』 중에서

두 엄마 이야기

나는 단지 예의 바르게 행동하는 법을 배우지 못했을 뿐 '불량한' 아이가 있다고 믿지 않는 것처럼 '불량한' 엄마나 아빠가 있다고 생각하지 않는다. 물론 어떤 부모는 다른 부모보다 원래 아이를 잘 다루는 것처럼 보이지만 내 경험에 의하면 거의 누구나 배울 수 있다. 내가 알고 있는 두 엄마에 대한 이야기를 예로 들어서 설명해 보겠다.

놀이 모임이 진행 중이다. 두 돌 전후의 귀여운 유아 네 명이 흩어져 있는 장난감들과 봉제완구들 사이에서 분주하게 왔다갔다하고, 아이들이 갓난아기였을 때부터 서로 알고 지내온 엄마들은 방 가장자리에 놓인 의자와 소파에 앉아 있다. 네 엄마 중에서 베티와 메리앤은 항상 '운이 좋은 엄마'라는 소리를 듣는다. 베티의 딸 타라와 메리앤의 아들 데이빗은 일찍부터 밤새 깨지 않고 잘 잘 뿐만 아니라, 어디나 수월하게 데리고 다닐 수 있는 천사 아기였고, 이제는 다양한 사회적 상황에도 원만하게 적응한다. 그런데 요즘 들어서 데이빗이 많이 칭얼거리기 시작했다. 그 이유는 두 엄마를 보면 분명히 알 수 있다. 한 엄마는 아이에게 어떻게 해주어야 하는지를 본능적으로 아는 것처럼 보인다. 또 다른 엄마는 마음과는 달리 몇 번씩 눈치를 줘야 한다. 누가 누구인지 금방 짐작할 수 있을 것이다.

베티는 아이가 노는 동안 조심스럽게 관찰하면서 느긋하게 지켜보는 반면 메리앤은 바늘방석에 앉아 있다. 만일 타라가 다른 아이들과 어울리려고 하지 않으면 베티는 아이가 마음이 내켜서 함께 놀 때까지 기다린다. 반대로 메리앤은 데이빗을 한가운데로 몰아넣는다. 아이가 거부하면 그녀는 말한다. "바보처럼 왜 그러니? 가서 친구들과 함께 놀아라."

아이들이 놀이에 전념하자 베티는 타라가 혼자 알아서 하도록 한다. 다른 아이가 타라의 놀이를 방해하는 일이 있어도 서로 때리거나 떠밀지 않는 한 성급하게 끼어들지 않고 아이들끼리 해결하게 한다. 반대로 메리앤은 안절부절못한다. 그녀는 아이에게서 눈을 떼지 못하고 한발 앞질러서 행동한다. 데이빗이나 다른 아이거나 문제를 일으키기도 전에 "그러지 말라"는 소리가 그녀의 입에서 자주 나온다.

수업 중간에 데이빗은 다른 엄마들에게 가서 간식을 얻어먹는다. 타라의 간식을 항상 챙겨오는 베티가 봉지에서 바나나 하나를 꺼내서 데이빗에게 준다. 메리앤은 미안해 하면서 말한다. "고마워요, 베티. 오늘 아침에 서두르다가 간식을 깜빡했네요." 다른 엄마들은 어련하겠느냐는 눈으로 베티를 흘긋 쳐다본다. 분명 메리앤이 간식을 '잊어버린' 것이 이번이 처음은 아니다.

1시간쯤 후에 놀이 시간이 끝나가자 타라가 약간 피곤해 보인다. 베티는 주저하지 않고 "타라가 피곤해 하니까 이제 가봐야겠군요"라고 말한다. 베티가 타라를 안아 올리는 것을 보고 데이빗이 메리앤에게 팔을 뻗으면서 분명 "나도 충분히 놀았어요, 엄마"라고 말하는 듯 칭얼거린다. 메리앤은 데이빗이 계속해서 놀게 하려고 구슬린다. 그녀는 아이에게 다른 장난감을 준다. 하지만 몇 분 후에 데이빗은 기진맥진해진다. 장난감 자동차에 타려고 하다가(물론 피곤하지 않을 때는 잘 탄다) 넘어져서 드디어 울음을 터뜨린다.

내가 실제로 놀이 그룹에서 본 이 작은 일화는 부모들의 육아 방식에서 흔히 볼 수 있는 중요한 차이를 말해준다. 베티는 아이를 주의깊게 관찰하고 존중해 준다. 또한 우발적인 사고에 미리 대비하고 있다가 아이가 필요로 하면 재빨리 반응한다. 메리앤은 물론 베티가 타라를 사랑하는 만큼 데이빗을 사랑한다. 하지만 그녀에게는 약간의 지도, 즉 H.E.L.P.가 필요하다.

아이와 엄마를 이어주는 H.E.L.P.육아법

『베이비 위스퍼』를 읽은 독자라면 내가 약어를 좋아한다는 것을 알 것이다. 내가 약어를 사용하는 이유는 기억하기 쉽게 하기 위해서다. 아이를 키우는 엄마들은 이것저것 생각하거나 기억해야 할 것이 많아서 좀처럼 생각을 붙잡아두기 힘들다. 그래서 나는 부모와 아이의 결속력을 강화하고, 아이를 위험으로부터 지키고, 동시에 아이의 발전과 독립심을 격려해 주기 위한 네 가지 원칙을 기억하기 쉽도록 약어로 만들었다. 나는 이것을 H.E.L.P.라고 부르는데 각 문자의 의미는 다음과 같다.

♥Hold yourself back : 물러선다
♥Encourage exploration: 탐험을 격려한다
♥Limit : 경계를 정해준다
♥Praise : 칭찬한다

아이의 애착 대상

아이들은 대부분 처음에 엄마에게서 떨어지지 않으려고 하지만 지속적으로 성심성의껏 보살피고 관심을 보여주는 사람은 누구나 '애착 대상'이 될 수 있다. 하지만 아이의 마음속에 각자가 차지하고 있는 자리는 서로 대신할 수 없다. 최근의 연구는 아이에게 보호자들마다 고유의 역할이 있다는 것을 보여준다. 예를 들어, 아이가 하루 종일 아빠나 다른 보호자와 지내다가도 위로가 필요할 때는 엄마에게 달려간다.

H.E.L.P.는 사실 훌륭한 육아의 핵심을 네 부분으로 나누어본 것이다. '애착,' 즉 아이와 부모 간의 확신과 신뢰에 대한 최근의 연구를 보면 안정적으로 애착이 형성된 아이는 좀더 적극적으로 모험을 하고, 스트레스를 잘 조절한다고 한다. 뿐만 아니라 새로운 능력을 배우고, 다른 사람들과 어울리고, 자신감을 갖고 환경에 쉽게 적응한다고 한다. H.E.L.P.는 이러한 안정 애착을 유도하기 위한 주요 원칙이다.

♥ H—물러선다.

보고 듣고 전체적인 상황을 파악한 후에 결정을 내린다. 아이가 필요로 하는 것을 예상하고 아이가 어떻게 반응하는지 알아본다. 또한 아이에게 자신감을 심어주고 우리의 믿음을 전달한다. 물론 아이가 필요로 할 때 도움을 주지만 '간섭'은 하지 않는다.

♥ E—탐험을 격려한다.

세상 경험을 하고 사물과 사람과 아이디어를 실험해 볼 기회를 준다. 아이가 필요로 할 때 부모가 항상 그 자리에 있다는 것을 알게 해주되, 노심초사하지 말고 "앞으로 나가서 무엇이 있는지 알아보라"고 격려한다.

♥ L—경계를 정한다.

성인으로서의 부모 역할을 주장하고, 아이를 안전하게 지키고, 적절한 선택을 하도록 도와주고, 상처받지 않게 보호하는 경계를 정한다.

♥ P—칭찬한다.

아이가 배우고 성숙하고 세상에 나가서 다른 아이들이나 어른들과 만날 때 원만하게 행동하도록 격려한다. 연구에 따르면, 아이를 적절히 칭찬해 주면 배우고자 할 뿐더러 부모 말을 좀더 잘 듣는다고 한다. 또한 그런 아이를 부모는 좀더 세심하게 돌본다.

H, 왜 물러서야 하는가?

내가 이 책에서 말하는 도와주는 부모란 원래 물러서기를 잘하는 사람들을 의미한다. 갓난아기를 돌볼 때부터 그들은 스스로 자제하는 법을 알고 있다. 만일 그렇지 못하다면 배워야 한다. 메리앤처럼 아이에게 최선을 다한답시고 지나치게 참견하는 부모들이 있다. 그들은 아이를 '그림자'처럼 따라다니면서 노심초사한다. 그런 부모에게는 물러서는 것이 왜 중요한지 알려줄 필요가 있다.

나의 육아 지침을 완전히 이해하고 따라한 엄마 아빠들은 보통 아기가 유아기에 들어설 때쯤이면 H.E.L.P.의 H를 완전히 터득한다. 왜냐하면 아기가 하는 '말'을 이해하고 판단하기 위한 S.L.O.W.를 알고 있기 때문이다(S.L.O.W.는 잠시 멈추어서 아기에게 귀를 기울이고 관찰해서 무슨 일이 일어나는지 알아보라고 상기시켜 준다). S.L.O.W.를 염두에 두고 있는 부모들은 아기가 울자마자 달려드는 대신 물러설 줄 안다. 잠시 지켜보고 귀를 기울이면 아기가 하는 말을 좀더 잘 이해할 수 있다. S.L.O.W.의 효과는 아기가 유아가 되면 뚜렷이 드러난다. 아이가 혼자 잘 놀기만 할 뿐 아니라 엄마 역시 좀더 편안하다. 그런 엄마는 자신의 판단을 믿으며 아이에 대해서 잘 알고 있다. 아이가 좋아하고 싫어하는 것이 무엇인지, 어디에 흥미를 갖는지, 무엇보다 언제쯤 도와주어야 할지 알고 있다.

다행히 우리는 언제라도 물러서기를 배울 수 있다. 아이가 하는 일에 끊임없이 참견하고, 고쳐주거나 어떤 경험을 가로막으면 아이는 발전하는 데 필요한 능력을 개발하지 못한다. 은연중에 부모의 도움이 없이는 아무것도 못할 것처럼 느낀다. 때로 공격적이 되기도 한다.

물론 아이가 부모나 다른 보호자의 도움을 원할 수 있다. 하지만 이것을 판단하는 유일한 방법은 뒤로 물러서서 관찰하는 것이다. 아이가 호기심이 많고 대담한가, 아니면 느긋하고 신중한가? 다른 아이들과 어울리기를 좋아하는가, 아니면 혼자 놀기를 좋아하는가? 물러서서 지켜보자.

부모가 아이의 인생을 지도하겠다는 생각은 버리자. 부모의 역할은 뒤에서 밀어주는 것이지 앞에서 끌고 가는 것이 아니다. 그러면 이제

기질이 다르면 간섭에 반응하는 정도도 다르다

아이들은 간섭받는 것을 싫어하지만 표현하는 방식은 각기 다르다.

♥ 천사 아이 · 모범생 아이

간섭을 해도 거부하지 않을 것이다. 하지만 상습적으로 간섭하면 언젠가는 피하거나 아니면 "내가 할래요" 하고 말할 것이다.

♥ 예민한 아이

울지는 않지만 포기한다. 간섭은 아이의 호기심을 억누르고 자신감을 잃게 만든다.

♥ 씩씩한 아이

소리치거나 물건을 던질지도 모른다.

♥ 심술쟁이 아이

엄마를 밀어내거나 물건을 던지고 그래도 안 되면 울음을 터뜨린다.

물러서기에 도움이 될 수 있는 제안을 하겠다.

♥ 아이를 따라가자.

새 장난감이 생기면 아이가 먼저 작동해 보게 하자. 새로운 상황이나 장소에서는 아이가 스스로 엄마의 손을 뿌리치고 무릎에서 내려갈 때까지 기다리자. 새로운 사람을 만나면 아이가 준비가 되었을 때 그 사람의 품에 안기게 하자. 아이가 필요로 할 때는 항상 그 자리에 있어주지만 필요로 하는 것 이상으로 도와주지는 말자.

♥ 상황이 어떻게 전개되는지 두고 보자.

아이를 관찰하면서 부모들은 늘 이런저런 가능성을 생각하기에 바쁘다. "오, 저 장난감은 좋아하지 않을 거야." 또는 "저 개가 너무 가까이 올까봐 겁을 내고 있나봐." 등등. 하지만 성급한 결론을 내리거나 지레짐작을 하지 말자. 아이들이 좋아하고 싫어하는 것은 어제 다르고 오늘 다르다.

♥ 길을 가로막지 말자.

우리는 이일저일 끼어들어서 뭐든지 다 아는 척하는 사람을 좋아하지 않는다. 유아들도 마찬가지다. 당연히 우리는 어른이므로 블록을 넘어뜨리지 않고 쌓는 법을 알고 있다. 물론 선반에서 뭔가를 내리는 '좀더 쉬운' 방법을 알고 있다. 하지만 우리가 대신 해주면 아이는 문제를 해결하는 방법을 배우지 못한다. 부모가 항상 간섭을 하면 아이는 자신감을 키울 수 없다.

♥ 다른 아이들과 비교하지 말자.

아이가 자기 시간표에 따라 발전하도록 지켜보자. 물론 두고 보기가 쉽지 않을 것이다. 특히 공원에서 옆에 앉은 어떤 엄마가 자기 아이를 우리 아이와 비교할 때, 예를 들어 "오, 애니는 아직도 기어다니는군요"라는 말을 들으면 걱정이 들기 시작한다. 그리고 엄마가 걱정하면 아이는 곧바로 알아차린다. 입장을 바꾸어서 생각해 보라. 당신은 만일 직장에서 동료와 비교당하면, 더 나쁘게는 전임자와 비교당한다면 어떤 기분이 들겠는가? 아이들도 비교당하는 것을 싫어한다.

♥ 아이를 부모 자신과 동일시하지 말라.

우리의 감정이나 두려움을 아이에게 돌리지 말고, 아이에 대한 선입견을 갖지 말자. 우리는 "나도 사람들이 많이 모인 곳은 좋아하지 않았어." 또는 "아이 아빠도 수줍어했어"라고 말하면서 아이를 지나치게 우리 자신과 동일시하기 쉽다. 감정 이입은 바람직하지만 아이가 스스로 자신의 느낌을 말할 때까지 기다렸다가 "네 기분을 알겠다"라고 말해주자.

E, 격려와 간섭을 구분하자

내가 H.E.L.P.를 설명하면 어떤 엄마는, 특히 간섭하지 말라는 부분에서 자신 없는 표정을 짓는다. 나는 그녀가 무슨 생각을 하는지 안다. 많은 부모들이 11개월 된 트리샤의 엄마 글로리아처럼 행동한다. 글로리아는 처음 트리샤에게 모양 맞추기 상자를 주고 함께 앉아서 조각들을 맞춰보였다. "봐라, 트리샤. 이 사각형은 여기 들어가고 원은 여기에 넣어야 한단다." 그녀는 각각의 모양을 상자 안으로 밀어 넣으면서 말했다. 그러고 나서 다시 시작했다. 그 동안 트리샤는 새 장난감에 손을 대보지도 못했다. "이제 네가 해봐." 글로리아가 마침내 트리샤의 손을 잡으면서 말했다. 엄마는 딸의 손바닥에 사각형 모양을 쥐어주고 사각형 구멍을 가르치면서 말했다. "넣어봐라." 그 순간 트리샤는 완전히 흥미를 잃었다.

글로리아는 아이가 배우도록 도와주는 것과 자연스러운 호기심을 방해하는 것을 구분할 줄 모르고 있었다. 그녀는 트리샤를 힘들게 만들고 싶지 않은 마음 때문에 결국 딸아이의 경험을 빼앗는 행동을 하고 있었던 것이다.

반대로 격려하는 부모, 즉 도와주는 부모는 잠시 뒤로 물러서서 지켜본다. 그러다가 아이가 힘들어하는 것을 보면 "봐라, 이 모양은 사각형이니까 사각형 구멍에 넣으면 된다"라고 귀띔해 준다. 아이는 잠시 애를 쓰겠지만 그러면서 인내심과 지구력을 배운다. 게다가 배우고자 하는 의욕이 생기게 만드는 가장 큰 동기는 성공하는 순간에 느끼는 기쁨이다. 너무 많이 또는 너무 일찍 도와주면 아이에게 그런 기쁨을 느끼게 할 수 없다.

"그렇다면 언제쯤 도와주어야 하는지 알 수 있죠?" 글로리아가 물었다.

나는 먼저 아이에게 물어보라고 설명했다. "만일 아이가 사각형을 잘못 넣으면 '괜찮아. 열심히 하면 되는 거야. 내가 도와줄까?' 하고 물어보세요. 만일 아이가 '아니오'라고 하면 아이의 바람을 존중해 주세요. 하지만 계속 힘들어하면 얼마 후에 다시 도와주겠다고 해보세요. '네가 힘들어하는 것 같은데. 자, 내가 도와줄까?' 그리고 마침내 아이가 해내면 '정말, 잘했구나. 네가 해낸 거야!'라고 칭찬해 주세요."

여기서 결론은 아이가 필요로 할 때까지 간섭하지 말라는 것이다. 그리고 아이를 알면 언제쯤 도와주어야 할지 알 수 있다.

♥ 아이가 힘들어할 때의 모습을 알아두자.

트리샤는 말을 잘 못하므로 엄마에게 어렵다는 표현을 할 수 없었다. 나는 글로리아에게 말했다. "트리샤가 힘들어할 때 어떤 표정인지 보세요. 칭얼거리는지? 얼굴을 찡그리는지? 우는지?" 트리샤가 말을 하게 되면 엄마의 도움을 필요로 할 때를 가늠하기가 쉬워질 것이다. 그때까지는 아이의 표정과 신체 언어를 살펴서 알아내야 한다.

♥ 아이가 인내할 수 있는 한계를 알자.

어떤 아이들은 다른 아이들보다 지구력이 있고 참을성이 많다. 심술쟁이 아이나 예민한 아이는 퍼즐을 한두 번 해보다가 안 되면 포기하지만, 천사 아이와 씩씩한 아이는 좀더 오래 버틴다. 모범생 아이는 주변 환경과 아이의 성장기에 따라 달라진다. 예를 들어서, 걸음마를 배우고 있을 때는 퍼즐에 대한 인내심을 보이지 않을지도 모른다. 예민한 아이인 경우에는 지나치게 간섭하면 흥미를 잃기 쉬우므로 부모가 '물러서는' 부분이 특히 중요하다. 트리샤는 예민한 아이였으므로 흥미를 잃게 만들지 않으려면 엄마가 잠시 물러설 필요가 있었다.

♥ 아이의 발달 수준을 파악한다.

아이의 성장 발달이 어느 정도 수준에 와 있는지를 알면, 특히 모범생 아이의 경우 언제쯤 부모가 도와주어야 할지를 판단할 때 도움이 된다. 하지만 아이가 어떤 타입이거나 먼저 "우리 아이가 이 활동에 준비가 되어 있는가?"라고 생각해 볼 필요가 있다. 예를 들어, 트리샤는 한 돌이 남짓한 아이들이 흔히 그렇듯이, 물건을 손에서 놓을 줄 몰랐다. 뭔가를 던지거나 내려놓으려고 하지만 마치 손바닥에 풀칠을 해놓은 것처럼 딱 달라붙어서 떨어지지 않는 것이다. 그런 아이가 상자에 뭔가를 집어넣는 놀이를 하면 금방 짜증을 내고 흥미를 잃어버릴 것이다.

언제 어떻게 도와줄까?

아이에게 충분한 탐험 기회를 주고, 아이 나이에 맞는 장난감을 골라 주고, 격려해 주는 부모가 되자. 그러자면 참을성 있게 아이를 관찰하고 존중해야 한다. 아이를 도와줄 때 지켜야 하는 규칙들을 참고하자.

- 아이가 힘들어할 때 어떤 소리를 내고 어떤 표정을 짓는지 알아둔다. 그런 표시가 보일 때까지는 물러서서 지켜보자.
- 먼저 "내가 보기에 네가 힘들어하는 것 같다"고 말한다.
- 도움을 주기 전에 물어본다. "내가 도와줄까?"
- 아이가 "아니오" 또는 "나 혼자서 할 수 있어요"라고 말하면, 그것이 설사 외투를 입지 않고 외출을 하는 것이라고 해도 존중해 주자. 그러면서 아이는 배운다.
- 아이는 실제로 우리가 생각하는 것보다 많이 알고 있다는 사실을 기억하자. 예를 들어, 추위, 배고픔, 배변, 피곤함 등을 지각하고 어떤 활동이나 장소에 싫증을 내기도 한다. 부모가 아이가 느끼는 감정을 부정하면서 구슬리거나 설득하면 결국 아이는 자신감을 잃게 된다.

아이 수준보다 약간 어려운 것이 바람직하다. 잠재력을 키워주고, 즉각적인 만족을 유보하고 인내심을 키우는 데 도움이 되기 때문이다. 하지만 어느 정도가 적당한지는 알기 어렵다. 만일 아이 나이에 적절한 놀이라면 부모가 너무 빨리 끼어들지 말아야 하고 동시에 아이가 울음을 터뜨리거나 화를 내기 전에 도와줘야 한다. 그 균형을 유지하기 위해 아이들의 세계를 좀더 자세히 들여다보자.

E, 격려하는 분위기를 만든다

단추를 누르면 튀어나오고 딩동거리고 삑삑거리는 장난감과 온갖 장치로 집안을 가득 채워놓은 집에 가면 내가 부모들에게 항상 하는 말이 있다. 돈 한 푼 들이지 않아도 얼마든지 아이의 능력을 개발해 줄 수 있다고. 그들이 "아이의 잠재력을 최대한 개발해 주고, 환경을 풍요롭게 해주기" 위해서라고 주장하면 나는 학습은 어디서나 가능하다고 대꾸한다. 눈치가 빠르고 창의적인 부모는 매일 매순간 아이가 탐험하고 실험할 기회를 만들어줄 수 있다.

나는 또 다른 부모들, 다시 말해 어느 곳에서도 풍요로운 학습 환경을 만들어줄 수 있다는 것을 아는 사람들과 만나면 반갑기 그지없다. 그들은 값비싼 장난감에 의존하지 않는다. 30대 초반의 블리스와 다렌은 로스앤젤레스에 사는 많은 부모들이 서로 경쟁하듯이 아이를 키우는 열풍에 휩쓸리지 않았다. 블리스와 다렌은 아이들의 세계를 단순하게 유지한다. 세 돌이 된 트루만과 18개월의 시드니는 책과 미술재료와 집짓기 장난감도 있지만, 집에 있는 상자나 그릇 등을 이용해서 소꿉놀이를 하는 것을 좋아한다. 또한 밖에서 모래성을 쌓거나, 나무토막으로 요새를 만들거나 물웅덩이에서 첨벙거리고 다닌다. 크리스마스에도 많은 미국 가정에서 볼 수 있는 것처럼 트리 아래 선물을 수북이 쌓아두지 않는다. 엄마 아빠는 두 아이에게 각자 한 가지씩만 선물한다.

트루만과 시드니가 내 사무실에 왔을 때 그런 가정교육의 결과를 볼 기회가 있었다. 트루만이 카드 블록 세트를 좋아하는 것을 보고 내가 그것을 갖고 싶으면 가지라고 말했다. 금방 아이의 얼굴이 환해졌다. "정말이요?"라고 묻고는 진심에서 우러나서 말했다. "감사합니다."

트루만은 그냥 예의를 차리는 것이 아니다. 그가 진심으로 감사하는 모습이 적어도 내 눈에는 신선해 보였다. 요즘 아이들은 너무 많은 장난감에 둘러싸여서 선물이나 새로운 것에 금방 시들해진다. 게다가 생각이 필요 없는 장치들을 갖고 놀기 때문에 만들고 꾸미고 문제를 해결하는 능력을 배우지 못한다.

유아들은 특히 호기심에 가득 차 있다. 그들은 미래의 작은 과학자들이다. 그들은 눈과 마음을 활짝 열고 탐험할 준비가 되어 있다. 그들에게는 따로 자극적인 것이 필요하지 않다. 생일이나 명절에 아이들이 선물을 받고 종종 내용물보다 상자를 좋아하는 모습을 볼 수 있다. 왜 그럴까? 대부분의 장난감이 어떤 특정한 방식에 따라하게 되어 있는 반면에 상자는 아이가 좋아하는 어떤 것이라도 될 수 있기 때문이다. 상자는 몇 시간이고 상상의 놀이를 제공한다. 안에 숨을 수도 있고 소꿉장난이나 전쟁놀이도 할 수 있다. 그 위에 뛰어올라서 뭉갤 수도 있다.

부엌은 아이들이 좋아하는 장난감 창고다. 주전자, 냄비, 계량컵, 플라스틱 그릇, 나무 숟가락 등등. 밀폐 플라스틱 용기에 말린 콩을 채우면(반드시 테이프로 붙일 것) 탬버린이 된다. 계량컵 세트는 딸랑이가 되고, 플라스틱 그릇을 뒤집어놓으면 북이 되고, 나무 숟가락은 북채가 된다. 종이 타월이나 화장지 속대를 버리지 말고 아이에게 주자. 아이들은 장난감 회사에서 의도한 방식대로 따라하는 것이 아니라 아이 마음대로 만들 수 있는 그런 물건들을 더 오래 갖고 논다.

나는 교육적인 장난감이 쓸모없다고 말하는 것이 아니다. 물론 유아의 성장발달에 유익한 장난감들이 많이 있다. 하지만 요즘 부모들은 지나치는 경향이 있다. 물론 부모 마음은 이해할 수 있다. 하지만 요즘 영세한 장난감 가게들 대신 들어서는 대형 매장에는 아이들에게 불필요한 것들도 얼마든지 있다.

따라서 H.E.L.P.에서 E에 초점을 맞출 때, 약간만 규모를 줄이자. 교육 환경을 위한 재료는 이미 갖추어져 있다. 아이들이 주변의 물건들과 자연의 경이로움을 관찰하고 숙고하고 연구하고 창조할 수 있게 해주자.

탐험과 만들기

아이 수준에 맞고 혼자 놀아도 안전한 환경을 만들어주자. 아래에 제시한 몇 가지 제안에 따라 만들어볼 수도 있고, 각자 스스로 아이디어를 생각해 볼 수 있을 것이다.

♥집 안에 아이의 놀이 공간을 만든다.
카펫에 쿠션을 빙 둘러주거나, 식탁이나 책상에 종이를 덮어서 그 밑에서 놀게 하거나 아이의 방에 텐트를 쳐준다.

♥집 밖에 흙이나 모래, 계량컵 등을 갖고 노는 장소를 만든다.

♥욕조나 싱크대에서 물장난을 하게 해준다.
눌러 짜는 용기와 계량컵, 더운 날에는 각얼음을 갖고 놀게 해준다. 물론 엄마가 항상 옆에 있어야 한다.

♥경쾌한 노래를 틀어주고 플라스틱 그릇, 냄비와 주전자, 나무 숟가락 등으로 박자에 맞춰서 '음악'을 연주하게 한다.

♥낮 동안에 침대 안에서 노는 시간을 갖게 한다.
침대를 안전하고 즐거운 곳으로 생각하게 되면 아침에 깨서도 혼자서 잘 놀게 된다. 좋아하는 장난감이나 봉제 인형을 넣어준다.

L, 경계를 정해준다

또한 당연히 부모들은 늘 조심해야 한다. 세상은 자라나는 유아들에게 위험할 수 있다. 아이들에게 위험한 환경에 대해서는 물론이고 세상을 살아가는 규칙에 대해 가르치는 것은 부모가 해야 할 일이다. 그래서 H.E.L.P.의 L이 필요하다. 유아들은 경계가 필요하다. 아이들은 정신적으로나 정서적으로 완전한 자유를 감당하지 못한다. 따라서 세상을 좀더 잘 아는 우리 부모들이 가르쳐야 한다.

아이가 한창 활발하게 움직이고 인지 능력이 비약적으로 발전하는 이 시기에 부모가 아이에게 제한해야 하는 몇 가지 일들이 있다.

♥ 자극을 제한한다.

영아기에는 당연히 지나친 자극을 피해야 하지만 유아기도 역시 마찬가지다. 아이들이 신나게 놀면서 뛰어다니고 흥겨운 음악을 듣는 것은 좋은 일이다. 하지만 자극에 대한 수용력은 아이에 따라 다르기 때문에 각자 자신의 아이가 어떤 자극을 얼마나 오래 감당할 수 있는지 알아둘 필요가 있다. 아이의 기질을 알면 도움이 된다. 예를 들어, 예민한 아이는 어릴 때부터 자극에 대한 저항력이 약하다. 1장에서 만났던 예민한 아이 레이첼은 또래 아이들이 놀이방에 들어오면, 다른 아이들이 비교적 조용히 놀고 있어도 엄마 무릎에 얼굴을 묻으려고 한다. 또 공원에 가서 많은 아이들이 뛰어다니고 있으면 유모차에서 내려오지 않는다. 베시처럼 씩씩한 아이는 일단 '전원이 들어오면' 멈추기 힘들다. 그리고 심술쟁이 아이인 알렌은 지치면 동네가 떠나가라고 우는데, 물론 그러면서 점점 더 지친다. 천사와 모범생 타입의 아이들도 너무 자극이 지나치면 피곤해져서 종종 울기도 한다. 현명한 엄마나 아빠는 그렇게 되기 전에 활동 속도를 늦추거나 자리를 뜬다. 또한 아이가 어떤 타입이거나 잠자기 전에는 자극을 제한할 필요가 있다.

♥ 선택을 제한한다.

내가 숙식을 하면서 갓난아이를 돌봐주러 간 집에는 유아가 있는 경우가 많았다. 나는 다음과 같은 아침식사 장면을 보면서 재미있어 하곤 했다.

엄마는 아기를 먹이고 나서 이번에는 19개월이 된 미키를 아기 의자에 앉힌다. "코코아 퍼프, 치리오, 캡틴 크런치, 라이스 크리스피, 어떤 것을 줄까?" 하고 엄마가 노래를 부르듯이 읊조린다. 미키는 거기 앉아서 어쩔 줄을 모르고 있다. 아이는 말을 시작한지 얼마 되지 않았지만 지금은 말이 서툰 것이 문제가 아니다. 아이는 혼란스럽다. 엄마가 너무 여러 가지를 제시하니까 무엇을 선택해야 할지 모른다. 그러면 엄마가 내게 묻는다. "왜 이러는 거죠, 트레이시? 내 말을 못 알아듣는 건가요? 아이에게 선택을 하게 해줘야 하지 않을까요?"

"물론이죠." 나는 동의한다. "아이에게 선택의 자유를 줘야겠죠. 하지만 지금 나이에는 두 가지 조건을 제시하면 충분해요." 아이는 한 가지를 선택하면서 마치 자기 마음대로 하는 것 같은 기분을 느낄 것이다. 선택 범위가 너무 넓으면 아이는 혼란스러울 수밖에 없다.

♥ 바람직하지 못한 행동을 제한한다.

누군가 '안 된다'라고 말할 때마다 떼를 쓰는 아이는 부모가 걱정하는 것처럼 '불량한' 아이가 아니다. 오히려 정반대다. 나는 그런 장면을 목격하면 말한다. "가여운 녀석. 아무도 경계를 정해주지 않았구나." 아이들은 어떻게 처신해야 하는지를 배워야 하고, 그러자면 부모가 가르치는 길밖에 없다. 사실, 아이에게 경계를 정해주는 것은 분명 부모가 아이에게 줄 수 있는 가장 큰 선물 중에 하나다. 나는 아이를 훈련시키는 것을 일종의 정서 교육이라고 생각한다. 7장에서 나는 규칙 하나 · 둘 · 셋에 대해 설명한다. 규칙 하나는 때리거나 무는 특정한 행동이 처음 나타날 때 즉시 못하게 막는 것이다. 규칙 둘에서는 만일 바람직하지 못한 행동이 다시 나타난다면 규칙 하나를 상기시키고, 규칙 셋에서는 행동을 취한다. 아이들은 일단 감정이 폭발하면 예를 들어, 비명을 지르고, 울고, 고함치고, 소란을 피우면 좀처럼 진정시키기가 힘들어진다. 반면 부모가 주의를 기울이면 아이가 떼를 쓰고 감정이 격해지지 않도록 미연에 방지할 수 있다.

♥ 지나치면 좋지 않은 것을 제한한다.

이 문제에서는 텔레비전과 사탕이 목록의 맨 위에 오른다. 이 두 가지는 지나쳤을 때 아이들에게 무척 해롭다. 특히 예민한 아이와 씩씩한 아이에게 피해가 크다. 그 밖에도 아이가 거부 반응을 보이는 활동, 음식, 장난감, 장소가 있을 것이다. 아이가 어떤 환경이나 조건과 맞지 않는다는 사실을 인정하고 억지로 맞추려하기보다 아이의 반응을 존중해 주자.

♥ 잠재적인 실패를 제한한다.

아이는 하루가 다르게 발전하지만 억지로 시키지 말자. 아이에게 수준에 맞지 않는 장난감을 사주고, 너무 긴 영화를 보여주고, 격식을 차려야 하는 레스토랑에서 식사를 하면, 아이를 힘들게 만들 뿐 아니라 화를 자초할 수 있다. 4장에서 좀더 자세히 설명하겠지만 성장발달표도 마찬가지다. 예를 들어, 엄마 아빠가 아이의 손을 잡고 억지로 걸음마를 시키는 것은 자연의 순리에 어긋난다. 왜 서두르는가? 종종 이런 부모들은 나에게 전화를 해서 아이가 한밤중에 깨서 침대에서 일어섰다가 앉는 법을 몰라서 우는데 어떻게 해야 하느냐고 묻는다. 아마 자연의 순리를 따르거나 낮 동안에 아이가 일어섰을 때 앉는 법을 가르친다면 밤에 그런 어려움을 겪지는 않을 것이다.

♥ 부모 자신의 행동을 제한한다.

아이들은 반복과 모방을 통해 발전한다. 깨어 있는 시간 동안 아이는 부모를 보고 듣고 배운다. 따라서 우리도 모르게 아이에게 '가르치는' 것에 조심해야 한다. 만일 부모가 욕을 한다면 아이 입에서 같은 욕이 튀어나와도 놀랄 일이 아니다. 만일 부모가 난폭하다면 아이도 함부로 행동하는 법을 배운다. 우리가 탁자 위에 발을 올려놓고 우적우적 감자칩을 먹으면서 텔레비전을 본다면 아이에게 "거실에서 음식을 먹지 말라. 가구에 발을 올려놓지 말라"고 가르칠 수 없다.

아이들에게는 경계를 정해줄 필요가 있다. 안 그러면 아이들이 자기 자신과 세상을 감당할 수 없을 것이다.

P, 적절하게 칭찬해 주자

뭐니뭐니해도 가장 훌륭한 가르침은 아이를 사랑해 주고 잘한 일을 칭찬해 주는 것이다. 사랑은 아무리 주어도 지나칠 수 없다. 학자들도 사랑은 육아 방정식에서 마법과 같은 요소라고 입을 모은다. 아이가 사랑을 받으면 안정감을 느끼고, 부모를 기쁘게 해주고 싶어하며, 세상에 나가서도 올바른 일을 한다.

사랑은 아무리 주어도 지나치지 않지만, 칭찬은 다르다. 칭찬은 지나칠 수 있다. 요령은 단지 잘한 일에 대해서만 칭찬하는 것이다. "우리 아이가 정말 칭찬받을 만한 일을 한 것인가?" 하고 스스로 물어보자. 그렇지 않다면 어떤 칭찬을 해도 아무 의미나 효과가 없고, 아이

완벽한 칭찬

아이에게 지나친 칭찬을 하지 않으려면 다음 지시를 따라하자.

♥ 아이가 실제로 뭔가를 잘하거나 올바로 할 때만 칭찬한다.
'잘한다!' '잘했다'라는 말로 칭찬해 준다.
하이파이브, 포옹, 입맞춤, 엄지손가락 들어 보이기, 박수치기 등 행동으로 보여준다.

♥ 아이의 전반적인 모습에 대해서가 아니라 구체적인 행동을 칭찬한다.
"숟가락을 아주 잘 잡는구나."

♥ 현장을 포착한다.
"트림을 하고 미안하다고 말하다니 정말 예의가 바르구나."
아이가 친구에게 장난감을 주면 "함께 나누기를 잘하는구나" 하고 칭찬한다.

♥ 감사의 말로 칭찬한다.
"청소를 도와주어서 고맙다."

♥ 보상을 해준다.
"오늘 놀이 모임에서는 정돈을 아주 잘 했구나. 집에 가는 길에 공원에서 놀다 가자."

♥ 취침 전에 그날 아이가 잘한 행동을 돌아본다.
"오늘 가게에서 아주 잘 참고 기다렸다."
"은행에서 사탕을 줄 때 '감사합니다'라고 인사한 것은 잘한 일이었다."

♥ 칭찬받을 만한 행동을 본보기로 보여주자.
부모 자신이 예의바르게 행동하자.

는 결국 우리의 칭찬을 무시해 버릴 것이다. 또한 칭찬의 목적은 아이

항상 기억해야 하는 H.E.L.P. 점검표

항상 H.E.L.P.를 염두에 두자. 아이를 키우다보면 하루에도 몇 번씩 참기 힘든 일이 생긴다! 그럴 때 각 문자를 생각하면서 우리 자신에게 물어보자.

♥H : 나는 물러서 있는가 아니면 아이가 도움을 필요로 하기도 전에 성급하게 간섭하는가?

H의 목적은 관찰이며 아이를 모른 체하거나 거부하는 것과는 다르다.

♥E : 나는 탐험을 격려하는가 아니면 노심초사하는가?

하루 동안에도 아이가 탐험할 기회는 많이 있지만 부모가 방해할 수 있다. 예를 들어, 아이가 다른 아이와 놀 때 옆에서 대신 말을 해주는가? 아이가 혼자서 할 수 있는지 지켜보지 않고 대신 해주는가? 끊임없이 지시하고 감시하고 참견하는가?

♥L : 나는 경계를 정해주는가 아니면 지나치게 관대한가?

많다고 해서 항상 좋은 것은 아니다. 아이에게 너무 많은 선택이나 자극을 주고 있지 않은가? 아이가 화를 내거나 공격적이 될 때까지 내버려두는가? 사탕이나 텔레비전처럼 지나치면 좋지 않은 것들을 제한하는가? 아이에게 맞지 않는 것을 강요해서 힘들게 만드는가?

♥P : 나는 칭찬을 적절히 하는가 아니면 지나치게 하는가?

적절한 칭찬으로 아이가 협조적이고 친절하고 예의바르게 행동하도록 격려하는가? 단지 그냥 앉아 있는 아이에게도 '잘한다'고 말하는 부모들이 있다. 그러면 결국 칭찬이 아이에게 아무 의미가 없어질 것이다.

를 우쭐하게 만드는 것이 아니다. 과제를 훌륭하게 끝냈다거나, 예의 바른 행동을 했거나, 함께 나누거나 친절하고 협조적인 태도를 보여준 것에 대해 보답하는 것이다. 간단히 말해서, 칭찬은 아이가 뭔가를 올바로 했거나 잘했다는 것을 알게 해주는 것이다.

하지만 부모들은 때로 사랑에 눈이 멀어서 애정과 칭찬의 차이를 혼동한다. 무조건 칭찬을 많이 해주면 아이의 자신감이 쑥쑥 자랄 것이라고 단순하게 믿는다. 하지만 너무 지나치면 아이가 칭찬을 믿지 않는 역효과가 일어난다.

또한 열성적인 엄마 아빠들은 조그만 일에도 아이를 너무 추켜세우다가 함정에 빠진다. 예를 들어, 어느 날 로리가 양말을 신는다. "잘한다. 로리!" 아빠가 야단법석을 떤다. 다음날 로리는 양말을 신지 않으려고 한다. 아빠가 양말을 신는 것을 너무 대단하게 만들었기 때문에 아이는 매번 그런 칭찬을 듣고 싶어 하는 것이다. 아이가 스스로 하면 칭찬해 주어야 하지만 너무 지나치지 말자.

부모들이 가끔 저지르는 또 다른 실수는 앞질러 칭찬하는 것이다. 최근에 어느 음악 수업에 참관해서 본 일이다. 엄마들은 앞에 아이를 앉혀 놓고 있었다. 제니스도 11개월이 된 수린의 뒤에 앉아 있었다. '아주 작은 거미'라는 노래를 들려주자 네 아이들 중에서 가장 나이가 많은 아이만 선생님의 손동작을 따라하려고 했다. 수린을 포함한 다른 아이들은 눈을 크게 뜨고 어리둥절한 채 손을 무릎에 올려놓고 앉아 있었다. "잘했다!" 노래가 끝나자 제니스가 소리쳤다. 그러자 수린은 고개를 돌려서 엄마를 쳐다보았다. "도대체 무슨 소리에요?" 하는 표정이었다. 제니스는 결국 수린에게 뭘 가르쳤을까? 엄마는 내가 그냥 앉아 있으면 좋아하는구나!

나의 육아 스타일은?

각 질문에 당신 자신을 가장 잘 설명한 것에 표시한다.
최대한 솔직하게 답해보자.

1. 아이가 뭔가 위험한 것을 향해 가면

A. 아이 스스로 무슨 일이 일어나는지 알게 한다.
B. 목표물에 도착하기 전에 다른 곳으로 주의를 돌린다.
C. 즉시 안아 올린다.

2. 아이가 새 장난감을 갖고 놀 때

A. 혼자 놀게 내버려둔다. 아이가 힘들어해도 '머잖아 할 수 있겠지' 하고 생각한다.
B. 기다렸다가 아이가 힘들어하는 것 같으면 도와준다.
C. 어떻게 하면 되는지 보여준다.

3. 아이가 가게에서 사탕을 안 사준다고 투정을 부리면

A. 화를 내며 아이를 데리고 나와서 다시는 함께 쇼핑하지 않겠다고 말한다.
B. 사탕에 대한 내 입장을 지키고 아이를 가게에서 데리고 나온다.
C. 소리 지르는 아이를 구슬린다. 그래도 안 들으면 양보한다.

4. 우리 아이가 놀다가 다른 아이를 때리면

A. 아이를 끌어내서 호통을 친다. "안돼, 때리지 마!"
B. 아이의 손을 잡아서 못 하게 하고 말한다. "때리면 안 된다."
C. 아이가 알아듣도록 타이른다. "그러면 안 된다."

5. 새로운 음식을 안 먹으려고 하면

A. 언성을 높이고 아이에게 화를 낸다. 때로 다 먹을 때까지 자리에 앉혀놓는다.
B. 같은 음식을 다른 시간에 다시 주면서 한번 먹어보게 한다.
C. 아이에게 먹어보라고 타이르다가 안 먹으면 포기한다.

6. 아이의 행동에 화가 날 때

A. 잘하라고 으름장을 놓는다.
B. 화가 풀릴 때까지 방에서 나가 있는다.
C. 감정을 숨기고 아이를 안아준다.

7. 아이가 떼를 쓰면

A. 같이 화를 내면서 신체적인 제재를 가한다.

B. 무시한다. 계속 떼를 쓰면 아이를 밖으로 데리고 나와서 말한다. "그러면 안 된다. 얌전해지면 다시 돌아가자."

C. 아이를 설득한다. 그래도 안 되면 아이가 원하는 것을 주고 기분을 풀어준다.

8. 아이가 잠을 자기 싫다고 울면

A. 자라고 말하고, 필요하면 아이가 울게 내버려둔다.

B. 아이를 진정시키고 요구를 들어주되, 혼자서 잠들도록 격려한다.

C. 아이와 함께 자는 척하거나 내 침대로 데리고 간다.

9. 아이가 새로운 상황에서 수줍어하면

A. 아이가 느끼는 감정을 무시하고 밀어붙이는 경향이 있다.

B. 부드럽게 격려하면서 아이가 어울릴 준비가 될 때까지 기다린다.

C. 아이가 당황하면 좋지 않으므로 즉시 자리를 뜬다.

10. 나의 육아 철학을 한마디로 요약하면

A. 아이를 훈련시켜서 가정과 사회에 필요한 사람으로 만들어야 한다.

B. 사랑과 제한에 똑같이 중점을 두고 아이의 감정을 존중하는 동시에 지도를 해야 한다.

C. 아이의 천성과 흥미를 억누르지 않기 위해서 아이가 원하는 대로 해주어야 한다.

나는 도와주는 부모인가?

내가 도와주는 부모라고 부르는 사람들이 있다. 그들은 본능적으로 뒤로 물러서고, 도와주기 전에 격려하며, 경계를 정해주고, 적당히 칭찬한다. 이런 부모들은 보통 아이의 행동에 대해 참을성이 많다. 당연히 어떤 기질의 아이라도 쉽게 다룬다.

도와주는 부모는 권위주의와 자유방임주의 사이의 중도를 걷는다. 너무 엄하지도 느슨하지도 않게 적당히 양쪽의 균형을 잡는다. 하지만 어떤 엄마 아빠들은 어느 한쪽으로 기울어진다. 우리 각자의 육아 스타일이 어떤지 알아볼 수 있는 간단한 자가 진단 테스트를 해보자. 과학적이라고는 할 수 없지만 내가 부모들에게서 흔히 보는 행동들을 기초로 해서 만든 것이다. 만일 각 질문에 솔직하게 답한다면 각자의

사리와 데미안 모자의 주스 따르기

어느 날, 사리가 오렌지주스를 컵에 따르는데 당시 두 돌이었던 데미안이 "내가 할래요!" 하고 말했다. 사리는 무거운 유리 주전자를 아이에게 줄 수 없었다. "이건 너무 무거우니까 네 것을 줄게." 그녀는 찬장에서 작은 플라스틱 주전자를 꺼내 주스를 옮겨 담은 다음에 데미안을 싱크대로 데려갔다. "이제, 주스를 따라봐라." 한두 주일 후에 아이가 따르는 것에 익숙해지자, 엄마는 점차 많은 양을 담아주었다. 얼마 후 아이는 냉장고에서 주스통을 꺼내 싱크대로 가서 한 방울도 흘리지 않고 자신의 작은 플라스틱 주전자에 따를 수 있었다. 데미안은 그 과정을 지켜보던 손님에게 설명했다. "주스는 여기 와서 따라야 하는 거예요."

육아 스타일이 어떤지 대충 알 수 있을 것이다.

나의 육아 스타일은?

앞의 자가 진단 테스트를 평가해 보자. A라는 답에 1점, B에는 2점, C에는 3점을 주고 점수를 모두 더한다. 그렇게 해서 나온 점수에 해당하는 육아 스타일에 대해 알아보자.

♥ 10점에서 16점 사이 : 군림하는 부모

당신은 내가 군림하는 부모라고 부르는 권위적인 타입이다. 군림하는 부모들은 기준을 엄격하게 지키고 제재를 가하거나 잘못된 행동에 대해 처벌은 잘하지만 융통성이 부족하다. 한 예로, 도리는 알리샤가 태어난 날부터 맺고 끊는 데는 명수였다. 도리는 알리샤를 예의바르고 처신을 잘하는 아이로 만드는 것을 가장 중요하게 생각하고, 그렇게 하고 있다. 하지만 아기였을 때 아주 활달했던 알리샤는 지금 새로운 것을 시도하거나 아이들과 놀 때 다소 소극적이고 항상 엄마 눈치를 살핀다. 도리가 딸을 사랑한다는 것은 의심할 여지가 없지만 때로 아이도 나름대로 감정이 있다는 것을 고려할 필요가 있다.

♥ 17점에서 23점 사이 : 도와주는 부모

당신은 아마 사랑과 제한을 적절히 배분해 주는 부모일 것이다. 당신의 태도는 H.E.L.P.의 원칙에 일치한다. 내가 데미안이 아기였을 때부터 지켜본 바에 따르면, 그의 엄마 사리가 바로 이런 부모다. 사리는 항상 아이를 주시하면서 위험하거나 무모한 시도를 하지 않는다면 아이가 실수하는 것을 허락한다. 그녀는 또한 "사리와 데미안 모자의 주스 따르기"(82쪽 참고)에서 볼 수 있듯이 창의적으로 문제를 해결한다.

♥ 24점에서 30점 사이 : 아첨하는 부모

당신은 다소 자유방임적이고 제한에 대해 느슨한 타입이다. 아이를

육아 스타일에 영향을 미치는 요인들

물론 우리는 도와주는 부모가 되어야 하겠지만 다음과 같은 여러 가지 이유로 군림하거나 아첨하는 부모가 되기 쉽다.

♥ 우리 부모가 그런 식이었다.

우리는 "나는 절대 우리 부모처럼 되지 않을 거야"라고 말하지만 그들은 우리의 역할 모델이었다. 우리는 어린 시절에 보고 배운 대로 따라하기 쉽다. 우리 부모님들이 했던 방식대로 하는 것이 반드시 나쁘지는 않다. 단지 그 방식이 우리 아이에게 적절한지 생각해 봐야 한다.

♥ 우리 부모는 나와 정반대였다.

우리는 부모의 방식을 무조건 거부할 수도 있고, 때로는 자신도 모르게 거부할 수도 있다. 이때도 역시 우리가 원하는 것과 최선이 무엇인지 곰곰이 생각해 볼 필요가 있다. 우리 부모님들이 전적으로 틀렸다고만은 할 수 없다. 그들로부터 배울 것은 배우고 버릴 것은 버리자.

♥ 우리 아이는 특별하다.

아이에 따라 부모의 반응 방식이 달라질 수 있다. 부모와 자식의 궁합이 맞을 수도 있고 안 맞을 수도 있다. 까다롭거나 고집이 세거나 민감하거나 호전적인 아이들은 다루기가 좀더 어렵다. 만일 아이에게 지나치게 엄격하거나 느슨하다면 당신 자신에게 물어보자. "지금의 나의 육아 방식이 우리 아이에게 가장 적합한 것일까?"

너무 통제하면 자연스러운 성향을 억압하고 아이의 사랑을 잃어버릴 수 있다고 믿을지도 모른다. 동시에 다소 아이를 과보호하는 경향이 있다. 아이가 자유롭게 탐험하게 해주기보다는 옆에서 노심초사하기 쉽다. 클라리스가 그런 경우였다. 엘리엇이 아기였을 때부터 그녀는 잠시도 눈을 떼지 않았다. 아이가 놀면 옆에서 일일이 설명하고 보여준다. 또한 아이에게 경계를 정해주기보다는 구슬리려고 한다. 이 엄마는 물론 아이를 존중하지만 너무 지나친 경향이 있어서 남들이 보면 "이 집은 누가 가장이지?" 하고 생각할 것이다. 당연히 군림하는 부모보다는 아첨하는 부모들이 나에게 더 많은 SOS를 요청해 온다. 클라리스처럼 경계를 정해주지 않는 부모들은 버릇없는 아이를 만들기 쉽다. 그들은 보통 불규칙한 식사 습관, 잠버릇, 행동 문제에 관한 일로 나를 찾아온다. 반면에 도리와 같은 엄마는 경계를 잘 정해주지만 아이를 소심하게 만들기 쉽다. 또한 군림하는 부모는 융통성이 없고 기준이 엄격해서 종종 아이의 호기심과 창의성을 억압하기도 한다. 알리샤는 자신이 없는 것처럼 어떻게 해야 할지 모르고 끊임없이 엄마 눈치를 살핀다.

사랑과 제한의 균형을 유지하고, 언제 도와줄지, 언제 물러설지, 정확히 언제 얼마나 칭찬을 해야 주어야 하는지, 언제 어떻게 적절한 훈련을 시켜야 하는지(7장에서 좀더 설명하겠다) 판단하기란 쉽지 않은 일이다. 하지만 적어도 우리 자신의 육아 스타일을 알면 아이에게 어떻게 반응하고 어떻게 다룰 것인지에 대해 의식적인 선택을 할 수 있다. 무엇보다 아이들은 부모가 하기에 따라 달라질 수 있다.

독자들은 이 책에서 내내 H.E.L.P.에 대해 읽게 될 것이다. 나는 H.E.L.P.가 올바른 육아의 기본 바탕을 제공한다고 믿는다. 다음 장에서는 마찬가지로 중요한 원칙인 규칙적인 일과에 대해 설명하겠다.

3장

체계적인 일과와 의식으로 키우기

예정된 일상은 아이들을 편안하게 해준다

빗물이 떨어져서 바위를 뚫는다.

—루크레티우스

아무리 사소한 일상적 의식이라도 우리의 영혼을 위해 중요한 역할을 한다.

—토머스 모어

규칙적인 일과가 그토록 필요한 이유

드라마에 출연하는 여배우 로잘린은 내가 좀더 규칙적인 생활을 하라고 제안하자, "일과가 무슨 상관이죠?" 하고 말했다. 그녀는 출근하러 나갈 때마다 첫돌이 된 아들이 집이 떠나가라고 우는 통에 나에게 상담을 요청해 왔다.

"아이가 엄마에게서 떨어지지 않으려는 것과 일과가 무슨 관계가 있죠?" 그녀는 내가 대답도 하기 전에 다시 말을 이었다. "난 규칙을 싫어해요. 그날이 그날이고 모든 게 똑같잖아요." 그녀의 생활에는 다양성과 자극이 필요하다는 뜻이었다. 사실 그녀가 하는 일에서는 매일이 새로운 모험이었다.

"알아요. 하지만 매일 스튜디오에 가는 당신 생활에 대해 생각해 보세요. 매일 아침 당신은 같은 시간에 일어나서 샤워를 하고 아침을 먹고 같은 방식으로 출근합니다. 물론 배역이 바뀌고 때로 새 배우들이 합류하지만 당신이 의지할 수 있는 작가, 감독, 카메라맨과 같은 정규 멤버들이 있습니다. 그런 정해진 틀이 당신에게 위안이 되지 않나요? 물론 매일 다른 과제가 주어지지만 사실, 당신 일과는 체계가 잡혀 있습니다. 단지 스스로 그렇게 생각하지 않을 뿐이죠."

로잘린은 "도대체 무슨 소리를 하는 거요, 트레이시?" 하는 표정으로 나를 쳐다보았다.

나는 계속했다. "당신은 이제 배우로서 기반을 다지는 힘든 과정에서 벗어났습니다. 어떤 배우들은 다음달 월급 아니면 아마 끼니 걱정을 할지도 모릅니다. 하지만 당신은 안정적이면서도 매일 새로운 일을 하면서 양쪽 세계를 한껏 누리고 있죠."

"그렇다고 할 수 있죠." 그녀는 고개를 끄덕이며 마지못해 대답했다. "하지만 내 이야기를 하러 온 것이 아니에요. 돌이 된 우리 아이

때문에 여기에 온 것이죠."

"아이도 마찬가집니다. 사실 아이에게는 안정이 더욱 중요하죠. 아이를 지루하게 만들면 안 되겠지만 어느 정도의 안정 그리고 더 중요한 것은 규칙적인 일과를 제공하면 아이가 느끼는 불안감을 덜어줄 수 있습니다. 사실, 당신이 하는 일을 생각하면 아마 좀더 이해하기가 쉬울 겁니다. 당신은 다음에 어떤 배역을 맡을지를 알고 있으면 좀더 편안하게 연습할 수 있을 겁니다. 내가 말하고 싶은 것은 토미에게도 당연히 그와 같은 안정이 필요하다는 겁니다. 만일 아이가 자신의 일정을 알고 있다면 좀더 말을 잘 들을 거예요. 왜냐하면 아이도 스스로 자신의 환경을 통제하고 있는 기분을 느낄 테니까요."

나는 로잘린과 같은 엄마들을 많이 만난다. 그들은 규칙적인 일과의 중요성을 깨닫지 못하거나 아니면 그로 인해 구속을 받을까봐 겁을 낸다. 결국 그들은 아이의 수면 장애, 먹는 문제, 떼쓰기, 분리 공포증에 대해 상담받으러 온다. 그러면 나는 그들에게 제일 먼저 일과와 의식을 들여다보게 한다.

의식이란 무엇인가?

우선 의식이 무슨 뜻인지 설명하겠다. 이 장에서 나는 '일과'와 '의식'이란 단어를 서로 바꿔가며 사용하는데 그 이유는 그 두 가지가 서로 얽혀 있기 때문이다. 사실 우리가 매일 되풀이하는 활동은 일종의 의식이라고 할 수 있다.

일과는 우리가 매일 아침에 일어나고, 식사하고, 목욕하고, 잠자리에 드는 '예정된' 일들로 짜여진다. 대부분의 일과는 의식 전문가 바바라 비쥬(94쪽 참고)가 '생각 없이 하는 의식'이라고 부르는 것들이다. 우리는 그런 의식들을 별 생각 없이 수행한다. 예를 들어 아침에 일어나서 하는 인사, 잘 다녀오라는 인사, 잘 자라는 인사는 모두 일종의 연결 의식이다. 아이를 유치원에 데려다줄 때마다 같은 말을 하고, 집을 나설 때마다 손을 흔드는 것들도 역시 의식적인 행위다. 그리고 우리는 아이들에게 존댓말이나 '감사합니다'를 말하도록 가르치고, 사회에서 필요한 예절 교육을 가르친다.

이러한 매일의 의식을 통해 아이들은 다음에 무엇이 올 것인지, 어떻게 행동해야 하고 무엇을 기대할 수 있는지를 배우면서 위안과 자신감을 갖게 된다. 비쥬가 관찰하듯, "우리는 의식을 통해 세상을 좀더 잘 이해하게 되고 평범한 일들, 예를 들어 목욕이나 가족 식사 등을 서로 마음을 열고 함께 자리하는 신성한 순간으로 여기기 시작한다." 따라서 그러한 일상적 순간들을 좀더 의미 있게 만들 필요가 있다.

의식은 매일의 순간이나 특별한 행사를 좀더 의미 있게 부각시킬 수 있다. 이 장의 전반부에서는 일상적인 일과에 관련된 의식을, 후반부에서는 가족의 전통을 강화하고 중요한 사건, 명절 그리고 특별한 행사를 기념하는 의식을 다룰 것이다. 그에 앞서 의식이 왜 중요한지 설명하겠다.

의식은 왜 필요한가?

엄마 아빠들을 상담할 때마다 나는 제일 먼저 아이를 안정시킬 수 있을 뿐 아니라 부모도 휴식을 취하고 재충전하는 시간을 가질 수 있는 규칙적인 일과*를 권한다. 만일 아이가 병원에서 집에 온 첫날부터 규칙적인 일과에 따라 생활해 왔다면 더 이상 바랄 것이 없다. 하지만 이제 아이가 걷기 시작하는 유아기에는 그 어느 때보다도 의식이 더욱 중요하다.

♥ 의식은 안정감을 제공한다.

걸음마 단계의 아이에게 세상은 도전적이고 혼란스럽고 종종 두렵게 느껴진다. 유아기는 일생에서 그 어느 때보다 부모뿐 아니라 아이 스스로도 놀랄 정도로 급속한 성장 발달을 경험하는 시기다. 매일 새로운 투쟁과 시련이 찾아오고 위험이 도처에 도사리고 있다. 의식은 아이가 처음 걸음마를 배우는 이 시기에 신체적 감각을 익히고 아이가 자신의 감정과 새로운 사회적 상황을 이해하고 조절할 수 있도록 뒷받침해 준다.

♥ 의식은 실랑이를 줄여준다.

아이가 기저귀를 갈 때 얌전하게 누워 있는 것은 이제 지난 일이 되었다. 혈기왕성한 아이는 잠시도 가만히 있지 못하고 일어나서 돌아다니려고 한다. 엄마는 교통경찰이 될 수밖에 없다. 만일 먹고 자고 노는 시간을 일정하게 유지한다면 아이와의 실랑이를 확실하게 줄일 수 있을 것이다. 아이들은 다음에 무엇이 올지 알면 협조적이 된다.

드니스는 아이의 '수면 장애' 문제로 내게 전화를 했다. 첫돌이 된 아기는 저녁에 목욕을 시키고 마사지를 해준 뒤 동화를 두 편 읽어주고 약간의 우유를 먹여서 마침내 침대에 눕히면 약간 옹알이를 하다가 잠이 들곤 했다. 저녁 일과가 끝나면 8시 경이었다. 드니스는 아기를 7시 30분에 재우기 위해 책 읽기를 생략하려고 했다. 그러자 아이는 전처럼 순순히 잠을 자는 대신 소리를 질러댔다. 어떻게 된 셈일

---

* 나는 첫 책에서 아이가 먹고(Eating) 활동하고(Activity) 자고(Sleep) 엄마를 위한 시간을 가질(time for You) 수 있도록 하는 E.A.S.Y. 주기를 소개했다. 만일 체계적인 E.A.S.Y.를 사용하지 않았다고 해도 지금쯤 아이는 아마 자연스럽게 그렇게 생활하고 있을 것이다. 그렇지 않다면 그렇게 해야 한다.

까? 드니스는 아이가 시간이 아니라 순서에 익숙해졌다는 사실을 모른 것이다. 그녀는 30분을 더 벌어보겠다는 생각만으로 아이의 평소 의식을 바꾸었고, 그 결과 두 사람 모두 힘들어졌다. 나는 그녀에게 이전의 취침 의식을 회복하고 대신 시간을 앞당기라고 했다. 그러자 아기의 수면 장애는 감쪽같이 사라졌다.

♥ 의식은 아이가 느끼는 분리 공포증을 덜어준다.

의식을 통해 아이는 매일 반복해서 일어나는 일들을 예상할 수 있다. 연구에 따르면, 실제로 4개월 된 아이들은 예상을 하기 시작한다. 그러므로 엄마가 방에서 나가도 다시 돌아온다는 것을 가르칠 수 있다. 예를 들어 토미의 경우에 나는 로잘린에게 처음에 몇 분간 방에서 나가 있는 것으로 시작하게 했다. 그녀는 우선 말로 아이를 준비시켰다. "엄마는 잠시 바이바이를 해야 한다, 토미." 그 다음에 방을 나서면서 "곧 돌아올게, 아가야" 하고 손으로 키스를 보냈다. 토미가 엄마의 부재를 어느 정도 참을 수 있게 되자, 나는 그녀에게 방에서 나가 있는 시간을 점차 늘리라고 했다. 마침내 그녀는 같은 의식을 사용해서 집을 나설 수 있었다. 처음에는 매번 같은 식으로 같은 말을 반복하는 것으로 시작했다. 그렇게 함으로써 토미는 마음의 준비를 하고 좀더 감정을 조절할 수 있었다. 아이의 당혹감이 즉시 누그러지지는 않았지만 떠나고 다시 돌아오는 의식을 통해 적어도 토미는 얼마 안 가 엄마가 나갔다가 다시 돌아온다는 것을 알게 되었다. "안녕, 토미. 엄마 왔다" 하고 말하면서 꼭 끌어안고 뽀뽀하는 의식을 통해 토미는 엄마와의 분리에 대해 적응해 갔던 것이다(분리 공포증에 대해서는 6장과 8장에서 좀더 설명하겠다).

♥ 의식은 모든 종류의 학습, 즉 운동 능력 · 감정 조절 · 사회성에 도

움이 된다. 아이들은 반복과 모방을 통해 배운다. 아이를 억지로 떠밀고 강요하기보다 같은 일을 매일 반복함으로써 자연스럽게 배우게 하자. 또 부모가 모범을 보이자. 아이가 말을 배우기 전이라도, 엄마는 아이가 뭔가를 건네줄 때마다 반복적으로 '감사합니다'라고 말하자. 언젠가 아이는 엄마가 하는 말을 따라할 것이다. 궁극적으로 의식은 단지 기술적인 능력뿐 아니라 도덕과 가치관과 상호존중을 가르치는 데도 도움이 된다.

의식의 구성 요소

『일상 의식의 기쁨과 가족 의식의 기쁨』의 저자인 바바라 비쥬는 의식을 다음과 같은 요소들로 나누어서 설명한다.

1. 의도 일상적인 의식은 우리가 매일 아무 생각 없이 행하지만 사실 중요한 의미가 있다. 예를 들어, 우리가 말로 표현하지는 않지만 취침 의식의 목적은 휴식이다.

2. 준비 어떤 의식을 위해서는 미리 준비할 것들이 있다. 특히 아이들의 경우에는 준비가 중요하며 아주 간단하다. 예를 들어, 식사할 때는 높은 의자와 아이가 손을 닦는 특별한 수건을, 취침 시에는 책을 준비한다.

3. 절차 모든 의식에는 시작과 중간과 끝이 있다.

4. 사후관리 의식을 반복할 때마다 의미가 강화된다. 매일 일상적으로 하거나 아니면 특별한 가족 기념일이나 명절처럼 1년에 한 번씩 하거나 마찬가지이다.

규칙적인 일과의 중요성

아이들은 매일의 취침, 책 읽기, 기상, 식사, 목욕 등 협조가 필요한 반복적이고 규칙적인 일과에 따라 생활하면 점차 도덕심이 발전한다. 이러한 일과는 아이에게 무엇을 해야 하는지 알게 해준다. 그러므로 끊임없는 갈등을 피하는 한 가지 방법이 될 수 있다. 예정된 일상 안에서 아이들은 자연스럽게 협조하는 법을 배운다.

♥ 의식을 통해 분명한 경계를 정하고 일관성 있게 행동함으로써 문제를 피할 수 있다.

아이들은 끊임없이 부모를 시험한다. 그럴 때 화를 내면 아이가 더 꾀를 부린다. 의식은 상황을 미리 예상하고 계획해서 아이를 통제할 수 있게 해준다. 예를 들어 베로니카는 19개월의 오티스가 가구 위에서 뛰지 못하게 하고 싶었다. 나는 그녀에게 "그럴 때는 아이에게 부드러운 말로 '오티스, 소파 위에서 뛰면 안 된다'라고 해주세요. 또한 아이 방에 깔아놓은 매트리스처럼 그가 올라갈 수 있는 적절한 장소를 알려주세요"라고 제안했다. 다음날 오티스가 침대 위에서 뛰기 시작하자 그녀는 "오티스, 침대 위에서 뛰면 안 된다"라고 말하고 아이 방으로 데려갔다. 서너 번을 그렇게 하자 오티스는 깨달았다. '오, 그렇구나. 소파나 침대에서는 뛰면 안 되고 여기서는 뛰어도 되는 거구나.'

♥ 의식을 통해 새로운 경험에 대한 준비를 시킨다.

집에서 아이에게 새로운 경험을 제공하고 점차 어려운 과제를 주다가 마침내 밖으로 나간다. 예를 들어, 10개월 된 그래시를 레스토랑에 데리고 가기 위해서 엄마는 우선 가족의 저녁식사에 아이를 참여시켰다. 그래시는 유아용 식탁의자에 앉아서 오빠 언니들과 함께 저녁식사 의식에 참여했다. 새로운 음식을 맛보고 도구를 사용해서 먹는 법과 식탁 예절을 배웠으며, 점차 앉아 있는 시간을 늘려갔다. 그리고 드디어 레스토랑에 갔을 때는 아무 문제가 없었다.

♥ 의식을 통해 속도를 늦추고 가족이 서로 연결하는 시간을 갖는다.

아이를 목욕시키거나 책을 읽어주는 시간보다 더 특별한 순간이 있을까? 그리고 만일 우리가 속도를 늦추고 그러한 순간에 어떤 의미를 부여한다면 아이에게도 모든 일에 감사할 줄 아는 본보기를 보여줄 수 있다. 또한 부모와 자식 간의 결속을 강화하고 아이에게 "나는 너를 사랑한다. 네가 필요로 할 때는 언제라도 내가 여기 있단다"라는 중요한 메시지를 전달하게 된다.

나는 두 딸을 절대 완고하게 키우지 않았지만 아이들이 시간을 잘 이해하지 못할 때부터 여러 가지 의식을 사용해서 대체로 규칙적이고 일정한 일과를 유지했다. 예를 들어, 퇴근해서 집에 돌아오면 1시간 동안 아이들에게 온통 나 자신을 바쳤다. 그 무엇도 우리 시간을 방해하지 못했다. 전화도 받지 않고 집안일도 하지 않았다. 아이들이 어려서 시간을 이해하지 못했으므로 나는 타이머를 맞추어놓고 종이 울리면 일어나서 저녁을 준비하고 다른 집안일을 시작했다. 그들은 항상 나를 기꺼이 보내주고 나름대로 도와주었다. 왜냐하면 아무런 방해도 받지 않고 엄마와 함께 있는 시간을 충분히 누렸기 때문이었다.

의식 24시

어떤 의식, 예를 들어 잠자리에서 책을 읽어주거나 옛날이야기를 해주는 것과 같은 의식은 거의 모든 가족들이 하는 일이지만 각자의 가족에게 맞추어야 한다. 다음의 제안을 읽으면서 각자 아이의 기질과 우리 자신의 육아 방식 그리고 다른 가족 구성원들을 고려하기 바란다.

어떤 가족들은 좀더 수월하게 일과를 정하고 유지한다. 부모의 일정도 역시 감안해야 한다. 현실적이 되자. 만일 매일 저녁 아이와 함께 식사할 수 없다면 적어도 1주일에 두세 번이라도 하자. 또한 의식은 개인을 생각해야 한다. 가족 구성원 각자의 가치관을 충분히 반영할 때 의미가 있다. 또한 모두가 편안하게 느껴야만 유지하기가 쉽다. 어떤 가족들은 식전 기도를 할 수도 있고 하지 않을 수도 있다. 어떤 가정에서는 아이 목욕시키는 일을 아빠가 맡아서 할 수 있다.

아래에서 24시간 반복되는 일과를 살펴보겠다. 아이가 크면서 조금씩 바뀌겠지만 아침에 일어나고, 식사하고, 목욕하고, 집에서 나가고 들어오고, 정리하고, 낮잠 자고, 밤에 잠자리에 드는 것은 대충 같다. 이 장에서 제안하는 방법들은 어떤 문제점에 대한 해결책이라기보다 예방책이다. 일정한 의식을 반복해서 아이 스스로 자신이 무엇을 해야 하는지 알게 하면 종종 문제를 사전에 방지할 수 있다.

다음에는 각각의 일과에 대해 의식의 의도(목적과 목표), 준비, 절차 그리고 필요하다면 사후관리(매일 일어나는 일상적인 의식의 경우에는 사후관리를 따로 하지 않아도 된다)에 대해 제안하겠다. 이때 무엇보다도 일관성이 중요하다. 또한 독창적인 아이디어로 각자 자신의 가족에게 가장 적절하고 재미있는 의식을 만들어보자.

♥ 기상 의식

아이가 아침에 깨어나서 일어나는 모습은 두 가지다. 대개 아이들은 즐거워하지 않으면 운다. 영아기에는 기질에 따라 깨어나는 모습이 다르다. 하지만 유아가 되면 아이의 성격보다는 부모가 아이의 버릇을 어떻게 들이냐에 달려 있다. 훌륭한 의식은 실제로 아이가 기질을 극복할 수 있게 도와준다.

♥ 의도 아이가 침대를 편안한 장소로 여기고 아침에 깨어나면 기분 좋게 옹알이를 하며 혼자 20～30분간 놀도록 한다.

♥ 준비 낮에 침대에서 놀게 한다. 침대에서 즐겁게 시간을 보내면 그곳을 편안하고 놀기 좋은 곳으로 여길 것이다. 낮 동안에 한두 번씩 침대 안에 넣어주자. 아이가 좋아하는 장난감을 주고 처음에는 옆에서 안심시킨다. 까꿍놀이나 다른 게임을 하면서 놀아준다. 처음에는 방에서 나가지 말자. 엄마의 존재를 느끼게 해주되 간섭은 하지 말자. 그러면서 점차 방에서 나가 있는 시간을 늘려간다.

♥ 시작하고 끝내기 아침에 깨서 혼자 옹알이를 하며 노는 시간을 재서 알아본다. 그래서 아이가 울기 전에 방에 들어간다. 엄마의 일정이 바쁘거나 아이 기저귀가 젖었으면 좀더 빨리 들어갈 수도 있다. 즐겁게 하루를 시작하자. 어떤 엄마는 노래를 불러주고 "안녕, 우리 아기, 널 보니까 너～무 좋구나"라고 인사한다. 아이를 침대에서 꺼내는 것으로 의식을 끝낸다.

한마디 더

아이가 아침에 운다고 해서 안쓰러워하지 말자. 아이를 들어올려서 안아주지만 '이런 불쌍한 것!' 하고 말하지 말자. 유쾌하게 하루를 시작하자. 아이들은 보는 대로 배운다는 사실을 기억하자.

♥ 식사 의식

많은 부모들이 아이를 먹이는 문제로 어려움을 겪다가 상담을 요청

일과 들여다보기

어떤 부모들은 좀더 수월하게 규칙적인 일과를 정해서 유지한다. 2장에서 구분한 육아 유형에 따라 부모들마다 어떻게 다른지 알아보자.

	군림하는 부모	도와주는 부모	아첨하는 부모
육아 철학	체계와 일과를 확고하게 지킨다.	규칙적인 일과를 정해서 유지하는 것이 중요하다는 것을 알고 있다.	지나친 체계는 아이의 개성과 자발성을 속박할 수 있다.
실천	아이보다는 부모 자신의 요구를 좀더 중요하게 여긴다.	아이와 모든 가족 구성원의 요구를 중요시한다.	형식이 방해가 된다고 믿는다. 아이 중심으로 생활한다. 날마다 일과가 다르게 진행된다.
융통성	아이의 다양한 요구를 수용하는 임기응변이 부족하다.	필요하면 일과를 변경하고 변화에 당황하지 않는다.	종종 기분이 내키는 대로 대처한다.
결과	때로 아이의 요구가 무시된다. 일정대로 되지 않으면 실망하고 화가 난다.	아이를 편안하게 해준다. 안정된 생활과 합리적인 한도 내에서 창의성을 북돋운다.	자유분방한 사고방식이 종종 혼돈을 야기한다. 아이가 다음에 무슨 일을 해야 하는지 모른다.

해 온다. "한 발짝 뒤로 물러서세요." 나는 초조해 하는 부모들에게 말한다. "아이를 많이 먹이기보다 규칙적으로 먹이는 것에 초점을 맞추세요." 건강한 아이가 영양실조로 죽는 일은 없다. 많은 연구에 따르면, 아이들은 때로 식욕이 떨어지기도 하지만 부모가 억지로 먹이지 않아도 충분히 먹고 균형 있는 음식을 선택한다고 한다.

♥ 의도 식탁에 앉아서 도구를 사용하고 새로운 음식을 먹어 보고, 무엇보다 가족과 함께 식사하는 의미를 가르치는 시간으로 생각하자.

♥ 준비 매일 대체로 같은 시간에 식사를 한다. 영아들은 배가 고프면 먹지만, 유아는 세상을 실험하고 탐험하기에 바빠서 종종 먹기를 싫어한다. 배고픔이 예전과 같은 식욕을 일으키지 않으므로 '식사 시간'을 알려서 신체적인 필요에 부응하게 해준다.

8~10개월부터 가족과 함께 저녁을 먹도록 하는데, 이 무렵이면 보통 아이가 앉아서 고형식을 먹기 시작한다. 유아용 식탁의자를 준비한다. 중요한 것은 '식탁의자'에 앉으면 가만히 앉아서 먹어야 한다는 것을 알게 하는 것이다. 만일 위에 형제가 있으면 함께 먹게 하자. 적

아이가 깨서 우는 이유

자다가 깨서 우는 아이는 자기 침대를 편안하게 느끼지 못하기 때문이다. 나는 그런 아이의 부모에게 보통 다음과 같은 질문을 한다.

♥ 아이가 무슨 소리를 내자마자 달려가는가?
아마 누군가 즉시 달려가지 않으면 아기가 울도록 버릇을 들였을 것이다.

♥ 아이가 불안해 보이나요? 아이가 자지러지게 울다가 엄마가 들어가면 꼭 끌어안는가?
침대를 무서워하는 것이므로 그런 인식을 바꾸어주어야 한다.

♥ 낮 동안에 아이를 침대 안에서 놀게 해주었는가?
아이가 침대에서 노는 시간을 주는 것이 좋다.

어도 1주일에 몇 번은 가족과 함께 식사하자. 부모가 식사를 함께 할 수 없다면 간식이라도 먹으면서 '가족 식사'라는 느낌을 갖게 해주자.

♥ 시작하고 끝내기 손을 씻는 것은 식사 시간을 알리는 훌륭한 식전 의식이다. 아이가 혼자 일어설 수 있게 되면 발판에 올라가서 세면대에서 손을 씻게 한다. 손 씻는 것을 보여주고 비누를 주면서 해보게 하자. 아이 수건을 옆에 걸어두자.

촛불을 켜거나 "이제 식사하자"라는 말로 시작한다. 어른들이 하는 것처럼 식사를 하면서 대화를 나눈다. 아직 말을 하지 못하는 아이라도 대화하는 분위기는 이해할 것이다. 그리고 만일 형제가 있다면 그냥 보고 듣는 것만으로도 많은 것을 배운다.

아이가 먹는 것을 중단하면 식사를 끝내자. 많은 부모들은 아이가 음식을 골고루 먹었는지, 충분한 양을 먹었는지 걱정스러워서 한 입이라도 더 먹이려고 구슬리고 타이른다. 어떤 엄마는 아이를 따라다니면서 숟가락으로 떠먹인다(323~326쪽 샤논의 이야기 참고). 식사 의식의 의도는 식사 습관을 가르치는 것임을 기억하자. 놀면서 먹을 수는 없다.

식사를 끝내는 방법도 역시 가족마다 다르지만 아이의 턱받이를 벗기면서 "식사가 끝났다. 치울 시간이다!"라고 말한다. 아이가 뭔가를 들고 다닐 수 있으면 자기가 먹은 그릇을 싱크대로 가져오게 한다. 또한 고형식을 먹기 시작하자마자 식사 후에 이를 닦는 습관을 들이기 시작한다.

한마디 더

아이가 이를 닦는 것에 익숙해지도록 잇몸을 닦아주는 것으로 시작하자. 손가락에 깨끗한 가제를 두르고 식사 후에 잇몸을 문질러준다. 이가 나면 그런 느낌에 익숙해질 것이다. 부드러운 유아용 칫솔을 사자. 아이는 아마 처음에 칫솔을 빨기도 하지만 결국 이 닦는 법을 배울 것이다.

♥♥ 사후관리 어디를 가든지 식사 의식을 지키자. 아이를 다른 집이나 레스토랑에 데려가거나 멀리 여행할 때라도 되도록이면 이와 같은 의식을 유지한다. 그러면 아이가 편안하게 느낄 뿐 아니라 식사 시간에 배운 습관이 굳어질 것이다.

♥ 목욕 의식

영아들이 목욕을 두려워한다면 유아들은 종종 욕조에서 나오지 않으려고 한다. 목욕 의식을 지키면 그런 실랑이를 피할 수 있다.

♥♥ 의도 저녁에 하는 목욕 의식은 휴식 겸 취침 준비다. 아침 목욕을 한다면 하루를 시작할 준비가 된다.

♥♥ 준비 아이에게 명랑한 목소리로 말한다. "와~ 목욕할 시간이다!" 또는 "이제 목욕하자!" 욕조에 물을 받고 컵, 눌러 짜는 용기, 오리 장난감처럼 물에 뜨는 장난감을 넣어준다. 아이 피부가 민감하지 않으면 거품을 만들어줄 수도 있다. 목욕 수건을 두 개 준비해서 하나는 엄마가 갖고 하나는 아이에게 준다.

한마디 더

항상 찬물이 나오는 수도꼭지를 먼저 틀고 그 다음에 더운물을 받는다. 아이가 우연히 뜨거운 물에 손을 댔다가 데는 일이 없도록 주의하자. 또한 고무로 만든 욕조 매트를 깔아서 미끄러지지 않도록 한다.

♥♥ 시작하고 끝내기 아이를 물에 넣거나 큰 아이는 혼자서 들어가게 한다. 물론 욕조가 미끄러우니 조심하자. 나는 항상 목욕하면서 흥얼거리는 것을 좋아한다. "팔은 이렇게 닦아요. 저녁마다 이렇게 팔을 닦아요. 등은 이렇게 닦아요." 하면서 노래를 부른다. 그러면 아이가 자기 몸에 대해 배우고 혼자 해보고 싶어한다.

아이가 욕조에서 나오려고 하지 않으면 먼저 장난감들을 꺼낸다. 그 다음에 고무마개를 잡아당겨서 물이 내려가면 말한다. "오오, 물이 수챗구멍으로 내려가네. 목욕 시간이 끝났구나!" 보송보송한 타월에 감싸서 꼭 안아주는 것으로 목욕을 끝낸다.

한마디 더

이제 아이의 운동 능력이 좀더 발달했다고 해도 절대 욕조 안에 혼자 두면 안 된다(안전 요령은 139쪽 참고).

♥ 외출했다가 돌아오기

모든 아이들은 엄마와 떨어지지 않으려고 하는 과정을 거친다. 저녁 준비를 하러 주방에 가지도 못하게 한다. 분명 어떤 아이들은 좀더 심하긴 하지만 이것도 엄마가 하기에 달려 있다. 만일 영아기 때부터 엄마가 매일 일정한 시간에 집을 나가서 돌아오는 것을 계속해 왔다면 커서도 그 일과에 익숙할 것이다. 그렇지 않고 집을 나가고 들어오는 시간이 불규칙하면 더욱 더 어렵다. 아니면 갑자기 엄마와 떨어지지 않으려는 아이들도 있다.

♥♥ 의도 엄마가 언제 나갈 것인지 그리고 나갔다가 돌아온다는 것을 알게 해서 안심시킨다.

♥♥ 준비 엄마와 떨어져 있는 시간을 갖게 한다. 만일 6개월 정도에 시작해서 서서히 진행하면 8개월쯤에는 아마 혼자서 40분 정도 놀 것이다. 또한 처음에는 까꿍놀이가 도움이 될 수 있다. 까꿍놀이를 하다 보면 만일 부모가 눈에 보이지 않아도 어딘가에 있다는 생각을 갖게 된다. 단, 아이가 지쳐 있거나 투정을 부릴 때는 하지 말자. 아이가 겁을 먹고 울면 나중으로 미루었다가 다시 시도하자.

아이를 방에 두고 나갈 때는 안전한 상황, 즉 침대나 놀이울에 두거나 누군가 다른 사람이 지켜보게 한다. 방에서 나갈 때마다 "엄마는 부엌에 간단다. 나는 거기에 있을 거야" 하고 말한다. 하지만 아이가 부르면 곧장 돌아와서 안심시켜 준다.

외출할 때에는 아이에게 솔직해져야 한다. 5시간 동안 나가 있으면서 "금방 돌아올게" 또는 "5분 후에 돌아올게"라고 말하지 말자. 아이들은 시간 개념이 없지만 나중에 '금방'이나 '5분'이라는 말을 혼동할 수 있다.

♥♥ 시작하고 끝내기 외출할 때마다 매번 같은 말과 행동을 보여준다. "엄마는 일하러 가야 한다, 아가야" 하고 말하면서 꼭 끌어안고 뽀뽀해 준다. "내가 돌아오면 함께 놀이터에 가자"라고 하는 것은 좋지만, 지킬 수 없는 약속은 하지 말자. 또한 아이를 안심시킬 수 있는 방법을 아는 것도 중요하다. 예를 들어, 어떤 아이들은 창문에서 손을 흔드는 것을 좋아하지만, 어떤 아이들은 헤어지는 절차가 길어지면 더 당황한다.

당연히 아이의 감정을 존중해 주면서 그리고 현실을 인정하게 해야 한다. 아이를 혼란시키는 것은 엄마가 나간다는 사실보다 나가는 방법에 달려 있다는 것을 기억하자. 엄마가 계속해서 들락달락하면 아이를 점점 불안하게 만들 뿐이다. 그런 행동은 아이에게 "네가 울면 내가 돌아올 거야" 하고 말하는 것밖에 되지 않는다.

한마디 더

만일 아이가 우는 것을 보고 나왔다면 차에 탄 후에나 직장에 도착해서 보모에게 전화해 보라. 대부분의 아이들은 엄마가 나가고 나서 5분만 지나면 잊어버린다.

집에 돌아오면 매번 같은 말을 한다. "엄마 왔단다" 또는 "안녕, 아가야, 내가 왔다." 아이를 안아주고 나서, "이제 너하고 놀려면 엄마는 옷을 갈아입어야겠다"라고 말하고 적어도 1시간 정도 아이와 보내는 특별한 시간을 마련하자.

집에 미리 전화를 해서 아이에게 엄마가 오는 것을 알리게 할 수도 있다. 엄마가 매일 출퇴근을 하는 아이들은 말을 하지 않아도 엄마가 돌아온다는 것을 눈치로 알아낸다. 예를 들어, 우리 딸 사라는 저녁에 보모가 주전자를 불에 올려놓으면 내가 집에 온다는 것을 알았다.

한마디 더

집에 돌아올 때 선물을 사들고 가지 말자. 당신이 선물이다.

♥ 정리하기

나는 주의집중 전환이 신속하지 못한 아이들에게 정리하기 의식을 사용한다. 예를 들어, 8개월밖에 안 된 아이들 모임에서도 항상 음악수업을 시작하기 전에 '정리하기'를 했다. 그러면 수업을 좀더 차분하게 진행할 수 있었다. 게다가 책임과 의무를 배우는 것은 이를수록 좋다.

♥♥ 의도 아이에게 책임감을 가르치기 위해서다. 아이는 자신과 다른 사람의 물건을 아낄 줄 알게 된다.

♥♥ 준비 상자 하나, 옷걸이 몇 개 그리고 되도록이면 아이 손이 닿을 수 있는 옷장 선반을 제공한다.

♥♥ 시작하고 끝내기 아이와 함께 집에 돌아오면, '옷을 걸자'고 말한다. 엄마가 옷장으로 가서 옷을 거는 것을 보면 아이도 따라할 것이다. 방에서 놀다가 먹거나 잘 시간이 되면, '이제 치우자'고 말한다. 처음에는 도와주어야 할 것이다. 내가 "상자에 물건들을 넣자"고 말하면 아이들이 따라한다. 어떤 아이가 상자에서 장난감을 꺼내려고 하면 "이제 상자에 물건을 넣어야 해. 정리를 하자"고 말한다. 이런 의식을 반복하면서 정리하는 습관을 기른다.

♥♥ 사후관리 어디에 가든지 정리하는 습관을 들이자.

♥ 취침 의식

잠자리에서 아이에게 책을 읽어주고 끌어안고 할 때보다 달콤한 시간은 없다. 부모들은 아이만큼이나 그 시간을 좋아한다. 그러고 나면 아이 혼자 잠이 들게 해야 하는 순간이 온다. 어떤 아이들은 좀더 요구가 많다. 잠자는 것도 아이가 배워야 하는 기술이다. 하지만 비교적 잘 자는 아이라고 해도 일관된 의식을 유지하는 것이 중요하다. 아이가 활발하게 움직이기 시작하면 특히 1년에서 2년 사이에 갑자기 수면 장애가 생길 수 있다. 아이는 꿈을 꾸다가 깨면 다시 잠이 오기를 기다리지 못하고 일어나려고 한다! 8장에서 수면 장애를 다루지만, 여기서 취침 의식을 위한 몇 가지 제안을 하겠다.

♥♥ 의도 놀이에서 오는 긴장과 흥분을 진정시킨다.

♥♥ 준비 TV와 놀이 같은 자극적인 활동을 중지한다. 장난감을 치우고, "이제 잘 시간이 되었다"고 선언한다. 커튼을 치고 블라인드를 내린다. 휴식을 취할 수 있는 저녁 목욕(아이가 좋아하면 마시지도 해준다)은 취침 의식의 일부이다.

♥♥ 시작하고 끝내기 목욕하고 잠옷으로 갈아입은 후에 "가서 책을 골라오라"고 말한다. 아이가 아직 어떤 책을 좋아하는지 모르면 대신 골라준다. 미리 책을 얼마나 읽어줄 것인지 정한다. 그 시간을 지키자. 안 그러면 문제가 일어난다.

이 의식을 아이와 엄마의 취향에 따라 적절히 변형하면 된다. 로버타와 딸 어슬라는 매일 밤 토끼 인형을 사이에 두고 흔들의자에 앉는다. 로버타가 이야기를 읽어주고 잠시 안아주면 어슬라는 쉽게 침대로 들어간다. 뎁은 아들 잭에게 그의 '안전담요'를 주고 이야기를 들려준다. 잭은 보통 그림책을 보면서 듣는 이야기 테이프를 좋아한다. 잭이 트럭을 갖고 놀고 싶어 싫어하면 엄마는 부드럽게 타이른다. "장난감은 안 된다 잭, 잘 시간이야."

자기 전에 우유병이나 엄마젖을 찾는 아이들도 있다. 그래서 진정이 되는 것은 좋지만 잠을 자면서 물고 자지 못하게 하자. 우유병을 물고 자면 치아에 좋지 않다. 19개월의 더들리는 자기 전에 아직 우유병을 찾지만 침대에서 내려와서 먹도록 하므로 물고 잠이 드는 일은 없다. 더들리는 또 다른 위안 의식을 갖는다. 창문을 내다보고 달과 별에게 잘 자라고 손을 흔드는 것이다. 그리고 아빠가 집에 없을 때는 아빠 사진에 입을 맞춘다.

취침 의식은 아이를 침대에 눕히는 것으로 끝내야 한다. 만일 즉시 방을 떠나지 못하겠으면 몇 분간 곁에서 아이를 다독거리고 자장가를 불러주고 등을 문질러준다. 엄마는 어떤 식으로 해주어야 아이를 안정시킬 수 있는지 알 것이다(일단 의식이 끝난 후에 아이가 침대에서 나오지 못하게 하는 요령에 대해서는 8장 참조).

우리 가족만의 특별한 의식을 만들자

이 책을 시작하면서 말했듯이 매일, 매주 또는 매년 의식이 필요한 여러 가지 가족 행사들이 있다. 일상적인 의식과 마찬가지로 여기서도 중요한 것은 개인적인 의미다. 어느 가족에게 중요한 의식이 다른 가족에게는 무의미할 수 있다. 또 특수 가정도 있다. 예를 들어, 아이를 입양해서 온 날을 기념하기도 한다. 또한 우리 모두 특별한 집안의 전통을 갖고 있다. 그러면 여기서는 가장 공통적인 행사 몇 가지에 대해 알아보자.

♥ 가족 '모임'

가족이 매주 또는 매월 한 번씩 정기적으로 모여서 생각과 감정을 나누고 즐기는 시간을 갖는 것이 중요하다. 모임의 형식은 가족의 전통을 따르거나 새로 만들거나 새것과 옛것을 조화시킬 수도 있다.

♥♥ 의도 협조와 대화와 가족의 화합을 도모한다.

♥♥ 준비 만일 네 살이 지난 형제가 있다면 좀더 공식적인 '가족회의'를 열어서 놀이뿐 아니라 함께 나누고 연결하는 시간을 갖자. 만일 아이가 하나뿐이라면 일주일에 몇 시간씩 함께 보내는 시간을 따로 정한다.

♥♥ 시작하고 끝내기 "이제 우리 가족의 특별한 시간을 갖자"라는 선언으로 시작한다. 의식의 시작을 알리는 촛불을 켜고 아이의 손이 닿지 않게 조심한다. 완전한 가족회의가 아니라고 해도 다른 일로 방해를 받지 않는 '신성한' 시간으로 만들자. 이 시간에는 전화를 받거나 집안일을 하거나 어른들 문제에 대해 이야기하지 말자. 어떤 식으로든 아이와 함께 하면 된다. 식사나 공원 산책 또는 한두 시간 거실에서 대화하고 놀고 노래를 부르는 시간이 될 수 있다. 단, TV 시청은 하지 말자. 촛불을 꺼서 종료를 알린다.

♥♥ 사후관리 만일 아이가 아주 어리다면, 예를 들어 한 돌 정도라면 이 방법이 황당하게 들릴지도 모른다. "아이가 이해하지 못한다"고 말할 수도 있다. 하지만 그렇지 않다. 가족 모임 의식을 반복하면 언젠가 아이가 그 의미를 이해할 뿐 아니라 그 시간을 기다린다는 것을 나는 알고 있다.

♥ 아빠와 함께하는 시간

요즘 아빠들은 분명 이전 세대들보다 육아에 적극적으로 참여하고 있긴 하지만 엄마들의 이야기를 들어보면 아직도 한참 멀었다. 그 이유로는 영역 문제가 있다. 어떤 엄마들은 고삐를 놓고 싶어하지 않거나 아니면 본의아니게 아빠로 하여금 의욕을 상실하게 만든다. 또한 시간 문제도 있다. 아빠가 하루 종일 밖에서 일한다면 당연히 아이를 돌보는 시간이 적을 수밖에 없다. 하지만 엄마가 밖에서 일하는 가정에서도 아빠는 옆에서 거드는 정도에 불과하다. 아빠가 집에 있는 경우는 그 역할이 바뀌어야 하지만 실제로는 그렇지 않다.

부모 양쪽이 좀더 균등하게 아이를 돌보는 가족은 아빠가 아이와 함께 보내는 시간을 따로 마련하려고 노력하고 엄마는 그것을 지원해

준다. 아이가 어릴 때는 쉽지 않을 수도 있다. 아빠들이 갓난아이 다루기를 힘들어하기 때문이다. 하지만 유아기가 되면 아빠는 점차 아이와 지내는 것을 편안하게 느끼기 시작한다. 예를 들어, 마틴은 퀸이 태어났을 때 다소 소원한 아빠였다. 하지만 지금은 매일 토요일 아침마다 18개월 된 아들을 데리고 공원에 간다. 그는 레이커스의 열렬한 팬이므로 경기 시간을 놓치지 않으려고 일찍 다녀온다. 그래도 그 시간이 아내 알린에게 쉴 틈을 줄 뿐 아니라 또 한 가지 중요한 사실은 마틴이 아내의 눈을 통해서가 아니라 직접 자기 눈으로 아이를 보고 알게 된다는 것이다. 처음에 퀸을 혼자 데리고 나가기 싫어하던 그는 실제로 해보더니 자신해서 매주 아이를 데리고 나간다. 대부분의 아빠들이 그렇다.

♥♥ 의도 아빠가 따로 아이와 친해지는 시간을 갖게 한다.

♥♥ 준비 엄마와 아빠 사이에, 특히 둘 다 직업을 갖고 있다면, 계획을 세우고 서로 타협하는 과정이 필요할 수 있다. 미리 일정을 계획하자. 하지만 일단 아빠가 그 시간을 지키면 더 이상 간섭하지 말자.

♥♥ 시작하고 끝내기 아이에게 아빠와 함께하는 특별한 시간임을 알게 하자. 다른 의식들과 마찬가지로 매번 같은 말이나 형식으로 시작을 알린다. 예를 들어, 마틴은 퀸에게 "좋아, 친구. 우리 함께 나갈 시간이다" 하고 말하고 퀸을 획 들어올려서 어깨에 앉힌다. 이제 한 돌밖에 안 된 퀸은 본능적으로 아빠와 함께하는 시간이 엄마와 보내는 시간과 다르다는 것을 알고 있다. 마틴은 공원에 가는 길에서 자신이 작사 작곡한 노래를 부른다. "아빠와 퀸, 퀸과 아빠는 공원으로 간다네. 오늘은 토요일이니까." 그러면 아이도 정확하지는 않지만 나름

대로 흥얼거리며 노래를 따라하기 시작한다. 1시간 정도 공원에서 놀다가 마틴이 퀸에게 말한다. "좋아, 친구, 집에 갈 시간이다. 가서 쉬자!" 집에 도착하면 마틴은 운동화를 벗고 퀸의 운동화도 벗겨준다. 공원 여행이 끝나면 이제 낮잠 잘 시간이다.

아빠와 함께하는 시간이 항상 놀이가 되어야 하는 것은 아니다. 매일의 일과를 분담할 수도 있다. 대부분 아빠들은 아이와 함께 하는 저녁 목욕을 좋아하는 것 같다. 어떤 아빠들은 아침식사를 준비하는 것을 좋아한다. 정기적이고 반복적으로 한다면 어떤 일도 아빠와 함께하는 시간으로 만들 수 있다.

♥ 가족 기념일

생일, 기념일 등의 가족의 특별한 날에는 마땅히 축하를 해야 한다. 하지만 두 가지 주의할 점이 있다. 너무 성대하게 해서 아이를 지치게 하지 말라는 것과 아이를 주인공으로 하는 행사로 끝내지 말라는 것이다. 다시 말해서, 아무리 어린아이라도 남들의 주목을 받는 자리에서 내려와 다른 사람들을 배려하는 법을 배우게 하자.

♥♥ 의도 선물을 너무 강조하지 말고, 특별한 날을 기념하는 중요성을 인식시킨다.

♥♥ 준비 행사 며칠 전에 중요한 날이 올 것임을 알린다. 아이들은 시간에 대한 이해가 부족해서 너무 일찍 알리면 효과가 없다. 만일 아이의 생일이라면 가까운 친구 몇몇만 부르자. 가장 좋은 규칙은 나이 숫자만큼 친구를 부르는 것이다. 즉 아이가 두 돌이면 친구 두 명을 초대한다. 많은 부모들은 이 지침에 따르지 않지만 적어도 아이가 자주 함께 노는 아이들로 제한해 보자.

만일 다른 누군가의 기념일, 이를테면 형제나 조부모 생일이라면 그날의 의미를 알게 해주자. 그날을 위해 아이와 함께 준비하자. 그림 그리기, 찰흙 만들기, 카드 만들기를 할 수도 있다. 만일 아이가 너무 어려서 그리거나 만들기를 하지 못하면 장난감 하나를 주라고 제안해 본다.

♥♥ 시작하고 끝내기 아이들의 생일 파티는 느슨하고 짧게 진행한다. 자유 놀이로 시작해서 음식과 케이크와 풍선 터뜨리기로 끝낸다. 어떤 식이건 2시간 이내에 끝낸다.

목적은 중요한 날을 기념하는 것뿐 아니라 가족들과 함께하는 시간을 갖고, 예절과 양보를 배우게 해주는 것이다. 아이가 선물을 받으면 '감사합니다'라고 말하게 하거나 적어도 부모가 옆에서 대신해 주자. 만일 형제나 다른 친척을 위한 파티나 어버이날이라면 아이가 주인공을 위해 뭔가를 만들어주거나 축하인사를 하게 하자.

♥♥ 사후관리 일찍부터 감사 카드를 보내는 법을 가르치자. 아이가 직접 읽고 쓰거나 말로 표현할 수 없다면 부모가 대신 카드를 써서 소리 내어 읽어준 다음 아이에게 '낙서 사인'을 하게 한다. 아이가 이해하기 쉽게 짤막하게 쓰자.

♥ 명절

요즘 많은 가족들이 아이들에게 명절의 원래 의미를 기리는 경험을 하게 해주고 물질적인 면에 덜 치중하는 것을 보면 흐뭇하다.

♥♥ 의도 선물보다는 명절의 의미에 좀더 강조해서 기념한다.

아빠의 의욕을 꺾는 말

많은 엄마들이 다음과 같이 본의아니게 아빠가 아이를 돌보지 못하게 만든다.

♥ 아빠 대신 판단한다.

그레타와 아빠가 장난감 청소기를 갖고 놀고 있다. 이를 본 엄마가 말한다. "그레타는 요즘 그걸 갖고 놀지 않아요. 그건 이미 졸업을 했어요." 아이와 무엇을 하고 놀지 판단하는 것은 아빠에게 맡기자.

♥ 아이 앞에서 아빠를 비난한다.

"그런 식으로 티셔츠를 입히면 안 돼요."

♥ 아이가 아빠와 함께 있는 것을 불안해하는 인상을 준다.

아이가 아빠와 함께 있을 때 엄마가 옆에서 노심초사한다. 그레타가 울면 즉시 달려가서 아빠로부터 아이를 '구출'해 낸다.

♥ 아빠를 무서운 사람으로 만든다.

그레타가 잠을 자지 않으면 엄마는 아빠를 들여보내서 재우게 한다. 그레타가 잘못하면 "아빠가 집에 올 때까지 두고 보자"라고 말한다.

♥ 육아 역할을 양보하지 않는다.

아빠가 그레타에게 책을 읽어주고 있는데 엄마가 들어와서 책을 뺏으며 말한다. "나머지는 내가 읽어줄게요."

♥♥ 준비 명절에 관한 책을 사서 읽어준다. 아이가 선물을 받는 것 말고도 명절에 참여할 수 있는 방법들에 대해서 생각해 보자. 장식하기, 다른 사람들에게 줄 선물 만들기, 음식 준비 도와주기도 하나의 방법이 될 수 있다. 더 이상 갖고 놀지 않는 장난감이 있으면 필요한

아이들에게 주는 시간으로 활용하자.

♥♥ 시작하고 끝내기 연말연시를 예로 들면, 집에서 또는 친구들과 모여서 어떤 형식의 기도를 하는 것으로 하루를 시작한다. 먹고 마시기 전에 대화하고 반성하는 시간을 갖자. 종교적인 분위기 속에서 자란 아이들은 다른 사람들을 배려할 줄 안다. 또한 아이들에게 명절 전날 선물을 하나만 열어보게 해서 자제하는 법을 배우게 하자. 선물의 가짓수를 제한하자.

♥♥ 사후관리 아이에게 감사 카드를 보내게 하자.

체계적인 일과와 의식은 중요하다

어떤 부모들은 일과와 의식을 자신들의 일상생활과 가치관을 위한 '닻'이라고 묘사한다. 아이가 커가고 점차 독립적이 된 후에도 이러한 행사나 관습은 계속해서 필요하다. 이것은 단지 의식에 불과한 것이 아니라 자녀를 돌보는 방식이다. 우리는 일상생활과 특별한 행사를 부모자식간의 관계를 좀더 원만하게 유지시키는 방향으로 유도할 수 있다. 다음 장에서는 또 다른 종류의 가족 의식에 대해 살펴볼 것이

할머니께,
제 파티에 와주셔서 감사합니다.
할머니가 주신 인형이 정말 마음에 들어요.
감사합니다.

메이벌 올림

다. 그 중에는 발달 변화(이유기)를 구분하고, 과도기를 무난하게 넘기고(동생 맞이하기), 아이들의 감정 조절을 도와주는(타임아웃) 의식들이 있다. 의식을 통해 바쁜 생활의 속도를 늦춰서 가족들이 서로 함께 하는 시간을 갖고 매순간을 더욱 특별하게 만들어보자.

4장

H.E.L.P.로 우리 아이 독립성 키워주기

빠르다고 좋은 것은 아니다

비교는 추악하다.

—14세기 금언

목적을 갖고 여행하는 것은 좋지만 궁극적으로 중요한 것은 여행 그 자체다.

—어슐라 K. 르귄

빠르다고 좋은 것은 아니다

얼마 전에 나는 린다와 태어난 지 1개월이 된 딸아기 노엘을 방문하러 갔다. 내가 그 집에 있는 동안 15개월의 아들 브라이언은 친한 친구인 스키라와 놀고 있었다. 나는 이 책을 쓰고 있던 중이었으므로 자연히 유아들에게 관심이 쏠렸다.

노는 아이들을 지켜보면서 린다는 임신 중에 스키라의 엄마 실비아를 육아 세미나에서 만나서 서로 가까운 이웃에 살고 있는 것을 알고 친해졌다고 말했다. 그 뒤로 그날처럼 한 엄마가 약속이 있거나 밖에 나갈 일이 생기면 다른 엄마가 두 아이를 돌봐주었다. 결국 두 아이는 태어나서부터 함께 시간을 보냈다. 린다는 문득 나를 돌아보면서 거의 변명하듯이 말했다. "스키라는 뭐든지 빨라요. 브라이언보다 3주 먼저 태어났거든요." 그리고 다소 근심 어린 목소리로 재빨리 덧붙였다. "아무래도 우리 브라이언이 잘 따라가지 못하는 것 같죠?"

슬프게도 나는 린다와 같은 부모들을 많이 만난다. 그들은 기쁜 마음으로 아이가 커가는 모습을 지켜보지 못하고 좀더 빨리 '가게' 만들려고 안달한다. 그래서 다른 아이들과 비교하고 유아원, 놀이터 등 장소를 가리지 않고 어디서나 경쟁을 벌인다. 자기 아이가 먼저 걸으면 자랑하고 그렇지 못하면 기가 죽는다. "왜 카렌은 아직 걷지 못할까요?"라고 묻거나 아니면 린다처럼 변명을 한다. "3주 늦게 태어났으니까요."

얼마 전에 나는 정확히 같은 날에 태어난 케시와 에이미의 합동 돌잔치에 갔다. 캐시는 아장아장 제법 잘 걸었지만 에이미는 아직 잡고 일어서지도 못했다. 그 대신 에이미는 이미 물건 이름을 알고 강아지 이름도 부를 줄 알았다. 길에서 요란한 소리를 내며 달리는 커다란 차가 자기의 집에 있는 '트러'라는 장난감과 같은 '트러'라는 것을 알았다. 에이미를 보면서 캐시의 엄마가 나에게 물었다. "우리 캐시는 왜 아직 말을 못할까요?" 그녀는 몰랐겠지만 방금 전에는 에이미의 엄마가 이렇게 물었던 것이다. "우리 에이미는 왜 걷지를 못할까요?" 나는 각각의 엄마에게 운동능력이 먼저 발달하는 아이는 종종 언어 발달이 다소 늦고, 언어가 먼저 발달하면 신체 발달이 늦을 수 있다고 설명했다. 어떤 부모들은 아이가 태어나자마자 비교하기 시작한다. 그들은 정상적인 발달 과정을 대단하게 여긴다. "봐, 고개를 들었어." "오, 뒤집을 수 있어." "이제는 앉을 수 있어." "세상에! 일어섰네." 이런 말을 들으면 나는 망연자실한다. 그런 과정은 사실 대단한 일이 아니다. 그보다는 아이가 "나는 다음 단계로 갈 준비를 하는 중이다"라고 말하는 것이다.

아이들은 서커스 단원이 아니다

어떤 엄마가 손님들을 보고 자랑을 한다. "우리 아이는 짝짜꿍을 한답니다." 그런데 아이가 그냥 멍하니 있자 엄마가 낙심해서 말했다. "이런, 오늘 아침에는 했는데."

아이들은 서커스 단원이 아니다. 할아버지 할머니나 부모의 친구들 앞에서 재주를 부리게 하지 말자. 아이는 말귀는 못 알아들어도 엄마의 실망스러운 표정과 목소리는 분명히 읽어낸다.

아이들은 때가 되면 억지로 시키지 않아도 한다. 손뼉을 칠 수 있게 되면 손뼉을 친다. 할 줄 알면서 일부러 안 하지는 않는다. 미리부터 시켜서 주눅들게 만들지 말자. 만일 우연히 아이가 시키는 대로 한다고 해도 박수갈채는 받겠지만 아이보다는 재주를 칭찬해 주는 셈이 된다.

할아버지 할머니도 옆에서 거든다. 시부모가 "왜 루시아가 아직 앉지 못하는 거냐?"라고 하면 엄마는 의기소침해진다. 한술 더 떠서, "아이가 앉는 법을 배우도록 일으켜 세워야 하지 않겠니?"라고도 한다. 맙소사! 아이가 늦되는 것이 엄마 아빠 잘못이라고 나무라는 거다.

물론, 아이가 발전하는 모습을 보면서 기뻐하는 것은 당연하다. 그리고 경쟁심을 갖지 않고 아이를 관찰한다면 어느 정도의 비교는 자연스럽고 바람직하기도 하다. 그래서 성장 발달의 '정상' 범위가 얼마나 넓은지를 알면 위안이 될 수도 있다. 하지만 지나치게 비교하고 '연습'으로 속도를 높이려고 한다면 아이에게 크게 잘못하는 것이다. 아이의 유리한 출발을 도와주기는커녕 오히려 불안하게 만들 뿐이다.

나는 부모들의 경쟁심을 줄이기 위해 우리 유아 놀이 교실을 아주 느슨하게 운영한다. 우리 수업에도 형식이 있는데, 예를 들면, 매번 아름답고 잔잔한 음악을 듣는 것으로 마감을 한다. 하지만 나는 절대 가르치는 티를 내지 않는다. 왜냐하면 그 목적이 사회성을 길러주는 데 있는 것이지 뭔가를 교육하는 데 있는 것이 아니기 때문이다. 하지만 그렇지 않은 곳도 있다. 어떤 곳에서는 교사가 엄마 아빠들에게 아이가 다리 힘을 길러서 좀더 빨리 설 수 있도록 똑바로 세워서 안으라고 가르친다.

문제는 아이들이 일어서기 시작하는 시기가 각각 다르다는 것이다. 아무리 매주 1시간씩 아이를 일으켜 세우는 연습을 해도 아이가 준비가 되어 있지 않으면 손을 놓자마자 주저앉아버린다. 그런데도 부모들은 아이를 '더 빨리' 걷게 만들어준다는 장치나 장비를 사들인다. 하지만 아이가 걸을 준비가 되는 것은 어떤 체조나 기구와는 아무런 관계가 없다.

그 다음에 일어나는 일은 문제가 더 심각하다. 아이가 주저앉으면 엄마와 아빠는 실망한다. 그러면 아이는 어떻게 느낄까? 아이는 혼란스럽다. 왜 엄마 아빠는 나를 매일 일으켜 세우려고 애쓰면서 슬픈 표정을 지을까? 나는 우리 부모의 기대에 미치지 못한다. 우리 부모는 나를 있는 그대로 사랑하지 않는 것을 보니 나는 별 볼일 없는 존재임에 틀림없다.

잘못하면 이때 받은 상처가 평생을 갈 수도 있다. 부모의 양육 방식에 상관없이 아이들은 만 세 살이 되면 거의 모두 비슷해진다. 아이들은 '자연의 순리'에 따라 성장한다. 어떤 아이들은 운동 발달이 다른 아이들보다 빠르고 또 어떤 아이들은 정서적으로 더 빠르다. 어떤 식이건 아이는 아마 부모의 전철을 밟기가 쉽다. 왜냐하면 성장발달 속도와 방식에는 유전적 요인이 크게 영향을 미치기 때문이다.

엄마의 육아 스트레스를 없애주는 H.E.L.P. 육아법

♥H－물러선다

서두르지 말고 아이가 준비되었다는 신호를 보일 때까지 기다리자.

♥E－격려한다

아이의 능력에 맞는 기회를 주자. 새로운 도전을 시도하면서 능력을 기르게 하자.

♥L－제한한다

아이가 극도의 좌절감, 격한 감정이나 위험에 빠지지 않도록 보살핀다.

♥P－칭찬한다

어떤 일을 잘 해내거나 새로운 기술을 습득할 때 그리고 기특한 행동을 하면 칭찬해 준다. 그러나 지나쳐서는 안 된다.

그렇다고 해서 아이와 함께 놀아주거나 격려해 줄 필요가 없다는 것은 아니다. 아이가 새로운 발전에 관심을 보일 때 도와주지 말라는 뜻이 아니다. 다만 등을 떠미는 교사가 아니라 사려 깊은 안내자가 되어야 한다는 것이다. 나는 아이들을 독립적으로 키워야 한다는 주장에는 전적으로 찬성하지만 준비할 시간을 주어야 한다고 생각한다. 아이가 '앞질러' 가도록 부추기기보다 아이의 몸과 마음을 따라가야 한다.

이 장에서는 우리가 아이의 어떤 신호를 살펴야 하는지, 언제쯤 도와줘야 하는지, 그리고 어떻게 하면 아이의 자연스러운 발달 과정을 점차 독립적이 되는 방향으로 인도할 수 있는지 알아보겠다. 또한 기동성, 놀이, 음식, 옷 입기, 배변 훈련에 대해 이야기하겠다. H.E.L.P.를 염두에 두고 읽어가기 바란다.

말썽꾸러기 조심!

유아의 기동성은 대단하다. 끊임없이 계속해서 움직이려고 한다. 몸을 움직이지 못하게 가로막는 일들은 모두 귀찮기만 하다. 얼마나 경이로운지 생각해 보자. 태어난 지 9~10개월 만에 팔다리도 가누지 못하고 누워 있던 아기가 이제 무릎으로 기고 엉덩이로 밀고 걷고 하면서 온 사방을 돌아다닌다. 게다가 운동 능력이 새로운 시야를 제공한다. 세상은 앉아서 볼 때와 서서 볼 때가 다르다. 도움을 받지 않아도 혼자 다니면서 흥미가 당기는 것을 향해가고 무서운 것을 피할 수 있다. 이제 아이는 무엇이든 마음대로 할 수 있다!

각각의 성장 발달 단계는 천천히 그리고 아이 각자의 시간표대로 진행된다는 사실을 기억하자. 아이가 8개월이 되면 갑자기 일어나 앉는 것이 아니다. 그 동안 아이는 신체적으로 점차 성숙하고 팔다리가 강해진 것이다. 기우뚱거리며 앉아 있는 정도에서 혼자 일어나 앉을 수 있기까지는 보통 두 달 정도가 걸린다. 기는 것도 마찬가지다. 배를 깔고 다리를 버둥거리며 '헤엄치기'를 시작할 때부터 아이는 기는 연습을 하는 것이다. 모든 조각들이 마침내 완전하게 들어맞으려면 다시 4~5개월이 걸린다.

아기에서 유아가 되는 일반적인 활동 발달 과정(128~129쪽 표 참조)을 보면 말할 나위도 없이, 아이는 생리기능과 함께 자의식과 사회성, 스트레스와 분리 공포증 불안을 처리하는 능력도 성숙한다. 다양한 발달 영역은 서로 밀접한 관련이 있다. 여기서는 편의상 우선 운동 능력부터 알아보기로 한다. 아이의 운동 능력 수준은 식탁에 앉아서 먹을 수 있는지, 어떤 장난감을 갖고 놀 수 있는지, 다른 아이들과 얼마나 잘 어울릴 수 있는지를 결정한다.

근육의 발달 속도는 유전적이다. 아기들 중에 절반 정도는 13개월 안에 걷지만 만일 부모 중 한 사람이 늦게 걸었다면 아이도 또래에 비해 늦어질 수 있다. 두 돌이 되었을 때 또래 아이들만큼 뛰고 달리는

기지 않는 아이

어떤 아이들은 앉는 자세에서 곧바로 일어서기도 하는데, 요즘은 그런 아이들이 더 많아지고 있다. 학자들의 말에 따르면, 유아 돌연사에 대한 우려로 인해 아기를 엎어 기르지 않기 때문이다. 아이가 기지 않는다고 해서 크게 걱정할 필요는 없다. 18개월이 되면 기는 아이나 기지 않는 아이나 실제로 차이가 없어진다. 이때쯤이면 모든 아기들은 기는 것에 상관없이 모두 걷는다. 기는 것이 뇌의 발달에 필요하다는 믿음도 근거가 없다.

것이 민첩하지 못하다고 해도 세 돌이 되면 그 차이는 거의 없어진다.

아이들은 개인적인 발달 속도와는 관계없이 앞으로 전진하다가 후퇴하기도 한다. 만일 아이가 오늘 심하게 넘어져서 다치면 내일은 일어설 때 겁을 낼 것이다. 하지만 머잖아 원래대로 돌아가므로 걱정하지 않아도 된다. 아이가 좀더 안정적으로 설 수 있게 되면 여러 종류의 바닥에서 맨발로 다니게 하면 운동 신경이 향상된다.

한마디 더

만일 아이가 넘어지면 달려들기 전에 어디를 다쳤는지 알아보자. 부모가 호들갑을 떨면 아이는 두렵기도 하고 자존심도 상하므로 더욱 아픈 것처럼 느낀다.

이 책에서는 발달 과정의 '일반적' 연령에 대해 언급하지 않는다. 왜냐하면 부모들이 결과보다 과정에 좀더 관심을 갖기를 바라기 때문이다. 아이가 '늦된다'고 해도 아마 나름대로 자신의 시간표에 맞게 발달하고 있을 것이다. 우리 어른들 역시 각자 자기 속도로 일을 진행해야 한다. 예를 들어, 체육관에 가서 새로운 운동기구를 사용할 때는 우리의 근육과 뇌가 그 기계에 적응해야 제대로 하는 것처럼 보인다. 만일 새로 에어로빅 수업을 시작한다면 처음에는 생소하게 느껴질 것이다. 신속하게 배우고 쉽게 따라 하는 사람도 있겠지만 좀더 오래 연습이 필요한 사람도 있다. 하지만 12주 후가 되면 처음에 누가 출발이 늦었는지 분간하기 어려워진다.

아이가 새로운 단계에 접어들 때도 마찬가지다. 아이를 관찰해서 준비가 되었는지 알아보고 자연스러운 발달을 도와주자. 초조해 하면서 억지로 등을 떠밀지 말고 아이를 있는 그대로 존중해 주자. 아이의 속도를 인정해 주자. 만일 물러서서 지켜보아도 아이가 반응을 보이지 않으면 다음번 소아과에 갈 때 의사와 상담해 보자. 성장 발달 검사를 해보면 어떤 문제가 있는지 알 수 있다.

아이가 비약적인 발전을 할 때에는 예상치 못한 문제가 생기기도 한다. 나는 아래에 소개한 것처럼 훌륭한 자세를 갖고 있는 엄마를 만나면 더없이 반갑다. 그런가하면 종종 아이의 변화를 부정적인 방향으로 생각하는 부모들도 있다. "우리 아이는 원래 밤새 잠을 잘 잤어요. 그러더니 요즘은 밤중에 깨서 일어났다가는 혼자 앉지도 못하고 웁니다. 뭐가 잘못된 걸까요?" 잘못된 것은 없다. 아이는 자라면서 점차 독립성을 키우는 중이다. 아이가 새로운 능력을 배울 기회를 주자.

어느 현명한 엄마가 보낸 이메일

나는 우리 아들 모건이 떼를 쓰고 울고 말썽을 부릴 때마다 그가 월경 전 긴장증세를 겪고 있다고 생각했다. 나 자신이 월경 전에 얼마나 무력해지고 속수무책으로 감정이 상승했다가 가라앉았다가 하는지를 생각했다. 두 돌밖에 안 된 아이가 자신이 왜 그렇게 느끼는지, 왜 사람들이 자신에게 화를 내고 실망하는지, 어떻게 해야 기분전환을 할 수 있는지 모르고 설명할 수도 없다면 어떤 기분일지 생각해 보자. 나는 서른둘이나 되었는데도, 왜 그런 일이 일어나는지 알고 있는데도 나 자신을 주체하지 못한다. 하물며 아이가 어떻게 느낄지는 상상조차 할 수 없다. 그래서 우리는 단지 기도와 사랑으로 모건이 그 모든 것을 극복하도록 도와주었다. 미리미리 보살피고, 사랑으로 아이를 진정시키고, 위험하면 방향을 돌려주고, 최대한 이해를 시키면서, 서로 협조를 해서 그 과정을 극복했다.

한마디 더

전례 없이 운동량이 증가하면 종종 수면 장애가 일어난다. 우리도 격한 운동을 하고 나면 그렇듯이 아이의 팔다리에는 움직임이 남아 있다. 유아들은 그런 느낌에 익숙하지 않으므로 밤에 깨어나 침대에서 일어났다가 다시 앉지를 못하고 엄마를 부르며 울기 시작한다. 따라서 낮 동안에 아이를 가르칠 필요가 있다. 오후 놀이 시간 중에 아이를 침대에 들여놓자. 아이가 일어나면 손으로 침대의 간살을 쥐게 해주고 그 위에 엄마 손을 얹고 살며시 아래로 미끄러뜨린다. 아이는 손을 내리면서 무릎을 꿇고 앉게 된다. 두세 번만 그렇게 하면 터득한다.

사실 아이들은 계속해서 새로운 국면을 맞이한다. 어떤 단계에 적응하고 나면 또 다시 변한다. 분명한 것은 아이가 계속 변한다는 사실이다. 우리가 그 과정을 조절하거나 막을 수 없다. 또 막으려고 해서도 안 된다. 하지만 우리의 태도는 바꿀 수 있다. 우리 어른들도 새 직장에 들어가고, 주변의 가까운 사람이 세상을 떠나고, 이혼하고, 아기가 새로 태어날 때마다 얼마나 힘겨운 변화를 겪는지 생각해 보자. 하물며 유아들은 어떨지 상상해 보자! 아이의 생활에서 일어나는 변화의 속성과 속도를 이해하고, 무엇보다 긍정적인 방향으로 유도하자. "오 어쩌면 좋아! 아이가 갑자기 달라졌어" 하고 걱정하지 말고 그 경이로운 변화를 한껏 즐기자.

아이의 운동 발달표

동작	아이가 거치는 단계	비고
앉는다	♥ 앉혀놓으면, 자기 팔로 버티고 앉아 있지만 불안정하다. 자세가 굳어 있고 딱딱하다. ♥ 앞으로 고꾸라지지 않고 장난감을 잡는다. ♥ 몸을 옆으로 돌린다. ♥ 혼자서 일어나 앉는다.	♥ 안전을 위해 주위에 쿠션을 놓아준다.
긴다	♥ 배를 깔고 발을 차면서 기어갈 때의 동작을 한다. ♥ 몸부림을 치면 움직일 수 있다는 것을 알고 있다. ♥ 다리를 밀면서 뒤로 기어간다. ♥ 꿈틀거리면서 기어간다. 네 발로 서서 몸을 흔든다. ♥ 마침내 팔다리를 연결 동작으로 움직인다.	♥ 이 단계는 매우 짜증스러울 수 있다. 장난감을 잡으려고 하는데 점점 더 멀어진다. ♥ 아이가 일단 움직이기 시작하면 전기 콘센트를 덮고, 전깃줄은 손이 닿지 않는 곳에 올린다. 두 돌 이하의 아이는 혼자 두지 않는다. ♥ 걷는 것보다 기는 것을 좋아하는 아이들은 집안을 네 발로 기어 다닌다. 이 단계는 건너뛰어도 상관없다.안전을 위해 주위에 쿠션을 놓아준다.
선다	♥ 영아 때, 다리를 꼿꼿이 세우는 반사를 보이고 그 후 사라진다. ♥ 4~5개월에 겨드랑이를 손으로 받쳐주면 엄마 무릎에 '서 있는' 것을 좋아한다. ♥ 혼자 일어선다.	♥ 아이가 혼자 일어설 수 있게 되면 엄마 손을 잡고 안정감 있게 서는 연습을 시킨다.
잡고 다닌다	♥ 가구나 누군가의 손을 잡고 걸어 다닌다. ♥ 우선 한 손을 잡고 다니자.	♥ 물건을 잡고 걸은 지 1~2개월이 지나서도 손을 놓기를 불안해 하면 아이가 보통 잡고 다니는 물건들 사이를 조금씩 멀리 떼어두자.

동작	아이가 거치는 단계	비고
뒤뚱거리며 걷는다	♥ 봐요, 엄마! 손을 놨어요! ♥ 혼자 걸어보지만 앞으로 넘어진다.	♥ 아이가 걷기 시작하면 마루바닥에 어질러진 것들을 치우고 모서리에 머리를 부딪치지 않도록 조치를 취한다. 서 있는 것이 점차 안정이 되면 여러 종류의 바닥에서 맨발로 걷게 해주면 운동신경이 발달한다.
걷는다	♥ 근육 조절이 점차 발달하고 머리를 좀더 잘 가눌 수 있다. 따라서 머리를 들고 걷는다. ♥ 뒤뚱거리고 걷기 시작한 지 1개월 정도 지나면 오래 걷는 연습을 할 수 있다. ♥ 걸으면서 장난감을 갖고 다닌다. ♥ 걸으면서 올려다볼 수 있다. 걸으면서 머리 위로 손을 올릴 수 있다. ♥ 방향을 바꾸고, 경사면을 오르내리고, 쪼그리고 앉았다가 일어설 수 있다.	♥ 아이에게서 눈을 떼지 말자. 아이가 뭔가에 기댔다가 함께 넘어가지 않도록 조심하자. ♥ 위험한 물건들을 치우자. ♥ 집에 유리문이 있다면 플렉시 유리로 덮을 때가 되었다. 아이는 걷기는 하지만 쉽게 멈추지 못하므로 유리를 들이박을 수 있다.
뛰고, 깡충거리고,돌고, 발로 차고,춤을 추고, 기어오른다	♥ 점프하고, 돌고, 춤을 출 수 있다. 끊임없이 뛰어다니고 친구들과 '잡기' 놀이를 한다. ♥ 집 안에서 정신없이 뛰어다니고 아무데나 기어 들어가고 올라가고 한다.	♥ 아이는 뭐가 안전한지 아닌지를 모르므로 눈을 떼면 안 된다. ♥ 올라가는 연습할 기회를 주되 거실 소파처럼 올라가면 안 되는 곳을 가르쳐준다.

혼자 놀기

놀이는 아이들에게 진지한 일이나 다름없다. 아이들은 놀면서 많은 것을 배우고, 놀이를 통해 지능도 발전한다. 놀이의 종류는 다양하다. 혼자 놀 수도 있고 다른 아이들과 어울릴 수도 있다. 실내 또는 실외에서 놀 수도 있고, 장난감이나 가재도구를 갖고 놀 수도 있다. 아이들은 놀이를 통해 운동력과 사고력을 키우고 세상에 나갈 준비를 한다. 장난감과 활동은 나이에 적절하면서 혼자서도 할 수 있는 것으로 준비해 주고, 놀이 시간은 다른 일을 해야 할 때가 되면 중단할 수 있도록 일정을 짜야 한다.

아이가 8개월이 되면 혼자 40분 정도 놀 수 있다. 어떤 아이들은 천성적으로 좀더 독립적이고 어떤 아이들은 좀더 의존적이다. 한 돌 정도의 아이가 항상 옆에 누군가를 필요로 한다면 분리 공포증일 수 있다. 우리 자신에게 스스로 물어보자. 아이가 독립성을 갖출 수 있게 키우고 있는가? 외출할 때마다 아이를 데리고 다니는가? 아이가 놀고 있을 때 항상 옆에 있는가? 아이가 나를 필요로 하는 것보다 내가 아이를 더 필요로 하는 것은 아닌가? 따라서 본의아니게 아이를 혼자 두면 불안하다는 느낌을 주고 있지는 않은가?

이제부터 다른 메시지를 보내자. 아이가 마루바닥에 앉아서 놀고 있다면 엄마는 의자에 앉는다. 조금씩 멀리 물러난다. 뭔가 다른 일을 하면서 아이에게만 신경을 쓰지 않도록 하자. 그렇게 며칠 지나면 마침내 방에서 나갈 수 있다. 엄마가 옆방에 있다는 것을 알게 하고 혼자 놀게 하는 것에서부터 시작하자.

그런가 하면 어떤 엄마는 또 다른 고민을 한다. 한참 놀고 있는 아이를 식탁에 앉히거나 재우기가 힘들다는 것이다. 아이들은 놀이 시간을 구분할 줄 알아야 한다. 먹고 자는 시간에는 가만히 앉아 있거나

부모와 자식 간의 신뢰 쌓기

신뢰란 확신, 굳은 믿음, 의지, 애정, 기대감 등의 다른 표현이다. 그 모두가 부모와 자식 간의 관계에 꼭 필요하다. 부모는 아이의 보호자이며, 아이는 부모를 신뢰하고 또한 자기 자신을 믿을 수 있어야 한다.

신뢰는 서로 주고받는 것이다. 아이에게 혼자 노는 능력을 길러주는 것은 부모의 신뢰를 보여주는 것이기도 하다. 하지만 그보다 먼저 아이의 신뢰를 얻어야 한다.

- ♥변화를 예상하고 그것을 아이의 관점에서 생각한다.
- ♥분리 과정을 점진적으로 진행한다.
- ♥아이에게 감당하기 힘든 책임을 주지 않는다.
- ♥아직 할 수 없는 것을 시키지 않는다.

누워 있어야 한다. 그렇게 하는 아이의 부모를 보면 놀이 시간에도 일정한 형식, 즉 시작과 중간과 끝이 있다는 것을 알게 해준다.

♥ 시작

"자, 이제 놀자"라고 놀이 시간을 알리는 것으로 시작한다. 물론, 유아의 하루는 대부분이 노는 시간이긴 하지만 되도록이면 어떤 식으로든 놀이가 시작된다는 것을 알리자. 다른 아이의 집, 보육원이나 유아원 등 밖에서 일어나는 일에 익숙해지게 하자.

♥ 중간

장난감 수는 최소로 줄이자. 예를 들어, 아이에게 블록을 줄 때 처음부터 세트 전체를 주지 말자. 한 돌이 된 아이라면 처음에는 4~6개만 갖고 놀게 한다. 18개월의 아이는 10개로 시작한다. 두 돌이 되면 탑을 쌓고 부수면서 전체를 갖고 놀 준비가 된다. 아이가 더 이상 갖고 놀지 않는 장난감은 치운다.

♥ 끝

아이들은 시간 개념이 없으므로 "5분 후에는 그만 놀아야 한다"라고 말해도 통하지 않는다. 아이에게 말과 동시에 눈으로 볼 수 있게 해주자. 장난감을 넣어둘 상자를 꺼내면서 말한다. "놀이 시간이 끝났다." 하지만 만일 아이가 열중하고 있는데도 그냥 치워버리지는 말자. 아이는 사각형 블록이 둥근 구멍에 들어가는지를 확인해 보는 중일 수도 있다. 아이가 완성하고 싶어하는 욕구를 존중해 주어야 한다. 동시에 부모가 경계를 정해주어야 한다는 것을 기억하자. 만일 계속해서 장난감을 치우기를 거부한다면 아이의 기분을 인정해 주되 단호해져야 한다. "네가 지금 그만두고 싶지 않은 것을 알겠지만 저녁 먹을 시간이란다." 끝으로 함께 정리 의식에 참여한다(105~106쪽 참고).

놀이도 학습이다

놀이는 언제 어떤 것이 적당할까? 아이에게 신체적이며 정신적으로 스스로 조작할 수 있고 즐길 수 있는 놀이를 하게 하면 된다. 아이의 능력을 키워주되 나이에 맞는 활동이나 장난감을 제공하자. 그렇지 못하면 종종 짜증을 내거나 울어버리는 것으로 끝난다. 그렇다고 아이들에게 도전도 해보지 못하게 하라는 것이 아니라 다만 혼자서 문제를 해결할 수 있는 기회를 주라는 것이다. 어느 정도 어려운 과제는 바람직하다. 어려움을 극복하면서 배울 수 있기 때문이다. 하지만 아이가 너무 자주 실패하면 자신감이 없어진다. 아이가 지금 할 수 있는

위험 신호

두 돌이 안 된 아이는 어떤 일이 있어도 혼자 두면 안 된다. 침대나 놀이울 안에 넣거나 다른 보호자에게 맡기자. 두 돌이 지나면 안전한 장소에 잠깐씩 혼자 있도록 해서 자신감을 길러줄 수 있다. 하지만 다음과 같은 경우에는 무슨 일이 있는지 살펴야 한다.

- ♥아무 소리도 들리지 않는다.
- ♥갑자기 운다.
- ♥분주하게 뒤지고 다닌다.
- ♥부딪치는 소리가 난 뒤 아이가 갑자기 운다.

것이 무엇인지부터 살펴보자.

♥앉을 수 있다.

아이는 부엌 바닥에서 균형을 잡고 앉아 주전자와 냄비를 이리저리 돌려보거나 풀밭에 앉아서 손에 잡히는 나뭇잎이나 나뭇가지를 들여다보며 신기해 한다. 손과 눈의 연결 동작이 눈에 띄게 향상된다. 한때는 뭐든지 입에 넣고 탐색을 했지만 이제는 손이 가장 쓸모 있는 도구다. 물건을 들고 한쪽 손에서 다른 손으로 옮길 수 있다. 짝짜꿍과 까꿍놀이, 공 굴리기, 두꺼운 책장 넘기기 등을 좋아한다. 또한 손으로 집는 기술이 발달해서 진공청소기가 바닥에 남겨놓은 더러운 것들을 찾아낸다. 손가락을 도구로 찔러보고 만져보고 하는 것을 좋아한다. 하지만 손에 잡은 물건을 잘 내려 놓지는 못한다. 말이 통하지 않으면 행동으로 제재를 가하기 시작할 때가 되었다.

♥ 길 수 있다.
아이는 이제 점차 모든 근육을 자유자재로 움직인다. 손으로 가리키고, 손짓을 하고, 뚜껑을 여닫고, 고개를 흔들고, 서툴지만 공을 던지고, 블록을 쌓아올린다. 단추, 다이얼, 레버 등이 달린 복잡한 장난감을 좋아하고 누르면 뭔가가 튀어나오는 상자처럼 반응을 볼 수 있는 종류를 좋아한다. 물건을 집기도 하고 내려놓기도 한다. 돌아다니면서 진열장을 뒤질 수 있으므로 안전 관리를 해야 한다. 날카롭거나 깨지거나 너무 무겁거나 아니면 너무 작아서 삼킬 수 있는 것들을 치워둔다. 한 가지에 열중하기보다 여기저기 돌아다니는 것을 더 좋아하기 때문에 주의 집중 시간이 짧다. 블록을 쌓아놓으면 무너뜨리기를 좋아하지만 참을성이 없어서 두 개 이상 쌓아올릴 때까지 기다리지

장난감 정리

요즘 어느 집에나 가보면 아이들 방에 장난감이 엄청나게 쌓여 있다. 게다가 처음에 한꺼번에 많은 장난감을 사주고 나서 아이가 더 이상 흥미를 갖지 않아도 치우지 않고 그대로 둔다. 필요 없는 장난감들은 앞으로 생길 동생을 위해 창고에 넣어두거나 자선단체에 기증하자. 나는 후자를 선호하는데, 아이들과 함께할 수 있으면 더욱 좋다. 어린 아이들에게도 일찌감치 선행을 보여주자. 정기적인 의식으로 만들어서, 3~6개월마다 달력에 '장난감 기증하는 날'이라고 표시를 해두자. 만일 너무 어려서 장난감을 고르지 못하거나 주기 싫어하면 아이가 잘 때 하자. 아마 어떤 장난감이 없어졌는지 눈치 채지 못할 것이다. 만일 아이가 어떤 장난감이 없어진 것을 알면 그것은 아마 아이가 좋아하는 장난감일 것이므로 다시 갖다주자.

못한다! 술래잡기를 하면 상대방이 보이지 않아도 어딘가에 있다는 것을 이해하게 된다. 소리가 나는 것을 좋아하고 두 손을 함께 사용할 수 있으므로 냄비를 들고 숟가락으로 두드린다. 물장난을 하면서 철퍽거리는 소리와 감각을 즐긴다. 이때에는 부모가 반드시 옆에 있어 주어야 한다. 기동성과 호기심이 날로 발전하면서 부모의 눈에는 아이가 마치 위험한 것에만 관심을 갖는 듯이 보일 것이다. 이제 집 안팎을 사고로부터 안전하게 예방할 시간이다(139쪽 참고).

한마디 더

아이가 전기 콘센트나 뜨거운 주전자 또는 귀중품을 향해 돌진할 때 단지 말로만 하지 말고 행동을 취하자. 이 단계에서는 행동이 말보다 더 크게 들린다는 것을 기억하자. 먼저, 관심을 돌린다. "저기 강아지 봐라!" 하면서 관심을 다른 데로 돌린다. 제재한다. 때로는 아이 이름을 부르기만 해도 된다. 또는 아이를 들어 옮기면서 간단히 설명한다. "저건 위험해." "저건 뜨거워." "저건 엄마 접시야. 장난감이 아니다."

♥ 혼자 일어날 수 있고 여기저기 돌아다닌다.

이제 아이는 선 자세에서 세상을 바라보기 때문에 전혀 새로운 시각을 갖게 되면서 인지력도 함께 향상된다. 아이는 엄마에게 과자를 내밀었다가 다시 가져가면서 깔깔거린다. 장난을 알기 시작한 것이다. 높은 의자에 앉아서 단지 어떻게 되는지 보려고, 아니면 엄마가 어떻게 반응하는지 보려고 일부러 물건을 떨어뜨리기도 한다. 일어서는 것 자체가 즐거움이다. 이제 좀더 높은 곳에 있는 물건에 손이 닿으므로 더 신이 난다. 항상 쳐다만 봐야 했던 물건들이 이제 손에 닿는다. 조심! 다시 말하지만, 무엇보다 안전이 중요하다. 아이는 뭔가를 잡아당기다가 함께 쓰러질 수 있다. 반면에 점점 독립심이 생기면서 누가 간섭하는 것을 싫어하므로, 엄마는 H.E.L.P. 주문을 외우는 것이 중요하다. 아이를 주시하면서 도움을 바라거나 위험한 쪽으로 가지 않으면 간섭하지 말자. 새로 배운 신체 기술을 사용할 기회를 제공하자. 음악을 틀어주고 춤을 추게 하자. 손으로 돌리고 여닫고 하는 튼튼한 장난감을 준다. 그네를 탈 수는 있지만 조심하자. 줄을 단단히 잡고 균형을 유지하는 법을 배울 때까지 처음에는 유아용 시트에 앉혀서 태우자.

♥ 아장아장 걷는다.

처음에는 아이가 급히 걷다가 멈추지를 못한다. 일단 걷는 자세가 안정이 되면 끌거나 밀고 다니는 장난감을 주자. 이런 장난감들을 너

남자아이 장난감? 여자아이 장난감?

나는 우리 유아 모임에서 딸을 둔 엄마들보다 아들을 둔 엄마들이 어떤 장난감이 아이의 성별에 맞는지에 대한 고정관념을 갖고 있는 것을 보아왔다. 예를 들어, 19개월 된 로비는 인형을 좋아했지만 그의 엄마 에일린은 아이가 장난감 상자에서 인형을 하나 집으면 어김없이 옆에서 가로막았다. "그건 여자아이들이나 갖고 노는 거야." 로비는 풀이 죽었다. 내가 에일린에게 왜 그러냐고 묻자 그녀는 아들이 인형을 갖고 노는 것을 알면 남편이 화를 낼 거라고 말했다.
말도 안 된다! 아이들에게 새로운 능력과 사고력을 길러주고 싶다면 성별에 대한 고정관념에서 벗어나게 해야 한다. 남자아이는 인형을 갖고 놀면서 타인에 대한 배려를 배운다. 여자 아이는 소방차를 갖고 놀면서 열정과 활동에 대해 배운다. 아이들이 폭넓은 경험을 하지 못하게 막을 이유는 없다.

무 일찍 주면 앞으로 넘어지다가 끝난다. 아이가 걷기 시작한지 1개월 정도 지나면 뭔가를 들어올리고 가져오고 하면서 바쁘게 움직인다. 점차 균형이 잡힐 뿐만 아니라 눈과 손의 연결 동작이 발달한다. 작은 가방이나 배낭을 주면 장난감들을 넣었다 뺐다 하면서 들고 다닌다. 이해력이 발전하면서 어떤 사물이나 활동에 대한 분명한 편애를 보인다. '내 것'이라는 개념을 이해하고 특히 다른 아이들과 있을 때 자기 장난감을 챙긴다. 반면에 좀더 협조적이 된다. 나는 취침 의식의 일부로 "책을 고르고 그 다음에 욕실에 들어가자"고 말한다. 아이는 낮은 서랍에서 잠옷을 꺼내고 타월을 펼쳐서 욕조에서 놀 장난감을 올려놓는다. 아이가 수도꼭지를 돌릴 수 있지만 나는 시키지 않는다. 아무도 곁에 없을 때 혼자 하다가 데일 수가 있다. 뒤뜰이나 공원에 그네가 있다면 발판이 정확히 아이 머리 높이에 오는 것이 많으므로 부딪치지 않도록 조심해야 한다.

♥ 걷고 기어오르고 뛰어오르고 달리기도 한다.

이제 손놀림이 상당히 발전했으므로 뚜껑을 돌려서 여닫고, 두드리고, 쌓아올리고, 따르고 할 수 있는 기회를 주자. 매트 위에서 뛰고 구르면서 운동 능력을 실험하게 해주자. 이 단계에 들어서면 또한 아이가 문제를 해결하기 시작한다. 예를 들어, 너무 높아서 손이 닿지 않는 곳에 장난감이 있으면 의자를 놓고 올라선다. 샐러드 만들기, 그릇 옮기기, 접시(플라스틱 접시)를 식탁에 놓는 등 간단한 심부름을 할 수 있다. 크레용을 주면 전처럼 입으로 가져가지 않고 종이에 긁적이고, 간단한 퍼즐도 맞출 수 있다. 지능이 빠르게 발전하면서 자신감도 생기고 자꾸 알고 싶어한다. '파괴적인' 또는 '나쁜' 것에 호기심을 갖는 것처럼 보인다. 아이는 끊임없이 궁금해 한다.

만일 내가 이걸 던지면, 누르면, 찢으면, 밟으면… 어떻게 될까? 뒤어 오를까? 내가 이걸 넘어뜨릴 수 있을까? 이 안에 뭐가 들어 있을까?

리모콘을 감춰놓지 않으면 어느새 엉망으로 프로그램이 되어 있을 것이다. VCR은 토스트 조각을 집어넣는 우편함이 될 것이다. 장난감 진공청소기나 자동차를 사주자. 또한 아이들은 막대기를 들고 바닥을 청소하는 척하거나 블록을 음식처럼 씹어 먹는다거나 수화기를 귀에 대고 통화하는 흉내를 낸다(알아들을 수 없는 말로). 우리 외할머니는 진짜 전화기 옆에 장난감 전화기를 두고 전화기가 울릴 때마다 우리에게 장난감 전화기를 건네주었다. 할머니가 전화를 하는 동안 우리를 바쁘게 만드는 방법이었다. 아이들은 자기 물건에 대한 소유욕이 강하지만 이제 함께 나누기를 가르칠 때가 되었다. 이 무렵에는 물과 모래가 아주 좋은 놀잇감이 될 수 있다. 차고나 골방에 넣어두었던 아기 욕조를 꺼내서 물이나 모래를 채우자. 물장난을 할 때는 아이를 혼자 두면 안 된다. 물놀이를 할 때에는 눌러 짜는 용기, 컵, 주전자가 훌륭한 장난감이 되고 모래 놀이를 할 때에는 삽, 들통, 컵과 주전자가 좋은 장난감이 된다.

혼자서 먹는 법도 배워야 한다

여기저기 돌아다니기 바쁜 유아기에는 먹는 일이 우선 순위에서 밀려나긴 하지만 드디어 받아먹기에서 혼자 먹기로 획기적인 전환을 하는 시기다. 아이가 지금까지 모유나 분유를 잘 먹어왔다면 이제 고형식을 먹일 수 있다. 아이는 엄마가 먹여주려고 하면 숟가락을 빼앗고 음식을 조금씩 집어서 혼자 먹기 시작한다.

아이가 모유나 분유를 먹을 때는 필요한 영양분을 섭취하기가 비교적 간단하다. 하지만 자라는 아이는 고형식이 필요할 뿐만 아니라 혼

유아 안전사고 예방

유아기를 한마디로 요약하자면 '물불을 안 가리는 시기'라고 표현할 수 있다. 아이가 모든 것에 흥미를 느낀다는 것은 좋은 일지만 불행히도 그 대상에는 전기 콘센트, VCR 투입구, 할머니가 아끼는 장식품, 에어컨 통풍구, 동물의 눈, 열쇠구멍, 쓰레기, 동물의 배설물 등등이 포함된다. 따라서 아이를 즐겁게 해주기는 쉽지만 안전하게 지키기가 힘들다. 구급상자를 준비해 두자. 주변을 둘러보고 창의성을 발휘하자. 무엇을 어떻게 피해야 할지 알아보자.

- 걸려 넘어지는 것 집 안을 어느 정도 깨끗이 치운다. 날카로운 모서리에는 보호대를 붙인다. 욕조와 욕실 바닥과 마루에 미끄럼 방지 매트를 깐다.
- 독물 약이나 유독한 가정용품이 들어 있는 찬장은 모두 자물쇠로 채운다. 구강세정제와 화장품 종류도 아이 손이 닿지 않는 곳에 두어야 한다. 동물 사료도 치우자. 만일 유해물질을 먹었다고 생각되면 어떤 조치를 취하기 전에 우선 의사나 119에 연락하자. 토제 시럽을 집에 두고 독물을 먹은 경우 토하게 하자.
- 질식 아기침대에서 모빌을 치우자. 단추 크기의 건전지나 삼키기 쉬운 것은 아이 손에 닿지 않게 한다.
- 끈 커튼과 블라인드의 끈이나 전깃줄은 짧게 줄이거나 못이나 접착테이프를 사용해서 아이의 손이 닿지 않는 곳에 올려놓는다.
- 익사 아이를 욕실에 혼자 두지 말자. 욕조, 어린이 수영장은 물론이고 물통도 위험할 수 있다.
- 화상 의자, 발판, 사다리를 조리대와 스토브에서 멀리 떨어진 곳에 둔다. 가스레인지에 손잡이 커버를 설치한다. 욕조 수도꼭지도 커버를 씌우거나 타월로 감싼다.
- 감전 전기 콘센트를 모두 덮고 램프에는 전구를 끼워둔다.

자서 먹는 법도 배워야 한다. 아이의 식성과 식욕과 수용력은 하루가 다르게 변한다. 또한 부모 자신의 식습관과도 관련이 있기 때문에 힘든 여행이 될 수밖에 없다. 이때 식사 분위기(부모의 식습관과 집안 분위기), 먹는 경험(어떻게 먹을 것인가), 그리고 음식의 종류(무엇을 먹일 것인가)가 중요한 요인이 된다.

> 식사 분위기와 방법은 부모 소관이지만 어떤 음식을 먹을지는 아이 소관이라는 것을 기억하자. 그러면 세상살이가 훨씬 쉬워질 것이다.

♥ 식사 분위기

'잘 먹는' 아이들의 부모를 보면 흐름을 따라가는 경향이 있다. 식사 시간을 즐겁고 편안한 분위기로 만들 뿐만 아니라 특정 음식을 억지로 먹이거나 배가 고프지 않은 아이에게 계속 먹으라고 강요하지 않는다. 아이가 아무리 까다로워도 먹는 것은 즐거운 일이 되어야 한다는 것을 알고 있다. 태도는 배울 수 있지만 식성은 배울 수 없다. 어떻게 하면 즐거운 식사 분위기를 만들 수 있을까? 먼저, 우리 자신의 식습관에 대해 돌아보자.

♥♥ 부모 가족의 식습관은 어떠했나? 가족의 식습관은 집집마다 다르며 아이들에게 큰 영향을 미친다. 따라서 식습관은 자연히 대를 이어간다. 음식을 대하면 즐겁거나 불안할 수도 있고, 느긋하거나 초조할 수도 있고, 편안할 수도 있다. 아니면 남기면 안 된다고 긴장할 수도 있다.

우리 자신의 식습관이 어떤지 생각해 보자. 만일 어릴 때부터 식사 시간에 긴장하고 벌을 받기도 했다면 우리도 무의식적으로 그와 비슷한 분위기를 만들 수 있다. 마지막 한 순갈까지 먹어야 한다고 배운 부모는 아이에게도 그렇게 강요하고 있을지 모른다.

♥♥ 아이의 식습관에 대해 걱정하는가? 인간이 사냥을 하고 식량을 구하기 시작한 이래로 어른들은 아이의 입에 음식을 넣어줘야 하는 책임을 져왔다. 하지만 아이를 억지로 먹게 할 수 없다. 아마 아이가 잘 먹지 않으면 부모 잘못이라고 생각할지도 모른다. 또는 부모가 어릴 때 너무 말랐거나 청소년기에 식이 장애를 겪었을 수도 있다. 만일 이러한 불안감을 갖고 아이를 대한다면 식사 시간이 식탁의자에서 내려오려는 모험가와 벌이는 투쟁이 될 것이다. 새 음식을 억지로 먹이려고 하거나 '몇 순갈만 더' 하고 쫓아다닐수록 아이는 그것을 주도권 싸움으로 인식하고 이기려고 할 것이다. 그래서 아이를 먹이는 일이 다음 몇 년간 커다란 골칫거리가 될 확률이 높다.

유아가 되면 전보다 활동량이 많아지지만 입맛이 없을 때가 있고 자기 앞에 놓인 음식이 싫을 수도 있다. 따라서 아이가 남긴 음식을 놓고 속상해 하지 말고 대신 아이를 보자. 활발하게 움직이고 행복해 보이는가? 그렇다면 필요한 영양을 섭취하고 있는 것이다. 연구에 따르면, 아기들도 칼로리 섭취를 조절하는 능력을 갖고 있다고 한다. 잘 안 먹는 날이 있으면 잘 먹는 날 그만큼 보충해 주면 된다. 또 주변을 둘러보고 다른 엄마들의 이야기를 들어보는 것도 도움이 될 것이다.

♥♥ 부모의 식성은 어떤가? 만일 엄마가 바나나를 좋아하지 않는다면 아이에게 바나나를 주고 싶지 않을 것이다. 엄마의 식성이 까다롭다면 아이도 왕성한 식욕을 보이지 않을 것이다. 또 나처럼 몇 달씩 계속 같은 것을 먹는 사람이라면 아이가 매일 같은 음식을 먹어도 탓

할 수 없다. 아니면 부모와 정반대일 수도 있다. 우리 집 딸들도 한 아이는 식성이 까다롭고 다른 아이는 그렇지 않다. 하지만 어쨌든 부모 자신의 식성에 대해 생각해 볼 필요가 있다. 나는 어느 날 퇴근해서 집에 갔는데 우리 할머니가 사라에게 삶은 양배추를 먹이고 있었다. 나는 웩하고 토하고 싶었지만 할머니가 나를 째려보았다. 내 반응이 사라에게 영향을 준다는 것을 알고 할머니가 말했다. "트레이시, 내 스웨터를 갖다주겠니? 위층에 두고 온 것 같구나." 나는 몇 분 동안 위층에 머물면서 사라가 다 먹을 때까지 기다렸다.

♥♥ 아이가 혼자 먹는 것에 대해서 어떻게 느끼는가? 받아먹기에서 혼자 먹기로 바뀌면 어떤 엄마들은 반가워하지만 어떤 엄마들은 혼란을 느낀다. 물론 많은 엄마들은 아이가 하루 빨리 혼자 먹는 날을 기다린다. 아이 입에 죽을 떠 넣어 주는 것도 금방 시들해진다. 하지만 어떤 엄마들은 아이에게 계속 필요한 존재가 되기를 바란다. 그래서 아이가 "더 이상 엄마젖(또는 우유병)은 필요 없어요." 또는 "이제 나도 큰 아이들처럼 먹고 싶어요" 하는 사인을 보내도 무의식중에 무시해 버린다.

엄마가 아이를 붙잡는 것을 아이가 감지하면 분명 독립을 향한 행보에 지장이 생긴다. 그래서 나는 엄마들에게 자신을 돌아보라고 말한다. 아이가 엄마 손에서 숟가락을 뺏으려고 하거나 컵이나 물병으로 마시려고 할 때는 "나는 혼자 먹고 싶어요" 하고 말하는 것이다. 그러면 연습할 기회를 줘서 결국 혼자 먹을 수 있도록 해주어야 한다.

유아는 끊임없이 변하고 발전해 간다는 사실을 기억하자. 어떤 일에서 엄마에게 완전히 의지하고 있는 줄 알고 보면 어느새 더 이상 엄마를 원하지 않는다. 특히 캐롤린은 이 과정에서 어려움을 겪었다. 그녀는 10개월이 된 젭에게 거부당한 기분을 느꼈다. 젭이 엄마젖에 흥미를 잃고 숟가락을 잡기 시작했지만 캐롤린은 계속 아이를 무릎에 앉히고 숟가락으로 떠먹였다. 그러면서 그녀는 모유 먹일 때의 친밀감을 느꼈다. 하지만 젭은 엄마 무릎에서 꿈틀거리고 내려와서 숟가락을 빼앗으려고 했다. 식사 때마다 전쟁이 벌어졌다. 나는 캐롤린에게 젖을 먹이던 평화로운 시간으로 돌아가고 싶어도 이제는 불가능하다고 말했다. 이제 그녀의 아이는 더 이상 '아기'가 아니라 스스로 생각하고 움직이는 '유아'였다. 아이는 엄마를 거부하는 것이 아니라 단지 독립을 원하고 있을 뿐이다. 그녀는 아이를 보내주어야 했다. "맞아요." 그녀가 시인했다. "하지만 너무 슬퍼요. 우리 큰 아이들이 학교에 갈 때도 뒤도 돌아보지도 않고 교실로 들어가는 모습을 보면서 다행스럽기도 했지만 괜히 눈물이 나더라고요."

나는 물론 캐롤린 같은 엄마들의 심정은 충분히 이해할 수 있다. 하지만 부모는 아이를 붙잡아두는 존재가 되어서는 안 된다. 부모는 평생 동안 아이를 사랑할 뿐 아니라 떠나보낼 줄도 알아야 한다.

♥ 어떻게 먹일 것인가?

식사 의식은 매우 중요하다. 아이는 저녁 식탁에 앉아서 어른들이 하는 것을 보고 배운다. 사실, 어떻게 먹일 것인가는 무엇을 먹일 것인가 하는 문제만큼이나 중요하다. 아이는 가족과 함께 식사를 하다 보면 점차 얌전히 앉아서 혼자 먹게 된다. 식사도 일종의 사회적인 기술이므로 부모 형제를 보면서 인내심과 예절을 배울 수 있다.

♥♥ 가족과 함께 식사하자. 아이가 혼자 앉을 수 있게 되면 저녁 식탁에서 가족과 함께 먹을 준비가 된다. 그리고 처음 숟가락을 뺏어들면 그때부터 혼자서 먹도록 해준다. 엄마가 배가 고프더라도 기다렸다가 식사는 아이와 함께 하자. 그러면 단지 앉아서 아이에게 음식을

떠먹일 때보다 좀더 교류하는 시간을 가질 수 있다. 또한 가족이 모두 함께 먹으면 아이에게만 관심을 집중하지 않을 수 있다.

♥♥ 음식을 조금씩 덜어주자. 안 그러면 사방에 온통 음식을 흐트러뜨려 놓을 것이다. 손으로 집어먹을 수 있는 음식을 접시에 담아서 혼자 먹게 하고 더 먹으려고 하면 조금씩 덜어주자.

♥♥ 아이 두 개 엄마 두 개, 숟가락 네 개를 준비한다. 엄마가 숟가락으로 음식을 떠주면 아이는 그것을 받아먹고 숟가락을 뺏으려고 한다. 첫 번째 숟가락을 주고 다른 숟가락으로 먹인다. 어느새 보면 아이는 첫 번째 숟가락을 팽개치고 두 번째 숟가락을 잡는다. 그래서 세 번째와 네 번째 숟가락이 필요해진다. 마치 컨베이어벨트처럼 아이는 번갈아가면서 차례로 다른 숟가락을 잡는다.

♥♥ 한 손은 음식을 집어먹을 수 있도록 해주자. 그러면 엄마도 편

아이의 식습관도 엄마하기 나름이다

엄마가 지나치게 노심초사하면 아이가 불안해서 잘 먹지 않는다. 다음과 같은 아이는 음식에 대한 엄마의 불안을 감지하거나 엄마가 아이를 식탁에 너무 오래 붙잡아두기 때문일 수가 있다.

- 음식을 씹지 않고 입에 물고 있다.
- 계속 음식을 뱉어낸다.
- 구역질을 하거나 토한다.

하고 아이도 혼자서 먹는 '다 큰 아이'가 된 기분을 느낄 것이다. 아이가 음식을 흘려도 상관하지 말자. 아이는 배우는 중이므로 처음 몇 달 동안은 흘리는 것이 입으로 들어가는 것보다 많을 것이다. 커다란 턱받이를 해주고 식탁의자 밑에 방수포를 깐다. 만일 아이의 새로운 음식 탐험에서 흘리는 것을 상관하지 않는다면 음식을 흘리지 않게 하려고 나무라면서 먹이는 것보다 훨씬 더 빨리 숟가락질을 배울 것이다. 15개월에서 18개월이 되면 대부분의 아이들은 숟가락으로 먹을 수 있다. 혼자 먹게 내버려두자. 숟가락을 귀에 넣으려고 하지 않는다면!

♥♥ 음식으로 장난을 하거나 놀이와 연결시키지 말자. 아이는 부모가 하는 대로 보고 배운다. 따라서 예를 들어 비행기놀이(숟가락으로 음식을 떠서 "자, 간다" 하면서 아이 입을 향해 날아가는 시늉을 하는 것)를 한다면 아이가 나중에 다른 집이나 음식점에 가서 먹을 때 음식을 공중에 날려도 된다고 생각할 것이다. 먹으면서 장난감을 갖고 놀게 하면 아이는 식사 시간을 노는 시간과 혼동한다. 또는 주의를 돌리려고 TV를 틀어놓으면 아이가 얌전히 앉아 있을지는 몰라도 자신이 무엇을 어떻게 먹고 있는지 배울 수가 없다.

♥♥ 잘하면 아이를 격려하고 칭찬하고, 잘하지 못해도 야단치지 말자. 아이들은 식사 예절을 배워서 세상에 태어나지 않는다는 사실을 기억하자. 아이는 배우는 중이다. 물론 '미안합니다' '감사합니다'를 가르쳐야 하지만 학교 사감이 되지는 말자. 아이들은 주로 모방을 통해 식사 예절을 배운다.

♥♥ 다 먹으면 자리에서 일어나게 하자. 아이가 음식을 더 먹고 싶

지 않을 때는 보면 알 수 있다. 우선, 고개를 돌리고 입을 오므린다. 손으로 음식을 먹고 있었다면 바닥에 음식을 떨어뜨리고 행동이 거칠어진다. 그런 아이를 억지로 앉혀두고 계속 먹이려고 하면 발버둥을 치면서 의자에서 내려오려고 몸을 뒤틀거나 울어버릴 것이다. 그렇게까지 가지 않도록 하자.

무엇을 먹일 것인가?

앞서 말했듯이 어떤 음식을 먹는지는 아이 소관이다. 물론 우리는 아이에게 혼자 먹는 법을 가르치고 다양한 음식을 맛볼 기회를 제공해

H.E.L.P.로 마시기 훈련하기

♥H

아이가 컵이나 물병으로 마시고 싶어할 때까지 물러서 있는다.

♥E

혼자 마시게 내버려두고 흐름을 조절하는 기술을 터득할 때까지는 흘릴 수밖에 없다는 것을 기억하자.

♥L

비닐 턱받이를 해주거나 바닥에 방수포를 깔아준다. 아이는 연습이 필요하다는 것을 기억하고 인내심을 갖자.

♥P

아이가 제대로 먹을 때만 칭찬한다. 단지 컵을 들고 온통 흘리기만 하는데도 '잘한다'고 하지는 말자.

우유로 바꾸기

분유를 먹거나 모유를 먹거나 1년에서 18개월 사이에 우유로 바꾸기 시작한다. 유아는 비타민, 철분, 칼슘 섭취를 위해 적어도 하루에 720cc 정도의 우유를 먹어야 한다. 처음 3일은 하루 한 병으로 시작해서, 다음 3일은 두 병, 그 이후에는 하루 세 병을 모두 우유로 먹인다. 우유 대신 치즈, 요거트, 아이스크림을 먹여도 된다. 콧물, 설사, 눈 밑이 거무스름해지는 알레르기 반응이 나타날 수 있으므로 아이가 알레르기 체질이거나 두유를 먹이기를 원한다면 영양사나 소아과 의사와 상의하자.

야 한다. 하지만 불행히도 이 모든 것은 아이가 자의식이 생기고, 혼자 움직일 수 있고, 무엇보다 '싫어'라는 말을 배우는 시기와 정확히 맞아떨어진다. 아무리 맛있는 음식을 차려주어도 어떤 음식을 입에 넣느냐는 결국 아이에게 달려 있다. 의외로 유아들이 하루에 필요로 하는 열량은 1,000~1,200칼로리밖에 되지 않는다. 그 대부분은 아이가 먹는 480~780cc의 모유나 분유로, 아이가 한 돌에서 18개월 사이라면 우유로 보충이 된다. 이외에도 다음과 같은 점들을 염두에 두도록 하자.

♥♥ 문제를 예방한다. 대부분의 소아과 의사들은 보통 6개월 정도에 이유식을 시작하라고 말한다. 나는 엄마들에게 날짜를 세기보다는 아이의 상태를 파악한 뒤 좀더 일찍 시작하라고 권한다. 너무 오래 기다리면 아이는 유동식에 익숙해져서 잘 씹으려고 하지 않고 고형식을 거부할 수 있다.

또한 수면 장애를 미리 예방할 수 있다. 실제로 나는 종종 6~7개월 된 엄마들로부터 그 동안 밤새 잘 자던 아이가 한밤중에 깨기 시작했다는 전화를 받는다. 그런 아이를 달래려고 엄마들은 젖이나 우유병을 준다. 나는 그 방법을 절대로 권하지 않는다. 만일 아이가 잠시 빨다가 그만두면 분명 꿈을 꾸다가 깨서 위안을 받으려고 먹는 것이다. 하지만 양껏 먹는다면 칼로리가 부족한 것이다.

이유식은 언제부터 먹일까?

이유라고 하면 어떤 부모들은 아기가 젖을 떼는 것으로 생각하는데 사실은 유동식에서 고형식으로의 전환을 말한다.

♥5~6개월 정도에 시작한다.

예전에는 아기들이 6주만 되면 이유식을 먹이기 시작했지만, 요즘 미국 소아학 학회에서는 6개월 정도에 시작하라고 권한다. 그 무렵에는 혼자 앉아서 머리를 가눌 수 있다. 혀를 내미는 반사도 사라지고 좀더 다양한 고형식을 소화할 수 있게 된다. 그리고 알레르기 반응도 줄어든다.

♥낮에 더 배가 고파하는 것 같고 자주 또는 더 많이 먹으며, 밤중에 깨서 한껏 먹는다.

모유나 분유에서 충분한 칼로리를 섭취하지 못하고 있으므로 고형식이 필요하다.

♥어른이 먹는 음식에 관심을 보인다.

아이는 열심히 우리를 쳐다보다가, 입을 벌리거나 손을 뻗으면서 맛을 보여달라고 할 것이다. 아니면 뭔가를 먹고 있는 엄마 입에 손가락을 집어넣으려고 한다.

수면 장애는 유아기에 운동량이 증가하고 새로운 두려움을 인식하면서 생길 수 있다. 하지만 칼로리 부족으로 잠에서 깬다면 좀더 자주 먹이고 자기 전에 또 먹이기보다 고형식으로 필요한 칼로리를 보충해서 문제를 예방할 수 있다.

한마디 더

시중에 이유식이 많이 나와 있지만, 직접 만들고 싶다면 신선한 야채나 과일을 찌거나 끓여서 으깨거나 갈아서 죽을 만들어준다. 유아식에는 소금을 넣지 않는다.

♥♥ 이유 과정은 점진적으로 진행하자. 다음에 소개할 '유동식에서 고형식'으로 바꾸기는 아이가 6개월 정도 되었을 때 시작하는 이유 과정이지만 단지 견본일 뿐이다. 나는 대부분의 아기들이 배를 잘 소화시킨다고 생각해서 보통 처음에 배로 시작한다.

매주 새로운 음식을 하나씩 추가하되, 항상 아침에 먹인다. 다음 주에는 그 음식을 낮에 주고 새 음식을 아침에 준다. 3주째에는 하루에 세 번 고형식을 먹게 될 것이다. 그 후로 음식 종류와 양을 점차 늘려간다. 매일 어떤 음식을 얼마나 먹었는지 음식 일지를 기록해 두면 문제가 일어났을 때 의사에게 보여줄 수 있다.

♥♥ 일찍부터 손으로 먹는 음식을 주자. 죽은 좋은 음식이지만 아이가 여러 가지 음식을 소화시킬 수 있게 되면 같은 음식이라도 좀더 어른이 먹는 것으로 준다. 혼자서 먹을 수 있으면서 죽보다는 좀더 씹을 수 있는 것으로 주자. 예를 들어, 배를 작은 조각으로 썰어줄 수도 있다. 손놀림이 발달하면 음식을 집어서 입에 넣을 수 있다. 일단 할 수 있다는 것을 알게 되면 아이는 혼자 먹고 싶어할 것이다. 이가 없어도

7개월이 되면 음식을 잇몸으로 씹어서 안전하게 넘길 수 있다. 아니면

음식 알레르기

세 돌 이하의 아이들 가운데 5~6퍼센트가 실제로 음식 알레르기를 갖고 있다고 한다. 밀감류, 달걀 흰자위, 양고기, 딸기, 치즈, 우유, 콩, 견과류, 콩제품, 당근, 옥수수, 생선, 갑각류 등이 원인일 수 있다. 그렇다고 해서 이 음식들을 먹이지 말라는 것은 아니다. 잠재적인 반응을 주의해 보라는 것이다. 알레르기는 종종 유전되지만, 때로 가족들과는 전혀 관련이 없는데도 갑자기 나타나기도 한다. 그 중 20퍼센트 이상의 아이들은 크면서 음식 과민 반응에서 벗어나는데, 문제의 음식을 자주 먹인다고 알레르기가 없어지는 것은 아니다. 사실 그 반대 현상이 종종 일어난다. 음식 알레르기가 점점 더 위험해지고, 크면서 벗어나기는커녕 평생의 문제가 될 수 있다.

매주 한 가지씩 새 음식을 주면, 만일 어떤 알레르기 신호가 보일 때 그 원인을 알 수 있다. 어떤 음식에 민감한 반응을 보이면 즉시 중단하고 적어도 한 달 동안 다시 주지 말자. 그래도 다시 반응을 보이면 적어도 1년을 더 기다리고 의사와 상담하자.

음식 알레르기는 매우 심각하다. 몇 개의 신체 기관에서 동시에 나타날 수 있는 아나필락시스 쇼크는 치명적이 될 수 있다. 보통 처음에는 증상이 경미하지만 시간이 갈수록 점점 심해지기도 한다.

♥ 설사
♥ 발진
♥ 얼굴이 부어오른다
♥ 재채기 콧물 또는 다른 감기 증상
♥ 가스통이나 다른 위장 증세
♥ 구토
♥ 가려움증 또는 눈물

입 안에서 녹여 먹을 수 있도록 작은 크기로 썰어주자.

손으로 집어먹을 수 있는 음식은 약 0.5센티미터 정도의 작은 조각으로 썰어준다. 부드러운 음식은 그보다 약간 커도 무방하다. 당근, 브로콜리 또는 배나 사과처럼 단단한 과일은 처음에 약간 데쳐주면 좋다. 사실 아이에게 줄 수 있는 음식은 무궁무진하다. 우리가 저녁 식탁에 놓는 대부분의 음식들을 줄 수 있다. 예를 들면, 과자, 잘게 썬 팬케익이나 프렌치토스트, 대부분의 야채와 부드러운 과일, 참치, 생선살, 치즈 조각 등등.

한마디 더

알레르기가 있는 아이에게는 첫돌이 될 때까지 달걀 흰자위, 콩, 밀감류, 토마토는 먹이지 말자. 첫돌이 지난 후에는 약간의 닭고기, 완숙 달걀, 그리고 부드러운 딸기류를 손으로 먹게 할 수 있다. 하지만 적어도 18개월까지는 소화하기 어렵고 목에 걸리기 쉬운 견과류나 조개, 초콜릿, 꿀 등은 조심해야 한다.

♥♥ 보기 좋으면서 손쉽게 만들 수 있는 음식을 준비하자. 유아들은 음식 투정을 하지 않지만 일찍부터 다양한 음식을 맛보는 즐거움을 주는 것이 좋다. 하지만 아이가 바닥에 엎어버릴지도 모르는 음식을 만드느라 뜨거운 불 위에 몇 시간씩 구부리고 있지 말고 창의성을 발휘하자. 빵을 여러 가지 모양으로 자르거나 음식을 얼굴 모양으로 접시에 담는다. 건강식과 균형 있는 식단을 차려주어야겠지만 억지로 먹이려고 애쓰지 말자. 아이가 좋아하는 음식으로 다른 음식을 덮어준다. 예를 들어, 사과소스를 좋아한다면 브로콜리에 얹어주자. 하지만 야채를 먹지 않는다고 해서 죽지는 않는다는 것을 기억하자. 과일에도 채소와 같은 여러 영양소가 들어 있다.

♥♥ 아이가 원하는 방식대로 먹게 해주자. 사과소스는 닭고기보다 나중에 먹어야 한다거나 요거트에 생선을 찍어먹지 말라는 법은 없다. 아이들은 식탁에 앉아 먹으면서 식사 규칙을 배우고 결국은 따라하게 되어 있다. 하지만 처음에는 원하는 방식대로 먹게 내버려두자.

♥♥ 영양 간식도 음식이다. 아이가 잘 먹지 않는다고 걱정하기 전에 끼니 중간에 무엇을 먹고 있는지 생각해 보자. 어떤 아이들은 한번 앉은자리에서 배불리 먹지 않고 하루 종일 조금씩 먹는다. 그렇다고 해도 살짝 데친 야채나 과일, 치즈를 얹은 한 입 크기의 크래커나 토스터 등의 영양 간식을 준다면 문제될 것은 없다. 아이들은 과자 같은 탄수화물 간식을 좋아하지만 어떤 식으로 음식을 주느냐에 따라 달라질 수 있다. 아이가 먹고 싶은 생각이 들도록 특별하고 맛있는 것처럼 이야기하자. "으흠… 너에게 줄 사과가 있지." 하루가 끝나고 아이가 먹은 것을 모두 더해보면 생각보다 많은 영양을 섭취한 것을 알게 될 것이다.

♥♥ 함께 음식 준비를 하자. 아이가 "나도 할래" 단계가 되면 말릴 수 없으므로 함께하는 것이 상책이다. 15개월만 되어도 재료를 섞고, 양상추를 잘게 쪼개고, 과자를 장식하고, 간식을 차릴 수 있다. 게다가 요리를 하다보면 운동 능력이 발달하고 무엇보다 음식과 친숙해진다.

♥♥ 어떤 음식도 '나쁘다'라고 부르지 말자. 아이가 어려서 말귀를 못 알아들을 거라 짐작하고 음식에 대해 함부로 말하면 안 된다. 어떤 음식을 금기시하면 아이는 거기에 집착한다.

이유식

6개월	사과, 배, 바나나, 으깬 버터넛, 고구마, 밥, 오트밀
7개월	복숭아, 당근, 완두콩, 보리
8개월	현미, 베이글 , 빵, 닭고기, 칠면조 고기
9개월	아스파라거스, 호박, 요거트, 크림 치즈, 고깃국
10개월	브로콜리, 달걀을 뺀 파스타, 양고기, 순한 치즈
11개월	키위, 감자, 시금치, 가지, 달걀 노른자, 핑크색 자몽
1년	밀, 멜론, 오렌지, 수박, 딸기, 옥수수, 토마토, 양파, 오이, 콩, 두부, 생선, 돼지고기, 소고기, 달걀 흰자

♥♥ 음식으로 아이를 타이르거나 구슬리지 말자. 아이가 금지된 뭔가를 하겠다고 떼를 쓰면 어떤 부모는 "자, 과자 줄게" 하고 위기를 모면하려고 한다. 그러면 아이의 잘못된 행동을 부추길 수 있을 뿐 아니라 음식을 일종의 뇌물처럼 여기게 만든다. 모든 인간은 평생 음식과 더불어 살아간다. 우리가 아이에게 언제 어떤 식으로 음식을 주느냐에 따라 음식이 지닌 맛뿐 아니라 사회성을 즐기는 능력이 달라질 수 있다.

기저귀 갈기와 옷 입히기 전쟁

일단 아이가 움직이는 것에 재미를 들이면 기저귀 갈기와 옷 입히기 전쟁이 시작된다. 아이들은 이제 가만히 누워서 기저귀를 갈아주기를 기다리지 않는다. 다음은 그런 문제를 피하는 방법이다.

유동식에서 고형식으로 바꾸기(6주 과정)

	오전 7:00	9:00	11:00
#1 26주(6개월)	깨어나면 모유나 분유	배 4티스푼, 모유나 분유	모유나 분유
#2 27주	모유나 분유	고구마 4티스푼, 모유나 분유	모유나 분유
#3 28주	모유나 분유	버터넛 으깬 것, 모유나 분유	모유나 분유
#4 29주	모유나 분유	바나나 1/4, 모유나 분유	모유나 분유
#5 30주(7개월)	모유나 분유	바나나 1/4, 모유나 분유	모유나 분유
#6 31주	모유나 분유	완두콩 4티스푼, 배 4티스푼, 모유나 분유	모유나 분유

♥ 모든 것을 미리 준비한다. 준비가 비결이다.

아이가 몸부림을 치는데 이것저것 찾으면서 머뭇거릴 시간은 없다. 기저귀 크림 뚜껑을 열고, 기저귀를 펼쳐놓고, 물수건을 곁에 놓아두자.

♥ 적절한 시간을 택한다.

아이가 배가 고프거나 피곤하거나 놀이에 열중해 있을 때는 피한다. 뭔가를 완성하려고 하는 아이를 안고 데리고 가면 좋아할리가 없다.

	오후 1:00	4:00	8:00	참고
	모유나 분유	모유나 분유	모유나 분유	아침식사에 새 음식을 주는 것으로 출발한다. 배는 소화가 잘 된다.
	배 4티스푼, 모유나 분유	모유나 분유	모유나 분유	배를 점심으로 옮기고 또 다른 새 음식을 아침에 준다.
	고구마 4티스푼, 모유나 분유	배 4티스푼	모유나 분유	지난 주에 주기 시작한 음식을 점심으로 옮기고 고형식을 하루에 세 번 준다.
	고구마 4티스푼, 버터넛 으깬 것 4티스푼, 모유나 분유	배 4티스푼, 모유나 분유	모유나 분유	점심 양을 늘린다.
	고구마 4티스푼, 배 4티스푼, 모유나 분유	으깬 버터넛 4티스푼, 바나나 1/4, 모유나 분유	모유나 분유	점심과 저녁에 양을 늘린다.
	으깬 버터넛 4티스푼, 사과 4티스푼, 모유나 분유	고구마 4티스푼, 바나나 1/4, 모유나 분유	모유나 분유	새 음식을 추가하면서 두 가지를 각 식사에 준다. 아이의 식욕에 따라 양을 늘린다.

한마디 더

많은 부모들은 아이가 아침 식사를 한 후에 잠옷 차림으로 놀게 한다. 나중에 옷을 입자고 부르면, 특히 아이가 놀이에 열중해 있을 때는 짜증을 부릴 수 있다. 나는 아침 식사 마무리 의식에 '옷 입는 것'을 포함시킬 것을 권한다. 아이가 식사를 마치면 이를 닦고 잠옷을 놀이옷으로 갈아입혀서 하루를 시작할 준비를 하자.

♥ 무엇을 할 것인지 미리 알려준다.

나는 아이들을 놀라게 만드는 것을 좋아하지 않는다. 아이에게 무엇을 할 것인지 미리 알리자. "이제 옷을 입을 시간이다." 또는 "이제 기저귀를 갈아야겠다"라고.

♥ 서두르지 말자.

서두른다고 해서 쉬워지거나 빨라지지 않는다. 예민한 아이, 심술쟁이 아이, 그리고 활발한 아이를 재촉하면 점점 더 어려워진다. 대신 그 시간을 아이와 소통하는 기회로 생각하자. 연구에 따르면 부모가 아이와 눈을 마주치면서 이야기하면 아이가 커서도 말썽을 덜 부린다고 한다. 자연스럽게 서로의 눈을 들여다볼 수 있는 시간이다.

♥ 옷 입기를 즐겁게 만들자.

기저귀를 갈거나 옷을 입히면서 아이에게 이야기를 하자. 무엇을 하고 있는지 계속해서 설명하자. 한 가지 좋은 방법은 노래를 하는 것이다. "이렇게 우린 셔츠를 입어요, 셔츠를 입어요, 셔츠를 입어요. 이렇게 셔츠를 입으면 나가 놀 수 있어요." 작사 작곡을 하자. 내가 아는

아이가 채식을 해도 될까?

채식을 하는 부모들은 종종 영아나 유아가 채식을 해도 되는지 물어본다. 특히 유제품과 달걀을 빼면 채식 식단은 대개 최소한의 일일 필요량에도 미치지 못한다. 또한 야채는 양은 많지만 충분한 비타민 B와 지방의 칼로리를 제공하지 못하며 아이들의 성장 발달에 필요한 철분 함유량이 부족하다.

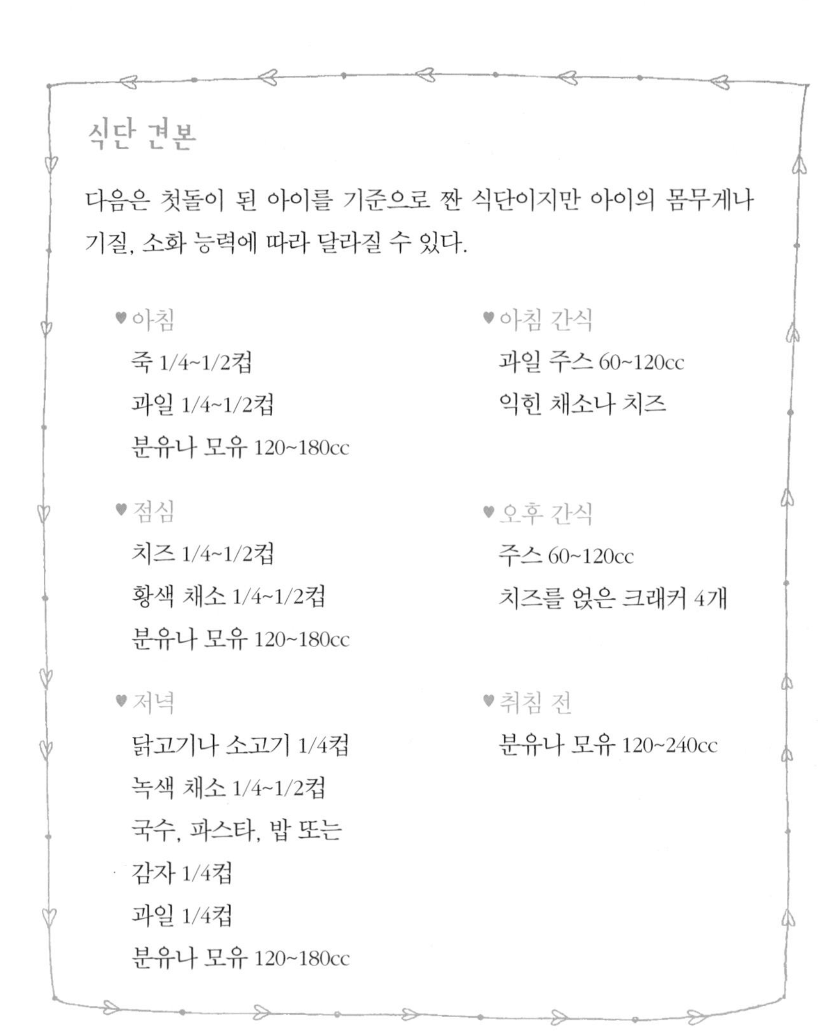

식단 견본

다음은 첫돌이 된 아이를 기준으로 짠 식단이지만 아이의 몸무게나 기질, 소화 능력에 따라 달라질 수 있다.

♥아침
죽 1/4~1/2컵
과일 1/4~1/2컵
분유나 모유 120~180cc

♥아침 간식
과일 주스 60~120cc
익힌 채소나 치즈

♥점심
치즈 1/4~1/2컵
황색 채소 1/4~1/2컵
분유나 모유 120~180cc

♥오후 간식
주스 60~120cc
치즈를 얹은 크래커 4개

♥저녁
닭고기나 소고기 1/4컵
녹색 채소 1/4~1/2컵
국수, 파스타, 밥 또는 감자 1/4컵
과일 1/4컵
분유나 모유 120~180cc

♥취침 전
분유나 모유 120~240cc

어떤 엄마는 상황에 맞게 간단한 시를 짓는 재주가 뛰어났다. "장미는 빨간색, 바이올렛은 푸른색, 이제 네게 셔츠를 입혀줄게!" 지금쯤 엄마들은 각자 자기 아이의 관심을 돌리는 방법들을 터득하고 있을 것이다. 모든 수단을 동원하자. 나는 이때만큼은 몸을 비틀거나 우는 아이를 구슬리라고 조언한다. 나는 처음에 허리를 구부렸다 펴면서 "여기 있다!" 하고 까꿍놀이를 한다. 아이가 뒤집으려고 하면 부드러운 목소리로, "어디 가려고 그러니?" 하면서 아이를 돌려놓는다. 울기 시작하면, 기저귀를 갈 때나 옷을 입힐 때만은 놀잇감을 주면서 "오, 여기 뭐가 있는지 봐라!" 하고 주의를 돌린다.

한마디 더

허리는 고무줄로 되어 있는 헐렁한 옷을 사자. 단추나 지퍼가 달린 셔츠도 역시 수월하다. 티셔츠는 목 옆쪽에 단추가 달렸거나 아니면 머리를 쉽게 넣고 뺄 수 있을 만큼 큼지막하고 신축성이 좋은 것으로 사자.

♥ 아이와 함께하자.

11개월에서 18개월 사이의 아이는 옷을 벗는 일, 특히 양말을 잡아당기는 것에 관심을 보이기 시작한다. 이럴 때 잘했다고 칭찬하고 격려해 주자. "잘 했다. 다 컸네. 이제 옷을 벗을 수 있겠구나." 약간만 잡아당기면 벗을 수 있도록 양말을 반 정도 발에서 내려서 발가락 부분을 잡고 당기게 해주자. 속옷은 팔을 먼저 빼주고 아이가 머리 위로 벗게 한다. 좀더 숙달이 되면 점차 혼자 하게 하자. 놀이로 만들어보자. "나는 이 쪽 양말을 벗길 테니까 다른 쪽은 네가 벗어봐라."

두 돌 정도가 되면 옷 입기에 관심을 보일 것이다. 처음에는 보통 양말 신는 것으로 시작한다. 계속 격려하고 약간씩 거들어준다. 양말을 반쯤 발에 신겨주고 아이가 나머지를 당겨서 신게 한다. 그 다음에는 발가락만 넣어주고 혼자 신게 한다.

티셔츠 입는 것도 같은 단계를 밟아간다. 먼저 머리를 넣고 소매를 펴서 아이가 팔을 넣게 한다. 결국은 혼자 입게 될 것이다. 티셔츠 앞에 그림이 있으면 그 쪽이 앞으로 오게 입으라고 가르쳐주자. 속옷에는 라벨이 붙어있으므로 라벨이 뒤로 가게 입으라고 가르쳐주자.

♥ 여러 번에 걸쳐서 나누어 하자.

아이마다 엄마를 힘들게 만드는 일이 있을 것이다. 만일 기저귀 갈기나 옷 입히기가 어렵다면 미리 준비를 하자. 모린은 씩씩한 아이 조셉에게 옷을 입힐 때마다 전쟁을 치르곤 했다. 어김없이 조셉은 몸을 뒤집거나 달아나거나 옷을 움켜잡고 머리에 넣지 못하게 했다. 엄마가 실랑이를 벌이면서 아이는 점점 완강해졌다. 조셉은 이제 아무리 구슬려도 듣지 않았다. 그래서 결국 15분마다 한 가지씩 옷을 입히기로 했다. "이번에는 티셔츠만 입으면 된다" 하는 식으로. 옷을 입힐 때, 아이를 너무 오래 붙들고 있지 말고 한 가지씩 입히자. 조셉은 그럭저럭 견뎌냈다. 한 달이 지나자 놀라울 정도로 협조적이 되었다.

♥ 아이에게 선택권을 주자.

이제 막 독립을 쟁취한 아이가 옷 입기를 좋아하지 않는 이유는 자기 마음대로 할 수가 없기 때문이다. 옷 입기는 어차피 해야 하는 일이지만 아이에게 언제 어디서 무엇을 입는지에 대해 선택권을 줄 수 있다.

♥♥ 언제 "지금 옷을 입을까 아니면 엄마가 설거지를 끝내고 나서 입을까?"

♥♥ 어디서 "기저귀를 어디서 갈아줄까?"

♥♥ 무엇을 "푸른색과 빨간색 중에서 어떤 티셔츠를 입을까?" 만일 아이가 색깔을 모르면 두 개를 들고 물어보자. "어느 것을 입을까?"

엄마가 1시간 동안 아이를 쫓아서 집안을 뛰어다녔거나 또는 아이가 화가 나 있다면 이러한 이성적인 접근이 통하지 않을 것이다. 그럴 때는 다음 사항을 명심하자.

♥ 부모가 가장 잘 안다는 것을 기억하자.

기저귀 갈기와 옷 입히기는 어떤 식으로든 해야 하는 일이다. 젖은 기저귀를 차고 다니면 피부 발진이 생긴다. 결국 엄마는 단호해질 수 밖에 없고 아이는 협조하거나 적어도 항복해야 한다.

어떤 엄마 아빠는 아이가 벌거벗고 뛰어다니게 내버려두면서 합리화를 한다. "아이가 옷을 입히지 못하게 해요." 나는 이런 말을 들으면 절로 한숨이 나온다. 옷을 입는다는 것은 먹는 것과 마찬가지로 필수적이다. 옷을 입지 않고 밖에 나갈 수는 없다. "옷을 입기 전에는 놀이터에 갈 수가 없어." 수영장이나 해변에서도 "수영복을 입지 않으면 놀 수 없다"고 가르치자.

한마디 더

공공장소에서 아이 옷을 갈아입히지 말자. 당신이라면 슈퍼마켓이나 공원이나 해변에서 다른 사람들이 보는데도 옷을 갈아입을 수 있겠는가? 아이들도 마찬가지다. 화장실이나 자동차 안으로 들어가자. 그것도 안 되면 적어도 담요나 재킷으로 가려주자.

♥ 마무리 의식을 하자.

"다 입었다!"라거나 "이제 공원에 갈 준비가 되었다"라고 힘든 일에서 벗어난 것을 알리자.

♥ 아이를 옷 관리에 참여시키자.

잠옷, 목욕 가운, 재킷 등 자주 입는 옷들은 혼자 꺼내기도 하고 걸기도 할 수 있도록 옷걸이를 만들어주자. 아이들은 세탁 바구니에 더러워진 옷을 던져 넣는 것도 좋아한다. 그러면서 어떤 옷들은 다시 입을 수 있고 어떤 옷은 빨아야 한다는 것을 배운다.

옷 입기는 아이가 계속해서 완성해 가야 하는 기술이다. 위의 방법들은 단지 시작에 불과하다. 인내심을 갖고 각자 자신의 아이에게 맞는 방법을 찾아야 한다. 아이가 힘들어하면 도와주자. "나도 할래" 하고 말하면 함께 하자. 하지만 어느 날 아침 아무리 정신없이 바쁘다고 해도 아이와 다시 전쟁을 치르기를 원하지 않는다면 대신 해주지 말자. 이번에는 조금 늦더라도 어쩔 수 없다. 그리고 다음번에는 시간을 다시 계획하자. 다시 말하지만, 유아들은 시간을 이해하지 못하므로 분명 엄마가 늦었다고 해도 아랑곳하지 않을 것이다. 유아들은 오로지 독립에만 관심이 있다.

기저귀 떼기

기저귀 떼기는 영아에서 유아로 가는 길에서 통과해야 하는 마지막 관문이다. 나는 처음 미국에 와서 배변 훈련이 얼마나 심각한 문제인지 알고 깜짝 놀랐다. 엄마들은 나에게 질문 공세를 퍼붓는다. 언제 해야 하나요? 어떻게 해야 하나요? 어떤 변기가 좋은가요? 너무 일찍 시작하면 어떤 문제가 생길까요? 너무 늦어지면 어떻게 될까요?

나는 미국에 와서 많은 아이들이 세 돌이 지났는데도 아직 기저귀를 차고 있는 것을 보고 깜짝 놀랐다. 물론 신체적으로 준비가 되지 않은 아이에게 배변 훈련을 억지로 시키라는 것은 아니다. 하지만 아이가 배울 수 있도록 기회를 주어야 한다. 그런데 많은 엄마들이 가르쳐야 하는 행동과 거쳐가는 과정이라는 두 가지 문제를 혼동한다. 예를 들어 아이가 다른 사람을 때리는 것은 절대 거쳐가는 과정의 일부가 아니지만 어떤 엄마는 "오, 크면 없어질 거예요"라고 합리화한다. 그렇지 않다. 부모가 가르쳐야 한다.

실제로 아이들이 할 수 있는 일은 두 가지 요인, 즉 신체적인 성숙과 부모의 지도가 좌우한다. 예를 들어, 아이가 블록을 집어서 하나씩 올려놓을 수 있을 만큼 컸다고 해도 부모가 아이에게 그런 기회를 주기 전에는 배울 수 없다.

화장실에 가는 것도 마찬가지다. 세 돌이 넘은 아이들은 이미 괄약근 조절 능력이 있지만 부모의 올바른 지도와 격려와 충분한 기회가 주어지지 않는 한 '변기'에 관심을 보이지 않을 것이다.

배변 훈련 방법은 가정마다 제각기 비법이 있는 듯하다. 이 문제에서도 나는 아이를 격려하되 강요하면 안 된다는 입장이다. 아이가 신체적으로나 정신적으로 준비가 되었는지 관찰하면서 배변 훈련을 시작할 '돌파구'를 찾아야 한다. 대체로 18개월에서 두 돌 사이가 적당하다. 하지만 나는 각자 자신의 아이를 보라고 강조한다. H.E.L.P.를 지침으로 해서 설명해 보겠다.

♥ H—아이가 준비될 때까지 물러선다.

우리 딸들이 어렸을 때 나는 누군가에게 "언제 배변 훈련을 시키죠?" 하고 물어본 적이 없었다. 대신 아이들을 관찰했다. 주의를 기울이면 언제 아이가 배변 감각을 느끼는지 눈치챌 수 있다. 어떤 아이들

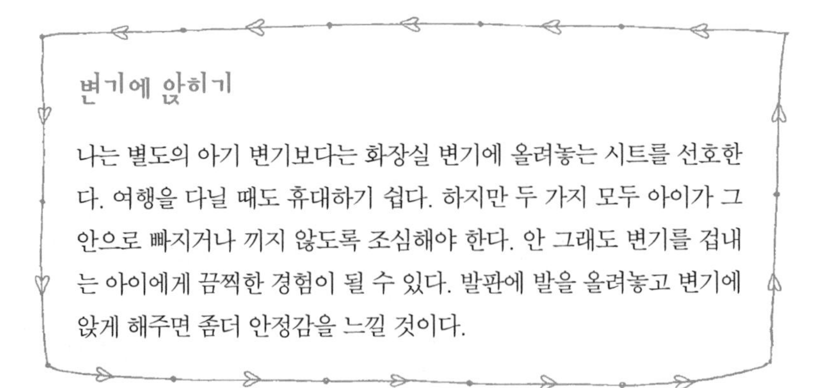

변기에 앉히기

나는 별도의 아기 변기보다는 화장실 변기에 올려놓는 시트를 선호한다. 여행을 다닐 때도 휴대하기 쉽다. 하지만 두 가지 모두 아이가 그 안으로 빠지거나 끼지 않도록 조심해야 한다. 안 그래도 변기를 겁내는 아이에게 끔찍한 경험이 될 수 있다. 발판에 발을 올려놓고 변기에 앉게 해주면 좀더 안정감을 느낄 것이다.

배변 훈련법

다음은 아이들을 다 키워놓은 엄마들로부터 들은 독창적인 배변 훈련법이다.

아이 네 명을 키운 한 엄마는 유아용 변기 시트를 사용하지 않았다. 대신 아이를 변기에 거꾸로 앉혔다. "그러면 아이가 자신에게서 나오는 것을 보면서 재미있어 했습니다. 변기에서 내려오지 않으려고 해서 애를 먹었죠. 따로 훈련시킬 필요가 없었어요."

더 재미있게 해주려면 변기 안에 시리얼을 띄워 놓고 '사격 연습'을 시키는 방법도 있다.

은 곧바로 행동을 멈춘다. 꼼짝하지 않고 서서 뭔가에 집중하는 듯이 보인다. 대변을 볼 때는 긴장을 하거나 얼굴이 빨개진다. 어떤 아이들은 소파나 의자 뒤로 숨는다. 아니면 기저귀를 가리킨다. 21개월이 되면 대부분의 아이들이 신체 기능을 자각하지만 빠르면 15개월이 될 수도 있다. 여자아이가 종종 남자아이보다 빠르지만 반드시 그런 것은 아니다.

♥ E—신체 기능을 말이나 행동과 연결시킬 수 있도록 도와준다.

일단 아이의 자각이 발전하고 있다는 것을 알면 아이 대신 말을 해주자. 예를 들어, 아이가 기저귀를 가리키면 "아, 쉬를 했구나. 기저귀를 갈아달라고?" 하고 말한다. 아이가 바지를 끌어내리려고 하면 "아, 기저귀를 갈아야겠구나. 응가를 했네" 하고 말한다.

기저귀를 갈아줄 때마다 설명을 해주자. "오, 정말 쉬를 했구나. 많이 젖었네." 대변을 보면 변기에 버리고 물을 내리는 것을 보여준다.

일회용 기저귀를 사용하면 보통 그대로 쓰레기통에 버리기 쉬운데, 이 기회에 그런 습관을 바꾸고 아이에게 실제로 대변을 어디에 버리는지 보여주자. 아이를 화장실로 데려가서 설명해 줄 수도 있다. "여기서 쉬를 하는 거다."

이제 행동을 취할 시간이다. 별도의 유아용 변기나 변기 시트를 사서 아이가 갖고 노는 인형이나 봉제 동물을 변기에 앉히는 것으로 시작한다. 만일 아이가 허락한다면 아침에 일어나서 제일 먼저 변기로 데리고 간다. 아이를 변기에 앉히고 이야기를 하자. 장난감이나 짝짜

배변 훈련에 필요한 옷들

배변 훈련 중에는 어떤 옷을 입힐까? 다음 몇 가지 사항을 참고로 하자.

♥ 기저귀

요즘 나오는 일회용 기저귀는 너무 흡수가 잘 돼서 젖어도 아이가 잘 모를 수 있다. 천 기저귀는 손이 많이 가지만 아이가 배변한 것을 금방 알 수 있기 때문에 결국 좀더 일찍 기저귀에서 벗어난다.

♥ 배변 훈련 팬티

일회용 기저귀와 마찬가지로 매우 흡수력이 좋다. 아이가 배변한 것을 인식하기 시작하고, 변기에 갈 때까지 참을 수 있으면, 이제 갈 길이 얼마남지 않았다.

♥ 넉넉한 속옷을 입히자.

아이가 하루 적어도 3번 변기에 가게 되면 낮에도 헐렁한 내복을 입히자. 실수를 해도 절대 나무라지 말자! 아무 말 없이 기저귀를 갈아주고 엉덩이를 닦아주고 새 속옷을 입히자.

성공적인 배변 훈련을 위한 4가지 조건

- ♥변기 크기가 적당한 변기
- ♥인내 서두르지 말고, 아이가 용변을 보지 않아도 실망하지 말자. 아이들은 자기 속도로 발전한다.
- ♥연습 많은 연습이 필요하다.
- ♥함께하기 옆에 앉아서 아이를 즐겁게 해준다.

꿍 놀이로 주의를 돌린다. 낮에는 음료를 마시고 20분쯤 후에 변기에 앉힌다. 아이에게 부담을 주지 말고 책을 읽어주거나 장난감이나 짝짜꿍 놀이를 해서 화장실을 편안하게 느끼도록 해주자. 그냥 앉아서 기다리면 아이가 강요당하는 느낌을 받을 것이다.

♥L－변기 위에 앉아 있는 시간을 제한한다.

처음에는 2~3분을 넘기지 말자. 배변을 힘든 경험으로 만들면 전쟁이 시작된다. 심호흡을 한번 하고 초조한 마음을 진정시키자. 부모가 편안하면 아이도 편하게 느낄 것이다. 아이는 지금 배우는 중이다. 다행히 배변에 성공하면 아이를 칭찬해 주고 방금 일어난 일을 말로 설명해 주자. "잘 했다. 네가 변기에 쉬를 한 거야." 아이를 내려놓으면서 말한다. "다 끝났다." 만일 배변을 하지 못했어도 실망스런 태도를 보이지 말자. 아무 말도 하지 말고 변기에서 내리자. 마지막으로 아이를 너무 자주 변기에 앉히지 말고 기분이 언짢을 때나 거부할 때 억지로 시키지 말자.

♥ P—아이가 실제로 변기에 배변을 하면 크게 칭찬해 주자.

나는 엄마들에게 이때만은 아이를 마음껏 칭찬해 주어도 좋다고 말한다. "만세! 변기에 쉬를 했구나!" 우리 딸들이 성공했을 때 나는 물개처럼 손뼉을 치면서 외치곤 했다. "자. 이제 물을 내리자… 쉬야 안녕." 금방 아이는 이것을 즐거운 게임으로 여긴다. 우리 딸들은 분명 '엄마가 왜 이렇게 좋아하는지 모르지만 하여간 재미있네!'라고 생각했을 것이다. 그런데 칭찬은 얼마든지 해도 좋지만 설명이 지나치면 좋지 않다. 예를 들어, 어떤 엄마들은 "잘 했다. 이제부터는 언제나 여기 와서 쉬를 해야 한다"고 설명한다. 그보다는 아이들 수준에 맞춰서 가볍고 재미있게 칭찬을 해주자.

부모가 서두르지 않으면 아이의 습관을 알게 되고 아이 쪽에서도 배변 훈련을 좀더 편안하게 받아들일 것이다. 또한 성격에 따라 반응하는 방식이 달라진다. 용변을 보았을 때 엄마나 아빠가 기뻐하고 칭찬해 주는 것을 별로 좋아하지 않는 아이들도 있다.

아이의 독립, 엄마의 믿음에 달려 있다

아이는 계속해서 끊임없이 발전한다. 나는 부모들에게 아이의 성장에 대해 인내심을 가지라고 강조한다. 서두르지 말고 믿음을 가지면 엄마와 아이 모두 좀더 행복해진다. 아이가 새로운 발전을 보이면 반갑게 맞이하되 참을성을 갖고 다음 단계를 기다리자. 또한 부모의 지도가 필요한 행동과 잠시 거쳐가는 과정은 다르다는 것을 기억하자. 아이가 처음 혼자서 일어설 때처럼 독립을 향한 행보가 갑작스럽고 극적으로 보일 수도 있다. 하지만 매일, 우리가 미묘한 변화를 눈치 채지 못한다고 해도 아이는 신체적으로 점점 강해지고 발전한다. 한편 경험하고 새로운 것을 보고 들으면서 다양한 기술을 습득한다. 그러면서 지능도 함께 발전한다. 아이의 뇌는 작은 컴퓨터처럼 모든 정보를 받아들인다. 세상에 태어난 이래로 계속 부모와 의사소통을 해오긴 했지만, 이제는 실제로 어른들처럼 말을 하게 될 것이다. 다음 장에서는 이러한 놀라운 발전이 이루어지고 그러면서 부모자식간의 결속력이 더욱 강화되는 과정을 좀더 자세히 들여다보기로 하겠다.

5장

행복한 아이와 엄마들의 T.L.C. 대화법

아이에게는 아무리 말을 많이 해도 지나치지 않다

말은 인간이 만든 최고의 명약이다.

—러드야드 키플링

귀담아 듣지 않으면 혀가 귀를 멀게 만든다.

—미국 인디언 속담

끊임없는 대화

아기가 낯선 나라에 온 여행자와 같다면, 유아는 교환 학생 같다고나 할까? 처음에는 알아듣는 것부터 배우다가 조금씩 말을 하기 시작한다. 이제는 이 땅에 온 지 1주일밖에 안 된 여행객보다는 훨씬 지내기

우리 아이는 언제쯤 말을 할까?

언어 발달의 속도는 여러 가지 요인에 의해 결정된다. 선천적 요인과 후천적 요인이 함께 영향을 미친다. 예를 들면 다음과 같다.

♥ 대화와 상호작용
부모가 끊임없이 이야기를 하고 눈을 맞추면서 말을 시킨다.

♥ 성별
여자아이는 남자아이보다 언어 발달이 빠르다.

♥ 다른 발달이 선행할 때
걷기 시작하거나 활동 범위가 넓어질 때 언어 발달이 지연될 수 있다.

♥ 손위 형제들이 대신 말을 해주면 아이가 말을 늦게 할 수 있다.

♥ 유전적 성향
부모가 말이 늦었다면 아이도 늦기 쉽다.

주의

때로 아이가 말을 하기 시작할 때 집안에 갑작스러운 변화, 예를 들면 보모가 바뀌거나, 동생이 생기거나, 누군가 아프거나, 부모가 여행을 가거나, 엄마가 직장을 다시 다니기 시작하는 등의 변화가 생기면 퇴보하기도 한다.

가 수월해졌다. 화장실이 어딘지 물었는데 코앞에 파스타 접시를 들이미는 일이 적어졌다. 아직은 기본적인 단어밖에 모르고 여전히 뭔가를 원할 때나 좀더 복잡한 생각을 표현할 때 어려움을 겪는다. 하지만 아이에게는 이 나라 말을 하고, 관습을 알고, 어휘력을 향상시켜주고, 모든 것을 이해할 수 있도록 도와주는 부모라는 안내자가 있다.

아이가 말을 배워서 적극적인 가족 구성원이 되는 과정을 거치는 동안 부모는 여행 안내자 역할을 한다. 언어는 대화뿐 아니라 독립적이고 활동적인 세계로 가는 문을 열어준다. 말을 배워야 질문을 하고(이게 뭐예요?) 요구를 하고(과자 주세요) 자기 주장을 하고(내가 할래요) 생각하고(아빠는 나갔고 엄마는 집에 있다) 거부할 수 있다(싫어요!). 언어를 통해서 아이는 예의(미안합니다)를 지키고 감사(고맙습니다)할 줄 아는 사회성을 배운다. 또한 타인의 협조를 구할 수 있다(엄마, 이리 와 보세요).

언어 발달은 하루아침에 이루어지는 일이 아니라 신체 발달처럼 점진적인 과정이 필요하다. 한 단계를 딛고 올라서야 다음 단계로 갈 수 있다. 아이는 처음에 몸짓으로 사물을 가리키거나 요구하기 시작한다. 또한 옹알거리는 소리가 말로 변한다. '그그그그'가 '고'가 되고 나중에 '공'이 된다. 그래서 자꾸 말을 시키는 것이 중요하다. 아이들은 반복을 통해서 배운다.

학자들도 아이들이 소리를 흉내 내고, 소리를 말로 바꾸고, 말에 의미를 부여하고, 단어를 조합해서 마침내 복잡한 생각을 표현해 내기까지의 과정을 설명하지 못한다. 분명한 사실은 아이들은 따로 말하는 법을 배우는 것이 아니라 부모를 보고 따라한다는 것이다. 또한 다른 발달 과정과 마찬가지로, 아이는 말을 시작하기 오래 전부터 준비를 한다. 그러다가 처음으로 말을 하면 부모는 깜짝 놀라고 감격한다. 하지만 사실 아이로서는 부모와 대화하는 것이 처음은 아니다.

첫 책에서 나는 부모들에게 아이와 서로 주고받는 대화를 하라고 강조했다. 아이는 몸짓과 소리로 요구를 표현한다. 그리고 부모는 영어나 프랑스어나 한국어나 스페인어로 말한다. 아이에게 귀를 기울이고 말을 하면 아이도 우리에게 귀를 기울인다. 우리는 아이에게 반응을 보여주고 독립적인 작은 개인으로 존중해 주어야 한다. 그러면서 아이의 기질에 대해 알고 옹알이를 이해하기 시작한다. 그리고 아이도 부모가 하는 말을 배우기 시작한다. 아기가 유아가 되면 대화는 점점 활발해진다. 이제부터 T.L.C.를 아낌없이 활용할 시간이다.

T.L.C.란 무엇인가?

내가 여기서 말하는 T.L.C.란 말하고(Talk), 듣고(Listen), 확인(Clarify)하는 대화의 기본 요소를 의미한다. 세 가지 요소는 서로 불가분의 관계에 있다. 우리는 아이와 대화하면서 무의식중에 말하고 듣고 확인한다. 우리의 목표는 그 과정을 좀더 분명히 하는 것이다.

T.L.C. 대화법

- ♥T—말한다(Talk) 모든 것에 대해 이야기한다. 하루 일과, 아이의 활동, 주변에 보이는 것들을 묘사한다.
- ♥L—듣는다(Listen) 아이의 언어와 비언어 표현에 주의를 기울이고 아이도 귀 기울이는 법을 배우게 한다.
- ♥C—확인한다(Clarify) 잘못을 지적하는 인상을 주지 말고 정확한 말로 반복해서 들려주고 개념을 부연해 준다.

♥ T — 말하기(Talk)

대화는 부모와 자식 사이를 연결해 주는 가교이다. 사실 아이들은 말하는 법을 따로 가르치지 않아도 우리가 말하는 것을 듣고 배운다. 우리는 아이들에게 사물의 색깔과 이름과 형태에 대해 배우도록 도와줄 수는 있지만 가장 중요한 '교육'은 매일 주고받는 대화 속에서 저절로 이루어진다. 연구에 따르면, 늘 부모가 하는 말을 들으면서 자라는 아이들은 세 돌이 되면 다른 아이들보다 어휘력이 풍부하고, 학교에 가서도 또래들보다 독해력이 뛰어나고 한다.

우리는 비언어와 언어라는 두 종류의 대화 방법을 사용한다. 비언어적인 대화에는 다정한 표정, 쓰다듬기, 끌어안기, 입 맞추기, 악수 등이 포함된다. 말을 하지 않아도 아이는 부모의 관심과 애정을 느낄 수 있다. 평상시에 항상 아이와 대화를 나누도록 하자. 아이를 놀이터에 데려가면서, 저녁 식사를 준비하면서, 잠자리를 준비하면서 의도적으로 대화를 하자.

아이와의 대화는 말이 통할 때까지 기다릴 일이 아니다. 아이가 알아들을 수 없는 말을 하고 떠듬거려도 대화는 가능하다. 알아들을 수 없는 말이라도 무시하지 말고 "네 말이 정말 맞다." 또는 "그렇고 말고" 하면서 맞장구를 쳐주자. 아이가 하는 옹알이를 말로 바꾸어주자. 예를 들어, 아이가 "구가가바바가" 하고 말하면 "식탁에서 내려오고 싶니?"라는 질문으로 대답하는 것이다. 아니면 목욕할 시간에 아이가 옹알거리면 "오, 목욕할 준비가 되었니?"라고 물어본다. 그러다보면 옹알이가 말이 되고 말하려는 의지를 북돋워줄 수 있다.

어떤 부모들은 어색해하면서 "대체 무슨 말을 해야 하죠?" 하고 묻는다. 오늘 하루 무엇을 할 것인지(우리 공원에 갈 거다) 지금 뭘 하고 있는지(나는 이제 저녁 준비를 하는 중이다) 주변에 무엇이 보이는지에 대해 이야기하자(오, 강아지 봐라). 아이는 아마 우리가 생각하는 것보

부모가 하는 말

아이들은 부모의 말을 따라하므로 아이에게 말할 때에는 다음과 같이 하자.

- 명랑하고 활기차게 말한다.
- 눈을 마주보면서 말한다.
- 천천히 노래를 부르듯이 말한다.
- 발음을 분명하게 한다.
- 문장에서 어떤 단어를 강조한다.
- 반복해서 말한다.

다는 더 많이 알아들을 것이다.

게다가 아이들이 새로운 개념을 정확히 언제 이해하는지는 알 수 없다. 우리가 뭔가 새로운 것을 배울 때 어떻게 하는지 생각해 보자. 읽고 연구하고 질문하고 반복해서 곱씹어보다가 어느 순간 "오, 알았다" 하고 말한다. 우리는 그런 식으로 배운다. 아이가 언어를 습득하는 과정도 마찬가지다.

또한 어떤 식의 대화가 아이에게 가장 적당한지 알아서 아이의 기질과 발달 단계에 따라 달리 해야 한다. 예를 들어, 예민한 아이는 안아주는 것을 좋아하는 반면, 이제 막 걷기 시작하면서 탐험에 재미를 붙인 모범생 아이는 안아주면 몸을 뒤틀면서 빠져나가려고 할 것이다. 천사 아이에게는 저녁 식사 전에 아이스크림을 주지 않는 이유를 설명할 수 있지만, 심술쟁이 아이를 설득하려고 하면 종종 더 크게 울어버릴 것이다. 대신 아이의 관심을 돌려야 한다. 그리고 씩씩한 아이가 하는 말을 알아듣지 못할 때 아이를 안고 이것저것 가리키면서 "이

걸 줄까? 아니면 저건 어떠니?" 하면 더 짜증을 낼 것이다. 대신 아이를 내려놓고 "네가 원하는 것이 뭔지 가리켜봐라"라고 말하자.

여기서 말하는 대화에는 TV나 컴퓨터가 포함되지 않는다. 아이가

일상적인 대화

다음은 내가 아이들과 하는 일상적인 대화이다. 요령은 우리가 매순간 무엇을 하고 있는지에 대해 짧은 문장으로 이야기하는 것이다.

♥ 아침

좋은 아침이구나, 바이올라. 우리 예쁜 꽃님이! 잘 잤니? 보고 싶었다. 좋아, 일어나자. 이런, 기저귀를 갈아야겠네. 쉬를 했구나. '쉬'라고 말할 수 있니? 그래, 쉬. 기저귀 갈고 씻어줄게. 기저귀를 가는 동안에 크림을 들고 있겠니? 좋아. 다 됐다! 아빠한테 인사하러 가자. "안녕, 아빠" 하고 말해봐. 좋아, 이제 아침을 먹으러 가자. 의자에 앉혀줄게. 자, 앉자! 턱받이를 하자. 뭘 먹을까? 바나나를 줄까, 사과를 줄까? 내가 죽을 만들어줄게. 여기 숟가락이 있다. 음… 맛이 어때? 다 먹었다. 세척기에 넣자. 너도 도와주고 싶니? 그래? 좋아… 너는 이걸 넣어라. 그래, 여기에 이렇게 넣는 거야.

♥ 쇼핑하기

먹을 것을 좀더 사야겠네. 쇼핑을 가야겠다. 차를 타러 가자. 신발을 가져오자. 네 코트를 가져올게. 자 이제 차에 탔다. '차'라고 말해볼래? 차. 잘했다! 우리는 차를 타고 가게에 가는 중이다. 카트에 올려줄게. 와, 이 야채들 좀 봐라. 노란 바나나가 보이지? '바나나' 하고 말해볼래? 바나나. 잘했다. 여기 시금치가 있네. 우리 카트에 넣자. 좋아. 다 끝났다. 이제 계산하러 가자. 친절한 아가씨한테 돈을 내야

TV 앞에 앉아서 시간을 보내면 노래를 따라 부를 수는 있겠지만, 최상의 언어 교육은 부모와 아이가 일상적으로 나누는 대화다. 컴퓨터가 양방향 대화를 제공한다고는 하지만 유아에게 어떤 영향을 미치는

한다. 아가씨한테 안녕하고 말해 볼래? 바이 바이! 우리 봉투들 좀 봐. 차에 실어야겠다. 바이 바이, 가게야!

♥ 놀기

이리 와라. 우리 같이 놀자. 장난감통이 어디 있지? 오, 인형을 갖고 놀고 싶니? '인형'이라고 말할 수 있니? 인형. 잘했어! 인형을 갖고 뭘 할까? 유모차에 태울까? 담요를 덮어줄까? 담요를 덮어서 따뜻하게 해주자. 이런, 인형이 울고 있네. 들어서 안아줘라. 이제 괜찮으니? 오, 인형이 배가 고픈가? 뭘 줄까? 우유가 좋을까? '우유'라고 말할 수 있니? 그래, 우유. 자, 인형이 피곤한 것 같다. 침대에 데려가 줄까? 장난감통 속에 넣고 자게 하자. 잘 자, 인형아. '잘 자' 하고 말해볼래?

♥ 취침

잘 준비를 하자. 먼저 책을 고르자. 오, 이 책이 좋겠니? 잘 골랐다. '책'이라고 말해볼래? 그래 맞아. 책. 잘했다. 이리 와서 내 무릎 위에 앉아라. 책장을 넘겨보자. 이 책 제목은 갈색 곰이다. 갈색 곰을 찾아보겠니? 잘했어. '곰'이라고 말해볼래? 책장을 넘겨보자. 파랑새를 찾아봐라. 잘했어. 그게 파랑새야. 이제 다 봤다. 책을 치우자. 잘 자, 책아. "잘 자"라고 말해봐. 이제 널 재워야겠구나. 하지만 먼저 날 안아줘야지. 음, 사랑해요. 여기 네 이불이 있다. 잘 자라. 만일 내가 필요하면 불러라. 아침에 만나자.

지는 알 수 없다. 나는 개인적으로 아이가 컴퓨터 앞에 앉아 있는 것을 좋아하지 않는다. 우리가 도와주지 않아도 아이들은 때가 되면 과학 기술에 적응하리라고 본다. 게다가 컴퓨터를 일찍 사용하는 것이 좋다는 증거는 없다. 하지만 집에 컴퓨터와 교육 프로그램이 있다면 적어도 아이와 함께 키보드 앞에 앉자. 또한 컴퓨터 시간을 제한하고, 다른 학습 도구들도 함께 사용하자.

아이가 잠에서 깨는 순간부터 대화를 계속하자. 아이에게는 아무리 말을 많이 해도 지나치지 않다. 아이들은 대화를 통해서 배운다.

♥ L－듣기(Listen)

듣기는 아이의 말과 신체 언어에 주의를 기울이는 것을 뜻한다. 유

전화 - 주의 = 방해

나는 어떤 친구가 전화 통화를 하면서 자기 아이를 타이르고 나무라고 하면 정말 짜증난다. 아마 다른 사람들도 역시 나처럼 느낄 것이다. 아이들은 호시탐탐 기회를 엿보고 있다. 특히 전화가 오면 "음… 엄마가 전화를 받고 있으니까 지금이 기회다"라는 신호를 받는 것 같다. 우리 딸은 전화가 울릴 때마다 부엌으로 기어가곤 했다.

사실, 웬만한 전화는 아이가 낮잠을 자고 있을 때 할 수 있다. 만일 전화가 오면 "조니가 깨어 있어. 지금은 이야기를 하기에 적당하지 않구나" 하고 말하자. 정말 급한 일이라면 적어도 아이에게 "엄마는 전화를 해야 한다"라고 준비를 시키자. 좋아하는 장난감을 주거나 뭔가에 열중하게 해주자. 통화를 되도록 짧게 하고 아이가 방해하지 않도록 하자.

아가 되면 점점 분명한 사인을 보내므로 알아듣기가 점점 쉬워진다. 동시에 요구가 많아지고 더 이상 엄마 품에 안겨 있는 것으로 만족하지 않는다. 뭔가를 보면 그것이 뭔지, 그것으로 무엇을 할 수 있는지 알고 싶어한다. 아이가 보내는 사인에 주의를 기울이자. 그 사인에 답을 해주면 아이는 자신의 신체적인 요구와 환경을 극복하는 능력에 대해 자신감을 갖게 될 것이다.

아이가 침대 안에서나 혼자 놀면서 내는 소리를 들어보자. 아이는 혼자 새로운 소리나 단어를 연습한다. 아이가 혼자 중얼거리는 것을 들어보면 어느 단계에 와 있고 이해력이 어느 정도인지 짐작할 수 있다. 부모가 주의 깊게 듣는 본보기를 보이면 아이도 귀 기울이는 법을 배운다. 대화를 하기 전에는 TV를 끄고 수화기나 신문도 내려놓자.

아이의 듣기 능력을 발달시켜 주자. 라디오나 전축을 듣는 습관을 길러주자. 일상생활에서 들리는 소리에 주목하게 한다. 개가 짖는 소리, 새가 지저귀는 소리, 트럭이 길에서 지나가는 소리 등등. 그러면서 아이는 귀를 기울여 듣게 된다.

마지막으로, 우리 자신이 하는 말에 귀를 기울이고, 필요하면 말투를 조절하자. 부모의 억양, 음조, 대화 습관은 아이의 듣기에 영향을 줄 수 있다. 예를 들어, 직장에서 하는 것처럼 집에 와서도 사무적으로 말할지 모른다. 아니면 목소리가 너무 크거나 작을 수 있고 어투가 너무 단조로울 수도 있다. 전혀 다른 이야기를 하면서, 똑같은 어투로 말하는 사람들도 있다. 아이들은 어조가 같으면 의미와 감정을 잘 구분하지 못할 수가 있다. 게다가 호통을 쳐서 반항하거나 위축되게 만들면 대화가 불가능해진다.

마지막으로, 정신없이 바쁜 현대 생활 속에서 듣기는 점점 더 어려운 일이 되고 있다. 생활에 쫓기다보면 아이들을 재촉하게 된다. 아이가 하는 말을 듣기도 전에 해결책을 찾으려고 한다. 우는 아기를 달래려고 노리개젖꼭지와 같은 버팀목을 주는 것처럼 TV를 틀어준다. 결국 아이들은 대화에서 멀어진다. 사춘기가 되면 심각해진다.

듣기는 아이에게 자신감을 주는 가장 확실한 방법이다. 또한 신뢰와 문제 해결과 갈등 해소를 위한 바탕이기도 하다. 요즘처럼 주의가 산만해지기 쉬운 세상에서는 특히 듣기를 연습할 필요가 있다. 귀를 기울이면 아이에게 필요한 관심과 애정을 줄 수 있다.

♥ C－확인하기(Clarify)

아이가 하는 말을 분명하게 가르치고 확충해 주는 것이다. 남들이 하는 말을 듣기만 하다가 처음 말을 하기 시작할 때는 제대로 될리가 없다. 따라서 아이가 뭔가를 표현할 때마다 올바로 말할 수 있도록 도와주어야 한다. 우리 딸 사라가 "부 타~타"라고 하면 나는 "오, 주스를 마시고 싶니?"라고 말하곤 했다. 또한 대화 예절을 가르쳐야 한다. 아이가 너무 크게 떠들면 "여기서는 조용하게 말해야 한다"고 주의를 주어야 한다. 어떤 부모들은 무의식적으로 아이가 하는 말을 정확하게 반복해서 들려준다. 돌잔치에서 만난 에이미는 '트러'라고 말할 때마다 엄마가 보강을 해준다. "그래, 트럭이구나."

아이가 자기만 아는 말을 하거나 아니면 에이미처럼 발음이 부정확할 때나 귀를 기울여서 들어보면 앞뒤 상황에 의해 대충 무슨 말을 하는 건지 짐작할 수 있다. 아이가 한 말을 그대로 넘기거나 따라하지 말고 정확한 말을 들려주자. 예를 들어, 아이가 자동차 창문 밖을 가리키면서 '나'하고 말하면 엄마는 길에 서 있는 나무를 보고 "그래, 나무가 있구나. 잘했다! 나무. 저기도 나무가 있네" 하고 보강해 준다. 또한 아이가 한 말을 질문으로 바꿀 수도 있다. 만일 아이가 '우' 하고 말하면 엄마는, "우유 먹고 싶니?" 하고 말한다. 아이에게 틀렸다는 암시나 수치감을 주지 않도록 하자.

감정 표현 대신해 주기

아이들은 다음과 같은 비언어적인 사인을 보내서 자신의 느낌을 전달한다. 그러고 나서 우리를 쳐다보며 반응을 기다린다. 아이가 보내는 사인과 앞뒤 상황을 살펴서 그 의미를 '읽어내고' 정확히 말해주자.

♥ 기분이 나쁘거나 화가 났을 때 보내는 사인

몸이 뻣뻣하다.
머리를 뒤로 젖힌다.
바닥에 드러눕는다.
머리를 뭔가에 부딪친다.
소파 같은 것을 물어뜯는다.
사납게 소리를 지른다.

♥ 아이가 행복하고 협조적일 때 보내는 사인

미소를 짓고 웃는다.
만족스럽게 옹알이를 한다.
손뼉을 친다.
윗몸을 세우고 흔든다.

확인하기에는 확충해 주기가 포함된다. 아이가 '강아지'라고 말하면 맞장구를 치면서, "그래, 바둑이 강아지구나." 만일 아이가 우유를 원하면, "목이 마르니?" 하고 묻는다. 그래서 아이가 어떤 물체에 적절한 소리를 연결했음을 확인시켜 주고 한 걸음 더 나아가서 올바른 언어 사용을 보강해 준다. 얼마 안가서 '나'는 '나무'가 되고 '우'는 완전하게 '우유'가 될 것이다. 아이가 단어의 의미를 이해해서 좀더 긴 문장으로 표현하기까지는 몇 달에서 1년이 걸릴 수도 있다. 하지만 지금부터 좀더 복잡한 생각과 묘사를 할 수 있게 도와주어야 한다.

아이가 떠듬거리며 말을 할 때 반드시 정확하게 말해주자. 하지만 아이 스스로 문장을 완성할 수 있을 때가 되면 대신 말해주는 것은 삼가야 한다.

확인하기는 아이 머리에 지식을 채워주는 것이 아니다. 욕심이 많은 부모들은 아이의 지식을 넓혀주겠다고 너무 복잡하게 설명한다. 나는 세 돌이 된 아이에 관한 오래된 농담이 기억난다. 아이가 엄마에게 묻는다. "나는 어디에서 왔어요?" 그러자 엄마는 재빨리 새와 꿀벌에 관한 우화를 인용해서 장황하게 탄생의 신비에 대해 설명하기 시작한다. 아이는 엄마가 하는 말을 한마디도 알아듣지 못하고 어리둥절해 있다가 말한다. "하지만 조니는 필라델피아에서 왔잖아요?"

나는 실제로 이런 엄마들을 자주 본다. 최근에 한 패밀리 레스토랑

둘째아이가 말이 느린 이유

둘째아이가 종종 첫째아이보다 말이 느린 이유는 손위 형제가 말을 대신해 주기 때문이다. 우리 집에서도 소피가 나를 보면서 떠듬거릴 때 내가 잘 알아듣지 못하면 마치 "언니는 내가 뭐라고 하는지 알지?" 하는 듯이 사라를 쳐다보았다. 그러면 사라가 "밥 달래요" 하고 대신 말했다.

사라가 계속해서 동생의 옹알이를 해석해 주는 한 소피는 말을 배울 필요가 없었다. 나는 소피가 말을 배우지 못하고 있다는 것을 알고 사라에게 말했다. "언니가 동생을 도와주는 것은 좋지만 소피가 혼자 말을 하게 내버려둬야 한다."

사라가 동생 대신 말하기를 그만두자 그때까지 거의 말을 하지 않던 소피는 금새 완전한 문장으로 말을 하기 시작했다. 알고 보니 소피는 말을 할 줄 알면서도 하지 않고 있었던 것이다.

T.L.C.를 위한 조언

♥해야 할 것

언어 표현뿐 아니라 비언어 표현에도 주의를 기울인다.
이야기하거나 들을 때에는 아이의 눈을 쳐다본다.
짧고 간단한 문장으로 말한다.
간단하고 직접적인 질문으로 아이가 자신을 표현하도록 도와준다.
함께 낱말 게임을 한다.
자제하고 인내한다.

♥하지 말아야 할 것

너무 크게, 너무 작게, 너무 빨리 말을 하거나 너무 장황하게 설명하지 않는다.
발음이 정확하지 않다고 나무라지 않는다.
전화 통화를 하면서 동시에 아이와 이야기하지 않는다.
'아이를 위한 시간'을 정해두고 그 시간에는 집안일을 하지 않는다.
아이가 말을 할 때 가로막지 않는다.
TV를 베이비시터로 이용하지 않는다.

에 갔다. 한 엄마가 계산을 하는 동안 아이는 전시된 사탕을 간절하게 바라보고 있었다. '사탕' 하고 아이가 말했다. "안돼, 사탕은 먹으면 안돼요." 엄마가 여교장 같은 목소리로 말했다. "사탕 속에는 색소와 당분이 많이 들어있어." 제발, 그만! 그보다는 아이를 사탕으로부터 관심을 돌려서 더 나은 선택을 하게 하자. "엄마 가방 안에 바나나와 사과가 있단다. 바나나를 줄까, 사과를 줄까?"

옹알이 뛰어넘기

대부분의 육아서에는 아이가 첫돌에 말을 하기 시작한다고 쓰여 있지만 그렇지 않은 아이들도 있다. 어떤 아이들은 그 무렵에 20개 이상의 단어를 말한다. 그런가 하면 또 어떤 아이들은 18개월까지도 거의 말을 하지 않다가 갑자기 마치 그 동안 말을 아껴두었던 것처럼 완벽한 문장으로 말을 하기 시작한다.

아이들은 부모가 말을 안 한다고 불안해 하면 아예 입을 다물어 버릴 수 있다. 따라서 아이의 발달 속도를 인정해 주어야 한다. 내가 연령별 발달 수준(197쪽 참고)을 제시하는 이유는 모든 부모들이 자기 아이가 '정상' 범위 안에 있는지 궁금해 하기 때문이다. 하지만 언어 발달은 아이에 따라 천차만별이다. 아이를 따라가자. 순조롭고 지속적으로 발달할 수도 있고 갑자기 말문이 열릴 수도 있다. 연령별 기준에 연연하는 대신 각자 자기 아이를 관찰해서 어느 단계에 와 있는지 알아보자.

♥ 옹알이를 한다.

아기들은 실제로 소리를 구분하는 능력을 지니고 세상에 태어난다. 아이가 소리에 끌리는 것은 언어 세계로 들어가는 출발점이다. 아이는 처음에 끊임없이 옹알이를 한다. 그냥 장난으로 하는 것이 아니라 자신의 혀와 입술이 어떤 소리를 낼 수 있는지 실험해 보는 것이다. 재미있는 사실은 아이가 옹알이를 하면서도 우리가 말하는 언어의 음조와 억양을 흉내 낸다는 것이다. 9개월 된 미국 아이가 하는 옹알이는 '영어'로 들리고 한국 아이가 하는 옹알이는 '한국어'로 들린다.

비언어 역시 함께 발달하면서 이제 실제로 엄마와 서로 대화를 주고받을 수 있게 된다. 표정도 풍부해진다. 기뻐서 싱글벙글하고, 으쓱

아기들은 소리를 구분할 줄 안다

아기들은 소리를 좋아한다. 1개월 된 아기들에게 빨면 소리가 나는 것을 주고 실험을 해보면 아이들은 그 소리를 계속 들으려고 열심히 빤다. 결국 싫증을 내지만 다시 새로운 소리가 나는 것을 주면 또 빨기 시작한다. 아기들은 소리의 미묘한 차이를 구분하기도 한다. 모국어에서만 소리를 구분하는 어른들과는 달리 아기들은 처음에 모든 언어의 소리를 구분하는데, 이 능력은 8개월 경에 사라진다.

거리며 자랑하고, 슬플 때는 뿌루퉁하고, 뭔가 일을 꾸미고 있는 듯한 짓궂은 표정을 짓기도 한다. 이제는 많은 것을 이해하고 엄마의 표정도 더 잘 읽을 수 있다. 부모가 엄한 표정을 짓거나 어조를 바꾸면 잘못된 행동을 멈출 수 있지만 반대로 더욱 반항을 하기도 한다.

"엔리코 어디 있지?" 하고 말하면 자신을 가리킨다. "엄마 어디 있지?" 하고 물으면 엄마를 가리킨다. 누군가 떠나면 바이바이를 하고, 고개를 가로저으면서 '싫다'는 표시를 하고, 뭔가를 달라고 손을 쥐었다 폈다 한다. 아이가 손으로 뭔가를 가리키면 그것이 궁금하거나 달라고 하는 뜻이다. 그 이름을 말해주자. "그래, 엔리코, 저건 고양이야." 때로 이름만 말해줘도 아이의 무한한 호기심이 충족되기도 한다.

평상시에 옹알이에 귀를 기울이고 아이의 사인을 살피면서, 아이가 뭔가를 표현할 때 정확한 단어를 말해주거나 의미 있는 말로 바꾸어서 들려주자. 아이가 "마, 마, 마"라고 하면, "마, 마, 마… 엄마" 하고 소리를 단어로 바꿔준다. 이것이 확인하기의 초기 단계다.

손인형이나 봉제완구를 이용해서 대화를 유도해 보자. 아이가 입으로 빨아도 해롭지 않은 책을 주고 거기에 나오는 그림을 보면서 이름을 말해주자. “예쁜 꽃이지?” 같은 책을 몇 주일 동안 보여주고 물어보면 하면 아이가 예쁜 꽃을 가리킬 것이다. 아이들은 동요와 낱말 게임도 좋아한다.

아이들은 놀라울 정도로 빨리 배운다. 예를 들어, “얼마나 클까?” 게임을 해보자. 어느 날 엄마가 “바비는 얼마나 클까?” 하고 묻고 아이의 팔을 머리 위로 올리면서 대신 대답한다, “아주 커요!” 곧 아이는 혼자 동작과 대답을 할 것이다. 신체 부위를 배우게 하자. “바비 코가 어디 있지?”하면서 아이의 코를 가리키고 “여기 있네”라고 가르쳐 주면 아이도 자기 코를 가리킨다. 우리 외할머니는 증손녀들을 데리고 “코, 코, 코” 놀이를 하면서 얼굴 부위를 가리키며 노래를 부르듯이 암송을 하셨다. “눈, 코, 빰, 빰, 턱, 빰, 빰, 턱, 코, 눈.” 까꿍놀이처럼 단순한 게임을 하면서도 차례를 지키는 중요한 대화 규칙을 배울 수 있다. 어느 날 아이는 마치 날 “찾아봐요… 놀이 시간이에요!” 하고 말하듯이 담요 속으로 들어가거나 의자 뒤에 몸을 숨길 것이다.

계속해서 말과 개념에 대한 이해를 보강해 주자. 특히 위험성에 대해 알게 해주어야 한다. 예를 들어, 만일 아이가 찻주전자로 다가가면 우리는 “조심해라, 타미. 뜨거우니까” 하고 말한다. 하지만 아이는 다른 일에 정신을 팔려서 잠시 후에 다시 찻주전자로 향해 간다. 말을 알아듣지 못한 것이 아니라 잊어버린 것이다. “잊지 마라… 뜨거운 거야”라고 다시 말하자. 아이는 반복해서 들으면서 기억한다.

♥ 몇 마디 말을 할 수 있다.

여러 가지 소리를 터득하면 나중에 말을 배우기가 쉽다. 아이들은 보통 빠르면 7~8개월, 늦으면 18개월 정도에 말을 하기 시작한다. 아이가 태어나서 처음 내는 소리는 자음 ㄱ, ㄷ, ㅁ, ㅂ과 모음 ‘아’이다. ㄴ, ㅍ, ㅎ, ㅇ은 조금 나중에야 낸다. 그리고 이 첫 소리들을 결합해서 '다다' 또는 '마마' 하는 소리를 낸다.

어느 언어에서나 '엄마'와 '아빠'라는 말이 비슷하다는 것은 흥미로운 사실이다. 마마와 다다, 마티와 타티 등등. 부모는 아이가 마침내 자신들을 '부른다'고 생각하지만, 『침대에 누운 과학자』의 저자인 알리슨 고프닉 박사는 "아이들이 '마마'와 '다다'를 말하는 것이 부모가 그들 자신을 그렇게 부르기 때문인지, 아니면 아이들이 그렇게 부르기 때문에 그런 말이 생긴 것인지는 확실하지 않다"라고 피력한다.

또한 지난 20여 년간 학자들은 아이들이 처음 하는 말에서 흥미로운 사실을 발견했다. 아이들은 사실 '마마'와 '다다' 뿐 아니라 다른 단어들도 말하지만 단지 어른들이 모르고 있을 뿐이라는 것이다. 설마 아이가 '갔다' '저기' '우~오' '저게 뭐지?'와 같은 단어들을 말하리라고 기대하지 않기 때문일 수 있다. 심리학자 고프닉은 아기들이 그런 소리를 낼 때 실제로 무엇을 의미하는지 알아내기 위해 수많은 실험을 한 결과, 물건이 사라진 것을 묘사할 때는 '갔다,' 뭔가에 성공했을 때(통에 블록을 넣었을 때, 양말을 잡아당겨서 벗었을 때)는 '자,' 그리고 뭔가 일을 저질렀을 때(엎지르거나 넘어뜨렸을 때)는 '우~오' 하는 소리를 낸다는 것을 알아냈다.

아이는 처음에 우리 사라가 '부 타~타'라고 한 것처럼 자기만 아는 말을 하므로 우리가 짐작하는 의미가 맞을 수도 있고 틀릴 수도 있다. 따라서 아이에게 귀를 기울이면서 앞뒤 상황에 의해 의미를 파악하는 것이 중요하다. 하지만 결국 아이는 그 단어의 진짜 의미를 이해하고 여러 상황에서 적용하기 시작한다. 이것은 대단한 위업이다. 어떤 단어를 말하는 것과 실제 대상을 지칭하고 서로 다르게 보이는 것들을 같은 이름으로 부르는 것은 별개의 문제다. 예를 들어, 에이미는 '트러' 하고 말할 줄 알았고, 길에서 시끄러운 소리를 내며 달리는 커다란 자동차가 자신이 집에서 갖고 노는 장난감과 같은 이름을 가졌다는 것을 알고 있었다. 아이가 이렇듯 복잡한 개념, 즉 어떤 단어가 물건을 상징한다는 것을 이해할 무렵이 되면 상징적 표현에 대한 이해가 필요한 가상 놀이에 열중하기 시작한다.

이 단계에 오면 아이의 사고력이 빠르게 확장된다. 아이는 컴퓨터와 같으므로 부모가 새로운 자료를 입력해 주어야 한다. 아이는 새로 습득한 어휘가 실제로 무엇을 의미하는지 알고 싶어할 것이다. 이 단계에서 때로 아이나 부모나 모두 힘들 때가 있을 것이다. 아이는 자신이 원하는 것을 정확히 알고 있지만 적절하게 표현하지 못한다. 아이가 뭔가를 가리키면 그 이름을 말해주자. 반대로 부모는 아이가 '컵'이라고 말할 때 선반 위의 컵을 갖고 놀고 싶은 것인지 목이 마른 것인지 모를 수가 있다. 아이에게 컵을 주었을 때 거부하면 "아, 목이 마

아무나 아빠?

아빠에게는 실망스러운 일이지만 아이는 갑자기 아무나 보고 아빠라고 부르기 시작한다. 아이가 어떤 단어를 말할 수 있다고 해서 반드시 그 단어의 의미를 이해한 것은 아니다. 처음에 아이가 하는 많은 말들처럼 '아빠' 역시 특별한 의미가 없을 것이다. 하지만 얼마 안가 그 말은 매일 저녁 집에 돌아오면 거실에서 아들을 쫓아다니는 남자를 의미하게 된다.

어떤 아빠들은 또 다른 불평을 한다. 얼마 전에 한 아빠가 나에게 말했다. "알렉산드라는 '엄마'라는 말을 하면서 '아빠'라는 말은 왜 못하죠?" 알고 보니 알렉산드라는 아빠라는 말을 좀처럼 듣지 못하고 있었다. 왜냐하면 모두들 그를 이름으로 부르기 때문이었다. 내가 말했다. "아이가 아빠라는 말을 듣지 못하는데 어떻게 배우겠어요?"

른 거구나"라고 말하면서 물을 따라주자.

마시다, 먹다, 뽀뽀하다, 목욕, 신발, 주스 등 아이가 잘하는 말들은 모두 일상생활에서 듣고 보는 것들이다. 어떤 말은 아이가 즉시 이해한다. 하지만 우리도 어떤 단어를 이해하기 위해서는 한 번 이상 듣고 그 정의를 다시 읽고 몇 차례 사용해 보아야 하는 것처럼 아이에게도 연습이 필요하다. 익숙해질 때까지 몇 번이고 계속해서 시도하자. 아이가 따라 하지 못해도 실망하는 태도를 보이지 말고 아직 준비가 되지 않았다는 것을 인정해 주자.

이제 감정 표현도 가르칠 수 있다. 그림을 보여주면서 말한다. "이 아이는 슬퍼 보이는구나." 또는 "어떤 아이가 슬퍼 보이지?" 그 아이가 무엇 때문에 슬퍼하는지 물어보자. 사람들은 때로 슬플 때 운다고 말해주자. 아이가 슬픈 표정을 지을 수 있는지 알아보자.

한마디 더

아이가 감정 표현을 할 때 거기에 맞는 반응을 보이자. 아이의 '뿌루퉁한 얼굴'이 귀엽다고 웃거나 안아주면 혼란을 줄 수 있다. 곧 아이가 뿌루퉁할 때 기분이 나빠서 그러는지 아니면 주의를 끌기 위해선지 구분하기 어려워질 것이다.

유아에게는 모든 것이 흥미롭다는 사실을 기억하자. 아이는 새로운 경험을 하면서 점차 지식을 쌓아간다. 하루 종일 아이에게 일일이 묘사해 주자. 끊임없이 짧은 문장으로 이야기하자. "봐라, 저기 빨간 차가 가네." 아이는 간단한 질문, 예를 들어 "곰인형을 어디에 두었니?"와 같은 질문에 대답할 수 있게 된다. 또 "네 신발 가지고 와라"와 같은 1단계 지시에도 답할 수 있게 된다. 그리고 간단한 문제를 해결하고 지시를 수행하면서 스스로를 대견하게 느낀다. 아이에게 시시각각 그런 기회를 주자. "토끼 이야기가 나오는 책을 가져와라." "좋아하는 장난감을 욕조에 넣어라." "책을 골라봐라."

♥ 이름 맞추기 놀이를 한다.

아이는 지난 몇 개월 동안 배운 말들을 갑자기 쏟아내기 시작한다. 만일 처음에 아마 20~30가지 정도로 시작했다면 이제는 거의 모든 사물의 이름을 부를 수 있게 된다. 2~3개월 사이에 아이의 어휘는 20가지에서 200가지로, 네 돌이 되면 500가지 이상으로 늘어난다. 모르는 것은 끊임없이 물어본다. 한때는 기억력이 미심쩍었지만 지금은 놀라울 정도로 새로 배우는 단어를 잘 기억한다.

학자들은 갑작스러운 언어 발달의 원인에 대해 여러 가지 이론을 제시한다. 대부분은 새로운 단계의 인지 발달의 신호로서 그 이전에 30~40개 단어를 배운다는 이론에 동의한다. 이름 맞히기 게임을 해보면 아이는 이미 모든 사물에 이름이 있다는 것을 알고 "저게 뭐야?" 하고 물어본다. 그리고 뭐든지 흡수한다. 아이 입에서 욕이 나오지 않게 하려면 부모가 말을 조심해야 한다. 예전에 나는 종종 화가 나면 "이런 망할!" 하고 소리를 쳤는데 설마 사라가 듣고 있으리라는 생각을 하지 못했다. 어느 날 슈퍼마켓에 갔다가 앞에 서 있던 여자가 세제를 바닥에 떨어뜨렸을 때 사라가 때맞추어 커다란 소리로 외쳤다. "이런, 망할!" 나는 쥐구멍이라도 있으면 들어가서 숨고 싶었다.

이제 간단한 두 마디 문장을 말하기 시작한다. "엄마, 일어나." "과자 줘." "아빠 바이바이" 등등. 놀이를 하거나 잠에 빠져들면서 혼잣말을 하기도 한다. 우리가 말하는 것을 당연하게 여기는 이유는 입에서 말이 술술 나오기 때문이다. 하지만 유아에게는 두 단어 이상을 사용하고 적당한 순서로 단어를 배열해서 생각을 표현하는 것이 힘든 일이다.

한마디 더

때로 아이들은 끊임없이 듣는 대로 따라하는 모방 단계를 거친다. "치리오하고 코코아 퍼프 중에서 뭘 줄까?" 하고 물으면 아이는 대답은 하지 않고 "치리오하고 코코아 퍼프" 하고 따라한다. 나는 물론 억지로 아이에게 말을 시키지 않지만 이럴 때는 아이가 원하는 것을 말하게 하자.

이제 물건을 분류하기 시작한다. 예를 들어, 아이 앞에 장난감 한 무더기를 놓고 엄마의 오른 손과 왼손에 장난감들을 올려놓으라고 해보면 한쪽 손에는 자동차를 놓고 다른 쪽 손에는 인형을 놓는다. 한때는 기어다니는 동물을 모두 '강아지'라고 불렀을지 모르지만 이제는 '소' '양' '고양이'도 있다는 것을 알고 있다. 이러한 이해를 보강해주는 좋은 게임은 아이가 알고 있거나 아니면 동물원에 있는 모든 동물들의 이름을 말하게 하는 것이다.

아이 입에서 말이 끊임없이 쏟아져 나오긴 하지만 또한 발음하기 어려운 단어들이 있다. 이야기를 하다가 뭔가를 어떻게 불러야 할지 몰라서 쩔쩔매기도 한다. 질문도 많이 한다. 아이가 잘하는 말 중에 하나는 '싫어'일 것이다.

한마디 더

'싫어'라고 하는 것은 반드시 심술을 부리는 것이 아니다. 사실은 그 말이 무슨 뜻인지 모를 수도 있다. 단지 자주 듣는 말이기 때문에 해볼 수도 있다. 그 말을 듣고 싶지 않으면 우리 자신이 그 말을 함부로 하지 말아야 한다. 또한 아이에게 귀를 기울이고 필요한 관심을 주어야 한다.

이제 예의범절을 가르쳐야 할 때가 되었다. 아이가 뭔가를 달라고 하면 '주세요'라고 말하게 하자. 처음에는 아이 대신 '주세요'라고 말하자. 그리고 그 물건을 아이에게 주면서 아이 대신 '고맙습니다'라고 말하자. 이렇게 하루에 50번 하면 금방 아이의 입에 붙는다.

한마디 더

만일 '미안합니다'라는 말을 가르쳤다면 아이가 그 말을 하면서 대화를 가로막을 때는 "우리 이야기가 끝날 때까지 잠시 기다려" 하고 말하지 말자. 아이는 '잠시'라는 의미를 모를 뿐더러, 아이에게 혼란만 주게 된다. 아이는 규칙을 따랐는데 기다리라고 하면 그 규칙을 바꾼 셈이다. 대신 예의바른 태도를 칭찬해 주고 아이가 하는 말에 귀를 기울이자. 상대방도 이해할 것이다.

유아가 사용하는 어휘가 늘어나고 좀더 복잡한 생각을 표현하기 시작하는 이 단계에서 '확인하기'는 매우 중요하다. 나는 부모들에게 말하는 법을 가르치라고 하지는 않지만 모양을 만들고 색칠을 하면서 아이와 함께 노는 시간을 가지라고 한다. 색깔을 직접 물어보기보다는 노란 바나나, 빨간 차, 하고 자연스럽게 주지시키자. 색깔 맞추기 게임도 좋다. 빨간 셔츠를 주면서 말한다. "이 색과 같은 빨간 양말을 찾아볼래?" 아이들은 이름은 몰라도 색깔은 구분한다. 또한 '부드럽다' '딱딱하다' '평평하다' '둥글다' '안쪽' '바깥쪽'과 같은 개념들을 가르쳐주자. 이런 단어들을 말하다보면 물건마다 특성이 있다는 것을 알게 된다.

여전히 아기 때 하던 놀이와 동요를 좋아하지만, 이제는 훨씬 많이 이해한다. 혼자서 동요를 부를 수 있으며 율동과 반복을 좋아한다. 또한 음악을 아주 좋아하고 가사를 금방 배운다. 율동을 함께 하면 더 좋아한다. 어른을 보고 동작을 따라하는 것도 좋아한다. 숫자 세기 게임을 하면 숫자 이해에 도움을 줄 수 있다.

이제 좀더 아이의 생각에 관심을 가져야 한다. 언제나 그렇듯이 아이를 따라가자. 아이가 관심을 갖는 모든 것들에 대해 이야기하자. 먼저 아이의 일과와 관련된 단어들을 배우게 하자. 또한 기억력을 돕는 질문을 하고 과거와 미래의 일에 대해 생각해 보게 하자. "어제 공원에서 재미있게 놀았니?" "할머니가 내일 오실 거야. 우리 할머니한테 무슨 요리를 해드릴까?" 무엇보다 대화가 즐겁고 중요하다는 인상을 갖게 해주자.

♥어엿한 말상대가 된다.

때로 두 돌에서 세 돌이 되면 단어를 수십 가지 알고 서너 마디로 이루어진 문장을 말한다. 문법에 맞지 않아도 상관하지 말자. 엄마는 국어 선생이 아니다. 일부러 고쳐주지 않아도 따라하면서 올바른 형식을 배울 것이다. 이 무렵 아이는 자신을 표현하고 목적을 이루기 위한 사회적인 도구로서의 언어의 중요성을 이해한다. 말장난을 하고, 말하는 것을 즐긴다. 읽기, 동시 암송하기, 동요 부르기를 좋아하고 계속 언어 능력을 키운다. 크레용을 주면 그림을 그리면서 엄마에게 글을 '쓰고' 있다고 말한다. 실제로 아이가 휘갈겨 놓은 것을 보면 몇 달 전보다는 훨씬 더 글씨처럼 보인다.

어떤 아이들은 글자에 관심을 보이기 시작하지만 가르치려고 하지 말자. H.E.L.P. 주문을 기억하자. 아이가 배우고 싶어하기 전까지 물러서 있자. 글자보다는 정확한 발음이 중요하다. 게임을 만들어서 해보자. "우리 가로 시작하는 이름을 가진 물건을 찾아보자. 가, 가, 가, … 저기 있다. 가방! 이번에는 네가 찾아볼래?"

취침 의식으로 책을 읽어주었다면 지금쯤 책 읽기를 좋아할 것이다. 몇 달 동안 매일 같은 책을 읽어달라고 해도 상관없다. 엄마가 몇 페이지를 건너뛰려고 하면 아이가 나무란다. "아니에요. 그게 아니에요. 다음은 병아리 이야기에요!" 조만간 아이는 자기가 엄마에게 읽어 주겠다고 할지도 모른다. 아마 책을 몽땅 외우고 있을 것이다.

말이 늦는 아이

아이들은 언어를 습득하기 시작하면서 끝없이 말을 하고 싶어한다. 말을 잘하는 아이의 부모를 보면 많은 T.L.C.를 제공한다. 그들은 아

책 고르기

아기들도 독서를 좋아한다. 일찍부터 책을 읽기 시작하면 책과 친구가 된다. 그냥 담담하게 읽어주기보다는 목소리를 바꾸어가면서 인물과 줄거리를 연기해 보자. 그리고 그 내용에 대해 서로 이야기를 나누자. 세 돌 이하의 아이들에게는 다음과 같은 점들을 염두에 두고 책을 골라준다.

♥ 줄거리
아주 어린 아이들은 이름 알아맞히기를 좋아하지만 커가면서 단순한 줄거리를 이해한다.

♥ 내구력
특히 15개월이 안 된 아이들에게는 무독성의 두꺼운 카드보드 책을 사주자.

♥ 삽화
색이 밝고 사실적인 그림을 좋아한다. 커가면서 점차 공상적인 그림을 이해한다.

이와 시간을 보내고, 발음이 부정확한 아기말은 하지 않는다. 또한 참을성을 갖고 아이가 자기 속도로 발달할 수 있도록 기다린다. 그리고 아이의 발전을 보면서 기뻐하지만 훈련받은 물개에게 하는 것처럼 이것저것 시키지 않는다. 그들은 아이를 자랑하고 싶어도 절대로 이렇게 말하지 않는다. "아줌마에게 새로 배운 노래를 불러드리렴."

그러나 청각 상실이나 발달 지연일 수도 있는 위험 신호를 주의해 보는 것은 매우 중요하다. 하지만 근본적으로 아무 문제가 없는데도 말을 늦게 하는 아이들도 있다. 최근에 매우 눈치가 빠른 직장 여성인 브렛이 그런 자신의 경험담을 들려주었다. 당시에 15개월이었던 제롬은 또래 아이들보다 말이 늦었다. 하지만 브렛은 걱정하지 않았다. 그녀는 아이들의 발달 유형이 천차만별이라 것을 알고 있었다. 동시에 뭔가 다른 '문제'가 있다는 것을 본능적으로 알아차렸다. 그러다가 일찍 퇴근하게 된 어느 날 그 의문이 풀렸다. 브렛은 그 시간에 제롬과 보모가 있는 공원에 들렀다가 아이를 정성껏 돌보는 보모를 관찰하면서 뭐가 빠졌는지를 알아냈다. 보모는 제롬과 함께 놀아주면서 별로 말을 하지 않았다. 말을 해도 아주 조그맣게 그리고 한마디로 끝냈다. 브렛은 그 보모를 좋아했지만 아들과 활발한 대화를 나눌 사람을 찾아야겠다고 생각했다. 새로운 보모가 와서 제롬과 시간을 보내기 시작한 후 며칠 만에 제롬은 금방 말을 하기 시작했다.

이 이야기가 주는 교훈은 엄마뿐 아니라 아이와 함께 생활하는 사람들은 모두 아이와 계속 대화를 해야 한다는 것이다. 또한 엄마는 아이에게 끊임없이 이야기를 하는데 아빠는 "어떻게 해야 하는지 모르겠다"고 말하는 가정도 있다. 한 엄마는 남편이 "우리 아이는 나를 좋아하지 않아"라고 불평하자 "당신이 아이에게 말을 하지 않기 때문이에요. 말을 안 하는데 어떻게 서로 친해질 수 있겠어요?"라고 대답했다. 그랬더니 아빠는 "글쎄, 나는 워낙 말을 많이 안 하잖아"라고 했다. 그 이야기를 나에게 하면서 그녀가 인정했다, "그건 사실이에요. 부부 사이에서도 주로 내가 말을 하죠."

하지만 나로서는 인정할 수 없다. 아빠는 아이와 축구를 하기 전부터 아이와 대화를 나눌 필요가 있다. 밤에 책 읽어주기를 맡아서 하자. 책을 읽어주면 저절로 이야깃거리가 생긴다. 그냥 읽어주기만 하지 말고 대화를 나누자. 토요일 아침에 세차하면서 이야기를 나눌 수도 있다. "빌리야, 봐라. 나는 세차할 준비를 하고 있단다. 알겠니? 양동이에 비누를 풀고, 이제 물을 채운다. 물을 만져보고 싶니? 유모차를 타고 나가서 구경하자. 아빠가 차 닦는 것이 보이니? 비누 거품이 보이니? 물 뿌리는 걸 봐라. 물이 차다."

아이를 돌보는 사람은 모두 끊임없이 말을 해야 한다. 어느새 타향에 온 우리의 꼬마 교환학생은 언제 옹알이를 했나 싶게 청산유수로 말을 할 것이다. 아이가 가정이라는 울타리를 벗어나서 바깥세상에 발을 들여놓으려면 이러한 언어 능력이 필요하다.

외국어를 가르쳐야 하나?

나는 종종 아이에게 한 가지 이상의 언어를 사용해도 좋으냐는 질문을 받는다. 두 개의 언어를 사용하지 못할 이유는 없다. 때로 처음에 언어 발달이 지연되기도 하지만, 연구에 따르면 두 개의 언어를 하는 아이들이 나중에 지능이 더 발달한다고 한다. 한 살에서 네 살 사이에 아이들은 한 가지 이상의 언어를 배우는 수용력이 가장 빠르다. 만일 정확하게 문법에 맞는 말을 해준다면 아이들은 두 가지 언어를 동시에 배우고 세 살이 되면 자유자재로 두 개의 언어를 구사하게 될 것이다.

언어 발달

이 도표를 제시하는 이유는 부모들은 대부분 자신의 아이가 어디쯤 와 있는지 알고 싶어하기 때문이다. 하지만, 아이에 따라서 발달 유형이 천차만별이므로 참고만 하기 바란다. 말이 늦는 아이들도 있지만 대개 세 돌이 되면 모두 비슷한 수준이 된다는 것을 기억하자.

나이	언어 발달	위험 신호
8~12 개월	어떤 아이들은 7~8개월에 '엄마' 또는 '아빠'를 말하기 시작하지만 대부분 1년이 지나야 적절한 사람을 지칭해서 부른다. 또한 1단계 명령에 반응할 수 있다(저것 가져와라).	이름을 불러도 반응하지 않는다. 옹알이를 하지 않는다. 자신에게 말을 하는 사람을 쳐다보지 않는다. 원하는 것을 달라고 가리키거나 소리를 내지 않는다.
12~18개월	처음 하는 말로, 단순 명사(.'강아지' '아기'), 특별한 사람의 이름, 몇 가지 동사('올라가자' '가다')를 말한다. 1단계나 2단계 명령에 따를 수 있다(거실에 가서 장난감을 가져와라).	불분명한 말이라도 전혀 하지 않는다.
18~24개월	10가지 정도 단어를 말할 수 있고 알아들을 수 없는 말이라도 많이 한다.	분명하게 하는 말이 몇 개 되지 않는다. 20개월이 되어도 간단한 지시에 따르지 못한다(엄마에게 와라). 간단한 물음에 '네' 또는 '아니오'로도 대답하지 않는다.
24~36개월	거의 모든 단어를 알고 있다. 단어를 문장으로 연결해서 생각과 느낌을 표현한다. 문법은 완전하지 않을지 모르지만 어휘는 아주 풍부하다. 실제로 어른과 대화할 수 있다.	사용하는 단어가 50개 이하이고 단어를 연결하지 못한다. 반대말을 이해하지 못하거나 2단계 명령에 따르지 못한다. 자동차 경적과 같은 주변의 소리를 듣지 못한다.

6장

바깥세상으로 나가기 위한 리허설

현명한 엄마들은 아이의 스타일과 속도를 존중한다

오랜 세월이 지난 후에

나는 어린 시절의 경험이

세상을 이해하고 살아가는 데 미친 영향력을 이해하게 되었다.

—낸시 내피어 박사의 『의식적 삶을 위한 비법』 중에서

도와줄까, 내버려둘까?

♥♥ 10개월이 된 페기는 아빠 품에 안겨서 울부짖는다. 엄마가 다시 직장에 나가는 첫날인데 페기는 아빠를 좋아하지만 엄마가 문을 나서는 것을 보니 세상이 끝나는 것 같다. 다시는 엄마를 만나지 못할 것만 같다.

♥♥ 15개월의 개리는 웨이트리스가 와서 식탁에 놓인 유리잔에 물을 따르는 것을 보며 신기해 한다. 그는 레스토랑이 처음이다. 아이가 물잔을 잡으려고 하기에 엄마가 도와주려고 하자 거부한다. "싫어요, 내가 할래요."

♥♥ 두 돌이 된 줄리는 문간에 서서 아이들이 뛰어다니고 매트 위에서 뛰고 커다란 공을 굴리면서 노는 것을 쳐다보고 있다. 오늘은 유아반에 온 첫날이다. 아이들과 어울리고 싶지만 엄마 손을 꼭 잡고 놓지 않는다.

♥♥ 한 돌이 된 더크는 처음 놀이터에 나와서 잠시 주위를 둘러본다. 그네, 정글짐, 시소를 구경만 하다가 모래상자를 보더니 보모의 손을 놓는다. 왜냐하면 그것이 자기 집 뒤뜰에 있는 것처럼 생겼기 때문이다.

♥♥ 18개월 된 앨리는 동물원이 처음이다. 동물원에는 책에서 본 아기양이 있다. 앨리는 책에서 아기양 그림을 보고 "메에~메에" 하고 부른다. 실제로 양을 본 아이는 울어야 할지 용기를 내서 만져봐야 할지 모르고 머뭇거린다.

유아기는 인생의 그 어느 때보다 많은 첫경험들이 이루어지는 시기다. 처음 발을 떼고, 처음 말을 하고, 처음 고형식을 먹고, 처음 화장실에서 용변을 본다. 하지만 그 첫경험들은 모두 가정의 안전하고 익숙한 울타리 안에서 일어난다. 반면에 위에서 보는 것처럼 바깥세상에서 일어나는 일들은 좀더 성숙한 행동을 요구한다. 첫경험에서 아이가 주저하는 것은 당연하다. 나는 그런 심정을 '도와줘요/내버려둬요' 고민이라고 표현한다. 아이들은 탐험하고 싶어하지만 또 한편으로는 익숙한 것에서 너무 멀리 벗어나고 싶어하지 않는다. 독립을 원하지만 한 발짝씩 발을 뗄 때마다 부모가 옆에서 지켜보고 있기를 바란다.

아기 때에는 부모가 모든 부름에 재빨리 그리고 자동적으로 반응을 했다. 하지만 이제는 때로 부모가 없어도 혼자 그 상황을 견디고 위로할 수 있어야 한다. 아이는 우주의 중심에 있다가 이제 사람들과 감정이입을 해야 하는 획기적인 변화를 맞이한다. 크고 잔인한 바깥세상은 인내와 자제력을 가지라고, 함께 나누고 차례를 기다리라고 요구한다. 무시무시하다!

아이를 밖에 내보내는 일은 하루아침에 되는 일이 아님을 기억하자. 사회성 발달과 감성 발달은 서서히 진행되며 아이마다 나름의 속도로 발전한다. 그리고 이러한 기념비적인 변화들이 일어나는 동안 아이들뿐 아니라 부모들 역시 '도와줘야 하는지 아니면 내버려둬야 하는지'로 고민한다.

물론 어떤 아이들은 좀더 사교적이다. 어떤 아이들은 자기 위안을 잘한다. 학자들은 이러한 능력에서 성격과 언어 발달이 모두 중요한 역할을 하는 것으로 보고 있다. 분명 아이가 자신이 원하는 것을 요구할 수 있고, 느끼는 것을 말로 표현할 수 있다면 부모와 떨어져서도 새로운 상황에 용감히 맞서고 사람들 속에서 좀더 수월한 시간을 보낼 것이다. 하지만 어떤 기질이거나, 말을 어느 정도 하거나 또는 혼자서 대처하는 능력을 얼마나 터득했느냐에 관계없이 대부분의 아이들에게 감정적으로나 사회적으로 성숙하는 것은 어려운 일이다. 아이들은 숟가락이나 변기를 사용하는 법을 배워야 한다. 또 기본적인 본능을 조절하고, 감정이 격해질 때 스스로 진정하는 것도 배워야 한다. 부모가 지도를 해야 한다.

가정에서의 변화 리허설

유아와 관련된 모든 일들은 좀더 성숙한 삶을 위한 준비다. 모든 새로운 상황과 새로운 관계가 교훈이다. 만일 아이가 바깥세상에서 나가서 잘하기를 바란다면 그 방법을 가르치고 많은 훈련을 시켜야 한다. 그렇다고 아이를 해양소년단에 입단시키자고 지금 당장 수영반에 등록하라는 것은 아니다. 지금 당장 유아반에 넣어서 사회성을 가르치라는 것도 아니다. 그보다는 집에서 훈련을 시작하자. 아이가 마주할 각 도전을 위해서는 내가 '변화 리허설'이라고 부르는 것을 계획해야 한다.

리허설은 배우들이 각본대로 완벽하게 시연하는 것을 말한다. 내가 변화 리허설이라고 하는 말도 같은 의미다. 바깥세상에서의 다양한 상황에 잘 대처하기 위해 미리 집에서 연습해 보는 것이다. 안전하고 익숙한 가정의 울타리 안에서 좀더 성숙한 행동을 시도해 보면(식탁에서 먹고, 함께 나누고, 동물을 사랑하는) 집 밖에 나갔을 때 생소한 경험, 새로운 사람들, 여행, 변화를 좀더 수월하게 받아들일 수 있다.

아이에게 필요한 연습을 시키기 위해 우리 자신을 다양한 리허설을 계획하고 감독하는 연출가라고 생각하자. 아이가 협조적이고 배우고자 하는 의욕을 갖게 해주기 위해 반드시 필요한 것은 두 사람 사이의 결속력이다. 다시 말해, 부모에게 안정 애착을 느끼는 아이는 기꺼이 리허설에 참여해서 대본을 외우고 새로운 기술을 시도하고 재능을 연마한다. 아이에게 벅찬 감정을 연습할 기회를 주고 부모가 함께한다면 아이는 차츰 혼자 해낼 수 있다는 자신감을 갖게 된다.

유아에게는 부모가 세상의 중심이다. 아이는 피곤해지면 엄마에게 달려가고, 상황이 어렵게 느껴지면 엄마 무릎에 얼굴을 숨기고, 엄마의 반응을 살피고, 엄마가 나가면 울음을 터뜨린다. 하지만 엄마가 필요로 할 때 항상 그 자리에 있으며 집을 나갔다가도 다시 돌아온다는 것을 알면 아이는 엄마뿐 아니라 세상을 신뢰하게 된다. 아, 엄마는 돌아온다고 했어. 엄마는 돌아올 거야. 그러니 세상은 아주 좋은 곳일 거야.

변화 리허설

모든 관계와 상황이 변화에 대비한 리허설이 될 수 있다. 바깥세상보다 덜 위협적이고 수월한 상황에서 사회적으로 필요한 습관과 기술을 길러주자.

- 부모와의 관계 → 다른 어른들과의 관계 → 친구들
- 가족과 함께 하는 저녁 식사 → 음식점
- 뒷마당 → 공원, 놀이터
- 집에서 목욕하고 물장난하기 → 수영장과 해변
- 집에서 애완동물 기르기 → 동물에 대한 사랑과 동물원에 가기
- 자동차 타기 → 쇼핑하기
- 짧은 여행과 조부모댁 방문 → 장기 여행
- 둘이서 놀기 → 여럿이 놀기 → 유아반 → 유치원

아이들은 자기 머리를 누가 깎아주고 장난감 가게에서 누가 돈을 내는지는 상관하지 않을지 모르지만 자신이 불안할 때 누가 안아주고 다쳤을 때 위로해 주고 인생에서 특별한 순간을 함께 나누는지에 대해 무척 신경을 쓴다.

물론 아이가 신호를 놓치거나 대사를 잊기도 할 것이다. 하지만 리허설을 할 때마다 점점 잘하게 될 것이다. 이 장에서는 아이의 세 가지 중요한 첫경험을 준비시키기 위해 구체적으로 변화 리허설을 계획하고 지도하는 예를 들어서 설명할 것이다.

- ♥♥ 첫 두려움 격한 감정을 느낄 때의 자기 위안을 연습한다.
- ♥♥ 첫 진출 음식점에서의 공공 예절과 새로운 경험들을 연습한다.
- ♥♥ 첫 친구 또래 아이들과 어울리는 사회성을 연습한다.

첫 두려움, 감정 확인과 자기 위안

유아들은 대부분 뭔가에 대한 두려움을 갖고 있다. 엄마와 떨어지는 것도 두려워하고, 어떤 물건이나 동물 또는 다른 어른이나 아이들을 두려워하기도 한다. 아이가 두려워하는 이유를 꼭 집어내기가 불가능하기 때문에 그 원인 또한 없애기가 어렵다. 따라서 부모가 최선을 다해 아이가 느끼는 감정을 인정해 주고 그 감정을 표현하고 스스로 위로하는 방법을 찾도록 도와주어야 한다. 사실, 아이가 어느 정도 독립적이 되었는지는 새로운 도전에 마주해서 감당하기 힘든 감정을 처리하는 능력을 보면 알 수 있다.

♥ 폭넓은 감정들을 연습할 기회를 준다.

만일 부모가 아이를 언제나 행복하게 해주려고 한다면 아이가 바깥 세상에 나가서 냉엄한 현실과 마주했을 때 큰 충격을 받을 수 있다. 따라서 슬픔과 실망과 같은 '부정적인' 감정을 포함하는 모든 종류의 감정을 느껴보고 확인할 수 있는 감정 리허설이 필요하다. 그래야 아이들은 앞으로 세상을 살면서 불가피하게 겪어야 하는 상처와 좌절을 극복할 수 있다. 또한 감정을 마음껏 표현하게 해주어야 한다. 그래야만 감정을 다스리는 법, 즉 느끼고 견디고 흘려버리는 법도 배울 수 있다.

♥ 아이들은 부모를 보고 배운다는 것을 기억하자.

부모만 바라보고 사는 아이들은 부모의 감정에 의해 크게 좌우된다. 엄마가 우울해 하면 아이도 슬픈 표정을 짓는다. 그리고 엄마가 느끼는 두려움과 불안을 '감지'한다. 예를 들어, 세릴은 "케빈은 할머니가 안으려고 하면 무서워하면서 운다"고 주장했다.

하지만 내가 잠시 세릴의 집에 들렀을 때 케빈은 기꺼이 나한테 와서 안겼다. 그래서 나는 뭔가 다른 사연이 있을 거라고 추측했다. 성공한 의상 디자이너인 세릴은 몇 년 동안 임신이 안 돼서 애를 먹다가 마흔 살에 케빈을 낳았다. 이제 그녀에게는 케빈이 모든 것의 중심이었다. 아이가 마루에 앉아서 즐겁게 노는 것을 보면서 내가 그녀에게 말했다. "케빈은 붙임성이 좋고 호기심도 많군요. 약간 수줍어하기도 하지만 몇 분만 시간을 주면 처음 보는 사람들을 잘 따르는 것 같아요." 내가 이윽고 질문했다. "당신은 아이가 다른 사람에게 안기는 것이 마음에 걸리나요? 그래서 초조하게 느끼는 것이 아닌가요?"

그녀가 눈물을 글썽거렸다. 분명 내가 정곡을 찌른 것이다. 세릴의 친정어머니는 6개월 전에 암으로 세상을 떠났다. 그녀는 아직 슬픔에

성공적인 리허설 준비

- ♥준비와 예상을 한다.
- ♥현실적으로 아이가 처리할 수 있는 범위를 감안한다.
- ♥아이가 피곤하거나 기분이 언짢을 때를 피한다.
- ♥새로운 개념과 기술을 점차적으로 가르친다.
- ♥점차 시간을 늘리고 강도를 높여간다.
- ♥아이의 기분을 인정해 준다.
- ♥본보기를 보여준다.
- ♥되도록이면 아이가 짜증을 내거나 통제가 어려워지기 전에 끝내거나 자리를 떠난다.

서 벗어나지 못하고 있었지만 스스로 그런 사실을 인정하고 싶지 않았다. 또한 외출하고 싶다고 말하면서도 시어머니에게 선뜻 케빈을 맡기지 못했다.

나는 일련의 리허설을 제안했다. 아이가 친구와 노는 날 시어머니를 집에 불러서 자연스럽게 케빈이 할머니에게 익숙해지게 하는 것이었다. "다음에는 할머니와 케빈과 함께 앉아 있다가 슬그머니 방에서 나가보세요. 그러면서 방에서 나가 있는 시간을 점차 늘려가는 겁니다"라고 내가 말했다. 아이가 원래 수줍어하는 성격이면 사람들에게 익숙해질 때까지 시간이 필요할 것이다. 또한 엄마와 함께 있으면 괜찮다는 것을 알게 해주어야 한다.

모든 상황에서, 집에서나 외출해서도, 아이들은 부모의 감정을 따라간다. 따라서 부모가 중요하고 책임이 크다. 6~7개월의 아이는 뭔가를 향해 움직이다가도 마치 "괜찮아요?" 하고 말하듯이 엄마 눈치를 살핀다. 그때 엄마가 엄한 표정을 지으면 아이를 멈추게 할 수 있다. 심리학자들은 이것을 '사회적 준거'라고 부르며 그 효과에 대한 흥미로운 연구를 해왔다. 한 예로 엄마들에게 비어 있는 빨간색 상자와 초록색 상자 속을 들여다보게 한다. 빨간색 상자를 들여다본 엄마들은 담담하게 "오" 하고 말했다. 초록색 상자 안을 들여다본 엄마들은 "오!" 하고 탄성을 질렀다. 그러고 나서 아이들에게 어떤 상자를 원하는지 물었더니 거의 모두 초록색 상자를 택했다.

♥ 아이가 필요로 할 때 항상 그 자리에 있자.

연출가는 배우들과 함께 무대 위에 오르지 않지만 문제가 생기는 경우에 대비해서 늘 무대 옆에서 대기하고 있다. 하지만 다음과 같은 장면을 흔히 보게 된다. 엄마가 아이들이 놀고 있는 한가운데로 걸어 들어가서 자기 아이를 내려놓는다. 아이가 즉시 엄마 다리를 잡으면서 매달리자 엄마는 아이를 떼어놓으려고 한다. "괜찮아, 조나. 가서 놀아." 그러자 아이가 울음을 터뜨린다. 엄마는 변명을 한다. "오, 아이가 피곤해서요." "아이가 낮잠을 안 잤어요." 또는 "자는 아이를 데리고 나왔더니만."

아이가 계속 울자 그녀는 결국 어쩔 줄 모르고 나를 쳐다보며 조언을 구했다. 내가 말했다. "먼저 아이와 함께 바닥에 앉으세요. 아이가 필요로 할 때 엄마가 함께 있다는 것을 알게 해주세요. 그러다가 서서히 일어나세요." 아이 몰래 빠져나가서는 절대 안 된다. 엄마가 갑자기 보이지 않으면 아이는 겁을 먹는다.

♥ 육아 스타일이 아이의 탐구심에 영향을 줄 수 있다.

우리가 아이에게 어떤 메시지를 주고 있는지 조심하자. 탐험하도록 격려하는가, 아니면 자신도 모르게 아이를 붙잡고 있는가? 아이가 감정을 처리할 수 있도록 도와주고 있는가?

2장에서 만난 세 엄마를 다시 생각해 보자(83~85쪽 참고). 그들은 각자 놀고 있는 자신의 아이에게 전혀 다른 메시지를 보내고 있다. 알리샤가 장난감을 밟고 넘어져서 "내가 다친 건가?" 하고 말하듯이 혼란스러운 표정으로 엄마 도리를 쳐다본다. 도리는 군림하는 부모다. "괜찮아." 하고 그녀는 엄하게 말한다. 아마 도리는 '아이를 강하게 만들려고' 하는 중일 것이다. 하지만 알리샤는 기가 죽는다. 아이는 자신이 뭔가 잘못했다고 생각한다. 엄마의 이런 태도에 알리샤는 주눅이 들어서 주관을 갖지 못하고 나중에 다른 사람이 하자는 대로 따라갈 수 있다.

클라리스는 아첨하는 부모다. 그녀는 항상 엘리엇을 향해 몸이 기울어져 있다. 아이가 만족스럽게 놀고 있을 때조차 그녀는 다소 걱정어린 표정을 하고 있다. 그녀는 도리와는 정반대의 메시지를 아들에게 보낸다. 너는 내 옆에 있어야 한다. 네가 무사한지 걱정스럽다. 클라리스의 노심초사 때문에 엘리엇은 탐구심과 자신감을 기르지 못하고 주춤거릴 것이다.

한편 사리는 차분하고 침착하다. 그녀는 도와주는 부모인 것이다. 데미안이 쳐다보면 사리는 편안한 미소를 지어 보이며 데미안이 잘하고 있다는 것을 알려준다. 아이가 넘어지자 그녀는 달려들기 전에 재빨리 상황을 파악한다. 아니나 다를까, 아이는 혼자 일어난다. 다른 아이들과 싸우면 서로 때리거나 물거나 하지 않는 한 스스로 해결하도록 내버려둔다.

도리처럼 군림하는 부모는 아이를 너무 밀어붙이는 경향이 있고, 클라리스처럼 아첨하는 부모는 아이를 과보호하는 경향이 있는 반면에, 사리처럼 도와주는 부모는 아이의 독립을 지원해 주는 동시에 언제나 필요할 때 그곳에 있을 거라고 안심시켜 준다. 그 결과, 데미안은 자신의 판단력을 믿고 문제를 해결할 줄 아는 아이가 될 것이다.

♥ 감당하기 힘든 감정을 조절하도록 도와준다.

기질은 아이의 감성과 사회성에 영향을 미친다. 어떤 아이는 충동 조절이 잘 안 되고, 어떤 아이는 천성적으로 좀더 수줍어하고, 어떤 아이는 다른 사람들과 협조하지 못하고 고집스러운 것은 사실이지만, 가정교육에 따라 얼마든지 달라질 수 있다. 아이의 천성을 바꾸려고 하기보다는 아이의 행동을 바로잡아주자. 예를 들어, 예민한 아이가 놀이 친구에게 제압을 당하면 "네가 친구와 놀 수 있으려면 좀더 시간이 걸릴 것 같으니까 준비가 될 때까지 엄마와 함께 놀자"라고 말하고, 씩씩한 아이가 관심을 끌려고 엄마를 때리면 "아야, 아프다. 네가 흥분한 것은 알지만 엄마를 때리면 안 된다"라고 말하자. 아직 저녁을 먹고 있는데 심술쟁이 아이가 참지 못하고 다리를 잡아끌면, "기다리는 것이 지루한 건 알지만 엄마는 아직 다 먹지 못했다. 다 먹고 나서 함께 놀자"라고 말하자. 이렇게 가정에서 잘못된 행동을 고쳐주면 바깥세상에 나갔을 때 도움이 될 것이다.

♥ 자기 위안에 대해 칭찬해 주자.

아이가 겁을 먹거나 피곤하거나 부담을 느끼거나 버림받는 듯이 느낄 때(첫돌이 된 아이에게 엄마가 '바이 바이!'를 하면 정말 그렇게 느낀다) 아이 스스로 어떤 대상이나 행동에서 위안을 찾는다면 이제 엄마는 한숨 돌려도 된다. 아이는 감정적인 독립을 향해 큰 발자국을 뗀 것이다. 그 대상이 낡은 곰인형 같은 봉제완구일 수도 있고 너덜거리는 부드러운 천 조각이나 엄마 냄새가 나는 스웨터일 수도 있다. 아니면 잠들기 전에 엄지손가락을 빨거나 머리를 굴리거나 부딪치거나 흔들거나 머리카락을 빙빙 꼴지도 모른다. 주문을 외듯이 노랫가락을 반복하거나, 알아들을 수 없는 말을 중얼거리거나, 발가락이나 손가락 또는 속눈썹을 만지작거리거나 코를 잡아당기기도 한다. 모두가 자기 위안 행위다.

어떤 물건이나 습관에서 위안을 구하는 것은 정상적일 뿐 아니라 유익하다. 피곤하거나 불안할 때 외부적인 위안을 찾지 않아도 되기 때문이다. 위안물을 갖는 것은 훌륭한 친구를 두는 것과 같다.

바깥세계로의 첫 진출, 예절 교육

다음은 가족 나들이를 위한 구체적인 제안이다. 중요한 규칙 중에 하나는 각자의 아이에게 맞는 활동을 선택하는 것이다. 아무리 대담하고 적응을 잘하는 아이도 놀이공원에 가서 겁을 먹을 수 있다.

♥ 가족 식사 → 레스토랑

가족의 식사 의식은 레스토랑에 갔을 때를 대비한 훈련이 된다. 적어도 1주일에 몇 번은 아이와 함께 가족 식사를 하자. 대부분의 레스토랑에 가면 유아용 식탁의자가 있지만 집에서 그런 의자에 앉아보지 않았다면 불편해 할 것이다. 두 달 정도 함께 식사하는 연습을 한 후에 레스토랑에 데리고 나가자. 아기 때 외식을 했다고 해도 유아가 되면 또 달라질 수 있다. 실제로 많은 부모들이 레스토랑에서 아이 때문에당혹해 한다. "여태까지 외식할 때 아이가 아주 얌전했는데 지금은 악몽이에요." 집에서 아이가 행동하는 것을 보면 밖에 나가서도 어떨지 대충 짐작할 수 있다. 유아용 식탁의자에 얼마나 오래 앉아 있는가? 쉽게 짜증을 내고 산만해지는가? 편식을 하는가? 새 음식을 먹지 않는가? 식사 시간에 투정을 잘 부리는가?

집에서는 잘 먹고 얌전하다고 해도 첫 외식에서 식사가 끝날 때까지 가만히 앉아있으리라고 기대할 수 없다. 그리고 레스토랑에 가는 것을 대단하게 떠벌리지 말자. 아이가 부모의 염려를 감지해서 무대 공포증이 생길지도 모른다. 대신 자연스럽게 토요일 아침 산책이나 쇼핑을 하고 나서 커피를 마시러 들리자. 이때 아이의 낮잠 시간과 겹쳐서는 안 된다. 장난감이나 숟가락 하나를 아이 손에 들려주면 다른 그릇을 잡고 싶어할 때 실랑이를 벌이는 일이 줄어들 것이다. 처음에는 15분에서 20분 이상 머물지 말자. 이렇게 잠깐씩 네다섯 번 레스토랑에 들린 후에 식사를 해보자. 하지만 아이가 부담스러워할 경우 일찍 떠날 각오를 해야 한다.

아무리 연습을 많이 해도 아이들의 집중력에는 한계가 있다. 잘해야 45분에서 1시간 정도 앉아 있을 것이다. 또한 아이들은 기다린다는 개념을 이해하지 못한다. 집에서 먹을 때는 대개 먼저 상이 다 차려진 상태에서 식구들을 부른다. 따라서 주문을 하고 음식이 나올 때까지 아이가 가만히 앉아 있지 못할 수 있다. 먼저 웨이터에게 음식이 나오려면 얼마나 걸리는지 물어보자. 25분 이상이 걸린다면 그곳을 나오거나 음식이 나올 때까지 엄마나 아빠가 아이를 데리고 밖으로 나가

변화 리허설로 즐거운 외출을 준비하자

부모들은 외출할 때 아이들을 데려가고 싶어한다. 변화 리허설은 그러한 외출이 즐거워질 수 있게 해준다. 요령은 일어날 수 있는 다양한 상황을 미리 예상하고 아이에게 어떤 준비를 시켜야 하는지를 분석해 보고 먼저 집에서 할 수 있는 훈련을 시키는 것이다.

아이가 감당할 수 없는 상황을 만들지 말자. 만일 너무 부담스러운 상황이면 그 자리를 떠나자.

자. 안절부절못하는 아이를 달래려고 하면 점점 더 동요한다. 식사 중에 아이가 말썽을 부리면 한 사람이 아이를 데리고 먼저 나가자.

거듭해서 실패로 끝나면 한 달 동안 레스토랑에 가지 말자. 특히 고급 레스토랑은 피하자. 대부분의 아이들은 숙연한 분위기를 감당하지 못한다. 음식점에 가기 전에 확인해 보자. 솔직하게 물어보자. "아이를 데리고 갈 텐데, 아이들을 위한 식탁의자가 있나요? 다른 사람들을 방해하지 않게 따로 앉을 수 있나요?" 영국에서는 거의 모든 레스토랑에 놀이방이 있고 밖에 마당이 있는 곳도 있다. 하지만 패밀리 레스토랑에만 데리고 가지는 말자. 그런 곳에만 다닌다면 점잖은 장소에 가서 아이가 소리치고 뛰어다닌다고 나무랄 수 없다.

♥ 뒷마당 → 공원, 놀이터

공원이나 놀이터에 가면 기어오르기, 던지기, 뛰어다니기, 미끄럼타기, 균형 잡기, 그네 타기, 회전하기 등을 하면서 전신 운동을 할 수 있다. 아이가 그런 곳에 가도 될 만큼 신체적으로 준비가 되어 있는지 집에서 살펴보는 것으로 시작하자. 만일 집에서 그네나 다른 기구를 사용해 본 적이 없거나 일찍부터 놀이터나 공원에 데리고 다니지 않았다면 처음에 아이가 겁을 먹을 수 있다. 무작정 그네나 시소에 태우지 말자. 아이가 먼저 살피고 답사하게 하자. 아이는 한동안 구경만 할 수도 있고 곧바로 미끄럼틀로 달려갈지도 모른다. 아이 스스로 움직일 때까지 기다리자. 그 동안 날씨가 좋으면 돗자리를 펴고 잔디에 앉아서 간식과 음료를 즐기며 편안한 시간을 보내자. 몇 차례 나가본 후에 여전히 아이가 망설인다고 해도 걱정하지 말자. 아이는 단지 준비가 되지 않았을 뿐이다. 한 달 후에 다시 나가보자.

놀이터와 공원에 가면 다른 아이들과 어울릴 기회가 생긴다. 아이는 함께 나누고 차례를 기다리고 타인을 배려하는 법을 배운다. 주위의 아이들도 함께 주시하자. 만일 아이가 너무 흥분하거나 공격적이 되면 집으로 데려가자. 스스로 감정을 조절하는 법을 배우도록 해야 한다. 부딪치고 상처가 나는 일에 대비해서 유모차나 배낭에 응급처치 도구를 챙겨두자.

♥ 목욕과 물장난 → 수영장과 해변

아이들은 대부분 물을 좋아하지만 수영장이나 바닷가에 가면 겁을 먹을 수 있다. 뒤뜰에서 물장난을 하게 해서 준비를 시키자. 특히 목욕이나 물장난을 좋아하지 않는 아이라면 새로운 상황에서 어떻게 적응할지 알기 전에는 6시간 이상의 물놀이는 계획하지 말자. 수영장이나 해변까지 갔다가 허탕을 치고 돌아오기 십상이기 때문이다.

무엇보다 안전이 중요하다. 만일 날개형 튜브나 다른 안전 장비를 사용한다고 해도 아이를 방치해 두면 안 된다. 또한 피부 보호도 해야 한다. 수영장이나 모래밭에 반사되는 빛 때문에 화상을 입기 쉽다. 적어도 모자와 셔츠를 입혀서 피부가 너무 노출되지 않도록 하자. 해변에서는 바람에도 탈 수 있다. 우산, 여분의 티셔츠와 기저귀, 선크림, 아이스박스를 가져가자.

밖에서 아이가 낮잠을 자는 경우 어떻게 재울지 생각해 보자. 자기 침대가 아니라도 잘 자고 피곤할 때 금방 잠이 드는 아이라면 수건이나 담요 위에 재우면 되고, 그늘이 없는 경우에 대비해서 우산을 가져가자. 만일 잠자리에 까다롭다면 안고 재울 수밖에 없다.

♥ 애완동물 → 어린이 동물원

아이들은 애완동물을 좋아한다. 아이와 동물 모두의 안전을 위해 둘만 따로 두면 안 된다. 아이들은 애완동물과 함께 지내면서 친절한 마음(잘 해줘라)과 책임(스파이크에게 먹이를 줄 시간이다. 네가 주겠니?)

감정이입(그렇게 꼬리를 잡아당기면 플러피가 좋아하지 않는단다) 그리고 조심(개가 먹을 때는 가까이 가지 마라. 화가 나서 물지도 모른다)하는 법을 배운다. 만일 애완동물을 기를 수 없거나 기르고 싶지 않으면 적어도 자연 속에서 다른 동물들을 접하게 해주자. 뒤뜰에 새 먹이를 내놓는다. 일단 아이가 동물이 주인공인 이야기를 이해하고 좋아하기 시작하면 봉제 인형을 보여주면서 동물을 쓰다듬어주는 연습을 할 수 있다.

이런 식으로 아이를 동물원에 데려갈 준비를 시킬 수는 있으나 막상 동물원에 가면 달라질 수 있다. 특히 큰 동물들이 있는 대규모 동물원이라면 더욱 그렇다. 울타리가 너무 높은 곳은 키 작은 아이들이 구경하기 어렵다.

어린이 동물원에 가면 마찬가지로 한 걸음 물러서고 아이가 앞장서게 하자. 유아들은 대개 이 장의 도입부에서 만난 앨리가 어린이 동물원에서 보여준 것처럼 반응한다. 음… 이 작은 양은 흥미로워 보이지

아이가 넘어졌을 때

놀이터, 공원, 수영장 또는 들판, 어디를 가든지 아이들은 곧잘 넘어진다. 이때 바로 달려들지 말자. 그러면 아이가 아마 더 겁을 먹을 것이다.

놀란 기색을 보이지 말고 침착하게 상황판단을 해서 아이가 다쳤는지 알아본다.

"괜찮아." 아니면 "그까짓 것 가지고 뭘 그래"라는 말은 하지 말자. 아이의 감정을 부정하는 것은 예의가 아니다.

"이런, 아프겠다. 잠시 내가 안아줄게"라고 말하자.

만 조심해야겠어. 예방 차원에서 비누를 가지고 가서 동물들과 함께 놀고 난 후에는 아이와 함께 충분히 손을 닦도록 하자.

♥ 자동차 타기 → 쇼핑

자동차 시트에 앉는 것은 아이에게 첫 여행 연습이다. 만일 아이를 데리고 이미 가까운 곳에 다녀오곤 했다면 이제 슈퍼마켓이나 백화점에 데리고 가볼 수 있을 것이다. 계획을 잘만 세우면 지옥 여행이 아

노는 것과 정식 게임은 다르다

아이가 뭔가에 흥미를 느끼거나 잘하는 것처럼 보일 때 부모는 착각하기 쉽다. 예를 들어서 거의 세 돌이 된 그레고리는 아이 치고는 운동을 매우 좋아한다. 그래서 시간만 나면 뒤뜰에 나가서 야구를 한다. 아빠 해리는 아들이 진짜 야구 경기를 좋아할 것이라고 생각했다.

하지만 야구를 관람하는 것은 별개의 문제였다. 물론 그레고리는 야구를 좋아했지만 경기 규칙에 대해서는 이해하지도 못했고 관심도 없었다. 아이는 야구복을 입고 헬멧을 쓰고 방망이와 글로브까지 들고 앉아서 왜 자기는 운동장에 들어가서 놀지 못하느냐고 심술을 부렸다.

다른 부모들도 비슷한 이야기들을 한다. 두 돌 반의 데비는 실제로 골프채를 휘두를 수 있었지만 아빠가 골프 경기에 데리고 갔을 때 지루해서 견디지 못했다! 트로이는 쿵후 영화를 보는 것을 좋아했지만 엄마가 태권도반에 등록하자 배우기를 거부했다. 우리 딸 소피를 발레반에 데리고 갔을 때도 그랬다. 소피는 집에서 발레복을 입고 춤추기를 좋아했지만 체계적인 수업을 받을 준비는 되어 있지 않았다. 그런데 나는 아이가 백조의 호수를 공연하는 상상을 하고 있었던 것이다.

닌 즐거운 나들이가 될 수 있다. 쇼핑할 물건이 많을 때나 아이를 태우고 다닐 카트가 없는 곳에는 데리고 나가지 않는 것이 좋다.

아이가 배가 고프거나 피곤하거나 컨디션이 좋지 않을 때(예방 주사를 맞은 날은 컨디션이 대개 좋지 않다)는 데리고 나가지 말자. 집을 나서기 전에 군것질거리에 대해 아이와 타협을 하고 가자. 처음에 아이가 떼를 써도 굴복하지 않으면 그것을 규칙으로 알 것이다. 하지만 알록달록한 가방과 상자를 보면 군침을 삼킬 것이므로 과자를 가져가자. 슈퍼마켓에 가면 아이들은 군침을 흘리게 되어 있다. 만일 아이가 떼를 쓰면 즉시 그곳에서 나온다.

♥ 장거리 여행과 할아버지 할머니 댁에 가기 → 장기 여행과 호텔에 숙박하기

아이를 쇼핑에 데리고 다닐 수 있다고 해도 집에서 멀리 여행하는 것은 또 다른 문제라고 부모들은 말한다. 계획이 필요하고 몸과 마음이 건강해야 한다. 사실 길거나 짧거나 여행에 아이를 준비시키는 뾰족한 수는 없다. 아이들은 장소나 공간을 이해하지 못한다. 하지만 "할머니를 만나러 가자"고 즐거워하면 적어도 뭔가 특별한 일이 일어난다는 것을 알 것이다.

♥♥ 준비를 하자. 가까운 할아버지 댁에서 하룻밤을 지내거나 아니면 오랜 비행기 여행을 하고 호텔이나 여관에 묵거나, 미리 전화를 해서 아이를 안전하게 편안하게 재울 수 있는지 확인하자. 좋아하는 장난감과 '안전담요'를 챙기는 것을 잊지 말자. 휴대용 보조의자와 변기 시트를 가져간다. 또한 여분의 옷과 기저귀, 예기치 않은 불상사에 대비해서 쓰레기봉투와 비닐봉지도 준비한다. 오랜 여행을 할 때에는 준비할 시간이 없거나 아이가 기내식을 먹지 않을 경우에 대비해서

두 끼 정도 아이 식사를 준비해 가자. 또한 충분한 간식과 턱받이, 숟가락, 진통제 등도 가져가자. 만일 1주일 이상 여행할 예정이면 목적지 부근의 훌륭한 소아과 병원과 약국과 식료품점 위치를 알아가자. 해외여행을 할 때에는 항상 물을 사서 마시고 건강 관리에 주의해야 한다. 여행을 하면 환기가 되지 않는 공항에서 수많은 사람들과 마주치고 위생 상태가 의심스러운 공중 화장실을 사용해야 한다.

한마디 더

아이를 데리고 여행한다고 짐꾼이 되지는 말자. 연착과 기상이변에 대비한다고 1주일치 기저귀와 아이 방에 있는 장난감을 모두 가지고 다니지는 말자. 아이에게 필요한 것을 구입할 수 없는 곳은 지구상에 몇 군데 되지 않는다.

자동차로 여행할 때의 주의사항

- 품질등록이 된 자동차 시트를 사용하자. 뒷좌석에 설치하고 안전벨트를 한다.
- 유리창을 닫기 전에 살핀다.
- 문과 창문을 잠근다. 만일 수동 잠금장치라면 자동차 시트를 창문과 문에서 충분히 멀리 설치해서 아이가 문을 열고 밖으로 물건을 던지거나 손을 내놓지 못하게 한다.
- 차 내에서는 금연을 한다.
- 잠시라도 아이를 혼자 차에 두지 않는다.
- 창문 가리개를 사용하거나 아이를 뒷좌석 중앙에 앉혀서 직사광선을 피한다.

멀리 떨어져 있는 친정집을 방문할 때

만일 친정 부모가 멀리 살아서 1년에 한두 번밖에 가지 못한다면 아이가 잘 모르는 사람들을 금방 따르리라고 기대할 수 없다. 하지만 평소에 기억을 계속 살려두면 적응이 좀더 빠를 것이다. 요즘은 전화뿐 아니라 인터넷으로도 연락할 수 있다.

아이에게 사진을 보여줄 수도 있다. 대부분의 아이들은 가족 앨범을 아무리 봐도 질리지 않아 한다. 아이와 함께 앉아서 누가 누구인지 설명하자. "이 분은 외할머니고, 엄마의 엄마다. 그리고 이 분은 산드라 이모고 엄마의 여동생이야." 머리에 새겨지려면 한참 걸리지만 그러면서 멀리 사는 친척들을 마음에 두게 된다. 처음 만나면 알아보지 못할 테지만, 시간이 지나면서 모두 기억이 되살아날 것이다.

할머니나 할아버지에게 비디오를 찍거나 목소리를 녹음해서 보내달라고 하자.

자동차 여행을 할 때에는 다만 몇 시간이라고 해도 낮잠 시간과 겹치게 하지 말자. 어떤 아이들은 차가 출발하자마자 잠이 드는 버릇이 들어서 10대가 되어도 여전하다! 아이들은 낮잠을 자지 않으면 심심해할 수 있다. 간단한 게임으로 아이와 놀아주자. 또한 가방에 좋아하는 장난감들과 새로 산 장난감 하나를 더 준비하자.

"정말 놀랄 정도로 효과가 있었어요." 신디의 엄마는 첫돌이 된 아이와 2시간 걸리는 비행을 하고 와서 말했다. "아이가 장난감을 갖고 놀다가 금방 싫증을 냈죠. 그래서 내가 새 장난감을 꺼냈더니 '와! 이게 어디서 났어요?' 하는 것처럼 좋아하더군요. 그걸 가지고 45분 동안 앉아 있었죠."

일단 목적지에 도착하면 아이를 억지로 떠밀지 말자. 현실적이 되

자. 비록 친할머니라 할지라도 아이가 낯선 사람들에게 익숙해질 시간을 주자.

한마디 더

만일 친구나 친척집을 방문하면 아이에게 뭔가를 시키지 말자. 종종 자랑을 하고 싶은 부모들이 아이에게 이것저것 시킨다. "할머니한테 윙크를 해봐라. 노래를 불러봐라. 이 말 해봐라. 저 말 해봐라." 아이가 그냥 서 있으면 부모는 실망해서 말한다, "오, 오, 왜 안 할까?" 아이는 부모의 실망을 금새 알아차린다. 제발 시키지 말자. 그냥 내버려두면 알아서 재롱을 부린다.

아이의 한계는 부모가 가장 잘 알고 있다. 따라서 외출을 미리 계획하자. 두말할 필요도 없이 편안하고 익숙한 집에서 벗어나면 아이가 더 짜증을 내고 말을 듣지 않을 수 있다. 한 가지 해결책은 부모 자신의 불안감을 조절하는 것이다. 아이들은 부모의 스트레스를 감지한다. 만일 부모가 다른 운전자에게 욕을 하거나 비행기 승무원에게 고함을 치면 아이도 따라서 날뛰기 쉽다.

또 다른 비결은 일관성이다. 어른들은 휴가를 가면 시계를 치워버리고 규칙을 무시하는 경향이 있지만, 아이들은 정해진 일과 속에서 훨씬 순탄하게 행동한다. 되도록이면 집에서 하던 대로 일상적인 의식을 유지하면서 식사와 낮잠과 취침을 같은 방법으로 같은 시간에 하자. 만일 집에서 부모와 함께 자지 않았다면 휴가 때도 데리고 재우지 말자.

물론, 어차피 집에 돌아오면 제 궤도를 찾을 때까지 며칠이 걸릴 것이다. 하지만 여행 중에 일과를 몽땅 무시하고 규칙을 지키지 않는다면 다시 적응하는 기간이 훨씬 길어진다.

첫 친구

다른 아이들과의 만남은 아이가 처음으로 사회성을 연습하는 리허설이므로 아주 중요하다. 또한 앞으로 또래들과의 관계의 밑바탕이 된다. 유아들은 서로 따라하면서 배우고 지켜야 할 규칙을 익힌다. 또한 쉽게 다른 아이들의 영향을 받으므로 잘 먹지 않던 아이도 친구들이 먹으면 따라서 먹는다. 또한 자신을 우주의 중심으로 알고 있다가 다른 사람들에게도 욕구와 감정이 있으며 행동에는 결과가 따른다는 사실을 인식하기 시작한다.

아이들끼리 어울리게 해주면 엄마도 다른 엄마들과 만날 기회가 생긴다. 그리고 다른 아이들에 대해서 알면 좀더 안심이 된다. 아이를 키우다보면 다른 부모들과 만나서 육아 방법과 생각을 나누는 것이 필요하다. 예를 들어 나는 매주 토요일에 만나는 일하는 엄마들의 모임을 알고 있는데 그들이 함께 만나는 시간을 좋아하는 이유는 서로 공통점이 많기 때문이다. 그들은 만나면 주로 죄책감, 보모, 직장과 가정에서 시간을 최대한 활용하는 방법, 원칙, 배변 훈련, 편식 등 모든 엄마들이 고민하는 다양한 유아기의 문제점들과 어떻게 하면 남편을 좀더 육아에 참여시킬 수 있는지에 대해 이야기한다. 또래의 아이들을 가진 부모들끼리 만나서 주고받는 우정은 매우 유익하고 지속적이다.

아이에게 사회성을 길러주는 사회성을 위한 변화 리허설은 가정에서 가족과의 관계를 돈독히하고 놀이 모임에 가서 어울릴 기회를 마련해 주는 것이다. 그렇다면 부모에게 다음과 같은 자세가 필요하다.

♥ 아이의 스타일과 속도를 존중한다.

같은 상황이라도 아이마다 반응하는 방식이 다르다. 물론 기질은 사회성과 대인 관계에 영향을 준다. 하지만 그 밖에도 집중력, 집중 시간, 인내심, 언어 습득, 과거의 경험, 형제 관계 등등 얼마든지 다른 요인들이 있다. 또한 아이가 부모를 얼마나 믿고 의지하느냐가 매우 중요하다. 가정에서 안정감을 느끼는 아이일수록 좀더 의욕적으로 바깥세계에 발을 들여놓는다.

만일 다른 아이들과 어울리기 싫어하고 앉아서 구경만 하고 싶어하면 그렇게 하게 해주자. "친구랑 놀고 싶지 않니?" 하고 옆에서 계속 추궁하지 말자. 준비가 되기 전에 밀어붙이면 아이는 점점 더 불안하게 느낄 것이다. 또한 아이들은 민감한 존재라는 사실을 염두에 두자. 아이들은 무의식적인 차원에서 상황을 파악하고 분위기를 감지한다.

♥ 우리 자신의 감정을 계속 점검하자.

만일 아이가 옆에서 구경만 한다고 부모가 초조해 하면 아이도 따라서 초조해 한다. 부모들은 불안함을 숨기려고 하고 아이의 행동에 대해 변명한다. "오, 우리 아이가 피곤해서요." 또는 "방금 낮잠을 자고 일어났거든요." 하지만 아이는 부모의 불만을 감지하고 자신이 뭔가 '잘못'하고 있다고 생각한다.

매우 현명한 엄마인 폴린은 아들에 대해 잘 알고 있다. 가족 모임에서도 그녀는 처음에 아이 곁에서 떠나지 않는다. 결국 아이는 혼자서

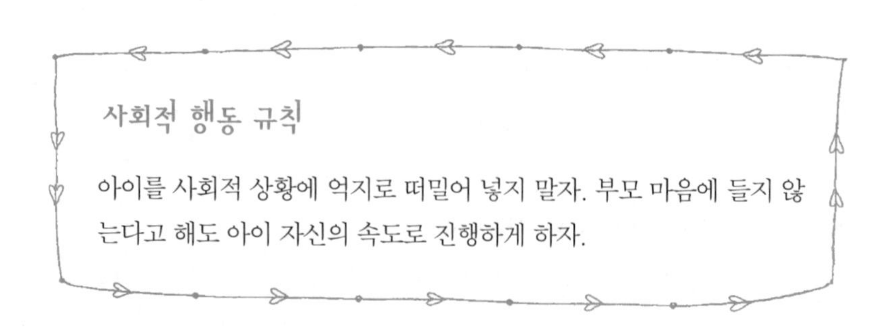

사회적 행동 규칙

아이를 사회적 상황에 억지로 떠밀어 넣지 말자. 부모 마음에 들지 않는다고 해도 아이 자신의 속도로 진행하게 하자.

아장거리며 걸어 다닌다. 그런 아이는 재촉하면 점점 더 위축된다. 폴린은 친척이나 다른 집 아이가 놀러오면 이렇게 설명한다. "우리 아이는 조금 지나면 같이 잘 논단다."

♥ 낙관적으로 생각하자.

만일 아이가 내향적이고 소극적이라면 아이를 바라보는 우리의 관점을 바꿔보자. 우리 아이는 신중함이라는 장점을 가졌다고 생각해 보자. 마찬가지로 씩씩한 아이는 지도자가 될 수 있고, 심술쟁이 아이는 창의적이 될 수 있다. 그리고 아이들도 어른들과 마찬가지로 사람들이 모인 자리에 가면 처음에 몸을 사린다는 사실을 기억하자. 낯선 모임이나 장소에 가면 일단 상황을 관망한다. 주위를 둘러보고 누가 흥미롭게 보이는지 누구를 멀리할 것인지 계산한다. 어떤 사람은 매력적으로 보이고, 어떤 사람은 편안하게 느껴지는가 하면, 왠지 모르게 싫은 사람들도 있다. 이것은 인간의 본성이다. 아이들도 마찬가지로 상황을 평가하는 시간이 필요하다. 그리고 그 시간이 길어질 수도 있다.

♥ 끈기를 갖고 시도해 보자.

어떤 엄마는 한두 번 수업에 나온 후에 말한다. "아이고, 안 되겠어요. 우리 아이가 이 수업을 좋아하지 않는군요." 그리고 계속해서 다른 곳으로 옮겨다닌다. 아이가 힘들어하면 엄마 스스로 당황해서 참지 못하기 때문이다. 하지만 아이 스스로 어려움이나 두려움을 극복하는 기회를 주지 않는다면 자제심이나 감정 조절을 배우지 못한다. 본의아니게 어렵거나 불편한 것은 포기해도 된다고 가르치는 셈이 된다. 결국 아이는 이것저것 건드려보다가 결국 아무것도 못하는 변덕쟁이가 될 수 있다.

아이가 곧바로 어떤 활동에 뛰어들지 않는다고 해서 포기하지 말자. 아이가 밖으로 나가고 싶어하면 "우리는 여기 있기로 약속했단다. 엄마와 함께 앉아서 구경만 해도 된다"라고만 하자. 라나는 예민한 켄드라가 어떤 상황에 익숙해지려면 시간이 걸린다는 것을 알고 있었다. 그녀는 켄드라가 우리 '엄마와 나' 모임에 왔을 때 변명하지 않았다. 대신 아이를 무릎에 앉혔다. 켄드라는 수업 시간 내내 그대로 있다가 마침내 마지막 5분 전에 참여했다.

♥ 새로운 상황이 되면 다시 힘들어할 수 있다.

2개월이 된 아기들부터 참여하는 '엄마와 나' 수업에서 마침내 켄드라는 다른 아이들에게 익숙해졌다. 하지만 15개월이 되었을 때 짐보리에 등록해서 새로운 상황에 마주치자 다시 처음부터 준비운동 단계를 거쳐야 했다. 첫날 켄드라는 문간에 서서 들어가지 않으려고 했다. 라나는 아이와 함께 문 밖에서 15분이나 서 있다가 간신히 들어갔다. 켄드라는 5주 내내 옆에서 구경만 하고 앉아 있었다. 라나는 켄드라가 영원히 다른 아이들과 어울리지 못할까봐 두려워했다. 실제로 많은 부모들이 이 문제로 고민한다. 나는 그녀에게 설명했다. "켄드라는 천성이 그런 아이입니다. 시간을 주세요." 마침내 켄드라는 짐보리 수업이 끝나면 서운해 할 정도가 되었다. 하지만 두 돌 무렵 수영을 배울 때 다시 똑같은 과정을 되풀이해야 했다. 처음에 켄드라는 물가에서 겁을 내며 몇 주일 동안 앉아 있었지만 지금은 작은 물고기가 되어서 수영장에서 나오지 않으려고 한다.

유아에게 감정 조절을 가르치는 것은 지속적인 인내가 요구되는 과정이다. 소극적인 아이에게는 계속해서 시간을 주고 안심시켜 주어야 하고 공격적인 아이에게는 "살살 해라… 때리지 마라" 하고 입에 침이 마르게 되풀이해야 할 것이다. 하지만 서두르지 말고 필요할 때 옆

어느 현명한 엄마의 아이 키우기

유아를 돌보는 것은 힘든 일이다. 특히 활동적이고 부산한 아이라면 더욱 그렇다. 우리 가족은 1주일에 한 번씩 아이를 놀이 모임에 데려가고 수영하러 간다. 또한 격일로 또래의 아이들과 만난다. 그러면 엄마들끼리도 어울리므로 나에게도 역시 좋다. 아이 할머니도 1주일에 한 번씩 오신다.

에서 아이가 느끼는 불안감이나 공격성을 조절하도록 도와준다면 머잖아 극복할 것이다.

♥ 우리 자신의 어린 시절을 돌아보자.

부모들은 종종 개인적인 감정에 눈이 멀기도 한다. 아이가 수줍어하면 부모는 자신이 느끼는 방식으로 아이의 감정에 대해 지레짐작할 수 있다. 반면에 사교적인 부모는 아이를 본인처럼 만들려고 억지로 밀어붙이는 경향이 있다. 만일 아이가 다른 아이를 물었을 때 부모 자신이 어릴 때 그랬다면 방어적으로 합리화한다. "한때 그럴 수도 있지." 그리고 엄마 아빠가 각자 무의식적으로 자신의 어린 시절을 돌아보면서 아이를 어떻게 키워야 하는지에 대해 다투기도 한다. 부모는 자신의 문제와 아이의 문제를 구분할 필요가 있다. 우리 자신의 당시 상황이 어떠했는지, 어떻게 대처했는지는 바꿀 수 없고 되돌릴 수도 없지만, 그로 인해 우리에게 어떤 흔적이 남았는지는 인식할 수 있다. 우리의 과거 문제를 지금 아이를 지도하는 방식과 결부시키지 말자.

♥ 아이의 성향에 맞게 상황을 설정하자.

사회적 상황에는 장소와 활동 그리고 다른 아이들과 어른들이 포함된다. 만일 아이가 내향적인 성격이라고 생각하면 부담이 덜한 활동, 예를 들어 체조보다는 음악을 선택하자. 밝은 빛을 싫어하면 너무 현란한 장소는 피한다. 만일 아이가 지나치게 활동적인 아이라면 조용한 예술이나 공작 시간은 적당하지 않을 수 있다.

♥ 천사 아이

매우 원만한 사회성을 갖고 있다. 사람들 속에서 늘 웃으면서 즐거워하고 먼저 나누려고 한다.

♥ 모범생 아이

유아의 전형적인 타입으로 다른 아이들의 물건을 빼앗기도 하지만 공격적이거나 심술궂어서가 아니라 단지 다른 아이가 가지고 노는 것이 궁금하고 재미있어 보이기 때문이다.

♥ 예민한 아이

뒤로 물러서거나 계속 엄마의 눈치를 살핀다. 다른 아이가 뭔가를 빼앗거나 와서 부딪치거나 놀이를 방해하는 것을 싫어한다.

♥ 씩씩한 아이

나누기를 잘하지 못한다. 수시로 관심이 바뀌고 방안을 돌아다니면서 여러 가지 장난감을 갖고 논다.

♥ 심술쟁이 아이

혼자 노는 것을 좋아한다. 다른 아이들보다 한 가지에 오래 집중할 수 있지만 방해받는 것을 싫어한다.

물론 항상 선택할 수 있는 것은 아니다. 놀이 모임이라면 장소와 참가자를 조정할 수 있다. 하지만 놀이터에는 공격적인 아이가 있어도 일단 그곳에 간 다음에는 어쩔 수가 없으므로 주의해서 감시하는 수밖에 없다. 마찬가지로 어린이집 아이들에 대해 전부 알 수는 없다. 하지만 미리 방문해서 관찰해 볼 수는 있다. 어린이집 선생님들에게 아이의 기질과 과거 경험과 특별한 주의사항에 대해 알려주자.

♥ 아이를 미리 준비시킨다.

돌리는 내가 제안한 대로 며칠 동안 탁아 시설들을 돌아보고 비상시에 대비해서 직장에서 멀지 않은 곳으로 결정했다. 그녀는 18개월의 아이에게 적절한 장난감과 설비를 갖추고 있는지 확인했다. 그리고 원장에게 그녀의 아들이 좋아하는 음식 종류를 이야기하고 문제가 생기면 연락할 수 있는 전화번호를 알려주었다. 거기까지는 좋았지만 앤디는 첫날부터 문제를 일으켰다. 평소 말 잘 듣고 수월하던 아이는 별로 보채지 않고 엄마와 떨어졌다. 하지만 원장이 그녀의 직장으로 전화를 해서 앤디가 서럽게 울고 있다고 했다. 돌리는 앤디가 몇 시간 동안이나 엄마와 떨어져 있을 준비가 되지 않았다는 것을 깨달았다. 아이에게 시간에 대해 설명할 수는 없지만 그 장소와 직원과 다른 아이들에게 익숙해질 때까지 며칠 동안 엄마가 1시간씩이라도 짬을 내서 옆에 있어주어야 했다.

사회성 길러주기

두 돌이 안 된 유아는 자신이 우주의 중심에 있고 모든 것이 자기 위주로 돌아가고 있으며 눈에 보이는 것은 모두 '내 것'이라고 생각한다. 유아들에게는 설득이 잘 통하지 않는다. 그리고 종종 우리가 보기에 '공격적'인 행동을 한다. 이런 유아들에게 어떻게 하면 다른 사람을 배려하도록 가르칠 수 있을까?

다시 한 번 리허설에 대해 생각해 보자. 아이들은 세상에 나올 때 예의범절이나 차례를 지키고 함께 나누는 법을 배워오는 것이 아니다. 부모가 모범을 보이고 아이를 훈련시켜야 한다. 집에서부터 시작하자. 처음부터 많은 것을 기대할 수는 없지만 일관성을 보여주어야 한다. 어떤 날은 다른 아이에게서 장난감을 뺏어도 내버려두고 어떤 날은 그러지 못하게 해서는 안 된다. 그리고 아이가 나누는 것을 볼 때마다 칭찬해 주자. "잘 했다. 자넷."

아이들이 바깥세상에서 잘 적응하려면 부모가 사회성을 길러주어야 한다. 아이들은 사회적 관습이나 '예의바른 행동'이 뭔지 모르므로 부모가 끊임없이 이해심과 예절을 가르쳐야 한다. 다른 부모들이나 교사들이나 아이들에게도 예의바르고 친절하고 사려 깊게 행동하는 아이가 될 수 있도록 해야 한다.

다음은 집에서나 놀이 모임에서 사회성을 길러주는 방법들이다.

♥ 예의범절

예의와 감사를 표시하는 말도 가르쳐야 하지만 행동에 대해서도 가르쳐야 한다. 예를 들어, 오후 간식 시간에 플로리 고모가 방문했다고 하자. 엄마는 플로리 고모에게 말한다. "이렇게 와주셔서 반가워요. 차를 드릴까요?" 그리고 아이를 돌아보면서 말한다. "플로리 고모에게 맛있는 차를 대접해 드리자." 엄마는 아이를 데리고 차를 끓인다. "쿠키도 드리자." 엄마는 쟁반에 모두 담으면서 말한다. 거실로 돌아와서 아이에게 플라스틱 접시를 주면서 말한다. "멜라니, 먼저 플로리 고모에게 드려라. 그리고 이것은 네 것이다." 이렇게 손님 앞에 먼저 접시를 놓아드리고 주인 것은 나중에 놓는다는 것을 보여준다. 이것이 기본적인 예절이다. 아마 아이가 처음에 과자를 모두 움켜잡을지도 모른다. 이때 아이를 나무라지 말고 부드럽게 고쳐준다. "안돼, 멜라니, 다 함께 먹자. 이것은 플로리 고모의 과자이고 이건 멜라니 과자야."

아이에게 예절을 가르칠 때는 우선 장소에 따라 적절한 모범을 보여야 한다. 목소리를 낮추고 설명하자. "교회에서는 조용하게 이야기하고 뛰어다니면 안 된다." 식탁에서는 "잘 먹겠습니다"라고 말하자. 사람들을 스쳐가거나 말을 가로막거나 딸꾹질이 나올 때는 "미안합니다"라고 말하자. 예의를 가르치는 최선의 방법은 물론 우리 스스로 예의를 지키는 것이다. 아이에게서 뭔가를 받을 때는 항상 "감사합니다"라고 말하자.

♥ 감정 이입

연구에 따르면, 14개월 정도가 되면 타인의 감정을 배려할 줄 안다고 한다. 따라서 우리가 느끼는 감정을 알려주고 감정 이입을 훈련시킬 수 있다. 만일 아이가 때리면, "아야! 아프다"라고 말하자. 만일 가족 중에 아픈 사람이 있으면 "조용히 해야 한다. 마크가 몸이 불편하단다"라고 말하자. 어떤 아이들은 천성적으로 인정이 많다. 우리와 함께 살았던 고모는 잘 걷지 못했다. 우리 사라는 루비 고모가 아프다는 것을 알고 달려가서 그녀의 실내화를 가져오곤 했다. 16개월에도 아이는 동정심을 보였고, 나는 "착하구나, 사라. 루비 고모를 도와주다니 정말 자상하구나"라고 격려해 주었다.

다른 아이들을 배려하도록 가르치자. 10개월이 된 아이가 다른 아이에게 함부로 대할 때도 즉시 행동을 고쳐주고 상대방이 어떻게 느끼는지 알게 해주자. "안돼, 그러면 알렉스가 다친다." 어떤 아이가 넘어져서 울면 "조니가 다쳤나보구나. 우리가 도와줄 수 있는지 볼까?" 하고 말한다. 그리고 그 아이에게 가서 "조니야, 이제 괜찮니?" 하고 물어본다. 피곤하거나 짜증을 부려서 먼저 가는 아이가 있으면 "바이 바이, 사이먼, 괜찮아질 거야"라고 격려 인사를 하자.

♥ 나누기

아이들은 15개월 정도가 되면 나눈다는 개념을 이해하기 시작하지만 부모의 많은 도움이 필요하다. 무엇보다 유아들의 세계에서는 모든 것이 '내 것'이다. 또한 '지금'이 유아들의 마음속에 유일하게 존재하는 시간이다. '나중에'는 아주 먼 이야기처럼 들린다. 아무리 정확하게 설명해도 유아들은 이해하지 못한다. "2분 후에 돌려줄거야"라는 말을 유아들은 전혀 이해하지 못한다. 조금만 지체해도 영원처럼 느낀다.

우리 놀이 모임에서는 13개월 된 아이들에게 나누기 모범을 보여준다. 나는 과자를 한 접시 가져와서 말한다. "우리 과자를 함께 나누어 먹자." 접시 위에는 한 아이가 하나씩 먹을 수 있는 과자가 있다. 나는 접시를 돌리면서 모두가 '하나만' 먹자고 강조한다.

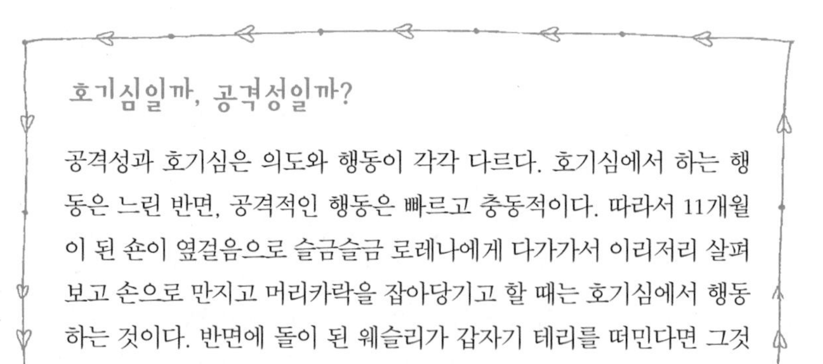

호기심일까, 공격성일까?

공격성과 호기심은 의도와 행동이 각각 다르다. 호기심에서 하는 행동은 느린 반면, 공격적인 행동은 빠르고 충동적이다. 따라서 11개월이 된 숀이 옆걸음으로 슬금슬금 로레나에게 다가가서 이리저리 살펴보고 손으로 만지고 머리카락을 잡아당기고 할 때는 호기심에서 행동하는 것이다. 반면에 돌이 된 웨슬리가 갑자기 테리를 떠민다면 그것은 공격적인 행동이다.

그 다음에는 '간식 나누어 먹기'를 한다. 나는 엄마들에게 간식을 가져오라고 한다. 또한 집에서도 간식을 나누어 먹는 연습을 시키게 한다. 아이들이 도착하면 모두들 가져온 간식을 한 통에 넣는다. 수업이 끝나면 '나누기 시간'을 갖는다. 매주 한 아이가 돌아가면서 엄마의 도움을 받으며 간식을 나누어주는데 아이들에게 공손한 목소리로 "간식 먹을래?" 하고 말한다. 물론 받는 아이들도 예의를 지키게 한다. 과자를 받으면서, "고마워"라고 말하고, 모두 함께 "나누어 먹어요!"라고 합창한다.

이 수업에서는 또한 아이들이 장난감을 함께 갖고 놀게 한다. 장난감은 당연히 훨씬 더 어렵다. 하지만 "에드나와 윌리는 트럭을 함께 갖고 놀아라" 하고 말하면 아이들은 우리가 기대하는 것을 어느 정도 이해한다. 부모의 지시, 예를 들어 "그것을 돌려주어라"에 무조건 따르게 하기보다는 함께 나누고 싶어하고 보답하는 마음을 갖게 해주자. 최선의 방법은 아이가 나누는 순간을 포착해서 칭찬해 주는 것이다.

예를 들어 마리는 소꿉장난 세트를 가지고 바쁘게 놀고 있었다. 우편함에 편지를 부치고, 작은 플라스틱 새들을 빙빙 돌리면서 즐겁게 놀고 있는데 줄리엣이 다가왔다. 줄리엣의 엄마가 곧장 뛰어들어서 딸을 붙잡으려고 하기에 내가 그녀에게 H.E.L.P.를 기억하라고 말했다. "기다리면서 어떻게 되는지 봅시다." 줄리엣은 잠시 옆에서 지켜보더니 편지함을 열고 작은 플라스틱 편지 하나를 꺼내서 마리에게 건네주었다. "그래야지, 같이 잘 노는구나, 줄리엣!" 내가 칭찬해 주었다. 줄리엣이 환하게 웃었다. 아이는 내가 왜 그렇게 기뻐하는지 잘 몰랐겠지만 자신이 뭔가 좋은 일을 했다는 것을 알았을 것이다.

물론 때로 부모가 나서서 개입해야 하는 일들이 있다. 만일 아이가 다른 아이의 물건을 빼앗으면 즉시 그것을 돌려주고 나서 다음과 같은 행동을 취한다.

♥♥ 행동을 고쳐준다. "이것은 네 것이 아니야, 조지. 이건 우디 거야. 뺏으면 안 된다." 하지만 나무라거나 창피를 주지 말자.

♥♥ 아이를 위로한다. "네가 우디의 트럭을 갖고 놀고 싶어하는 것을 안다. 속이 상하겠구나." 아이가 느끼는 실망감을 무시하지 말고 인정해 주자.

♥♥ 문제를 해결하도록 도와준다. "아마 우디는 네가 부탁하면 장난감을 갖고 놀게 해줄 거야." 만일 아이가 말을 하지 못하면 대신 부탁한다. "우디야, 네 트럭을 조지와 함께 갖고 놀겠니?" 물론 우디는 싫다고 할 것이다.

♥♥ 관심을 돌린다. "조지야. 우디는 다음번에 너한테 갖고 놀게 해줄 건가보다." 아이의 관심을 다른 장난감으로 돌려보자.

♥ 차례를 지킨다.

아이들은 놀이의 기본 예절을 배울 필요가 있다. 뺏지 말아라. 다른 아이를 밀지 마라. 지금 블록이 필요하다고 해서 다른 아이가 만들어 놓은 것을 망가뜨리면 안 된다. 유아들에게 차례를 지키는 것이 어려운 이유는 참고 기다려야 하기 때문이다. 하지만 이것은 인생에서 가장 필요한 능력 중에 하나다. 기다린다는 것은 지루한 일이지만 우리 모두 기다릴 줄 알아야 한다.

집에서 일상적으로 차례를 지키는 리허설을 하자. 예를 들어, 목욕을 시킬 때 아이에게 수건을 하나 주고 또 하나는 엄마가 갖는다. "우리 차례대로 하자. 먼저, 내가 이쪽 팔을 닦아줄 테니까 그 다음에 다른 쪽은 네가 닦아라." 놀이를 할 때는 "우리 차례대로 하자. 네가 단추를 누르고 어떤 동물이 소리를 내는지 보자. 이번에는 엄마가 단추를 누른다."

유아들은 자진해서 나누거나 차례를 지키지는 않는다. 부모가 훌륭한 연출자가 되어서 지도해야 한다.

한마디 더

나는 엄마들에게, 특히 두 아이가 놀 때 시간을 정해주라고 제안한다. 아이들은 시간 개념이 없기 때문에 타이머를 사용하는 것이 좋다. 예를 들어, 두 아이가 같은 인형을 원할 때 "인형이 하나밖에 없으니까 차례로 갖고 놀아야 한다. 러셀, 네가 인형을 찾아왔으니까 먼저 갖고 놀아라. 그리고 시간을 맞추어놓자. 종이 울리면 티나가 갖고 놀 차례다." 티나는 '땡!' 하고 종이 울리면 인형을 가질 수 있다는 것을 알기 때문에 좀더 참을성을 갖고 기다린다.

또한 원하는 것을 가질 수 없을 때의 감정을 알게 하자. 엄마들은 툭하면 우는 아이에게 말한다. "오, 걱정 마. 바니가 가진 것과 똑같은 걸 사줄게." 그러면 아이가 무엇을 배울까? 물론 나누기가 아니라 울기만 하면 엄마 아빠가 자신의 요구 조건을 들어준다는 것을 배운다.

다른 아이가 차례를 지키지 않거나 나누기를 거부할 때 느끼는 실망감을 경험하게 하는 것도 중요하다. 이것 역시 인생의 일부다. 예를 들어, 제이슨이 소방차를 갖고 열심히 놀고 있다고 하자. 갑자기 에릭이 그를 곁눈질한다. 그의 얼굴에 나타난 표정은 분명하다. 오, 저게 훨씬 더 재미있어 보이네. 제이슨에게서 뺏어와야겠다. 에릭이 '불량'한 아이라거나 욕심쟁이여서가 아니다. 아이 생각에는 모든 것이 '내 것'이다. 에릭이 트럭을 가지러 갈 때 나는 그의 엄마에게 개입하게 했다.

엄마가 에릭이 소방차를 잡지 못하게 막았다. "에릭, 제이슨이 지금 소방차를 갖고 놀고 있잖니?" 그리고 제이슨에게 말했다. "제이슨, 소방차를 갖고 놀 거니?" 제이슨은 분명 끝나지 않았다는 듯이 소방차

사회성 발달 단계

아이가 커가면서 자연스럽게 놀이 능력도 함께 자란다. 각 단계가 아이의 눈에 어떻게 비추어지는지에 대해 알아두면 도움이 될 것이다.

♥ 다른 아이들을 인식한다.

2개월 정도의 영아는 다른 아기들이나 손위 형제들에게 관심을 갖는다. 처음에는 다른 아이들이 돌아다니는 것을 눈으로 쫓는다. 6개월 정도에 물건을 잡을 수 있을 때 다른 아이들에게도 손을 내밀 것이다. 아마 신기한 장난감 정도로 생각할 것이다.

♥ 다른 아이들을 따라한다.

우리는 다른 아이에게서 장난감을 뺏는 아이를 보면 심술궂고 이기적이라고 생각한다. 사실 아이는 단지 따라하고 싶을 뿐이다. 다른 아이가 뭔가를 갖고 노는 것을 보면 지금까지 아무 흥미를 느끼지 못했던 것이라도 갑자기 흥미를 갖는다.

♥ 다른 아이들과 나란히 앉아서 논다.

유아들은 사실 다른 아이와 노는 것이 아니라 옆에 앉아서 노는 것이다. 나누기나 차례 지키기와는 무관해 보인다.

♥ 다른 아이들과 함께 논다.

두 돌 반이나 세 돌이 되면 대부분의 아이들이 기본적인 사회성을 습득하고 상상하는 능력도 생긴다. 따라서 보다 정교한 가상 놀이와 술래잡기, 공차기와 같이 다른 아이와 협력을 해야 하는 게임을 할 수 있다.

를 뒤로 잡아당겼다.

"에릭, 제이슨이 아직 소방차를 갖고 놀고 싶어 하는구나." 그녀는 에릭에게 다른 트럭을 주면서 설명했다. "너는 이 트럭을 갖고 놀아라." 그러자 에릭은 그것을 밀쳐내고 소방차만 달라고 했다. "에릭" 엄마가 다시 말했다. "제이슨이 소방차를 갖고 논 다음에 네가 갖고 놀면 된다."

에릭이 결국 떼를 쓰기 시작했다. 그러자 엄마가 나를 보고 물었다. "이제 어떻게 해야 하죠?"

"미안하다거나 소방차를 사준다거나 하는 말을 절대 하지 마세요. 그냥 사실만 이야기하세요. '에릭, 제이슨이 지금 소방차를 갖고 놀고 있다. 너는 나중에 갖고 놀 수 있다. 서로 나누어 가져야 한다. 그리고 차례를 지켜야 한다'라고만 하세요."

에릭이 계속 칭얼거리는 것을 보고 내가 엄마에게 말했다. "이제 단호하면서도 정중하게 대해야 합니다. 목표는 아이의 감정이 더 이상 격해지는 것을 피하는 것입니다. '네 마음은 알지만 그래도 안 된다. 그러니 이제 네가 갖고 놀 수 있는 것이 뭐가 있는지 보자.' 그리고 아이들을 떼어놓으세요."

놀이 환경 만들어주기

아이들은 둘이 혹은 여럿이 놀면서 사회성을 키운다. 어떤 사람들은 두 돌 이하의 아이들을 함께 놀게 하는 것이 좋지 않다고 생각하지만 내 의견은 다르다. 옆에서 부모가 지키고 있다면 아이들을 나란히 눕혀 놓는 것도 좋은 연습이 될 수 있다. 따라서 나는 우리 '엄마와 나' 그리고 '아빠와 나' 수업에 6주일이 된 아이들부터 참여시킨다.

♥ 둘이서 놀기

두 아이가 만나는 일은 보통 임의적으로 이루어진다. 한 엄마가 다른 엄마에게 전화를 해서 한두 시간 아이들이 함께 놀 수 있는 시간과 장소를 정한다. 대개 집이나 공원에서 만나는 경우가 많다.

둘이서 놀 때 가장 중요한 문제 중에 하나는 궁합이다. 어떤 아이들은 만나자마자 죽이 척척 맞는다. 그런 아이들은 유치원 이후까지 친하게 지낼 수 있다. 보통 천사 아이들은 상대가 누구라도 기분을 잘 맞추어주므로 궁합이 전혀 문제가 되지 않는다. 하지만 어떤 짝은 전혀 맞지가 않는다. 예를 들어 잘 놀랄 뿐만 아니라 방해받는 것을 싫어하는 예민한 아이는 처음부터 방을 휘젓고 다니면서 장난감을 빼앗기도 하는 씩씩한 아이와 놀게 하지 않는 것이 좋다.

아이의 놀이 상대는 부모들이 결정하는 수가 많다. 비슷한 배경과 관심과 육아 철학을 가진 엄마들이나 아빠들에 의해서 아이들이 만나게 된다.

라마즈 수업을 함께 듣는 케이시와 에이미처럼 엄마들끼리 서로 잘 맞는 경우가 있다. 다행히 그들의 아이들은 씩씩한 아이와 천사 아이라서 아주 잘 어울려 논다. 하지만 때로 엄마들이 아무리 친하게 만들려고 애를 써도 물과 기름처럼 맞지 않는 아이들도 있다. 그래서 항상 한 아이가 당하고 우는 것으로 끝난다. 예민한 아이를 둔 엄마 샌디는 나에게 게일의 아들인 에이브와 놀게 하기가 겁난다고 고백했다. 샌디가 종종 울음을 터뜨리기 때문이다. 주니는 마침내 게일에게 말했다. "아이들 일에 나서고 싶지는 않지만 에이브가 오면 샌디가 종종 겁을 내요. 그래서 우리 우정에도 금이 가고 있습니다."

놀이 친구를 만나기 전에 항상 아이에게 물어보자. "티미가 오면 어떤 장난감을 같이 갖고 놀래?" 또는 아이가 아끼는 특별한 장난감이나 '안전 담요'를 보관해 두자고 제안하면서 그 이유를 설명한다.

엄마 나누기

엄마가 다른 아이도 사랑할 수 있다는 것을 알게 하자! 특히 만일 동생을 낳을 계획이라면 다른 아이를 안아주는 것을 보여주자. 케이시는 처음 자기 엄마가 에이미를 안아주는 것을 보고 충격받은 듯했다. '이런, 우리 엄마가 에이미를 안아주네.' 아이는 엄마도 함께 공유할 수 있다는 중요한 사실을 깨달았을 것이다.

사랑을 독점할 수 없다는 것을 이해하는 것은 중요하다. 어떤 아이들은 아빠를 엄마 곁에 오지 못하게 한다. 그럴 때는 "이리 와라. 우리 서로 안아주자"라고 말하자.

"이건 네가 특별히 아끼는 거니까 치워두는 편이 좋을 것 같다." 아이들은 다른 아이가 빼앗을 때까지는 자기가 아끼는 것이 뭔지 모른다.

물론 상대편 아이도 함께 나누고 싶지 않은 장난감이 있을 것이다. "프레드가 이 장난감을 네게 주지 않아도 어쩔 수 없다. 이건 프레드 거니까." 그리고 다른 장난감에 관심을 갖게 해주자. 만일 아이가 떼를 쓰면 "네 마음은 알지만 그래도 그건 프레드 장난감이야" 하고 말한다.

언제라도 난처한 상황은 생기게 마련이지만 그렇다고 나쁜 경험은 아니다. 그러면서 아이들은 배운다.

한마디 더

놀이 상대를 집으로 부를 때는 아이들이 놀 수 있는 안전한 공간을 만들자. 애완동물은 치우고 시간을 정하자. 보통 1시간이 지나면 아이들이 피곤해지기 시작한다.

교대로 집을 바꾸어가면서 놀게 하는 것이 좋지만, 그럴 수 없다면 아이들이 먹을 간식을 가져가서 한쪽에만 부담을 주지 말자. 또 아이에게 필요한 것들, 즉 기저귀, 우유병과 컵 등을 가져가자. 둘이 놀 때는 굳이 '규칙'을 정할 필요는 없지만, 적어도 상대방 엄마의 육아 철학과 아이의 기질을 알아두는 것이 좋다. 예를 들어, 만일 집에 있는 귀중품들을 치우지 않고 만지지 못하게 가르쳤다면 상대방 엄마도 아이에게 다른 사람들의 물건을 존중하도록 가르쳤는지 확인해야 할 것이다. 또한 아이에게 주는 음식과 알레르기나 배변 훈련 또는 한 아이가 다른 아이에게 공격적이면 어떻게 할 것인지에 대해 상의하자.

♥ 여럿이 놀기

둘 이상의 아이들이 함께 어울릴 때는 좀더 체계적인 형식이 요구된다. 여럿이 놀 때의 장점은 상호작용이 좀더 활발해서 사회성을 훈련할 기회가 많다는 것이다. 하지만 나는 세 돌까지는 여섯 명 이하로 제한하게 한다. 네 명이면 가장 이상적이다. 세 명일 때는 보통 한 명이 소외당하는 기분을 느낄 수 있다.

엄마가 직접 아이들을 모으려면 두 아이가 놀 때보다는 철저한 계획이 필요하다.

1. 먼저 엄마들끼리 만나서 계획을 세운다. 어떤 모임으로 할지 결정하고 시간을 정한다. 집에서도 규칙적인 일과가 아이들에게 수월한 만큼 일정한 형식을 정해서 아이들에게 무엇을 할지 알게 해주는 것이 좋다. 우리 '엄마와 나' 수업은 놀이 시간, 나누기(간식), 음식 시간, 정리하기를 하고 마지막으로 '마무리 시간'에는 엄마 무릎에 앉아서 편안한 음악을 듣는다. 이 정도 형식은 집에서도 쉽게 따라할 수 있을 것이다.

내용은 당연히 연령에 따라 달라진다. 음악을 이용하자. 나는 6~9개월 아이들에게는 '아주 작은 거미' 노래를 틀어주고 부모들과 노래와 동작을 한다. 아이들은 멍하니 보면서 앉아 있다. 12~18개월 아이들은 훨씬 더 활발하게 손동작을 따라한다. 4~5주 정도 노래를 듣고 엄마들과 내가 하는 것을 보고 나면 손동작을 한다. 두 돌이 되면 노래도 한다.

2. 기본적인 규칙을 정한다. 아이들이 할 수 있는 것과 할 수 없는 것뿐 아니라 규칙을 지키지 않을 때 엄마들이 어떻게 해야 하는지에 대해 합의를 하자. 나는 어떤 아이가 다른 아이를 때리거나 장난감을 망가뜨렸을 때 그 엄마가 "정말 미안하다"고 말만 하고는 아무런 조치도 취하지 않는 것을 보면 화가 난다. 그 때문에 다른 엄마들이 기분이 상하는 수가 있다.

내가 방문한 어떤 모임의 엄마들은 이전에 함께 했던 어떤 엄마에 대해 불만을 토로했다. 매번 그녀는 자기 아이가 다른 아이를 넘어뜨리거나 때려도 아무렇지도 않은 듯이 합리화를 했다. "오, 좀 지나면 안 그럴 거예요." 때리는 것은 습관이지 한때의 과정이 아니다. 다른 엄마들은 점점 더 그녀의 태도에 불끈했고 모임에 흥미를 잃어갔다. 마침내 한 엄마가 솔직히 털어놓았다. "우리는 아이들에게 자제력을 가르치려고 노력합니다. 그리고 아이들이 스스로 못 하면 우리가 끼어들죠. 당신은 베시가 다른 아이를 밀거나 때려도 개입할 필요가 없다고 생각하는 것 같은데, 그것은 당신의 선택입니다. 하지만 다른 아이들에게는 부당하다고 생각해요." 거북한 일이었지만 그들은 그 엄마에게 다른 모임을 찾아보라고 했다.

미리 규칙을 정하면 그런 갈등이나 긴장을 피할 수 있다. 게다가 규칙을 정하면 아이들에게 경계를 가르칠 수 있다. 하지만 너무 지나치지 않도록 하자. 아이들이 존댓말을 쓰게 한다는 규칙을 정했다면, 아이가 "물 주세요" 하는 것을 잊고 그냥 '물'이라고 해도 우선 물을 주고 나서 고쳐주자.

3. 필요한 공간을 준비하자. 아이들이 노는 장소는 안전하고 편안해야 한다. 간식을 먹을 때 어린이용 식탁이 있으면 좋다. 또한 나는 적어도 모든 것을 두 개씩 준비하라고 권한다. 우리 유아 모임에는 인형 두 개, 책 두 권, 트럭 두 개 등 모든 것을 두 개 이상 갖추고 있다. 물론 바깥세상에서는 모든 것이 두 개가 아니지만 아이들 연습용으로 두 개씩 준비하면 다툼을 피할 수 있다.

집 안에서의 규칙

내가 아는 어떤 엄마들은 놀이 모임에서 지켜야 할 규칙을 정했다. 다음을 참고로 해서 각자 규칙을 정해보자.

♥ 아이들이 지켜야 할 규칙

거실에서는 먹지 말 것
가구에 올라가지 말 것
공격적인 행동, 즉 때리거나 물거나 미는 행동을 하지 말 것

♥ 엄마들이 지켜야 할 규칙

손위 형제들을 데려오지 말 것
아이들에게 예의를 지키게 할 것
만일 아이가 공격적이 되면 잘할 수 있을 때까지 타임아웃을 할 것
망가뜨린 장난감은 새것으로 교체해 줄 것

한마디 더

만일 어느 집을 정해놓고 모임을 갖는다면 각자 그 집에 장난감을 기증하자. 돌아가면서 집을 바꾼다면 휴대용 장난감 상자를 준비하자. 만일 이번 주에 마사의 집에서 모이고 다음 주에는 타냐의 집에서 모인다면, 이번 주 모임이 끝내고 갈 때 타냐가 장난감 박스를 갖고 집으로 간다.

4. 정해진 시간에 끝내고 마감 의식을 한다. 내가 알기로는 모임을 끝내는 시간을 정하지 않으면 엄마들은 계속 앉아서 수다를 떤다. 모르는 사이에 10～15분이 훌쩍 지나가고 피곤해진 아이들은 떼를 쓴다. 나는 땡하고 끝나는 종이 울리면 아이들 이름을 넣어서 작별 노래를 부른다. "안녕, 스티비, 안녕, 스티비, 안녕 스티비, 다음 주에 다시 만나자." 이렇게 하면 수업이 끝난 것을 알리면서 또한 아이들이 한꺼번에 문으로 몰려나가는 것을 피할 수 있다.

현실과 씨름하기

아무리 철저하게 계획을 세워도 놀이 모임은 완벽하게 매끄러운 진행이 되기 어렵다. 아이들은 처음 다른 아이들과 함께 놀아보는 것으므로 협조하기보다는 따라하려고 한다. 캐시와 에이미가 놀 때도 그랬다. 캐시가 인형을 집으면, 갑자기 에이미도 그 인형을 집으려고 했다. 에이미는 집에 같은 인형이 있어도 손도 대지 않다가 다른 아이가 갖고 노는 것을 보고 흥미를 가졌다.

아이들은 자기가 좋아하는 장난감을 함께 갖고 놀지 않으려고 한다. 나는 우리 문 앞에 특별한 물건들을 '안전하게' 보관하는 상자를 놓아두고 다른 아이들이 만지게 하고 싶지 않은 장난감이나 '안전담요'를 거기에 넣으라고 한다.

아이들이 어떤 형식에 익숙해지려면 4~5주 정도 걸린다. 어떤 아이들은 더 오래 걸릴 것이다. 어떤 아이들은 잘 어울리고 어떤 아이들은 옆에서 구경만 한다. 엄마들이 노래나 게임을 하기로 정해놓아도 어떤 아이들은 참여하지 않는다. 억지로 시키려고 하지 말자. 아이들은 편안하게 느끼면 알아서 어울린다.

나는 항상 우리 모임의 엄마들에게 서두르지 말고 뒤로 물러서서 관찰하라고 조언한다. 동시에 아이가 다른 아이에게 당하는 일이 생기면 어른들이 개입하게 한다. "자기 아이를 보호하세요. 부모는 아이를 지켜야 합니다." 어떤 엄마는 어떻게 해야 좋을지 몰라서 쩔쩔맨다. 예를 들어 제이크가 마니를 때렸을 때 마니의 엄마 브렌다는 제이

구경하는 아이와 어울리는 아이

우리 유아 모임에는 내가 구경꾼이라고 부르는 아이들이 몇 명 있다. 그런 아이들은 종종 심술쟁이나 예민한 타입으로 다소 스스로를 자제하는 경향이 있다. 우선 다른 아이들이 노는 것을 보고 나서 그제야 시도를 한다. 또는 자극이 적고 방해를 받지 않는 구석에 숨어 있다. 천사, 모범생, 씩씩한 타입의 아이들은 잘 어울린다. 상대방의 눈을 쳐다보고 손을 내밀고 입맞춤을 한다.

혼자 놀 때도 유형별로 구분이 된다. 새 장난감을 주면 조심조심 접근하는 아이가 있는 반면에 금방 달려드는 아이가 있다. 새로운 장소에 데리고 가면 우선 주변을 살피는 아이가 있는가 하면 곧바로 참여하는 아이가 있다. 종종 부모의 도움을 구하는 아이가 있는 반면 혼자서 해보려고 하는 아이가 있다.

크의 엄마인 수잔에게 말했다. "괜찮아요." 브렌다는 수잔이 제이크의 행동 때문에 미안하게 생각하기를 원하지 않았던 것이다. 하지만 괜찮지가 않다. 만일 수잔이 자신의 아들의 행동을 그냥 내버려둔다면 적어도 브렌다가 가엾은 마니를 무방비 상태로 두지 말고 행동을 취해야 한다.

어떤 엄마에게 떠나라고 요구한 놀이 모임처럼, 이 경우에도 기본 규칙이 필요하다. 만일 공격성에 대해 사전에 합의를 했다면 수잔은 아이가 다른 아이를 때릴 때 즉시 개입했을 것이다. 만일 수잔이 행동하지 않으면 브렌다는 우선 마니를 위로한 후에 수잔의 아이에게 말해야 한다. "안돼, 제이크, 우린 규칙을 지켜야 한다. 때리면 안돼." 남의 아이를 훈계한다는 것은 미묘한 문제여서 대부분의 부모들이 혼란스러워한다.

결론적으로 둘이 놀거나 여럿이 놀거나 외출할 때, 아이와 부모가 모두 재미있고 즐거운 시간을 보낼 수도 있고 아니면 재난이 될 수도 있다. 물론 전혀 아무 문제도 일어나지 않을 수는 없다. 다음 장에서는 이런 문제들을 처리하는 법에 대해 알아보겠다.

이럴 때 엄마가 개입한다

만일 다른 아이가 당신의 아이와 함께 나누기를 거부한다면 그것은 당신이 개입할 일이 아니지만 다른 아이가 당신의 아이를 때리고, 깨물고, 밀거나 어떤 식으로 공격적이라면 그것은 당신이 개입해야 할 일이다.

7장

의도적 훈련으로 자제력 가르치기

아이들에게 엄마의 칭찬은 사탕만큼이나 달콤하다

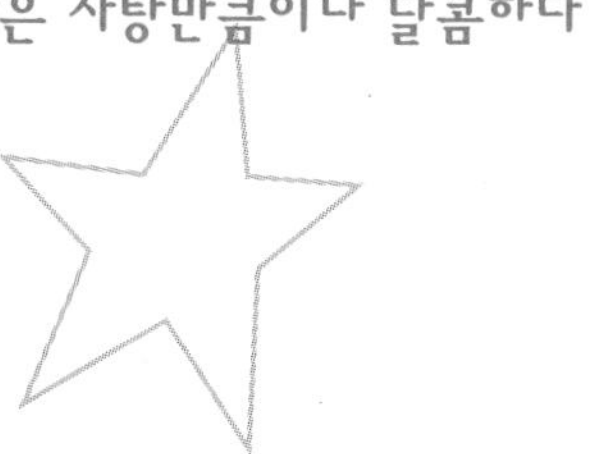

아마 모든 교육에서 가장 중요한 결과는

싫든 좋든 마땅히 해야 할 일을 하는 능력일 것이다.

—토머스 헉슬리

대부분의 아이들은 우리가 하는 말을 듣고

어떤 아이들은 우리가 말하는 대로 하지만,

모든 아이들은 우리가 하는 대로 한다.

—캐슬린 케이시 타이슨

두 엄마가 주는 교훈

부모들은 어떤 질문을 할 때마다 '훈련'이라는 말을 자주 사용한다. 생각해 보면 훈련은 군대식 용어다. 훈련의 사전적 의미는 "적절한 행동이나 행위를 습득하도록 고안된 교육과 연습 그리고 잘못을 바로잡기 위해 가해지는 처벌"이다. 여기에 나는 한마디 덧붙여서 설명하려고 한다. 어떤 경우든지 나는 훈련을 처벌과 동일시하지 않으며 아이들에게 모질게 하라고 하지 않는다. 그보다는 훈련을 아이 스스로 감정을 조절하도록 가르치고 올바른 행동을 상기시키는 일종의 정서 교육으로 생각한다. 그 과정에서 부모는 자신의 행동을 돌아보고, 아이에게 어떤 식으로 말을 하는지 들어보고, 그리고 본보기를 보여야 한다는 의미에서 '의도적 훈련'이라는 말로 표현하고자 한다.

의도적 훈련의 궁극적 목표는 아이에게 자제력을 배우게 하는 것이다. 다시 연극으로 비유하자면 아이들은 많은 리허설이 필요하다. 연출자인 부모는 꼬마 배우가 각본을 암기하고 무대 위에서 연기를 할 수 있을 때까지 큐 카드를 들고 있어야 한다.

그러면 흔히 슈퍼마켓에서 일어나는 상황에서 두 엄마가 어떤 식으로 반응하는지 예를 들어서 설명해 보겠다. 엄마가 계산대에서 줄 서 있는 동안 두 돌이 된 아이가 사탕을 사달라고 조른다. 슈퍼마켓 주인들은 아이들과 한통속이라는 것은 우리 모두 알고 있다. 그들은 아이 손이 닿는 곳에 사탕을 진열해 놓는다!

♥ 프란신과 크리스토퍼

프란신이 계산대로 카트를 밀고 가는데 크리스토퍼가 알록달록한 사탕들을 가리킨다. 엄마가 컨베이어벨트 위에 식료품을 올려놓느라고 바빠서 관심을 주지 않자 아이는, "저거 사줘요!" 하고 소리를 지른다. 프란신은 부드럽게 타이른다. "사탕은 안 된다, 크리스." 그녀는 계속 카트에서 물건들을 꺼낸다. 크리스토퍼는 좀더 강도를 높여서 칭얼거리기 시작한다. "사탕!"

"사탕은 안 된다고 했지, 크리스토퍼" 프란신은 좀더 엄하게 반복한다. "사탕을 먹으면 이가 썩어요." 이가 썩는다는 것이 무슨 뜻인지 모르는 크리스토퍼는 오만상을 찌푸리면서 떼를 쓴다. "사탕, 사탕, 사탕…"

이 시점에서 줄에 서 있는 다른 손님들이 쳐다보고 어떤 사람은 눈살을 찌푸린다. 아니면 프란신이 그렇다고 느낀다. 그녀는 창피해서 점점 더 당황한다. 애써 크리스토퍼를 쳐다보지 않으려고 한다. 무시당하고 있다고 생각한 크리스토퍼는 찢어질 듯한 목소리로 외친다, "사탕! 사탕! 사탕! 사탕!" "만일 지금 당장 멈추지 않으면 그냥 집에 갈 거야." 프란신이 아이를 노려보면서 경고한다. 크리스토퍼는 더욱 더 크게 소리를 지른다. "정말이야, 크리스." 아이는 계속 소리를 지르다가 이제 카트를 발로 걷어차기까지 한다.

아들의 불평 교향곡 앞에서 프란신은 마침내 굴복한다. "알았어" 그녀는 사탕을 하나 집어주며 말한다. "이번 한 번 만이야." 그녀는 얼굴을 붉히며 점원에게 돈을 지불하고 근처에 서 있는 사람들에게 설명한다. "오늘 낮잠을 많이 못 잤어요. 피곤해서 그래요. 아이들은 피곤하면 이렇다니까요."

크리스토퍼는 눈물이 채 마르지도 않은 얼굴로 싱글벙글하고 있다.

♥ 레아와 니콜라스

레아가 계산대로 카트를 밀고 가는데 니콜라스가 알록달록한 사탕들을 보고 말한다. "엄마, 사탕 사줘요!" 레아는 태연하게 대답한다. "오늘은 안돼. 니콜라스." 니콜라스는 칭얼거리며 좀더 큰 목소리로 요구한다. "사탕. 사탕 사줘." 레아는 잠시 멈추어 서서 니콜라스의 눈을 쳐다보고 말한다. "오늘은 안 된다. 니키." 그녀는 화를 내지 않지만 단호하게 말한다.

그것은 니콜라스가 듣고 싶은 대답이 아니다. 아이는 울면서 카트를 걷어차기 시작한다. 망설이지 않고 레아는 재빨리 컨베이어 벨트에 꺼내놓은 식료품을 다시 카트로 옮겨 담는다. 그리고 계산원에게 부탁한다."제가 돌아올 때까지 이걸 좀 봐주시겠습니까?" 계산원은 동정적인 표정으로 고개를 끄덕인다. 레아는 니콜라스를 돌아보고 침착한 목소리로 말한다. "네가 이러면 우린 여기서 나가야 해." 그녀는 아이를 카트에서 내리고 침착하게 슈퍼마켓에서 나온다. 니콜라스는 계속해서 울고, 레아는 자동차 안에서 아이가 마음껏 떼를 쓰게 내버려둔다.

니콜라스가 울기를 멈추자 레아가 말한다. "엄마하고 가게에 돌아갈 수는 있지만 사탕은 안 된다." 아이는 실컷 울었다는 표시로 훌쩍거리며 고개를 끄덕인다. 그녀는 슈퍼마켓으로 돌아가서 무사히 계산을 마친다. 슈퍼마켓에서 나오면서 그녀는 니콜라스에게 말한다. "착하다. 니키. 사탕을 사달라고 하지 않아서 고맙구나. 아주 잘 참았다." 니콜라스는 환하게 웃는다.

훈련은 가르침이지만 위의 예에서 보다시피, 부모들은 자신이 아이에게 무엇을 가르치고 있는지 의식하지 못하는 수가 많다. 똑같은 상황에서 두 아이는 엄마로부터 완전히 다른 교훈을 배웠다. 크리스토퍼는 칭얼거리고 울고 떼를 쓰면 자신이 원하는 것을 얻을 수 있다는 것을 알았다. 또한 행동으로 옮기지 않는 엄마의 말을 진지하게 받아들이지 않게 되었다. 게다가 엄마는 아이 대신 변명을 하기까지 했다. 이제 아이는 묘수를 알아냈으므로 다음번에 엄마와 슈퍼마켓에 가면 같은 장면을 재연할 것이 분명하다. 아이는 속으로 생각한다. 음… 다시 수퍼마켓에 왔네··· 사탕이다! 지난번에 여기 왔을 때 떼를 써서 사탕을 먹었지. 다시 해봐야지. 프란신이 입장을 고수하면 크리스토퍼는 점점 더 강력한 무기를 꺼내들 것이다. 이런, 이 방법은 통하지 않는군. 좀더 크게 울어야겠어. 그래도 안 통하네. 내려가서 바닥에 드러누워야지. 원하는 것을 얻으려면 적절한 무기를 꺼내들기만 하면 되는 것이다.

반면 니콜라스는 엄마가 무슨 말을 하면 그대로 실천한다는 것을 알았다. 그녀는 자신이 한 말을 실천한다. 경계선을 긋고, 아이가 그 선을 넘어갈 때는 대가를 치르게 한다. 또한 아이를 나무라지 않고 침착하게 감정을 조절하는 본보기를 아들에게 보여주었다. 마지막으로 아이는 올바로 행동하면 칭찬받는다는 것을 배웠다. 유아들에게 엄마의 칭찬은 사탕만큼이나 달콤하다. 나는 니콜라스가 슈퍼마켓에서 더 이상 떼를 쓰지 않을 것이라고 장담할 수 있다.

아이들은 대개 한번 '뜨거운 맛'을 보면 그 경계를 이해한다. 니콜라스가 다시 시도를 했다고 하자. 엄마는 계산대에 있고 그는 사탕을 보고 있다. 오, 사탕이네··· 엄마를 졸라봐야지, 통하지 않네. 아마 울고 카트를 걷어차면 될 거야··· 그래도 통하지 않는군. 이봐, 엄마가 이제 나를 어디로 데려가는 거지?··· 가게 밖으로?··· 그리고 게다가 사탕도 못 먹고. 지난번에도 이랬지. 이건 마음에 안 들어. 재미없어. 이제 니콜라스는 칭얼거리고 울고 떼를 써봐야 아무 소용이 없고 엄마는 오로지 잘할 때만 칭찬을 해준다는 것을 확실하게 알게 될 것이다.

우리는 부모로서 아이들에게 어떤 것을 가르쳐야 할지 판단해야 한다. 연출자로서 아이의 역할을 정해줄 책임이 있다. 아이들은 성인인 부모가 책임지고 올바른 길로 인도해야 한다. 요즘 많은 부모들이 느끼는 것처럼 규칙과 경계는 아이의 개성을 속박하는 것이 아니라 오히려 아이를 편안하게 해준다.

이 장에서 나는 의도적 훈련의 원칙을 지킬 수 있는 방법을 가르쳐 줄 것이다. 물론 언제나 최선의 방법은 문제를 예방하는 것이다. 하지만 예방이 불가능하다면 적어도 적절한 행동을 취할 수 있어야 한다. 만일 우리가 의도적 훈련을 실천한다면 힘겨운 실랑이를 벌인다고 해도 결국 부모로서 할 일을 다했으며 아이에게 자제력이라는 소중한 교훈을 가르칠 수 있었다고 안도의 한숨을 내쉴 수 있을 것이다. 우리는 완벽한 아이를 만들고자 하는 것이 아니다. 다만 일상생활의 기틀을 잡아주고 가치관과 예절을 가르치자는 것이다.

부모의 의도적 훈련에 필요한 12가지 요소들

의도적 훈련이란 아이들이 예측 가능한 환경과 안전한 경계 내에서 생활할 수 있도록 해주는 것이다. 아이가 세상에 기대할 수 있는 것과 세상이 자신에게 기대하는 것에 대해 배우도록 하는 것이다. 옳고 그른 것에 대한 훌륭한 판단력을 길러주는 것이다. 어떤 규칙은 반드시 지켜야 한다고 가르치는 것이다. 아이들은 일부러 말썽을 부리지는 않는다. 단지 부모가 올바로 가르치지 않기 때문에 해도 된다고 생각하는 것이다. 부모가 규제를 하면 아이가 자제력을 기르는 데도 도움이 된다.

궁극적으로 의도적 훈련은 아이가 현명한 선택을 하고, 책임을 지고, 스스로 생각하고, 원만한 사회성을 배울 수 있게 해준다. 이것은 물론 엄청난 과제다. 아이들의 지능은 계속 발전하면서 인과관계를 깨닫고, 부모의 요구와 기준을 이해하고, 충동을 자제할 수 있게 되지만 어느 것 하나 쉽게 되지는 않는다. 다음은 부모의 의도적 훈련에 필요한 12가지 요소들이다.

1. 우리 자신의 기준을 알고 규칙을 정한다. 우리는 각자 어떤 기준을 갖고 있는가? 이웃집 엄마는 아이가 거실 소파 위에서 뛰지 못하게 하는데, 나는 아이에게 무엇을 요구하는가? 집집마다 지켜야 하는 규칙은 다 다르다. 아이가 해야 할 것과 하지 말아야 할 것의 경계를 분명히 정해주자. 일관성 있게 아이에게 무엇을 기대하는지에 대해 말해주자. 부모가 가르치지 않으면 아이가 어떻게 알겠는가? 예를 들어 어느 날 사탕 가게에 아이를 데리고 가서 갑자기 "사탕은 먹을 수 없다"고 말할 수는 없다. 미리 규칙을 정하자. "가게에 가면 간식을 한 가지는 사줄 수 있다. 하지만 사탕은 안 된다. 바나나를 사줄까 아니면 크래커를 사줄까?"

의도적 훈련을 위한 12가지 요소

1. 우리 자신의 기준을 알고, 규칙을 정한다.
2. 아이에게 무엇을 가르치고 있는지 우리 자신의 행동을 돌아본다.
3. 책임을 맡고 있는 사람은 아이가 아니라 부모임을 기억하자.
4. 가능하면 미리 계획을 세워서 어려운 상황이나 장소를 피하자.
5. 아이의 눈높이에서 상황을 바라보자.
6. 실랑이를 벌이지 말자.
7. 선택 조건을 제한하자.
8. '안 된다'고 말하기를 두려워하지 말자.
9. 바람직하지 못한 행동은 미연에 방지하자.
10. 잘하면 칭찬하고 잘못된 행동은 바로잡아 주거나 무시한다.
11. 체벌에만 의존하지 말자.
12. 무조건 양보하는 것이 사랑은 아니라는 것을 기억하자.

규칙을 정해서 확고하게 지키자. 아이들은 온갖 것을 다 사달라고 계속 조를 것이다. 우물쭈물하다가는 당장 아이에게 덜미를 잡힌다. 아이들은 좀더 조르면 원하는 것을 얻는다는 사실을 알고 있다. 결국 끈질기게 조르다가 엄마를 화나게 만든다. 엄마는 마침내 화가 나서 소리친다. "안 된다고 했잖아!" 당장 위기를 모면하려고 아이의 요구를 들어주면, 단지 아이의 투정을 멈추려고 하거나 당황한 나머지 굴복하면 앞으로 계속해서 감당할 수 없는 일이 생길 것이다. 아이를 위해서라도 경계를 분명히 해야 한다. 우리 아이들은 규칙을 지키고 사회 규약의 가치를 아는 존경받는 시민이 되어야 한다. 아이들을 가정에서부터 가르쳐야 더 큰 세상에 나가 적응하고 성공할 수 있다.

2. 아이에게 무엇을 가르치고 있는지 우리 자신의 행동을 돌아본다.

훈련은 환경이 기질보다 더 큰 영향력을 미치는 부분이다. 충동 조절이 잘 안 되고 적응이 느린 아이들은 훈련하기가 좀더 힘들다. 하지만 부모가 그 균형을 잡아줄 수 있다. 나는 부모가 경계를 정해주지 않아서 천사 아이가 말썽꾸러기로 변하는 것을 보았다. 부모가 분명하고 자비롭고 일관성 있게 행동한 덕분에 씩씩한 아이와 심술쟁이 아이가 나긋나긋한 천사 아이처럼 행동하는 것도 보았다.

게다가 부모는 올바로 처신하고 감정을 조절하는 본보기를 아이들에게 보여줘야 한다. 다시 말해 부모는 화를 내지 않고, 정해진 선을 잘 지키며, 난처한 상황에서도 신중하고 침착하게 대처해야 한다. 예를 들어 슈퍼마켓에서 아이에게 소리를 지르는 태도와 아이를 나무라지 않고 침착하게 데리고 나가는 태도에는 엄청난 차이가 있다. 전자는 폭력을, 후자는 자제력을 가르친다. 유아들은 스폰지와 같다. 부모가 하는 것을 보고 그대로 배운다. 프란신과 크리스토퍼의 이야기에서 볼 수 있듯이 아이들은 우리가 모르는 사이에 배운다. 단지 문제가 생겼을 때만 그런 것이 아니다. 일상생활 속에서도 교훈을 배운다. 만일 부모가 점원에게 함부로 대하거나, 전화에 대고 욕을 퍼붓거나, 부부가 서로 고함을 지르면, 아이는 그런 모습들을 주의 깊게 지켜보았다가 십중팔구 따라할 것이다.

3. 책임을 맡고 있는 사람은 아이가 아니라 부모임을 기억하자. 엄마 아빠들은 때때로 나에게 조언을 구하면서 이런 식으로 하소연을 한다.

"트레이시, 아론은 나를 잠시도 의자에 앉지 못하게 합니다."

"패티는 내가 함께 누워서 자기가 잠이 들 때까지 일어나지 못하게 해요."

"브래드는 식탁의자에 앉히지 못하게 해요."

"게리는 잠이 들 때까지 내가 자기 방에서 나가지 못하게 합니다."

나는 이런 부모들에게 자신이 하는 말을 잘 들어보라고 한다. 위에서 묘사한 장면에서는 부모가 아이에게 지배를 당하고 있다. 그렇게 되면 안 된다. 책임을 맡고 있는 사람은 아이가 아니라 부모임을 기억하자. 예를 들어 어떤 아이들은 옷 입기를 싫어한다. 벌거벗고 1시간 동안 거실에서 뛰어다니는 것은 상관없지만 외출할 때에는 이렇게 말해야 한다. "우리 공원에 가자. 이제 옷을 입어야 한다." 안 그러면 공원에 가지 못하는 결과를 감수하게 하자. 부모가 경계를 정해주지 않고 아이 멋대로 하게 내버려두면 문제가 일어난다.

그렇다고 해서 지나치게 위압적이고 엄격해지라는 것은 아니다. 아이에게 선택권을 주자. "푸른색 셔츠를 입을까, 빨간색 셔츠를 입을까?" 이렇게 말하는 것도 좋은 방법이다.

4. 가능하면 미리 계획을 세워서 힘든 상황이나 장소를 피하자. 유

아들은 뭔가를 금지하는 이유를 이해하는 인지 능력이 부족하기 때문에 부모로서는 난처한 상황을 피하는 것이 상책이다. 대개는 미리 계획을 세우면 피할 수 있다. H.E.L.P.에서 L(Limit, 경계 정해주기)을 기억하자. 아이에게 너무 힘든 자극이나 상황을 제한하자. 가능하면 지나치게 시끄럽거나 요란하거나 부담스럽거나 무섭거나 신체적으로 무리한 활동은 피하자. 상황이 기질을 압도할 수 있음을 기억하자. 아무리 천사 아이라고 해도 낮잠을 자지 않은 아이를 데리고 나가서 오랫동안 쇼핑을 하는 것은 무책임하고 잔인하다.

하지만 성격이 크게 좌우하기도 한다. 따라서 아이가 어떤 기질인지에 따라 무엇을 하고 어디에 갈 것인지 결정할 필요가 있다. 만일 천성이 활발할 아이라면 섬세한 물건들이 있는 가게나 1시간 이상 꼼짝못하고 앉아 있어야 하는 음악회에 데리고 가지 말자. 수줍은 아이라면 공격적인 아이들과 함께 놀게 하지 말자. 큰 소리와 많은 자극에 민감한 아이는 놀이공원에 가면 문제가 일어날 수 있을 것이다. 쉽게 지치는 아이라면 무리한 외출은 삼가자.

변호사인 버사에게 내가 의도적 훈련에 대해 설명하자 그녀는 나를 쳐다보면서 머리를 가로저었다. "글쎄요, 이론상으로는 맞는 말이지만 현실적으로는 불가능할 때가 있죠." 그녀는 이어서 자신의 바쁜 하루에 대해 설명했다. "긴 하루 일을 끝내고 보모에게 가서 아이를 데려옵니다. 그런데 갑자기 저녁 식사에 우유와 몇 가지 물건이 필요하다는 것을 알게 되죠. 그래서 우리 두 아이를 데리고 쇼핑을 합니다. 길게 늘어선 줄 뒤에 서서 기다리는데, 아이들이 칭얼거리기 시작하죠. 아이들은 계산대 옆 진열장에 매달린 장난감을 사달라고 합니다. 내가 '안 된다'고 하면 아이들 목소리가 점점 더 커집니다. 나는 침착한 목소리로 '장난감은 안 된다, 애들아. 이러면 가게에서 나가야 한다'라고 대답해야 한다는 것은 알고 있지만 그 시점에서는 아이들에게 교훈을 가르칠 여유가 없습니다. 아이들이 진정될 때까지 차 안에 앉아 있을 시간도 인내심도 없습니다. 집에 가서 저녁 준비를 해야 하고 만일 15분이라도 지체하면 교통이 복잡해져서 차 안에서 난리가 벌어질 겁니다. 아이들은 배가 고프다고 짜증을 부리고 지루해하다가 서로 싸우고 소리치게 될 것입니다. 나도 함께 고래고래 소리를 지르다가 이 지구를 떠나서 화성으로 가고 싶어지겠죠. 그럴 때는 어떻게 하죠, 트레이시?" 버사는 회의적으로 질문했다. "그런 난처한 상황을 어떻게 하면 피할 수 있죠?"

"나는 마법사가 아닙니다. 버사. 그렇다면 하는 수 없겠죠. 베이비 위스퍼러가 가진 재주도 도움이 안 되겠군요. 경험을 통해 배우는 수밖에요."

여기서 우리가 배워야 할 것은 무엇인가? 계획하는 것이다. 전날 밤에 냉장고를 점검해서 마지막 시간에 아이를 데리고 물건을 사러가야 하는 일이 없도록 하자. 만일 깜빡 잊었다면 아이를 데려가기 전에 먼저 가게에 들르자. 그리고 아이들을 데리고 갑자기 나가는 경우에 대비해서 적어도 자동차 잡물함이나 트렁크에 상하지 않는 영양 간식이나 크래커와 장난감 한두 개를 준비해 두자. 그러면 아이들이 지루해하거나 사탕을 사달라고 조르고 떼를 쓰는 일이 줄어들 것이다. 계획을 한다고 만사가 해결되지는 않겠지만 반복적으로 일어나는 문제들은 줄일 수 있다. 그런 일들을 겪으면서 배운다면 말이다.

5. 아이의 눈높이에서 상황을 바라보자. 어른들이 '나쁘다' 또는 '잘못이다'라고 생각하는 아이들의 행동은 사실을 알고 보면 전혀 다른 문제일 수가 있다. 16개월 된 덴젤이 친구 장난감을 뺏는다고 해서 '공격적'이라고는 말할 수 없다. 형이 맞추어놓은 퍼즐을 밟고 지나간다고 해서 '제멋대로'라고 나무랄 수 없다. 엄마의 팔을 문다고 해서

엄마를 다치게 하려는 것은 아니다. 선반에 올려놓은 책과 장난감통을 쏟는다고 해서 '파괴적'인 것은 아니다.

사실 덴젤은 독립적이 되고 싶어하고 자신이 원하는 것을 갖고 싶어할 뿐이다. 처음 경우에서는 "루디가 하는 것을 나도 하고 싶어요"라는 말을 하지 못하기 때문이다. 두 번째 경우에서는 형의 퍼즐을 밟지 않고 지나갈 만큼 운동 신경이 발달하지 못했기 때문이다. 그리고 아마 건너편에 있는 장난감 트럭을 향해 돌진하느라고 보지 못했을 수도 있다. 세 번째 경우에는 젖니가 나느라고 잇몸이 아픈데 어떻게 해야 좋을지 모르기 때문이다. 네 번째 경우에서는 책을 한 권 꺼내서 엄마에게 읽어달라고 하려다가 다른 물건들까지 모두 떨어진 것이다.

또한 어떤 '잘못된' 행동은 단지 호기심에서 비롯될 수 있다. 예를 들어 동생 눈을 찌르는 것은 눈동자가 움직이는 것이 신기하게 보여서 한번 만져보려고 하는 것뿐이다. 때로는 시간과 장소를 잘못 만나서 문제를 일으키기도 한다. 아이들은 피곤해지면 충동적이 되고 때로 공격적이 되기 쉽다. 또한 부모가 일관성을 보이지 않으면서 아이에게 규칙을 요구할 수 없다. 만일 어제 소파 위에서 뛰게 했다면 오늘 뛴다고 나무랄 수 없다!

6. 실랑이를 벌이지 말자. 유아를 감시하는 것은 피곤한 일이다. "안돼, 벤. 그러면 안 된다." "살살 해라." "벤, 다리미판 옆에 가까이 가지 마라." 어느 날은 잔소리하다가 지쳐버린다. 그래도 아이들에게는 반드시 훈련이 필요하다. 하지만 경계를 확고하게 지켜야 할 때와 약간 늦추어도 될 때가 언제인지 알아야 한다. 막다른 골목에 처하면 결정을 내려야 한다. 계속 입장을 지킬 것인가 아니면 우아하게 양보할 것인가? 창의성을 발휘하자.

예를 들어 정리하기 시간인데 아이가 약간 피곤해 한다고 하자. 엄마가 "정리하자"라고 말하자 아이는 큰 소리로 "싫어요!" 하고 대답한다. 만일 보통 때 장난감을 잘 치우는 아이라면 굳이 문제를 만들 필요없다. 아이를 도와주자. "내가 네 블록을 치울 테니까 너는 장난감 상자 안에 인형을 넣어라." 만일 아이가 계속해서 거부하면 "내가 도와줄게"라고 말하면서 한 가지만 빼고 모두 치운다. 그리고 마지막으로 남은 하나를 아이에게 주고 말한다. "여기 있다. 이건 네가 장난감 상자에 넣어라." 아이가 그것을 상자에 넣으면 칭찬해 주자. "잘했다." 그러나 칭찬도 지나치면 안 된다.

아이에게 옷을 입히려고 한다고 하자. 그런데 시간이 없어서 평소처럼 15분마다 옷을 한 가지씩 입힐 여유가 없다면 어떻게 할까? 아이가 놀이방에 갈 때 그대로 파자마를 입고 가게 해주자. 아이는 곧 자신이 적절치 않은 차림을 하고 있다는 것을 깨달을 것이고 아마 다시는 그러고 싶지 않을 것이다.

요점은 때로 신속한 해결책이 필요하다는 것이다. 판단력과 기지를 발휘하되 변명을 하거나 장황하게 설명하지 말자. 예를 들어 쇼핑센터에서 바쁘게 움직여야 하는데 아이가 걷지를 않는다. "우리는 서둘러야 한다. 엄마는 15분 후에 병원에 가야 하거든." 이런 식으로 사정하지 말자. 그런 말을 들으면 아이가 더 천천히 걸을지도 모른다. 아이들은 본능적으로 부모의 약점을 알아낸다. 실랑이를 벌일 필요 없이 아이를 들쳐 안고 시간에 맞추어 가자.

7. 선택 조건을 제한하자. 아이들은 종종 선택 조건을 제시하면 좀 더 협조적이 된다. 왜냐하면 자기 마음대로 할 수 있는 것처럼 생각되기 때문이다. 위협하거나 타이르려고 하지 말고 함께 해결책을 찾아보자. 하지만 '네' 또는 '아니오'가 아닌 구체적인 선택을 할 수 있는 질문을 하자. "치리오를 줄까, 코코아 퍼프를 줄까?" "블록을 먼저 치

울까, 인형을 먼저 치울까?" 실제로 아이가 선택할 수 있는 조건을 제시하고 다른 선택의 여지가 없도록 하자. 예를 들어 아이 옷을 벗기면서 "목욕할 준비가 됐니?"라고 묻는 질문은 사실 아이에게 묻고 있는 것이 아니라 다만 앞으로 일어날 일에 대해 말해주는 것이다. 게다가 이 질문에 대해 아이는 '아니오'라고 대답할 수 있다. 그보다는 "목욕할 때 빨간 수건을 줄까, 파란 수건을 줄까?"라고 실제로 선택 가능한 조건을 제시하자.

8. '안 된다'라고 말하기를 두려워하지 말자. 아무리 준비를 잘 해도 아이의 요구를 들어줄 수 없을 때가 있다. 우리 자신에게 물어보자. 나는 우리 아이를 항상 행복하게 해주어야 한다고 생각하는가? 만일 그렇다면, 아이에게 단호하게 '안 된다'라고 말하기가 어려울지도 모른다. 예를 들어 최근에 나는 두 돌과 네 돌이 된 두 아들의 엄마와 함께 보냈다. 그녀는 아이들이 칭얼거리면서 뭔가를 요구할 때마다 매번 굴복을 했다. 그녀는 아이들이 항상 기분이 좋기를 절실하게 바라는 마음 때문에 차마 '안 된다'라는 말을 하지 못했다. 하지만 아이들은 슬픔과 분노를 포함해서 여러 감정이 있다는 사실을 이해할 필요가 있다. 그녀는 결국 아이들과 자신을 불행하게 만들고 있는 것이다. 왜냐하면 삶에서 불가피한 좌절과 실망에 준비할 수 없기 때문이다. 우리는 원하는 것을 모두 얻을 수는 없다. 아이에게 '안 된다'라는 대답을 수용하는 법을 가르치지 않으면 언젠가 세상에 대해 환멸을 느낄 것이다.

한마디 더

아이가 화를 낼 때 그런 감정을 무시해 버리게끔 구슬리면 나중에 자신의 감정을 믿지 못하게 될 수 있다. 모든 감정을 충분히 표현하게 하자. "네가 실망하는 것 알고 있다." "네가 정말 화가 난 것 같구나" 라는 식으로 부정적인 감정을 느끼는 것도 정상임을 알게 해주자.

9. 바람직하지 못한 행동은 미연에 방지하자. 아이가 행동하기 전에 아니면 적어도 행동하고 있을 때 지적하자. 나는 19개월 된 아이들이 노는 것을 지켜보면서 전에도 아이들과 놀면서 너무 흥분한 적이 있는 올리버라는 사내아이가 다시 자제력을 잃기 시작하는 것을 보았다. 그의 엄마 도로시도 역시 눈치를 챘다. 아이가 크면서 안 그럴 거라고 합리화하는 대신 도로시는 계속 아들을 주시했다. 어느 시점에서 올리버가 무선 조종 트럭을 집어 들자 도로시는 아이가 그것을 던질 수도 있다고 생각하고 차분하지만 엄한 목소리로 말했다. "올리버, 장난감을 던지면 안 된다." 올리버는 트럭을 내려놓았다.

문제를 항상 미리 예상할 수 있는 것은 아니지만 대개는 문제가 일어나는 동안에 개입할 수 있다. 예를 들어 레베카는 내게 전화를 해서 가족의 식사 시간에 벌어지는 상황에 대해 하소연을 했다. 15개월 된 레이몬드는 보통 식탁의자에 앉은 지 15분이 지나면 음식을 던지기 시작했다. "먹기 싫다는 거군요." 내가 설명했다. "즉시 식탁의자에서 내려놓으세요. 만일 계속 앉혀 놓으면 문제가 커집니다. 아이를 먹이려고 하면 점점 더 몸을 뒤틀고 소리를 지르려고 할 것예요."

"네! 바로 그래요." 레베카가 마치 용한 점쟁이를 만났다는 듯이 외쳤다. 그녀는 내가 그와 똑같은 수백 명의 유아들을 만나왔다는 것을 생각하지 못했다. 내 제안은 간단했다. 레이몬드를 식탁에서 내려놓고 나서 30분 후에 다시 아이를 의자에 앉히고 배가 고픈지 보라는 것이다. 그녀는 이틀 동안 그대로 했다. 아이를 의자에 앉혔다가 내려놓았다가 하느라고 진땀을 흘렸지만 레이몬드는 이제 음식을 던지지 않는다.

선택 제시하기

요구/위협	선택 진술/질문
밥을 안 먹으면 놀이터에 가지 않겠다.	밥을 다 먹으면 놀이터에 갈 수 있다.
자, 이제 이리로 와라.	네가 이리로 올래, 아니면 내가 데려올까?
기저귀를 갈아야 한다.	지금 기저귀를 갈아줄까, 아니면 이 책을 읽고 나서 할까?
샐리의 장난감을 돌려줘라.	네가 스스로 샐리의 장난감을 돌려주지 않으면 내가 뺏어줄 수밖에 없다.
안돼, 폴. 내 립스틱을 갖고 놀면 안 된다.	나한테 그 립스틱을 주겠니, 아니면 내가 너한테서 뺏으면 좋겠니? 고맙다. 말을 잘 듣는구나. 이제 빗을 줄까 아니면 거울을 줄까?
다시는 그렇게 문을 쾅 닫지 말아라.	문을 살살 닫았으면 좋겠다.
입에 음식을 물고 말을 하지 말아라.	안돼, 집에 가는 길에 아이스크림을 먹으면 안 된다. 입맛이 없어질 거야.
입에 있는 음식을 삼키고 나서 말을 해라.	그래, 배가 고프다는 걸 알고 있다. 집에 가자마자 맛있는 바나나를 먹자.

또한 아이가 자신의 감정을 이해하도록 도와줄 필요가 있다. 앞뒤 상황을 생각하고 판단해 보자. 낮잠을 자지 않았다면 아마 피곤할 것이다. 뭔가 자기 뜻대로 안 돼서 짜증이 나거나 화가 나 있을지도 모른다. 누군가에게서 얻어맞았다면 분명 아플 것이다. 아이가 느끼는 감정을 말해주자. "나는 네가 어떤 기분인지 알고 있단다." 창피를 주거나 아이가 느끼는 감정을 '나쁘다'고 비난하면 안 된다. 동시에 감정은 변명이 될 수 없다는 것을 알게 하자. 어떤 감정을 느끼든 때리

거나 물거나 화를 내는 부적절한 행동은 멈추어야 한다. 목표는 아이에게 자기감정을 확인하고 조절하도록 가르치는 것이다.

10. 잘하면 칭찬하고 잘못하면 바로잡아주거나 무시한다. 어떤 부모들은 아이가 잘못하는 것에만 신경을 쓰다가 아이가 잘하는 것은 무시해 버린다. 하지만 사실 잘못한다고 나무라기보다는 잘한다고 칭찬해 주는 것이 중요하다. 사랑스러운 부부인 마우라와 길이 하루는 내 사무실에 귀여운 하이디를 데리고 찾아왔다. 그들은 18개월 된 아이가 "끊임없이 칭얼댄다"고 주장했다. 엄마와 아빠는 고충을 털어놓으면서 서로 상대방이 아이를 버릇없이 키운다고 비난했다. 그 동안 하이디는 놀이터에서 바쁘게 플라스틱 봉투를 우편함에 밀어놓거나 여러 가지 문과 걸쇠를 열었다 닫았다 하면서 혼자서 잘 놀았다.

하지만 마우라와 길은 하이디를 거들떠보지 않았다. 그러다가 아이는 부모의 관심이 다른 곳에 쏠려 있는 것을 알고 칭얼거리기 시작했다. 그러자 갑자기 그들은 아이에게 달려가서 법석을 떨었다. "오, 불쌍한 우리 아가, 무슨 일이니?" 그들은 아이가 안쓰러워서 어쩔 줄 몰랐다. 하이디는 잠시 아빠 무릎에 앉아 있다가 다른 장난감을 갖고 놀려고 재빨리 돌아갔다. 1시간 정도 상담하는 동안 이런 일이 적어도 다섯 번은 반복되었다. 하이디가 혼자 잘 놀고 칭얼대지 않을 때는 두 사람 모두 아이에게 한마디도 하지 않았다. 그러다가 하이디가 지루해져서 조금이라도 칭얼거리며 엄마와 아빠에게 가면 즉각 안쓰러워하며 안아주었다.

마우라와 길은 내가 하이디를 칭얼거리게 만든 장본인이 그들 자신이라고 말하자 깜짝 놀랐다. 그들의 행동은 또한 아이의 집중력을 위태롭게 하고 있었다. 그들은 어리둥절해서 나를 쳐다보았다. "아이가 칭얼거릴 때까지 기다리지 말고 혼자 잘 놀고 있을 때 칭찬해 주세요.

그냥 '잘 노는구나, 하이디. 착하다!'라고만 하면 됩니다. 엄마 아빠가 자신에게 주의를 기울이고 있다는 것을 알면 안심하고 좀더 오래 한 가지에 집중할 겁니다." 나는 덧붙여서 말했다. "아이가 칭얼거릴 때는 못 본 체하거나 아니면 '말을 똑바로 하지 않으면 내가 알아들을 수가 없어. 칭얼거리지 말고 '도와주세요, 엄마'라고 똑바로 말해' 하고 가르치세요."

한마디 더

우리 자신이 아이의 어떤 행동에 관심을 기울이는지 인식하자. 칭얼거리고, 울고, 조르고, 소리치고, 교회에서 뛰어다니고 할 때 나무라는 대신 아이가 협조적이고 친절하게 행동할 때, 조용히 할 때, 혼자 놀 때, 혼자 누워서 자신을 위로할 때 칭찬해 주자. 다시 말해, 아이가 잘하는 것을 칭찬해 주면 그것을 점점 더 잘한다.

11. 체벌에만 의존하지 말자. 나는 언젠가 쇼핑센터에서 한 엄마가 소리를 지르면서 아이의 뺨을 찰싹 때리는 것을 보았다. "폭군!" 내가 외쳤다. 그 여자는 깜짝 놀랐다. "뭐라구요?" 그녀가 물었다.

나는 물러서지 않고 반복했다. "폭군이라고 했어요. 어떻게 그렇게 작은 아이를 때릴 수가 있죠?" 그녀는 나에게 욕을 하더니 가버렸다.

나는 종종 "아이를 때려도 될까요?"라는 질문을 받는다. 내 얼굴 표정을 보고 대부분 부모들은 어떤 말이 나올지 짐작한다. 나는 대신 질문을 하나 한다. "당신 아이가 다른 아이를 때리는 것을 보면 어떻게 하죠?" 대부분 "못 때리게 해야죠" 하고 대답한다.

"그렇다면, 당신 아이가 다른 아이를 때리는 것이 옳지 않다면서 당신은 그래도 된다는 건가요? 아이들은 우리 소유물이 아닙니다. 맞서서 방어하지 못하는 사람을 때리는 것은 폭력배나 하는 짓입니다."

등이나 손바닥을 때리는 것도 마찬가지다. 어떤 형태로든 폭력을 행사하면 자제력을 잃게 되고, 도움이 필요한 사람은 아이가 아닌 우리 자신이 된다. 때로 어떤 부모는 주장한다. "나는 아버지한테 맞으면서 자랐지만 그래도 아무 일이 없었습니다." "글쎄요." 내가 대답한다. "그건 그렇지 않아요. 당신은 피해를 입었습니다. 때려도 좋다고 배운 거죠. 그리고 내가 알기로는 그렇지 않습니다."

체벌은 일시적인 해결책이 될지는 모르지만 결코 긍정적인 면을 가르치지 않는다. 화가 날 때, 다른 방법이 생각나지 않을 때, 자제력을 잃을 때는 때릴 수 있다고 가르친다.

12. 무조건 양보하는 것이 사랑은 아니라는 것을 기억하자. 특히 직장에서 일하는 부모들은 아이의 훈련을 힘들어한다. 그들의 생각은 이런 식이다. 나는 하루 종일 밖에 나가 있다. 우리 아이는 나를 오래 보지 못한다. 나는 악역을 맡고 싶지 않다. 우리 아들이 "이런 젠장, 아빠는 집에 오기만 하면 잔소리를 한다니까"라고 생각하게 만들고 싶지 않다. 하지만 의도적 훈련은 벌 주기가 아니라는 것을 기억하자. 우리 자신을 훈련 조교로 생각하지 말자. 우리는 다만 협조하면 즐겁고 바르게 행동하면 기분이 좋다는 사실을 아이에게 깨닫게 해주려는 것이다.

부모는 아이에게 경계에 대해 가르쳐야 한다. 경계를 가르치지 않는 부모는 죄책감이나 두려움 또는 부정적인 감정에 굴복하거나 책임지지 않으려고 한다. "불쌍한 녀석, 나를 하루 종일 보지 못하다니" "버릇을 들이려고 하면 나를 싫어할 거야." "크면 나아지겠지." "보모가 알아서 해주겠지." 등등. 어떤 경우든 우리 모두가 반드시 배워야 하는 자제력을 가르치지 못한다. 부모가 매번 양보한다면 임시방편으로 아이의 사랑을 '매수'해서 마음이 편해지려고 한다면 점점 더 힘들

때리면 안 되는 이유

육아 전문가들의 최근 반증에도 불구하고 나는 어떤 식이라도 때리는 것은 나쁘다고 생각한다. 사람들이 합리화, 예를 들어 "여기저기 찰싹찰싹 때리는 정도는 나에게 아무 해가 없었다." 또는 "단지 가볍게 한번 쳤을 뿐이다"라고 할 때 나는 음주 문제가 있는 사람이 "맥주밖에 안 마셨다"고 말하는 것처럼 들린다.

♥ 일시적인 해결책이다.
때린다고 해서 아이가 잘못을 반성하지는 않는다. 단지 맞으면 아프다는 것밖에 배우지 못한다. 그래서 고통을 피하려고 잠시 동안은 나아질지도 모르지만 오래 가지 못한다.

♥ 부당하다.
덩치가 큰 사람이 자제력을 잃고 작은 사람을 때리면 그것은 부당한 폭력이다.

♥ 이중 잣대다.
화가 나거나 짜증스럽다고 아이를 때리면서 어떻게 아이가 나중에 똑같이 하지 않으리라고 기대할 수 있는가?

♥ 공격성을 부추긴다.
아이들은 때리면 더욱 반항적이 된다. 연구도 뒷받침해 준다. 맞고 자라는 아이들은 다른 아이들 특히 자기보다 작거나 어린 아이들을 때리고 폭력으로 문제를 해결하려는 경향이 있다.

어질 것이다. 언젠가 아이의 행동, 즉 부모 자신이 본의아니게 부추겨 왔던 행동에 대해 더 이상 참을 수 없어질 것이다. 그리고 그것은 아이 잘못이 아니다.

그래도 때리면 안 된다

체벌에 반대하는 부모들조차 자기도 모르게 아이를 때리는 일이 있다. 아이가 길에 뛰어들거나 어떤 식으로 위험을 자초할 때 깜짝 놀라서 자신도 모르게 아이를 때리기도 한다. 또는 아이가 반복적으로 성가시게 굴면, 예를 들어 아이가 소매를 잡아끌거나 읽고 있는 잡지를 잡아당길 때 순간적으로 자제력을 잃고 때리는 수가 있다. 엉덩이를 살짝 때리더라도 책임을 져야 한다.

♥ 사과하자.

"미안하다. 엄마가 널 때린 것은 잘못이다."

♥ 거울을 들여다보자.

나 자신을 제대로 보살피고 있는가? 적절하게 먹고, 충분한 휴식을 취하고 있는가? 결혼 생활에 문제가 있는 것은 아닌가? 만일 그렇다면 평소보다 화를 잘 낼 수 있다.

♥ 상황을 평가해 보자.

그 상황에서 개인적인 약점을 건드린 뭔가가 있었는가? 일단 원인을 알면 비슷한 상황을 피하거나 적어도 화가 치밀어 오르기 전에 자리를 떠날 수 있다. 누구나 인내심의 한계가 있다. 다음은 "무엇이 화를 치밀게 하는가?"라는 질문에 부모들의 가장 공통적인 대답이다.

· 시끄럽다 · 칭얼거린다 · 수면 장애
· 운다(특히 달랠 수 없이 자지러지는 울음)
· 시험한다(아이에게 뭔가를 하지 말라고 했는데 계속할 때)

♥ 죄책감을 느끼지 말자.

실수는 누구나 한다. 자책하지 말자. 부모로서 미안하게 느끼면 아이를 올바로 훈련시키기 힘들 뿐더러 통제력을 상실한다.

동시에 나는 부모가 실수를 해도 스스로를 용서하라고 말한다. 의도적 훈련은 많은 연습이 필요하다. 우리 딸들이 어렸을 때부터 나는 우리 어머니와 외할머니가 나에게 그랬던 것처럼 확고하고 분명한 경계를 지켜왔다. 하지만 결코 완벽하지 못했다. 여러 번 폭발했다. 그리고 아이들에게 지울 수 없는 상처를 남길까봐 두려웠다. 하지만 부모가 몇 번 실수를 하고 몇 번 변덕을 부렸다고 해서 아이의 어린 시절 전체가 흔들리지는 않는다. 이제 우리 딸들이 10대가 된 지금 문득 문득 당시 기억이 되살아난다. 우리 딸들은 나를 항상 시험했다. 나는 창의적이 되고 낙천적이 되어야 했으며 동시에 자제해야 했다. 베이비 위스퍼러의 경험에도 불구하고 나는 아직도 완벽하려면 멀었다.

나 스스로 터득하고 다른 부모들을 보면서 알게 된 사실은 우리가 정한 규칙을 일관성 있고 분명하게 지킬 때 부모나 아이나 모두 편안하게 느낀다는 것이다. 아이들은 부모가 정해놓은 경계를 알고 부모가 하는 말을 존중하게 된다. 아이들은 언행이 일치하는 정직한 부모를 사랑한다.

규칙 하나 · 둘 · 셋

부모는 자녀에게 어떤 메시지를 주고 있는지에 대해 항상 주의를 기울여야 하며 소신껏 밀고 나가야 한다. 특히 영향을 받기 쉬운 유아들은 금방 나쁜 버릇이 들기 쉽다. 이 장을 시작할 때 만났던 크리스토퍼는 이미 슈퍼마켓에서 어떻게 하면 사탕을 얻을 수 있는지 알고 있으며, 매번 엄마가 굴복할 때마다 계속해서 자신의 병기고에 무기를 하나씩 추가할 것이다. 그래서 떼를 쓸 때마다 무기를 하나씩 꺼내서 엄마를 계속 밀어붙일 것이다. 마찬가지로 오늘 밤에 아이가 책 두 권과 물 한 잔과 좀더 안아달라고 떼를 써서 그런 것들을 얻어내면 내일 밤에는 더 많은 것을 요구할 것이다.

의도적 훈련이란 치료가 필요할 때까지 기다리지 말고 나쁜 버릇을 미리 예방하는 것을 말한다. 아이에게서 어떤 바람직하지 못한 행동을 보면 이것은 그냥 두면 나중에 문제가 될 수 있다고 속으로 혼잣말을 하자. 목욕을 시키려고 하면 아이가 벌거벗고 달아나서 식탁 주위를 뛰어다니는 것이 지금은 '귀여운' 행동으로 보일지 모른다. 하지만 아이가 좀더 크면 그다지 귀여워 보이지 않을 것이다.

아이가 칭얼거리거나 울음을 터뜨리거나, 다른 아이를 때리거나, 밤에 잠을 자기 싫어하거나, 식탁에서 엉망으로 행동하거나, 사람들 앞에서 떼를 쓰거나, 목욕을 하지 않겠다거나 욕조에서 나오지 않겠다고 고집을 부린다면 다음에 소개하는 규칙 하나 · 둘 · 셋을 적용해 보자.

♥ 규칙 하나

아이가 소파 위로 기어오르거나, 놀다가 다른 아이를 때리거나, 젖을 떼고 난 후에도 사람들 앞에서 셔츠를 잡아당기는 등 정해진 경계선을 넘을 경우, 처음이라면 주의를 주자. 예를 들어 아이가 엄마를 때렸을 때 그것이 처음 있는 일이라면 아이 손을 잡고 말한다. "아야, 그러면 아프다. 엄마를 때리면 안 된다." 어떤 아이들은 한번만 이렇게 하면 알아듣고 다시는 하지 않는다. 하지만 안 그런 경우도 있다.

♥ 규칙 둘

이로 사람을 물거나 식탁에서 음식을 던지는 행동이 한 번으로 끝날 수도 있지만 자칫 잘못하면 버릇이 된다. 아이가 다시 엄마를 때리면 아이를 내려놓고 규칙을 상기시키자. "엄마를 때리면 안 된다고 했지." 그래서 아이가 울면 "엄마를 때리지 않으면 다시 안아줄게"라고 한다. 아이의 행동에 어떤 식으로 반응하느냐에 따라 그 행동이 계속될 수도 있고 끝날 수도 있다. 구슬리고 타협하고 굴복하거나 고함을 지르는 것처럼 지나치게 부정적인 반응을 보여도 나쁜 버릇이 굳어지는 경향이 있다. 다시 말해, 지나친 반응을 보이면 아이가 일종의 장난으로 인식을 하거나 부모의 관심을 끌 수 있는 새로운 전략으로 삼을 수 있다.

♥ 규칙 셋

편집증은 매번 같은 행동을 반복하면서 다른 결과가 나오기를 바라는 것이다. 만일 아이가 어떤 잘못된 행동을 계속 보이면 우리 자신에게 물어보아야 한다. 내가 어떤 식으로 그것을 계속하게 만드는 것은 아닌가?

아이가 다른 아이를 때린다고 하자. 처음 그런 일이 일어나면 아이를 똑바로 쳐다보고 말한다. "안돼, 친구를 때리면 안 된다. 그럼 그 친구가 아프단다." 다시 그런 일이 일어나면 아이를 방에서 데리고 나간다. "친구를 때리면 같이 놀 수 없다." 만일 처음부터 단호하게 하면 아이는 아마 멈출 것이다. 그래도 말을 안 들으면 집으로 데리고 간다.

엄마는 "한때 그럴 수도 있지요. 크면 없어지겠죠"라고 변명할 수도 있다. 하지만 그렇지 않다. 유아가 커서 버리는 것은 신발밖에 없다!

한편으로 생각하면 아이가 가엾다. 엄마는 아이의 잘못된 행동을 방관했을 뿐만 아니라 협조하기보다 힘을 사용하게끔 가르쳤다. 당연히 다른 아이들은 이 아이와 함께 놀고 싶어하지 않는다. 나는 이런 문제를 가진 아이들이 원래 '불량'하다고는 믿지 않는다. 물론 어떤 아이들은 끊임없이 부모를 시험하면서 얼마나 멀리 갈 수 있는지, 어

아이의 버릇도 부모 하기 나름이다

다음은 부모들이 아이의 버릇을 들이려고 할 때 공통적으로 저지르는 실수다.

- 장황하게 설명한다. 흔한 예로 아이가 의자에 올라가려고 할 때 "거기에 올라갔다가 떨어지면 다친다. 이러쿵저러쿵…" 하면서 설명을 한다. 말 대신 행동을 취하고 아이를 저지해야 한다.
- 애매모호하게 말한다. "안돼, 그건 위험해"와 같은 말은 여러 의미를 갖고 있다. "계단에 올라가지 말라"는 식으로 구체적이고 분명하게 말하자. 마찬가지로 "내가 널 때리면 좋겠니?"와 같은 말(아이가 때리면 흔히 하는 말)은 아이에게 아무런 의미가 없다. 그보다는 "아야, 아프다. 때리면 안 된다"고 말하는 편이 낫다.
- 개인 감정을 이야기한다. 어떤 엄마가 "네가 잘못 행동하면 내가 슬퍼진다"고 하는 말을 들으면 나는 맥이 빠진다. 아이의 행동으로 인해 엄마가 불행하다고 말하는 것은 아이에게 너무 많은 주도권을 주는 것이다. 또한 엄마의 기분이 아이의 책임이라는 의미도 된다. 그보다는 "그렇게 행동하면 사람들과 함께 어울릴 수가 없다"라고 분명히 말하자.
- 호소하고 사과한다. 버릇을 들일 때는 우유부단하지 않게 부모 스스로 감정을 통제해야 한다. 호소하고 나서 사과하지 말자. "제발 엄마를 때리지 말아다오." "너를 데리고 나와서 엄마도 안타깝다"라고 사과하는 부모는 무책임해 보인다.
- 부모 자신의 분노를 조절하지 못한다. 훈련은 분노가 아니라 이해심에서 비롯되어야 한다. 아이를 위협하지 말자. 게다가 감정에 얽매이는 것은 좋지 않다. 아이는 금방 잊어버리므로 부모도 그래야 한다.

떤 반응이 돌아오는지, 어떤 대가가 따라오는지 알아본다. 어떤 아이들은 좀더 자주 자제력을 잃는다. 하지만 모든 아이들은 부모가 경계를 정해줄 필요가 있다. 엄마나 아빠가 아이의 행동 문제를 인정하지 않거나 덮어두려고 할 때 안타깝게도 결국 아이가 악명을 얻게 된다.

정중한 개입

아이가 잘못된 행동을 할 때에는 항상 차분하고 신속하게 움직여야 하고 예의를 갖추고 개입을 해야 한다. 아이를 당황시키고 창피를 주거나 모욕하면 안 된다. 그리고 항상 벌주기보다 가르치기를 염두에 두자.

어느 날 우리 유아반 놀이 모임에서 천성이 씩씩한 아이인 마르코스가 점점 더 흥분을 하고 있었다. 이것은 유아들, 특히 원기왕성한 아이들에게 흔히 있는 일이다. 특히 네 살 이상의 아이들이 모여 있을 때에는 많은 일들이 일어난다. 그들은 다른 아이들을 따라하고 같은 장난감을 갖고 놀려고 하다가 때로 싸움이 벌어진다. 불행히도 종종 부모가 흥분한 아이를 윽박지르거나 구슬리려고 한다. 다소 실망하고 창피해진 부모는 아이를 구슬리거나 장난감을 주면서 아이 입을 막아보려고 한다. 아니면 큰 소리로 위협을 해서 복종하게 만든다. 하지만 그런 방법들은 역효과를 내는 경향이 있다. 그럴수록 아이는 점점 더 동요하고 완강해진다. 아이는 머리 속으로 혼자 생각한다. 이봐, 이렇게 하면 엄마 아빠의 관심을 끌 수 있구나. 이제 다른 엄마들과 수다도 떨지 않네. 엄마의 개입이 실제로는 잘못된 행동에 대한 보상이 된 셈이다.

다행히 그 놀이 모임의 엄마들은 공격적이 되는 아이가 있으면 즉시 행동을 취하기로 합의했다. 흥분하고 지쳐 있던 마르코스가 갑자기 새미에게 달려가서 밀쳐내자 마르코스의 엄마 세레나는 우물쭈물 하지 않았다. 그녀는 먼저 바닥에 쓰러져서 우는 아이를 살폈다. "새미야, 괜찮니?" 새미의 엄마가 와서 아이를 위로하자 세레나는 마르코스에게 다음과 같이 주의를 환기시켰다.

먼저 규칙을 이야기했다. "안돼, 마르코스. 밀면 안 된다."

잘못된 행동으로 생긴 결과를 이야기했다. "그러면 새미가 다친다."

아이에게 사과를 하고 상대방 아이를 안아주게 했다. "미안하다고 말해라. 그리고 새미를 안아줘라."

하지만 아이들이 흔히 그렇듯이, 마르코스는 '미안해' 하면서 새미를 안아주었지만 그때뿐이었다. 세레나는 아이가 계속해서 날뛰자 규칙 둘을 행사해야 했다.

어떤 대가가 돌아오는지 설명했다. "새미에게 미안하다고 말한 것은 잘한 행동이지만, 이제 조용할 때까지 밖에 나가서 서 있어야겠다. 아이들을 밀면 여기서 놀 수가 없다."

아이가 너무 흥분하면 집에 돌아갈 수밖에 없겠지만, 종종 10~15분 가량 밖에 나가 있는 것으로 충분할 때도 있다. 나는 유아들에게 이와 같은 '타임아웃'을 사용한다(280쪽 참고). 남의 집을 방문했을 경우에는 손님방을 사용할 수 있는지 물어보자. 공공장소에서는 복도나 화장실에 서 있게 한다. 목표는 그 동안 아이가 자제력을 회복하게 하는 것이다. 아이가 느끼는 감정을 대신 표현해 주자. "네가 무척 흥분한 것 같구나." 그리고 아이가 진정이 되면 말하자. "이제 차분해졌으니까 다른 아이들에게 돌아가도 좋아."

이렇게 잠시 휴식 시간을 가지면 보통 더 이상 문제를 일으키지 않는다. 만일 그렇지 못하면 즉시 인사를 하고 집으로 돌아가자. 하지만 그 자리를 떠나는 것에 대해 아이가 죄책감을 갖게 하지 말자. 이것은

정중한 개입

♥ 규칙을 말해준다.

"…하면 안 된다."

♥ 행동의 결과를 설명한다.

"…하면 사라가 다친다/운다."

♥ 아이에게 사과를 하고 상대 아이를 안아주게 한다.

"미안하다고 말해라." 이때에도 잘못을 덮어버리는 수단으로 '미안하다'라는 말을 사용하게 해서는 안 된다.

♥ 결과를 설명한다.

"…하면 여기 있을 수 없다. 네가 진정이 될 때까지 밖에 나가 있어야겠다."

아이에게도 힘든 일임을 기억하자. 엄마는 다만 자신에게 자제력을 배울 수 있도록 도와주려는 것임을 알게 해야 한다. 만일 반대로 얻어맞은 아이나 그 장면을 목격한 아이의 엄마라면 아이가 묻기 전에는 왜 마르코스를 데리고 나가는지 설명하지 말자. 아이들은 금방 따라 한다는 것을 기억하자. 아이의 머리 속에 어떤 꾀를 심어주거나 잘못된 행동에 너무 관심을 기울여서 그 행동을 강화시키거나 다른 아이를 '나쁜' 아이라고 부르지는 말아야 한다.

아이 꾀에 넘어가지 말자

아이들은 타고난 배우들이다. 마음대로 사람을 홀린다. 부모들은 아이가 '귀엽다'면서 갑자기 훈련이고 뭐고 잊어버리고 두 손을 들어버린다. 얼마 전에 어느 집에 가서 그런 광경을 본 적이 있다. 엄마와 내가 이야기를 하고 있는데 아이가 고양이를 때리기 시작했다. 엄마가 펄쩍 뛰면서 말했다. "안돼, 헨리. 플러피를 그렇게 때리면 안 된다. 그러면 아프게 하는 거야." 아이 손을 잡고 그녀는 덧붙였다. "잘해줘야 한다." 그러자 헨리는 엄마에게 천진난만한 미소를 보내며 마치 아무 일도 없었다는 듯이 말했다. "안녕" 나는 그들 모자가 언제나 이런 식일 거라고 눈치 챘다. 겨우 15개월 된 헨리는 자기가 "안녕" 하면서 활짝 웃으면 엄마의 마음을 눈 녹듯이 녹일 수 있다는 것을 알고 있었다. 아니나 다를까 엄마가 뿌듯한 미소를 지었다. "귀엽지 않아요, 트

나의 육아 스타일은?

육아 스타일은 아이를 훈련시키는 부모의 마음가짐이나 행동과 밀접한 관련이 있다.

- 군림하는 부모 아이가 잘못하면 화를 내기 쉽다. 종종 아이에게 소리를 지르거나 더 심하면 체벌을 한다.

- 아첨하는 부모 아이 대신 사과를 하고 아이의 행동에 대해 변명을 한다. 상황이 걷잡을 수 없이 되어서 하는 수없이 행동을 취해야 할 때까지 내버려둔다.

- 도와주는 부모 중도를 지킨다. 아이가 혼자 어려움을 해결하도록 물러서서 상황을 살핀다. 그러다가 필요하면 즉시 그리고 정중하게 개입을 한다. 아이가 느끼는 감정을 무시하지 않으면서 또한 비위를 맞춰주지 않는다. 규칙을 정하고 아이가 정해진 선을 넘어가면 그 대가를 치르게 한다.

레이시? 이런 얼굴을 보고 어떻게 화를 내겠어요?" 몇 분 후에 헨리는 트럭으로 플러피의 머리를 내리쳤고 이제 그 불쌍한 고양이를 쫓아서 방 안을 이리저리 뛰어다녔다.

그런가 하면 "나를 불쌍하게 여겨주세요" 하는 표정이 있다. 잘 놀다가 우는 척하는 아이들은 다른 때도 역시 감정을 위장할 수 있다. 17개월의 그레첸은 주의를 끌고 싶으면 엄마가 묘사하는 말로 '토라진' 표정을 지었다. 엄마는 아이가 눈을 내리깔고 아랫입술을 삐죽 내미는 표정이 귀여워서 어쩔 줄을 몰랐다. 문제는 그 표정이 그레첸의 무기가 되었다는 것이다. 그레첸은 짐짓 불쌍한 표정을 꾸며서 엄마를 조종할 수 있을 뿐 아니라 엄마는 이제 자기 딸이 정말 슬픈 것인지 자기를 속이고 있는 것인지 분간하지 못하게 될 것이다.

아마 모든 아이가 몇 가지 술수를 감추고 있을 것이다. 그리고 아이가 아무리 귀엽고 기특해 보여도 만일 어떤 표정이나 다른 방법을 이용해서 훈련을 비켜가려고 할 때에는 그런 기술에 감탄하면 안 된다. 우리가 그냥 넘어갈 때마다 아이는 자제력을 배우지 못한다는 것을 기억하자. 아이를 달래거나 아이에게 굴복하는 것은 상처를 치료하지 않고 반창고를 붙이는 것과 같다. 잠시 한시름 놓을 수는 있지만 대개 문제가 더 악화된다.

떼쓰기 대처법, ABC처방

떼쓰기는 유아들의 특징이다. 다행히 만일 우리가 충실하게 규칙 하나 · 둘 · 셋을 지키고 정중하게 개입한다면 아이의 잘못된 버릇을 바로잡을 수 있을 것이다. 그래도 가끔씩은 아이의 떼쓰기와 대면해야 하는 일이 생긴다. 그런데 하필이면 친구의 집이라거나 교회, 음식점 또는 슈퍼마켓과 같은 공공장소처럼 난처한 곳에서 그런 일이 일어난다. 아이가 바닥에 주저앉아서 소리를 지르고 발버둥을 치는 것이다. 아니면 그냥 발바닥을 땅에 딱 붙이고 서서 있는 힘껏 고함을 질러댄다. 어떤 식이든 부모는 어딘가 쥐구멍이라도 있으면 들어가 버리고 싶어진다.

떼쓰기는 관심을 끌기 위한 행동이며 자제력을 잃은 상태다. 떼쓰기를 완전봉쇄할 수는 없겠지만 아이가 떼쓰기를 무기로 규칙을 무너뜨리고 경계를 넘어가지 못하게 할 수는 있다. 나는 분석과 행동이라는 2단계의 단순한 전략을 사용한다.

♥ 1. 분석

때를 쓰는 이유를 알면 어떻게 멈출 수 있는지 실마리를 찾을 수 있다. 떼를 쓰는 이유는 여러 가지가 있다. 무엇보다 "도와주세요/내버려둬요"의 갈등에서 아이가 지치는 것이다. 피곤함, 혼란, 좌절, 지나친 자극이 모두 공통적인 원인이다.

또한 아이가 자신을 표현하지 못해서 떼를 쓰는 경우가 많은데, 부모가 세심하게 관찰하면 아이의 요구를 알 수 있다. 우리 소피는 아이들 파티에 가는 것을 좋아하지 않았다. 소피가 처음 참석한 파티에서 짜증을 부렸을 때 나는 어쩌다 그랬으려니 했다. 하지만 두 번째 생일 파티에 가서 아이가 문을 가리키며 비명을 질렀을 때 소피에게는 많은 사람들과 어울리는 것이 벅찬 일이라는 것을 알았다. 소피는 조용하고 수줍어하는 성격이고 여러 상황에서 연습이 필요했다. 나는 아이가 떼를 쓰면서 하려는 말을 존중해 주려고 했다. 그 후로는 파티에 가면 처음에 몇 분만 있다가 오거나 생일 축하 노래를 하고 케이크를 자르는 시간에 맞추어 도착했다. 주인집에는 "우리 아이가 행사를 전부 감당하지 못해서요" 하고 양해를 구했다.

하지만 가장 고약한 떼쓰기는 "내가 원하는 것을 달라"는 것으로 부모를 자기 마음대로 조종하려는 것이다. 아이는 부모의 의지를 꺾어보겠다는 심산이지만 사실 고의적이거나 악의적이라고는 말할 수 없다. 단지 부모가 본의아니게 아이를 그렇게 가르친 것이다.

부모를 조종하기 위한 떼쓰기와 좌절이나 신체적으로 피곤하거나 지쳤을 때의 떼쓰기를 구분하기 위해서는 내가 첫 책에서 소개한 간단한 ABC 기술을 적용해 볼 수 있다.

A란 내력(Antecedent)을 의미한다. 이전에 무슨 일이 있었나? 지금까지 부모는 어떻게 했나? 또 아이는 어떻게 했나? 부모가 다른 일을 하거나 어떤 사람과 이야기하느라 바빴는가? 주위에 누가 또 있었는가? 아빠? 할머니? 다른 아이? 주변에서 어떤 일이 일어나고 있었나? 아이가 스스로를 방어하고 있었는가? 뭔가를 요구했다가 거절당했는가?

B는 행동(Behavior)을 의미한다. 아이가 어떻게 했는가? 울었는가? 화가 나서 소리를 쳤는가? 좌절했는가? 피곤해 하거나 겁을 먹었는가? 배가 고팠는가? 누군가를 물거나 떠밀거나 때렸는가? 전에 하지 않았던 행동을 했는가? 자주 그러는가? 다른 아이를 못살게 굴었다면 새로운 행동인가 아니면 습관적인가?

C는 결과(Consequence)를 의미한다. A와 B로 인한 결과에 대해 부모가 책임을 지는 것이 중요하다. 나는 아이가 고의로 말썽을 부린다고는 생각하지 않는다. 부모가 본의아니게 나쁜 버릇을 부추기고 고쳐보겠다는 생각을 하지 못하거나 방법을 모르는 것이다. 나는 이것을 임기응변식 육아라고 부른다. 엄마와 아빠가 아이에게 나쁜 버릇을 들이고 있다는 것을 모르고 하던 대로 계속하는 것이다. 예를 들어 계속해서 아이의 비위를 맞추어주고, 규칙에 대해 일관성이 없고, 종종 창피함이나 더 이상의 갈등을 피하기 위해 굴복을 한다. 그래서 당장은 불쾌한 상황을 모면할 수 있겠지만 본의아니게 결국 아이의 잘못

된 행동이 굳어지게 만든다.

결과(C)를 바꾸는 열쇠는 부모가 행동을 달리하는 것이다. 아이의 감정을 인정해 주되 양보하거나 굴복하지 말아야 한다. 이 장의 앞에서 만났던 프란신과 크리스토퍼 그리고 레아와 니콜라스의 예로 돌아가 보겠다. 두 모자의 경우를 ABC 처방으로 살펴보면, 내력은 엄마가 계산을 하느라 아이에게 주목하지 않았고, 유혹적인 사탕이 전시되어 있었다.

칭얼거리고 카트를 걷어차는 크리스토퍼의 행동은 프란신이 그의 요구에 굴복한 결과였다. 사탕을 사달라는 크리스토퍼의 요구에 굴복하면 당장은 슈퍼마켓에서 덜 난처하겠지만, 본의아니게 크리스토퍼에게 떼쓰기가 아주 효과적이라는 생각을 갖게 해서 다시 그 방법을 사용하게 만든다.

니콜라스의 경우, 행동은 크리스토퍼와 같았지만 결과는 달랐다. 레아는 부적절한 행동에 굴복하지 않았다. 니콜라스는 아마 다음에 슈퍼마켓에 가서 떼쓰기를 무기로 사용하지 않을 것이다. 만일 다시 그런다고 해도 레아는 자신의 입장을 유지할 것이고 아이는 떼를 써 봐야 아무런 소득이 없다는 것을 배울 것이다. 나는 니콜라스가 떼쓰기에서 벗어났다거나 영원히 모범적인 행동을 보일 것이라고 말하는 것이 아니다. 하지만 엄마가 그러한 잘못된 행동에 관심을 보이지 않으므로 고질적이 되지는 않을 것이다.

물론 모든 떼쓰기가 임기응변식 육아의 결과는 아니다. 아이가 자신을 표현할 수 없거나 피곤하거나 감기 몸살이 걸렸을 때 짜증을 부릴 수도 있다. 또한 여러 가지 요인들이 복합적으로 작용해서 일어날 수 있다. 피곤해지면 뭔가가 뜻대로 되지 않고 놀이 친구에게 떠밀린다. 하지만 ABC 처방을 적용해 보고 일련의 떼쓰기(보통 비슷한 상황이 되풀이될 때)가 부모가 잘못 대처한 결과라는 것을 알게 되면 이제 그

창피함에 대해

물론 아이가 소란을 피우면 창피하지만, 계속해서 그대로 내버려두는 것은 더 창피한 일이다. 따라서 아이의 비위를 맞추거나 뭔가를 주면서 화를 풀어주려고 하기 전에 생각해 보자. 만일 지금 버릇을 들이지 않으면 언제까지나 난처한 상황이 반복될 것이다.

버릇을 고치기 위한 조치를 취해야 한다.

♥2. 행동

아이의 떼쓰기가 통제되지 않을 때에는 부모가 아이의 양심이 되어주어야 한다. 유아는 논리적으로 유추를 하거나 원인이나 결과를 생각할 만한 인지 능력이 없다. 아이의 떼쓰기를 멈추는 최선의 방법은 우선 부모 자신이 진정하고 아무도 없는 곳에 가서 아이가 감정을 추스릴 수 있도록 도와주는 것이다. 다시 말해, 떼를 써도 관심을 끌 수 없도록 만드는 것이다. 나는 다음과 같은 방법을 사용한다.

♥♥ 관심을 돌린다. 이때만큼은 유아들의 주의력이 짧다는 사실이 천만다행이다. 다른 장난감을 주거나 아이를 안아 올려서 창문을 내다보게 한다. 아이가 이미 떼쓰기 시작했다면 감정의 소용돌이에 휘말려 있기 때문에 관심을 돌리기가 어렵다. 관심을 돌리는 것을 비위를 맞춰주는 것과 혼동하지 말자. 비위를 맞춰주는 것은 점점 더 걷잡을 수 없이 되는 상황에서 계속 이것저것 주면서 아이를 구슬리는 것이다.

타임아웃!

♥ 타임아웃이란 무엇인가? 흔히들 '타임아웃'의 뜻을 잘못 알고 있다. 타임아웃은 아이를 자기 방에 들어가서 벌을 서게 하는 것이 아니다. 단지 본격적인 전쟁을 피하기 위해 잠시 열기를 식히기 위한 시간을 말한다. 타임아웃을 적절히 사용하면 아이의 감정 조절을 회복하고 본의아니게 아이의 잘못된 행동을 강화하지 않을 수 있다. 나는 유아들의 경우 타임아웃을 할 때 침대나 놀이울이라도 혼자 두지 말고 부모가 함께하라고 조언한다.

♥ 어떻게 하나? 집에서 문제를 일으키면 아이를 현장에서 데리고 나가자. 만일 부엌에서 말썽을 부리면 아이를 거실로 데려가서 진정될 때까지 함께 앉아 있는다. 만일 공공장소나 다른 집이라면 다른 방으로 데려간다. 아이에게 바라는 행동이 어떤 것인지 이야기하자. "안 된다, 네가 조용해질 때까지는 돌아갈 수 없다." 아이는 생각보다 이해력이 좋다. 말로 설명하고 현장에서 데리고 나왔으면 알아들을 것이다. 아이가 진정이 되고 조용해지면 돌아가되, 다시 말썽을 부리면 다시 나온다.

♥ 무슨 말을 할까? 감정을 인정해 주고(네가 화가 났다는 것을 안다…) 올바른 행동을 가르친다(…하지만 음식을 던지면 안 된다). 간단하게 한마디로 끝낸다. "이렇게 하면 우리/다른 아이들과 함께 지낼 수 없다"거나 "그러면 사람들이 널 싫어한다"는 말은 하지 말자.

♥ 하지 말아야할 것 "너한테 이렇게 하고 싶지 않다" 또는 "너를 데리고 나와서 슬프다"와 같은 말을 하면서 사과를 하지 말자. 또 야단치지도 말자. 침착하게 아이를 현장에서 데리고 나오자. 아이를 혼자 방에 가두어두지 말자.

♥♥ 모른체한다. 아이가 자기 자신이나 다른 사람이나 물건을 다치게 하지 않는다면 한창 떼를 쓰고 있는 아이는 무시해 버리는 것이 상책이다. 만일 아이가 바닥에 주저앉아서 소리를 지르고 발버둥을 치면 그곳에서 걸어 나가거나 아니면 적어도 등을 돌리자. 만일 아이를 안고 있는데 소리를 지르고 엄마를 때리는 등의 행동을 보이면 아이를 내려놓고 조용하지만 단호하게 말하자. "엄마를 때리면 안 된다."

♥♥ 데리고 나온다. 아이들은 한번 떼쓰기 시작하면 자기 감정을 조절하지 못한다. 이때 부모가 진정하도록 도와주어야 한다. 어떤 아이들은 엄마가 안아주면 금방 진정되지만 어떤 아이들은 오히려 더 발버둥을 친다. 현장에서 아이를 데리고 나오자. 만일 더욱 심해지면 타임아웃을 하자. 타임아웃은 문제를 피할 수 있을 뿐 아니라 화를 내거나 체벌하지 않고 아이의 체면을 살려주는 방법이다.

위에서 가장 적절한 방법을 사용하거나 아니면 세 가지 방법을 모두 동원할 수도 있다. 상황을 평가해 보고 가장 효과적인 방법을 사용하자. 한 가지는 분명하다. 무익한 위협은 통하지 않는다는 것이다.

특히 공공장소에서 아이가 소란을 피우면 부모에게 창피하고 낭패스러운 일이 될 수 있다. 어떤 방식을 채용하건 간에 중요한 것은 우리 자신의 감정 상태를 점검해 보는 것이다. 부모 자신의 '분노 신호,' 즉 화가 나려고 할 때의 신체적 징후를 알아보자. 다시 말하지만 화가 난 상태에서 아이를 훈련시키려고 하지 말자. 특히 감수성이 예민하고 힘 없는 유아에게 창피를 주거나 소리를 지르거나 위협을 하거나 잡아당기거나 때리거나 하는 폭력을 사용해서는 안 된다. 부모가 화를 내면 아이의 감정 조절을 도와줄 수 없다.

속이 부글부글 끓어오르는 것이 느껴지면 방에서 나가자. 우리 자신의 타임아웃 시간을 갖자. 아이가 울고 있더라도 잠시 안전한 침대나 놀이울에 내려놓고 나가 있자. 나는 종종 부모들에게 말한다. "아이가 울다가 죽는 법은 없어요. 하지만 상습적으로 화를 내는 부모에게서 받은 상처는 평생을 갈 수 있습니다." 다른 부모들과 이야기를 해보자. 아이가 지나친 행동을 보이면 어떻게 하는지 물어보자.

자비와 애정으로 아이를 다스리자. 부모가 언행일치의 모범을 보이면 아이가 10대가 되어서도 서로 도움을 줄 수 있다. 아이는 자신에게 경계를 가르쳐주고 지도해 준 부모를 존경할 것이다. 그리고 그만큼 부모를 사랑할 것이다. 다시 말해 의도적 훈련은 부모자식간의 결속력을 오히려 강화해 준다. 물론 선을 지킨다는 것이 때로 쉽지 않다는 것을 알고 있다. 아이가 주는 시험은 아무리 강한 정신력을 가진 사람도 흔들리게 만들 수 있다. 하지만 다음 장에서 보듯이 만일 부모가 경계를 늦추면 아이의 잘못된 버릇이 고질적이 되어서 고치기가 점점 어려워진다.

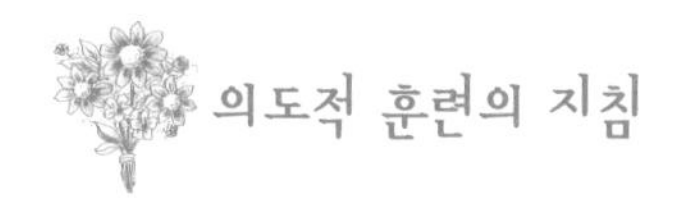

의도적 훈련의 지침

도전	어떻게 할까?	무슨 말을 할까?
지나친 자극	아이를 데리고 나온다.	네가 힘들어하는 것 같으니까 잠시 밖에서 산책을 하자.
공공장소에서 떼를 쓴다.	무시한다. 그래도 안 되면 데리고 나간다.	네 기분은 알겠지만 그래도 하는 수 없다. 여기서 이런 식으로 행동하면 안 된다.
옷을 안 입으려고 한다.	중지하고 잠시 기다린다.	네가 준비가 되면 다시 하자.
계속 뛰어다닌다.	아이를 멈추게 하고, 안아 올린다.	신발과 양말을 신어야 나갈 수 있다.
소리친다.	부모 자신의 목소리를 낮춘다.	조용하게 말할 수 있겠니?
칭얼거린다.	아이 눈을 마주보고 '똑바로' 말하는 법을 가르친다.	똑바로 말하지 않으면 알아들을 수가 없다.
뛰면 안 될 곳에서 뛴다.	두 손으로 아이의 양 어깨를 잡는다.	여기서는 뛰면 안 된다. 계속 그러면 나가야 한다.
안아주자 발로 차고 때린다.	당장 아이를 내려놓는다.	때리고 발로 차면 안 된다. 그러면 아프다.
다른 아이에게서 장난감을 빼앗는다.	돌려주라고 타이른다.	윌리엄이 지금 갖고 놀고 있는 거다. 돌려주어야 한다.
음식을 던진다.	식탁의자에서 내려놓는다.	음식을 던지면 안 된다.
다른 아이 머리를 잡아 당긴다.	다른 아이의 머리를 잡은 손을 쓰다듬는다.	머리를 잡아당기면 안 된다.
다른 아이를 때린다.	아이를 잡는다. 만일 몸부림을 치면 밖으로 데리고 나가서 진정시킨다.	때리면 안된다. 그러면 친구가 아프단다.
다시 때린다.	집으로 간다.	이제 집에 가야겠다.

8장

시간도둑, ABC 처방으로 해결하기

나무보다 숲을 보는 지혜로운 엄마가 되자

버릇없는 아이는 경계를 찾아서 방황한다.

누군가 경계를 정해주지 않으면 계속 방황할 것이다.

—T. 베리 브래즐턴

도둑 잡기, 닐의 이야기

부모들과 이야기를 하다보면 그들이 밤낮으로 헛되이 시간을 낭비하게 만드는 짜증스럽고 언제 끝날지 모를 행동 문제인 '시간도둑'에 시달리고 있다는 것을 눈치챌 수 있다. 그들은 보통 "트레이시, 전 겁이 나기 시작했어요…"라는 푸념으로 시작해서 집을 나설 때, 잠을 재울 때, 목욕을 시킬 때, 식사할 때와 같은 일상적인 일들이 악몽으로 변했다는 이야기를 한다. 사실 많은 부모들이 어처구니없는 그런 일들로 고생하고 있다.

한 예로 두 돌이 된 닐의 부모 말로리와 이반의 실화를 들려주겠다. 이들의 이야기는 내가 들어본 아주 전형적인 시간도둑 사례다. 아마 읽다보면 남의 일이 아니라고 느낄지도 모른다. 말로리는 닐의 취침 의식을 7시 30분에 시작해서 아이가 좋아하는 목욕을 시키는 것으로 시작한다고 설명한다.

"문제는 아이를 욕조에서 꺼내려면 항상 전쟁을 치러야 하는 겁니다. 두세 번 '다 했다, 닐. 목욕 시간이 다 끝났다' 하고 경고를 합니다. 하지만 아이가 칭얼거리면 측은한 생각이 들어서 '알았어… 그럼 5분만 더 하자'라고 말합니다. 5분이 금방 지나갑니다. '닐, 이제 나가야 한다' 하고 다시 한 번 말하지요. 아이는 계속 칭얼거리고 나는 다시 한 번 양보를 합니다. '알았다. 하지만 이번이 마지막이야. 이제 그만 놀고 욕조에서 나와서 잘 준비를 하자.' 몇 분 후에는 마침내 굳게 결심합니다. '됐다. 그만하자.' 나는 다소 엄하게 말합니다. '이제 욕조에서 나와'라고 하면서 발버둥을 치는 아이를 간신히 잡아서 안고 갑니다. 아이는 빠져나가려고 있는 힘껏 저항을 하죠. '싫어! 싫어! 싫어!' 결국 내 품에서 빠져나가서 물을 뚝뚝 떨어뜨리며 자기 방으로 달려가죠. 나는 카펫을 적신 아이 발자국을 따라 헐레벌떡 쫓아가서 아이 몸에서 물기를 닦아주고 나면 잠옷을 입히기 위한 실랑이가 시작됩니다. 나는 애원을 하죠. '이리 와… 제발 잠옷 입자….'

마침내 아이 머리 위로 잠옷을 넣자 아이가 소리를 지르기 시작합니다. '아야! 아야!' 나는 깜짝 놀라서 '오, 이런 엄마가 널 아프게 하려는 것이 아닌데. 괜찮니?' 하고 물어봅니다. 그러면 아이는 킥킥거리고 나는 다시 계속합니다. '좋아, 침대에 들어갈 시간이다. 네가 욕조에서 너무 오래 있었기 때문에 오늘밤은 책을 한 권밖에 읽어줄 수가 없다. 네가 보고 싶은 책을 골라올래?' 닐은 책꽂이로 갑니다. '어떤 책이 좋겠니?' 내가 이렇게 묻자 아이는 선반에서 이것 저것 잡아당기다가 책들을 모두 바닥에 떨어뜨립니다. '그거? 오, 그게 좋겠다.' 나는 아이가 어질러 놓은 것을 그냥 두는 것이 좋겠다고 생각합니다. 아이에게 정리를 시키면 다시 30분은 걸릴 테고 어차피 내가 거의 할 테니까요."

"어쨌든 적어도 이제 하루가 거의 끝나가고 있죠. 나는 책을 손에 들고 말합니다. '좋아, 침대로 들어가라.' 아이는 이불 속으로 들어갑니다. 나는 잠깐 아이를 안아주고 책을 읽기 시작하지만 아이는 여전히 흥분 상태여서 내가 다 읽기도 전에 책장을 넘기는 등 전혀 협조를 하지 않습니다. 갑자기 아이가 침대 위에 일어서더니 내 손에서 책을 뺏으려고 합니다. '누워라, 닐.' 내가 말하죠. '잘 시간이야.' 아이는 마침내 누워서 잠이 드는 것처럼 보이길래 나는 안도의 한숨을 내쉬면서 속으로 '아마 오늘은 좀 수월할 것 같다'고 생각하지만, 다음 순간 아이가 눈을 반짝 뜨면서 소리칩니다. '물!' 그러면 그렇지, 어련할까 하고 내 안에서 비웃는 목소리가 들리죠. '좋아, 물을 갖다줄게' 하고 나가려고 하는데 아이가 소리를 지릅니다. 왜 그런지 알죠. 혼자 두고 가지 말라는 겁니다. '좋아, 같이 가자.' 만일 같이 가지 않으면 3차 대전이 일어날 테니까 하는 수 없어요. 나는 아이를 안고 아래층으로 내려갑니다. 아이는 물을 몇 모금 마신 뒤 우리는 다시 위층으로 올라가죠. 사실 닐은 목이 마르지도 않았을 겁니다. 침대에 아이를 눕히는데 뭔가가 눈에 띄었는지 아이가 벌떡 일어나 앉더니 침대에서 기어 나오려고 합니다."

"이쯤 되면 더 이상 참을 수가 없어집니다. 아이 어깨에 손을 얹고 언성을 높이죠. '빨리 안 자? 지금은 밤이고 너는 자야 해.' 내가 불을 끄자 아이가 울면서 대롱대롱 매달리죠. 어쩌겠어요. '좋아' 하고 나는 마지못해 말합니다. '불을 켜줄게. 이야기 하나 더 듣고 싶니? 하지만 이게 마지막이다. 자리에 누우면 읽어줄게.' 하지만 이제 내가 무슨 말을 해도 아이는 듣지 않습니다. 아이는 눈물이 얼룩진 얼굴로 그 자리에 꼿꼿하게 서 있습니다. 움직이지를 않아요. '누워야지, 닐.' 내가 반복합니다. '제발, 다시 말하지 않겠다.' 내가 으름장을 놓습니다."

"아이는 움직이지 않아요. 나는 주의를 돌려보려고 하죠. '여기 봐라.' 나는 책을 내밀면서 말하죠. '책장 넘기는 걸 도와줄래?' 그래도 아무 반응이 없죠. 이번에는 위협을 해봅니다. '좋아, 닐. 자리에 눕지 않으면 엄마는 방에서 나갈 거야. 정말이야. 나갈 거라고. 눕지 않으면 책을 안 읽어줄 거야.' 마침내 아이가 눕습니다. 나는 몇 분 동안 책을 읽다가 아이가 잠이 든 것 같아서 조심조심 움직여봅니다. 하지만 아이가 다시 눈을 뜹니다. '괜찮아.' 내가 안심을 시킵니다. '엄마 여기 있어.' 아이가 마침내 다시 눈을 감으면 나는 몇 분 더 기다리다가 숨을 죽이고 살짝 한쪽 발을 바닥에 내려놓죠. 그러자 아이가 내 손을 잡은 손에 힘을 줍니다. 나는 그 자세로 꼼짝도 못 하고 몇 분을 더 기다립니다. 그러다가 침대에서 미끄러져 내려옵니다. 거의 성공했다 싶었는데 갑자기 닐이 눈을 뜹니다. 나는 침대에 몸을 반쯤 걸치고 속으로 생각합니다. 까딱 잘못하면 바닥에 떨어질 것이고 그럼 말짱 도루묵이다. 다행히 아이는 다시 잠이 듭니다. 나는 기다립니다. 발이 저리고 팔에 쥐가 납니다."

"마침내 나는 바닥에 내려와서 네 발로 문을 향해 기어갑니다. 성공이다! 천천히 문을 여는데… 삐걱거리는 소리에 가슴이 철렁 내려앉죠. 오, 안돼! 아니나다를까, 방 저편에서 작은 목소리가 들립니다. '엄마, 가지 말아요!' 나는 움찔합니다. '나 여기 있다, 아가야. 아무데도 안 갔어.' 하지만 내가 위로하는 말도 소용이 없습니다. 닐은 울기 시작합니다. 나는 다시 침대로 돌아가서 아이를 달랩니다. 아이는 이야기를 또 하나 들려달라고 합니다. 나는 너 죽고 나 죽자 하는 심정이 되지만 꾹 참고 다시 책을 읽기 시작하죠…."

말로리의 목소리가 점차 잦아든다. 처음부터 다시 시작되는 이야기를 하기가 창피한 것이다. 닐은 11시가 되어서야 겨우 잠이 들고 말로리는 다시 한 번 아이의 침실에서 네 발로 살금살금 기어 나온다. "나는 매일 밤 기진맥진한 상태로 침대에 쓰러진답니다." 그녀가 말한다. "그리고 그때까지 TV를 보거나 책을 읽고 있던 남편은 지난 3시간 동안 내가 아이에게 잡혀 있었던 사실을 까맣게 모르고 있죠. '오늘 밤에도 지옥에 다녀왔어요'라고 하면 그는 어리둥절한 표정으로 말하죠. '난 당신이 회사일이나 다른 일을 하고 있는 줄 알았지.' 나는 원망 섞인 목소리로 말합니다. '내일 밤은 당신 차례예요.'"

말로리는 자포자기 상태다. "언제나 전쟁이에요, 트레이시. 저는 닐의 인질이 된 기분이에요. 한때 거쳐가는 과정일까요? 아이가 크면 나아질까요? 내가 밖에서 일을 하니까 엄마가 그리워서 그런 걸까요? 수면 장애가 있는 걸까요? 아니면 혹시 주의력 결핍 장애일지도?"

"아니, 그런 건 아닙니다." 나는 대답했다. "하지만 한 가지는 맞아요. 엄마가 아이의 인질이라는 거죠."

시간도둑은 심신을 지치게 만든다. 부모의 시간과 부부의 시간을

시간도둑의 뿌리

부모들마다 각각 시간도둑과 그 세부적인 전개 방식이 틀릴 수 있지만 그 뿌리를 더듬어 가보면 다음 사항들이 그 원인일 수 있다.

- 규칙적인 생활을 하지 않는다.
- 아이가 가장 노릇을 한다.
- 부모가 소신껏 밀고나가지 않는다.
- 경계를 정하지 않는다.
- 부모로서의 권위가 없다. 아이는 존중해 주지만 아이에게 부모를 존중하도록 요구하지 않는다.
- 아이의 기질을 그대로 인정해 주지 않고 변화되기만을 바란다.
- 아이가 자기 위안을 배우도록 도와주지 않았다.
- 병이나 사고와 같은 위기 상황에 부딪히면 규칙에서 풀어주고 그 후에도 요구하지 않는다.
- 부모가 서로 싸우느라고 아이에게 충분한 관심을 주지 않거나 문제를 의식하지 못한다.
- 부모가 과거의 '망령'에 사로잡혀서 자신의 아이를 분명하게 보지 못한다.

앗아간다. 부모자식간의 관계뿐 아니라 부부 관계에도 쐐기를 박을 수 있다. 한 쪽이 다른 쪽을 탓하고 원망하면서 종종 해결책을 놓고 말다툼을 벌인다. 하지만 아무리 입씨름을 해도 그 문제가 처음에 왜 생겼는지 어떻게 해결해야 하는지는 오리무중이다.

유아들은 고의로 부모의 귀중한 시간을 훔치는 도둑이 되는 것은 아니다. 또한 종종 부모는 본의아니게 공범자가 된다. 다행히 이런 고질적인 문제도 바꿀 수 있다. 이 장에서는 내가 가장 흔히 만나는 시간도둑, 다시 말해 수면 장애, 분리 불안, 노리개젖꼭지 중독, 습관적 떼쓰기, 식탁에서의 비행에 대해 알아보고 각각의 경우를 해결할 수 있도록 도와주겠다.

부모로서 책임을 지자

나는 시간도둑 문제로 상의하러 오는 엄마 아빠들에게 죄책감을 느끼게 하거나 육아 방법이 틀렸다고 나무랄 생각은 없다. 하지만 부모가 아이를 도와줄 수 있으려면 애초에 아이를 그렇게 만든 책임을 져야 한다. 다시 임기응변식 육아의 개념으로 돌아가서 엄마 아빠들은 본의아니게 아이의 잘못된 행동을 부추긴다. 유아들은 아주 빨리 버릇이 든다. 부모들은 아이의 터무니없는 요구에 굴복하고 투정을 받아주고 아이가 귀엽다고 잘못을 해도 무시해 버린다. 나쁜 습관은 시간이 흐를수록 점점 더 바꾸기 어려운 시간도둑이 된다.

가정을 위협하는 시간도둑을 몰아내기 위해 나는 부모들에게 다음과 같은 마음가짐을 가지라고 권한다.

♥ 어떤 식으로 부모가 문제를 부추기거나 강화해 왔는지 생각해 본다.

아이를 '응석받이'라고 생각하지 말자. 대신 거울을 들여다보자. 이 장을 시작하면서 예로 든 말로리는 아이를 다스리지 못하고 제멋대로 하게 내버려두다가 욕조에서 빈둥거리고 취침 시간에 떼를 쓰게 만들었다. 엄마가 먼저 변하기 전에 아이는 절대 변하지 않는다.

♥ 부모가 먼저 변화될 준비를 하자.

내가 이런저런 제안을 해주었을 때 "이미 다 해봤어요"라고 말하는 부모는 지금의 상황을 변화시킬 준비가 되지 않은 것이다. 종종 그런 사람들은 힘들어하면서 선뜻 상황을 변화시켜 보겠다는 의지가 없다. 또한 자신도 자각하지 못한 채 그와 같은 상황을 만들고 있을지도 모른다. 어떤 엄마는 젖을 뗀 후에도 아이를 안아서 먹이고 싶어한다. 아이가 매일 밤 엄마 침대로 기어오르는 것이 부부 관계에 좋지 않다는 것을 알면서도 이제 두 돌 반이 된 '아기'를 끌어안고 잔다. 때로 직장에 다니던 여성은 이제 육아 '문제'와 씨름하면서 오래된 성취감을 느낀다. 어떤 아빠는 은근히 아이의 공격성을 즐긴다. 아니면 자신은 아주 엄한 가정에서 자랐기 때문에 반대로 아이를 훈련시키지 않는다. 어떤 이유에서든 부모가 우물쭈물하는 것이 느껴지면 나는 단도직입적으로 말한다. "당신 아이에게 문제가 생겼습니다. 그리고 도움이 필요한 사람은 당신입니다."

♥ ABC 처방으로 문제를 분석한다.

ABC 처방(235~236쪽 참고)으로 A-내력(먼저 무슨 일이 있었는지), B-행동(아이가 어떻게 하고 있는지) 그리고 C-결과(A와 B로 인해 어떤 버릇이 들었는지)를 연구해 보자. 먹고 자는 문제나 행동 문제가 오랫동안 지속되면 보통 여러 가지 요인들이 복합적으로 작용한다. 그래도 자세히 보면 어떤 일이 진행되고 있고 어떻게 하면 그것을 바꿀 수 있는지 알 수 있다.

닐의 경우, A(내력)는 목욕과 취침 시간에 말로리가 딱 한번만… 딱 5분만 더… 물만 먹고… 하면서 계속 양보한 것이다. B(행동)는 아이가 끊임없이 엄마를 시험하고 경계를 지키지 않는 것이다. 게다가 엄마가 자기를 혼자 두고 갈까봐 두려워한다. C(결과)는 엄마가 아이를 안쓰럽게 생각하고 계속 양보하는 바람에 결국 문제가 지속되고 아이는 엄마를 조종하는 방법을 배우는 것이다. 나는 말로리에게 설명했다. "닐은 엄마가 말대로 행동하지 않는다는 것을 알고 있습니다. 게다가 아이 몰래 빠져나와서 믿음을 저버리기 때문에 아이가 편안하게 쉬지 못하는 겁니다. 아이는 잠이 들면 엄마가 떠날 거라는 것을 알고 있습니다. 이 상황을 바꾸려면 엄마가 지금 하고 있는 방법을 바꾸어야 합니다."

♥ 계획을 세우고 그것을 지킨다.

시간도둑을 해결할 때 일관성이 매우 중요하다. 지난 8~9개월 동안 엄마가 습관적으로 밤에 몇 번씩 아이에게 젖을 물렸다면 아이가 새벽 3시에 젖을 달라고 하는 것은 당연하다. 이제 그 버릇을 바꾸려

우리 자신을 돌아보자

만일 다음 질문에 '그렇다'는 대답이 나오면 부모 자신이 시간도둑 문제와 깊이 관련되어 있을 것이다.

- 경계를 정하는 것을 미안하게 느끼는가?
- 규칙에 일관성이 없는가?
- 직장에 다닌다면 퇴근한 후 아이의 응석을 받아주는가?
- 아이에게 '안돼'라고 말하면 미안한 생각이 드는가?
- 당신이 곁에 있을 때만 아이가 떼를 쓰는 경향이 있는가?
- 아이의 비위를 맞춰주고 달래는가?
- 아이를 훈련하면 아이가 당신을 사랑하지 않을까봐 겁이 나는가?
- 아이가 행복해 보이지 않으면 불안한가?
- 아이의 눈물을 보면 안타까운가?
- 종종 다른 부모들이 '너무 엄하다'는 생각이 드는가?

면 엄마는 일관성 있게 거부해야 한다. 마찬가지로 내일 당장 닐의 버릇을 고치겠다고 나선다고 되는 일이 아니다. 원점으로 돌아가야 한다. 나는 곧이곧대로 시간표를 지키고 시간을 재는 사람이 아니지만 만일 목욕시간이 7시 30분에서 8시까지라면 9시까지 계속해서는 안 된다. 일과를 다시 조정해서 시간을 지켜야 한다.

♥ 작은 단계로 나누어서 한다.

각 단계마다 2~3주일이 걸릴 수 있다. 영아들은 비교적 습관을 바꾸기가 수월하다. 하지만 유아들은 습관이 좀더 깊이 굳어져서 갑자기 몰라보게 달라질 수는 없다. 예를 들어 19개월의 루이스의 부모인 로베르토와 마리아는 낮잠 문제로 나를 찾아왔다. "아이를 재우려면 차에 태워서 동네를 몇 바퀴 돌아야 합니다." 로베르토가 설명했다. "아이가 잠들면 차고에 들어가서 그대로 카시트에서 자게 하죠." 부모는 루이스가 깬 것을 알 수 있도록 차에 인터콤을 설치했다. 루이스가 8개월 때부터 이런 식이었다. 그것을 갑자기 바꿀 수는 없었다. 아이가 움직이는 감각에 의존해서 자는 습관에서 서서히 벗어나게 해야 했다.

첫 주에 그들은 조금씩 드라이브 시간을 줄였다. 다음 주에는 차에 시동을 걸고 아무 데도 가지 않았다. 3주째는 카시트에 루이스를 앉혀 놓고 시동도 걸지 않았다. 이제 아이가 자기 침대에서 낮잠을 자게 해야 했다. 그들은 아이를 침실로 옮겨 흔들의자에서 재웠다. 처음 몇 번 루이스는 40분 만에 겨우 잠이 들었다. 하지만 어쨌든 자동차에서 벗어났다. 로베르토와 마리아는 점차 흔들어주는 시간을 줄이다가 결국은 그것도 필요가 없어졌고 침대에서 재울 수 있었다. 그 전체 과정은 3개월이 걸렸고 많은 인내심이 필요했다.

시간도둑은 대부분 이와 비슷한 단계를 요구한다. 즉 문제를 단계적으로 해결하는 것이다. 아이를 데리고 자던 팀과 스테이시는 처음에 아기 침대 옆에 간이침대를 놓고 교대로 자기 시작했다. 갑자기 아이를 떼어놓을 수는 없었다. 아이가 느끼는 두려움을 인정하고 옆에서 안심시켜 주어야 했다. 둘째 주에는 아이 침대에서 간이침대를 조금씩 멀리 이동했다. 결국 아이는 혼자 잠을 자도 충분히 안전하게 느끼게 되었다.

♥ 아이를 존중해 주고, 약간의 통제권을 행사하게 한다.

아이에게 선택권을 주자. 나는 말로리에게 닐이 욕조 안에 있을 때 "목욕을 그만하자" 하고 말하면 아이가 "싫어요!"라고 대답할 수 있으므로 대신 아이가 선택할 수 있는 조건을 제시하라고 제안했다. "마개를 네가 뽑을래, 아니면 엄마가 할까?" 그러면 아이가 뭔가 자기 뜻대로 하는 듯한 기분이 되서 협조적이 된다.

♥ 경계를 정해서 그것을 지킨다.

닐이 마개를 뽑지 않고 '나가지 않겠다'는 쪽을 택했을 때 말로리는 꿋꿋하게 자신의 입장을 지켰다. "좋아, 닐." 그녀는 담담하게 말했다. "내가 대신 마개를 뽑을게." 물이 빠져나가고 그녀는 아이에게 수건을 둘러서(아직 욕조 안에 있을 때) 안아 올렸다. 그리고 침실로 데려가서 아이가 빠져나가지 못하게 문을 닫았다.

♥ 작은 진전에 주목하자.

시간도둑은 하룻밤에 사라지지 않지만 희망을 버리지 말자. 앞으로 갈 길이 멀다고 해도 목표를 염두에 두자. 바로 해결할 수 있을 거라고 기대하면 실망할 수밖에 없다. 내가 계획을 세우자고 하면 그들은 기겁을 해서 외친다. "두 달이라고요? 그렇게 오래 걸린다고요?"

"천천히 하세요. 이 문제로 이미 얼마나 시간을 낭비했는지 생각해 보세요. 두 달은 아무 것도 아니에요! 작은 성과에 주목하세요. 안 그러면 평생 이 곤경에서 빠져나가지 못할 것처럼 느껴질 겁니다."

예를 들어 말로리는 몇 달 동안 본의아니게 아이에게 잘못 들인 버릇을 되돌려놓아야 했다. 닐은 계속 그녀를 시험했고 매번 전쟁을 치렀다. 우리는 그녀가 묘사한 '각본'을 바탕으로 취침 의식을 여러 단계로 나누어 함께 상의했다. 예를 들어 옷을 입힐 때는 아이에게 선택을 하게 했다. "잠옷을 위부터 입을까 아니면 아래부터 입을까?"

그래도 닐이 옷을 입지 않으려고 하면 그를 쫓아다니면서 게임(아이 생각에)이나 전쟁(엄마 생각에)으로 만들지 말고 잘못된 행동에 따라오는 대가를 깨닫게 해주었다. "좋아. 대신 책을 가져오자. 추우면 말해라. 그때 잠옷을 입자. 이 책이 좋을까 아니면 이 책이 좋을까?" 아이가 책을 고르자 엄마가 말했다. "잘 골랐다. 침대로 들어가면 내가 읽어줄게." 몇 분 책을 읽었을 때 닐이 말했다. "잠옷 입을래요." 말로리가 물었다. "춥지?" 결국 닐은 목욕을 하고 잠옷을 입지 않으면 어떻게 되는지 알게 되었다. "좋아. 추운 게 싫으면 이제 잠옷을 입자." 그러자 신기하게도 닐은 아주 협조적이었다!

이것은 결코 마술이 아니다. 말로리는 취침 의식 내내 자신의 입장을 굽히지 않았다. 그녀는 닐에게 말했다. "침대에 누우면 책을 읽어줄게. 그리고 종이 울리면 불을 끄는 거다. 네가 타이머를 켜겠니? 싫어? 그럼 엄마가 할게." 그러자 닐이 항의를 했다. "안 돼요. 내가 할래요." 아이가 타이머를 켜자 말로리가 말했다. "잘했다." 물을 마시러 아래층에 가지 않아도 되도록 말로리는 이미 침대 옆에 물잔을 놓아두었다. "지금 물을 마시고 싶니? 아니야? 좋아. 목이 마르면 이걸 마셔라. 이제 자리에 누우면 내가 책을 읽어줄게."

닐은 칭얼거리기 시작했다. "누워 있기 싫어요." 말로리는 단호하게 말했다. "닐, 엄마가 여기 함께 누워서 책을 읽어주겠지만 너도 일어나면 안 된다." 그녀는 다른 말은 하지 않았다. 구슬리거나 확인하거나 위협하는 말을 하지 않았다. 아이는 평소 버릇대로 울면서 침대에 들어가지 않으려 했지만 엄마는 되풀이하여 말했다. "잘 시간이다. 닐, 이불 덮고 누우면 내가 책을 읽어줄게." 아이는 계속해서 투정을 부렸지만 그녀는 응석을 받아주지 않았다. 타이머가 울렸는데도 아이는 아직 자리에 눕지 않았다. 말로리는 일어나서 아이를 안아 올렸다. 아이가 발버둥을 치면서 소리를 지르기 시작하자 그녀가 말했다. "엄마를 때리면 안 된다." 그리고 그를 침대에 내려놓았다. 그녀는 다른 말은 하지 않았다.

말로리가 아무런 반응을 보이지 않자 닐은 떼쓰기를 멈추었다. 엄마가 관심을 보이지 않는데 무슨 재미가 있겠는가? 아이가 자리에 누웠을 때 말로리가 조용히 말했다. "착하다, 닐. 네가 잠이 들 때까지 여기 있을게." 아이가 물을 달라고 하면 아무 말 없이 건네주었다. 그녀는 몰래 빠져나가려고 하지 않았다. 몇 번이나 아이는 눈을 뜨고 엄마가 아직 있는지 확인했다. 그러다가 마침내 깊은 잠에 빠졌다. 10시였다. 평소보다 훨씬 빨리 끝났다.

기특하게도 말로리와 이반은 다음 몇 주일 동안 그 계획대로 계속했다. 두 사람이 교대를 했으므로 말로리는 휴식을 취할 수 있었다. 그들은 새로운 취침 의식을 확고하게 밀고나갔고 2~3주 만에 또 다른 중대한 변화를 시도할 수 있었다. 매일 밤 아이가 잠들 때까지 함께 누워 있는 대신 침대 옆에 앉아 있기로 한 것이다. 두 달 후에는 9시 이전에 아이 방에서 나갈 수 있게 되었다.

전에는 완전히 속수무책이었다. 닐은 제멋대로였고, 부모가 서로 협력이 되지 않아서 모든 짐을 엄마가 짊어졌다. 1년이 넘게 실랑이가 계속되었다. 물론 엄마가 좀더 일찍 자각을 하고 조치를 취했더라면 고생을 덜했을 것이다.

당연히 모든 부모는 실수를 한다. 그리고 아이가 하루 이틀 평소보다 짜증을 부린다고 해서 항상 심각한 문제로 변하는 것은 아니다. 하지만 어떤 버릇이 끝없는 실망과 분노와 다툼으로 이어진다 싶으면 뭔가의 조치를 취해야 한다. '두고 보자'는 것은 최선의 방법이 아니다. 시간도둑은 스스로 사라지지는 않는다. 오래 끌수록 버릇은 점점 깊이 뿌리가 박힌다.

습관적 수면 장애, 리앤의 이야기

가장 흔한 시간도둑은 수면 장애인데, 그 중에서도 가장 고약한 경우는 아이가 밤에 깨서 먹는 것이다. 이럴 때 부모들은 흔히 두 가지 방법을 시도한다. 아이가 울 때마다 엄마가 계속 아이 입에 노리개젖꼭지나 엄마젖을 들이밀어서 달래거나, 아니면 아이가 울다가 제풀에 지쳐서 그치게 하는 것이다. 첫 번째 방법은 부모가 잠을 못 자고 아이도 가르치지 못한다. 그리고 두 번째 방법은 아이에게 믿음을 주지 못하고 상처를 줄 수 있다. 그리고 어떤 방법을 시도하든 부모는 기진맥진해진다.

빅토리아가 그랬다. 14개월 된 리앤은 1시간 반마다 깨어나서 젖을 먹는 버릇이 있었다. 나에게 오기 며칠 전에 빅토리아는 몇 달 동안 잠을 자지 못해서 충혈된 눈으로 운전을 하다가 다른 차를 들이받았다. 다행히 다친 사람은 없었지만 그 사고로 그녀는 자신이 얼마나 고단한 삶을 살고 있는지 깨달았다. 나는 먼저 그녀가 변화될 준비가 되었는지 물어보았다.

빅토리아는 그 사건이 터지기 전에는 딸이 크면 끊임없는 수유 욕구에서 벗어나리라고 생각했다. 그녀 주변의 엄마들도 그런 환상을 부채질했다.

"아직 준비가 안 된 거에요." 비버리가 주장했다. "때가 되면 밤새도록 쥐 죽은 듯이 잘 겁니다." 빅토리아는 머리 속에서 리앤은 그런 아이가 아니라고 말하는 소리를 일축해 버렸다.

"우리 애는 2년이 걸렸어요." 유니스가 말했다.

"우리 딸은 밤새 다섯 번이나 먹는 답니다." 도리스가 맞장구를 쳤다. "그래도 나는 아침이면 끄덕 없이 일어납니다. 엄마가 되면 그런 희생은 각오해야죠."

"우린 아이를 데리고 자요." 이베트가 이렇게 말하면서 자다가 돌아누워서 아이 입에 젖을 물리는 것이 뭐 그리 어려운 일이냐고 덧붙였다.

여자들이 한 말을 나에게 들려주면서 빅토리아가 물었다. "제가 아이한테 너무 많은 것을 기대하는 걸까요?" 내가 대답할 새도 없이 그녀는 초조하게 말을 이었다. "우리 아이는 너무 사랑스러워요. 아이가 힘들어하는 것을 볼 수가 없습니다. 젖을 먹이면서 보면 아이가 배가 고파서 먹는 것도 아닌 것 같은데 왜 그렇게 자주 깰까요? 아이를 데리고 자보기도 했지만 그러면 아무도 잠을 자지 못하고 점점 더 나빠지죠. 내가 같이 자면 아이는 거의 밤새도록 입에 젖을 물고 잡니다. 내가 움직이면 아이가 울면서 젖을 달라고 하죠. 도무지 대책이 서지 않아요."

나는 빅토리아에게 시간도둑 잡기 계획을 세우게 했다.

♥ 부모가 문제를 어떻게 부추겨왔는지 돌아보자.

아이들은 6개월에서 9개월 사이에 수면 방식이 어른들을 닮아가기 시작한다. 즉 매 1시간 반에서 2시간 간격의 수면주기를 거친다. 비디오테이프로 사람들이 자는 모습을 찍어보면 렘수면이라고 부르는 얕은 잠에서 깊은 잠으로 진행되는 과정이 밤새 반복되는 것을 알 수 있다. 뒤척거리고 돌아눕고 다리 하나를 침대 밖으로 내놓고, 이불을 끌어당기거나 잠꼬대를 한다. 영아들과 유아들은 밤새 약 1시간 반 정도 간격으로 깨서 중얼거리고 옹알이를 한다. 하지만 아무도 방해하지 않으면 혼자 다시 잠이 든다.

하지만 아이는 혼자 자는 법을 배워야 한다. 부모는 아기가 태어난 첫날부터 혼자 잠이 들고 자기 자리에서 편안하게 느끼는 방법을 가르쳐야 한다. 그렇지 않으면 유아가 되었을 때 이러한 수면 장애를 겪게 된다. 리앤은 혼자서 잠드는 법을 전혀 배우지 못한 것이 분명했다. 대신 잠이 드는 것과 엄마의 젖을 물고 있는 것을 연결하도록 훈련받았으며 렘수면 상태에서 다시 깊은 잠으로 돌아가는 기술을 배우지 못했다. 엄마젖은 이른바 버팀목이 되었던 것이다. 엄마젖이나 노리개젖꼭지 또는 안아서 흔들거나 차에 태워서 다니는 것 등, 아이가 의지하려고 하는 것들은 모두 버팀목이 될 수 있다.

"오, 내가 아이를 망쳐놓았군요." 빅토리아가 비탄에 잠겨 말했다.

"그 정도는 아니에요." 내가 안심시켰다. "그리고 '오, 가엾은 리앤'이라는 감상은 버립시다. 아이를 불쌍해 하면 서로에게 도움이 되지 않아요. 당신은 지금까지 나름대로 최선을 다해왔고, 사실 일관적이 되려고 애써왔습니다. 이제 올바른 방법을 일관성 있게 밀고나가야 합니다. 계획대로만 하면 밤에 젖을 먹는 리앤의 버릇을 고치게 될 겁니다."

♥ ABC 처방을 사용해서 문제를 분석한다.

이 경우 A(내력)는 리앤이 분명 혼자 자는 것을 배우지 못했기 때문이고, B(행동)는 잘 시간이 되면 투정을 부리고 엄마젖을 요구한다는 것이다. C(결과)는 빅토리아가 항상 굴복을 해서 점점 더 버릇을 확고

하게 굳어지게 만든 것이다. 빅토리아가 일과에 대해 설명하는 것을 들으면서 나는 더욱 확신이 갔다. 리앤은 보통 아침 5시 30분에 잠에서 깬다. 엄마는 아이에게 젖을 먹이고 나서 아래층으로 데려간다. 리앤은 45분 정도 논다. 아이가 하품을 하기 시작하면 엄마는 다시 위층으로 데려가서 흔들의자에 앉아 아이가 잠이 들 때까지 젖을 먹인다. "운이 좋으면 침대에 눕힐 수가 있어요. 하지만 보통 때는 움직이지 못하게 해요."

내 머리 속에서 반짝하고 불이 들어왔다. "잠깐, 지금 아이가 당신을 움직이지 못하게 한다고 말했는데, 무슨 뜻이죠?"

"그러니까, 아이가 잠이 든 것처럼 보여도 내가 흔들의자에서 일어나려고 하면 소리를 지르죠. 그래서 다시 가슴에 눕히면 잠이 들어요. 몇 분 후에 다시 일어나려고 하면 아이가 또 흥분합니다. 그렇게 두 번 해보고 안 되면 보통 1시간 동안 흔들의자에 앉아 있어요."

"정말 힘들겠군요."

"그렇지도 않아요." 빅토리아가 말했다. "이제는 괜찮아요. 남편이 흔들의자 앞에 놓는 보조의자를 사왔어요. 리앤이 잠들면 살며시 그 위에 다리를 올려놓죠. 어느 날 아침에 내가 너무 피곤해서 졸다가 리앤을 떨어뜨릴 뻔한 적이 있기 때문에 남편이 사다준 겁니다."

보통 7시 30분 경에 리앤이 다시 깨면 옷을 입혀서 하루를 시작할 준비를 시킨다. 아침식사로 이유식을 먹이고, 다음에 10시 30분 경에 아이가 피곤해 하면 이층으로 데려가서 젖을 먹인다. "5분에서 10분이면 잠이 금방 들어서 20분 정도 자죠. 만일 아이가 깨려고 할 때 젖을 먹이면 5분 만에 다시 재울 수 있습니다. 하지만 때를 놓치면 울면서 다시 잘 때까지 1시간이 걸릴 수도 있죠. 그러면 아이가 배가 고파지니까 젖을 주면 보통 다시 20분 정도 더 잡니다."

이 무용담을 읽기가 피곤할 것이다. 나 역시 이 이야기를 듣다가 진력이 났다. 그리고 아직 오전 11시 30분까지밖에 들지 않았다! 리앤이 깨어나면 빅토리아는 아이를 데리고 엎치락뒤치락한다. 엄마는 아이가 소리를 지를까봐 낮 동안에는 아이를 침대에 두지 못한다. 때로 아이를 데리고 나갈 때는 먼저 차에서 젖을 먹여서 재운다. 왜냐하면 카시트에 '앉히지 못하게 하기 때문'이라고 빅토리아가 설명한다. 카시트에 앉히려고 하면 아이가 뒤로 넘어가면서 죽어라고 비명을 지른다. "이웃들은 아마 내가 아이를 고문하는 줄 알 거예요." 빅토리아가 하소연한다.

"내가 보기에는 아이가 엄마를 고문하고 있는 것 같군요." 내가 그쯤에서 한마디했다.

대충 그렇게 보내다가 5시가 되면 남편이 퇴근해서 집에 돌아온다. 엄마가 아이를 먹인 후에 아빠가 목욕을 시킨다. 빅토리아는 자랑을 했다. "남편은 아주 잘해요. 책을 읽어주고 나서 제게 아이를 넘겨주죠. 젖을 먹이면 다시 1시간 정도 잡니다."

나는 왜 아빠에게 리앤을 재우게 하지 않느냐고 물었다. "남편이 몇 번 시도해 보았지만 아이가 거부합니다. 아이의 우는 소리를 듣고 있을 수가 없죠. 결국 내가 들어가서 젖을 먹입니다. 아이는 다시 자고 8시에 일어나서 아빠와 놀다가 11시 30분 경에 내가 젖을 먹이죠. 그러면 12시 30분 경까지 자고 일어나서 젖을 먹고 다시 잠이 듭니다. 운이 좋으면 새벽 3시까지 자는데, 그런 날은 흔하지 않아요. 그리고 다시 4시와 5시 30분에 깨고, 하루가 다시 시작되죠." 빅토리아는 잠시 말을 멈추고 생각에 잠겼다. "어느 날 밤에는 아이가 줄곧 5시간을 잔 적이 있었죠. 하지만 딱 하루뿐이었어요."

분명 이것은 하룻밤에 해결될 수 없는 뿌리가 깊고 장기적인 문제다. 빅토리아와 더그는 리앤에게 시간도둑에서 벗어나 자기 위안 기술을 터득하게 하는 단계적인 계획을 세워야 했다.

♥ 계획을 세워서 밀고 나가자.

"하루에 두 번씩, 아이가 기분이 좋을 때, 침대에 넣어두세요. 처음에는 엄마에게 매달리면서 울겠죠. 관심을 돌려서 감정에서 벗어나게 해주세요. 까꿍놀이 또는 다른 놀이를 하면서 재미있게 해주세요. 처음에는 4~5분 정도나 버틸 수 있을지 모르겠군요. '괜찮아, 아가야. 엄마가 여기 있다' 하면서 아이를 안심시켜 주세요."

"이 시점에서 중요한 것은 아이가 울 때까지 기다리지 말라는 겁니다. 아이가 즐겁게 놀 때, 침대에서 꺼내세요. 그러면서 매일 조금씩 시간을 연장해서 2주에 걸쳐서 15분까지 늘려보세요. 침대 안에 장난감을 넣어주고 거기가 아주 좋은 곳이라는 생각이 들게 해주세요. 그러다보면 아이가 혼자 노는 시간이 길어질 겁니다. 2주 후에는 아이가 장난감을 갖고 정신없이 놀고 있을 때 침대 곁에서 멀어지기 시작하세요. 하지만 몰래 빠져나가지는 마세요. 엄마를 믿게끔 해야 합니다. 빨래를 개거나 옷장 정리를 하면서 방 안에 계세요."

여태까지 리앤은 침대에 내려놓을 때마다 엄마가 나갈까봐 겁을 먹은 것이다. 리앤이 혼자 있거나 혼자 잠드는 법을 배우지 못한 것은 그런 불안감 때문이었다. 매번 아이에게 젖을 먹인 것은 도움이 되지 않았다. 오히려 "너에게는 엄마가 필요해"라는 메시지만 주었을 뿐이다. 이제는 리앤을 안심시키고 침대에서 혼자 시간을 보내게 해서 잠에서 깨어났을 때 엄마가 없어도 편안하게 느끼도록 해야 했다. 하지만 나는 빅토리아에게 천천히 하라고 경고했다. 리앤에게 믿음을 주고 독립심을 길러주려면 시간과 인내가 필요했다.

♥ 단계별로 나누어서 조치를 취한다.

각 변화에 2~3주일이 걸릴 수 있다. "당신 말이 맞았어요, 트레이시." 빅토리아는 2주 후에 보고를 해왔다. 처음에는 아이가 울었어요.

시간도둑과 수면의 관계

가장 흔한 시간도둑은 수면과 관련이 있는데, 레베카의 경험에서 볼 수 있듯이 취침 문제를 둘러싼 무언의 음모가 있을 수 있다.

"나는 배심원 활동을 했을 때 대기실에서 기다리는 동안 여자들에게 지난밤에 아이를 재우느라고 몇 시간이 걸렸다는 이야기를 했어요. 그랬더니 한 여자가 위로를 하듯이 내 손을 잡고 자기 딸이 아기였을 때 매일 밤 남편과 교대로 아이와 함께 자야 했다고 털어놓더군요. 그러자 또 다른 여자가 끼어들어서 자기가 지금 그런 지경이라고 말했어요.

"저 혼자만 그런 것이 아니라는 것을 아니까 훨씬 기분이 좋아졌지만, 한편으로 의아했어요. 저는 그 두 사람에게 말했어요. '이상하군요. 얼마 전에 생일 파티에 갔는데 아이 엄마들은 모두 자기 아이가 곧바로 잠이 들어서 밤새도록 깨지 않는다고 하던데요.' 그랬더니 두 여자가 동시에 '다 거짓말이에요!' 하면서 깔깔거리더군요."

하지만 내가 손인형으로 장난을 하니까 깔깔거렸죠. 하지만 두 번째와 세 번째는 그다지 효과가 없었어요. 아마 침대에서 2분 정도 있었나 봐요. 하지만 반드시 아이가 아직 기분이 좋을 때 침대에서 꺼냈어요. 그랬더니 신기할 정도로 점점 나아지더군요. 2주가 지났지만 침대에서 쉽게 멀어질 수 없었어요. 불안해서요. 처음에는 아이와 함께 놀아주었습니다. 그러다가 방 한쪽에 있는 옷장의 서랍정리를 하기 시작했어요. 놀랍게도 아이는 약간 불안해 했지만 괜찮았어요. 나는 단지 아이에게 태연하고 침착하게 말을 건네면서 아무 일도 없다는 것을 알게 했죠. 3주가 지났을 때 과감하게 잠시 아이 눈앞에서 사라져봤어요. '금방 돌아올게. 이 빨랫감을 바구니에 넣어두고 올게' 하고 말했죠. 조마조마했는데 아이가 혼자서 잘 놀았어요. 내가 곁에 없는 것도 몰랐던 것처럼 말이죠."

나는 빅토리아에게 축하를 해주었다. 그 성공에 힘입어서 그녀는 불필요한 수유를 해결하는 다음 단계로 진행했다. 우선 리앤의 낮잠 시간부터 해결하기로 했다. 빅토리아는 당장 수유를 중단할 수 있으리라고는 기대하지 않았다. 나는 아이가 잠들기 시작하면 곧바로 젖꼭지를 빼라고 말했다. 그녀는 아이가 울 거라고 했다. "아마 그럴 테죠." 내가 말했다. "다시 젖을 물리고, 잠이 들면 빼세요. 15분간 그렇게 하세요. 만일 그래도 울면 장소를 바꾸세요. 아래층으로 내려가세요. 20분 후에 다시 올라와서 다시 처음부터 시작해 보세요."

리앤은 그런 변화를 좋아하지 않았다. 처음에는 짜증을 내면서 소리를 지르기 시작했다. "아이가 너무 안쓰러워서 양보를 하고 말았어요." 빅토리아는 다음 주에 내게 전화를 해서 고백했다. "하지만 다음 날에는 마음을 단단히 먹고 아이가 잠이 들자마자 젖을 뺐죠. 아이가 울기에 가르쳐주신 대로 잠시 방에서 데리고 나왔어요. 다섯 번을 그렇게 한 후에 마침내 젖을 먹지 않고 내 무릎 위에서 잠이 들었죠. 일곱째 날에는 흔들의자에서 안고 있었는데 내 셔츠를 만지작거리다가 그냥 잠이 들더군요."

♥ 작은 진전에 주목하자.

3주 후에 리앤은 젖을 입에 물지 않고도 낮잠을 잤지만 밤에는 여전히 깨서 젖을 달라고 보챘다. 더그와 빅토리아는 서로 협조해야 한다고 내가 설명했다. 나는 빅토리아에게 단도직입적으로 물었다. "남편이 도와주기를 바라세요?" 빅토리아에게는 넘어야 할 심리적인 장애가 있었다. 그녀는 아이를 돌보는 것을 좋아했고 자신의 역할을 나누고 싶어하지 않았다.

"지금 당신은 아이를 남편과 떼어놓고 있어요." 내가 꼬집어 말했다. "당신도 모르게 아이에게 아빠는 나쁜 사람이고 엄마는 구세주라는 느낌을 갖게 해주고 있습니다. 밤에 아이가 깨면 남편을 들여보내세요."

나는 합리적인 재우기의 개념을 설명했다. 즉 아이를 자기 자리에서 재우되 방치하지 말고 안심시켜 주라고 했던 것이다. 입에 뭔가를 물고 자는 것에 익숙한 아이들은 자연히 그것이 없으면 잠이 들지 못한다. 하지만 리앤은 이제 낮잠을 그냥 잘 수 있었다. 나는 밤에도 그것이 가능하리라고 믿어 의심치 않았다.

나는 두 사람에게 지시를 내렸다. "아이가 울면 함께 있어 주세요. 엄마젖이 아니라 부모가 함께 있다는 것을 알게 해주세요. 너무 심하게 울면 안아주세요. 처음 며칠 동안은 고생할 각오를 하세요. 아마 진정시키려면 40분 이상 안고 있어야 할 겁니다. 울음을 멈추면 다시 내려놓으세요. 다시 울면 곧바로 안아주세요. 이렇게 아이를 안아 올렸다 내렸다를 50번, 100번이라도 하세요!"

첫날밤에 리앤은 거의 2시간 동안 울었다 그쳤다 했다. 부모는 옆에서 아이를 위로했다. "아이가 우는 것을 듣기가 너무 힘들었어요." 빅토리아가 나중에 말했다. "하지만 그냥 두고 나가지는 않았어요. 아이를 안아 올렸다가 내려놓았다가 하기를 첫날밤에는 46번, 둘째날에는 29번, 그리고 셋째날에는 12번을 했습니다. 넷째날 밤에는 9시에서 새벽 4시 30분까지 자더군요. 아마 아이가 너무 지쳤거나 우리가 너무 피곤해서 울음소리를 듣지 못했을 거라고 생각했어요. 하지만 그 다음에 7일째에는 한번도 안 깨고 9시간을 내리 잤어요. 9일째에는 두 번 일어났지만 우리는 계획대로 밀고 나갔죠. 아이가 우리를 시험하는 게 아닌가 하는 생각이 들더군요. 이제 아이가 깨지 않고 잔 지가 11일째에요. 가장 놀라운 것은 아이가 아침에 깨서 인형을 갖고 논다는 거죠. 정말 혼자 놀아요. 칭얼거린다 싶으면 곧바로 침대에서 꺼냅니다." 빅토리아와 더그는 리앤이 깨지 않고 자는 것이 '기적'이라고 주장했지만 사실 그 성공은 그들의 결단과 의지력 덕분이었다.

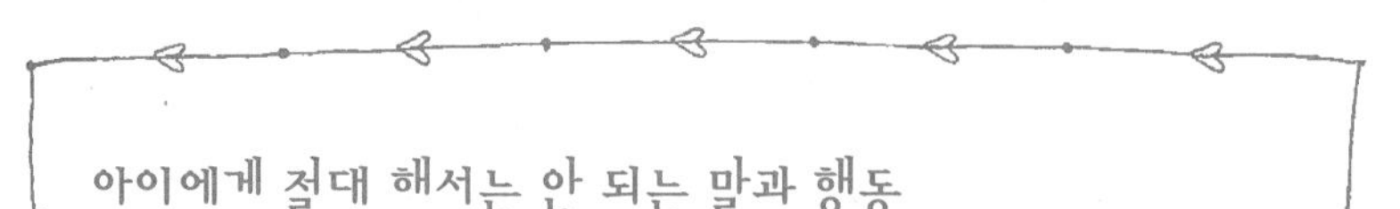

아이에게 절대 해서는 안 되는 말과 행동

부모들이 어떤 시간도둑에 대해 이야기할 때는 어김없이 다음 10가지 중에 한 가지를 언급한다.

1. 체벌한다.
2. 찰싹 때린다.
3. 수치감을 준다. "이런 울보."
4. 소리를 지른다. 스스로 자문해 보자. "내가 너무 아이를 방치하다가 결국 이 지경이 된 것이 아닌가?"
5. 함부로 말한다. "기저귀를 갈아야겠구나" 하면 될 것을 "이런, 또 쌌네" 하고 말한다.
6. 원망한다. "너 때문에 미치겠다." 또는 "너 때문에 늦었다."
7. 위협한다. "다시 또 그러면 너를 여기 두고 가겠다." 또는 "나중에 혼내 줄 거다." 최악은 "아빠가 올 때까지 두고 보자."
8. 아이가 듣고 있는 자리에서 아이에 대해 이야기한다. 웬만한 이야기는 나중으로 미루는 것이 좋겠지만 만일 꼭 뭔가 말해야 한다면 이름과 성별을 바꾸어서 하자.
9. 낙인을 찍는다. "친구를 밀면 함께 놀 수 없다"라고 말하지 말고 "넌 나쁜 아이야"라고 말한다.
10. 아이가 대답할 수 없는 질문을 한다. "프리실라는 왜 때렸니?" 또는 "시장에서 왜 말썽을 부리니?"

분리 공포증, 코디의 이야기

분리 공포증은 여러 가지 시간도둑의 한 요인이다. 닐과 리앤은 둘 다 엄마가 눈앞에서 사라지면 다시는 볼 수 없다는 불안감을 갖고 있었다. 만일 내 말이 과장되게 들리면 대부분의 유아들에게 엄마가 생명줄이라는 사실을 기억하자. 유아들에게 가장 큰 과제 두 가지는 엄마가 방에서 나가도 영원히 사라지지 않는다는 것을 배우는 것과 엄마가 없는 동안 견딜 수 있는 자기 위안 기술을 개발하는 것이다.

유아들은 대부분 분리 공포를 겪지만, 나는 지나치게 매달리거나 수면 장애가 있는 아이는 부모가 지나치게 응석을 받아주거나 아니면 언젠가 어떤 식으로 아이의 믿음을 저버린 것이 아닌지를 의심한다. 부모가 몰래 빠져나가거나 "금방 돌아올게"라고 말하고는 몇 시간 후에 나타나면서 믿을 수 없게 행동할 수도 있다. 그러면 아이가 떨어지지 않으려는 것은 당연하다. 사실 부모들도 불쌍하다. 결국 동네가 떠나가라고 우는 아이를 남겨두고 허둥지둥 죄책감을 느끼면서 집을 나서야 한다.

물론 만일 아이가 충분한 관심을 받지 못하고 있거나 부모가 아이의 요구에 응답하지 않거나, 반대로 곁에서 노심초사하거나 아이에게 솔직하지 못하다면, 그런 문제들부터 반드시 해결해야 한다. 동시에 아이가 단지 외부적인 위안에만 의존한다면, 아이 스스로 자신을 위로하는 방법을 가르칠 필요가 있다. 만일 아직 아이에게 자기 위안물이 없다면 나는 부모한테 하나 만들어주라고 제안한다. 자기 위안을 외부적인 것에 의지하면 변화가 더 오래 걸리므로 이제 아이 스스로 해결하는 법을 배워야 한다.

앞서 말했듯이 아이들은 대부분 8~10개월 정도가 되면 자연스럽게 어떤 대상에 대한 애착을 갖는데 그런 아이들은 유아기에 좀더 독립적이고 자기 위안을 잘한다. 14개월 된 아들 코디의 엄마인 달리가 전화를 해왔다. 사람들은 코디를 '찰거머리 코디' 아니면 '응석받이'라고 불렀다. 하지만 그건 분명 코디의 잘못이 아니었다. 그는 단지 집에서 어른들이 가르친 대로 하고 있을 뿐이었다. 코디의 경우는 시간도둑으로 진행되는 임기응변식 육아의 전형적인 예였으므로 나는 달리에게 대책을 세우게 했다.

♥ 부모가 어떤 식으로 문제를 부추겨왔는지 생각해 보자.

아기였을 때부터 코디는 잠시도 혼자 시간을 보낸 적이 없었다. 엄마 아니면 보모가 항상 안고 있었다. 아기침대나 놀이울에 내려놓은 적도 없었다. 실제로 아이가 눈만 뜨면 누가 옆에서 그를 안거나 어떤 식으로든 함께 있었다. 아이가 혼자 앉아서 장난감을 갖고 놀 수 있게 되었을 때도 달리는 옆에서 보여주고 설명하고 가르쳐주면서 아이 스스로 뭔가 혼자 해보도록 내버려두지 않았다. 그 결과 코디는 단 5분도 엄마가 없으면 견디지 못하고 울음을 터뜨렸다. 달리는 이제는 정말 한시도 아이 곁을 떠날 수가 없었다.

♥ ABC를 사용해서 문제를 분석한다.

이야기를 다 듣고 나서 내가 물었다. "아이가 놀다 지치거나 엄마가 방에서 나가면 어떻게 하죠?"

"동네가 떠나가라고 울어요." 달리가 대답했다.

당연하다. ABC를 사용해서 이 상황을 분석해 보면, A(내력)는 코디가 혼자 있어본 적이 없었고 따라서 자기 위안을 배우지 못한 것이다. B(행동)는 당연히 혼자 있으면 우는 것이다. C(결과)는 언제나 누군가, 보통 엄마가 달려가므로 그런 버릇이 굳어지는 것이다.

♥ 부모에게 변화할 의지가 있는지 확인한다.

나는 이 가족의 문제를 해결하려면 두 가지가 필요하다고 보았다. 먼저 달리에게 변화하려는 의지가 있어야 했다. 서둘러 아이를 구출하려고 덤벼들기 전에 H.E.L.P. 지침을 기억하고 뒤로 물러나서 아이의 탐험을 격려해 주는 법을 배워야 했다. 둘째 코디는 불안하고 겁을 먹거나 욕구 불만일 때 항상 엄마에게 의지했지만 이제 엄마가 없어도 혼자서 견딜 수 있는 위안물을 찾아야 했다. 두 가지 변화 모두 시간이 걸린다. 시작하면서 나는 달리에게 충고했다. "아들의 행동뿐 아니라 엄마 자신의 행동도 세심하게 살펴야 할 겁니다."

♥ 계획을 세운다.

우리는 계획을 작은 단계별로 나누어서 코디의 놀이시간에서부터 시작했다. 나는 달리에게 H.E.L.P.에 대해 가르쳤고 코디가 장난감을 손에 잡거나 어떤 활동을 시작할 때 참견하지 말라고 했다. 이것은 코디에게만큼이나 그녀에게 힘들었다. 그녀는 아들이 노는 것을 관찰하고 따라가기보다는 함께 놀면서 끊임없이 상대해 주는 것에 익숙했다. 하지만 나는 강조했다. "조금씩 변하면 됩니다. 코디가 덜 까다로운 낮 시간부터 시작하세요."

♥ 단계적으로 진행한다.

처음에 달리는 아이와 함께 마루에 내려앉았다. 코디가 장난감 하나를 갖고 왔을 때 그녀는 먼저 아이가 혼자 갖고 놀게 했다. 물론 코디는 엄마와 함께 노는 것에 익숙했으므로 보통은 장난감을 엄마 무릎에 던져준다. 하지만 이번에 달리는 아이가 가져온 실로폰을 탁자 위에 올려놓았다. 그녀는 아이에게 봉을 건네주면서 명랑한 목소리로 "코디야, 네가 엄마를 위해서 연주를 해봐" 하고 말했다. 코디는 분명

"아니에요, 엄마가 해요"라는 듯이 그녀의 팔을 잡았다. 하지만 달리는 입장을 지켰다. "아니야, 코디. 엄마가 아니라 네가 하는 거야." 그녀가 다시 말했다.

코디는 어떤 날은 혼자 놀고 어떤 날은 떼를 썼다. 하지만 몇 주일이 지나자 달리가 함께하지 않아도 혼자서 잘 놀았다. 엄마는 너무 신기해서 처음에 다소 지나치게 칭찬을 했다. 하지만 "잘하는구나, 코디"라는 말에 아이가 계속 집중하지 못한다는 것을 알았다. 엄마 목소리를 들으면 즉시 옛날 습관으로 돌아가려고 했다. 나는 아이가 혼자 놀면 10~15분쯤 기다렸다가 칭찬해 주라고 말했다. 그리고 호들갑을 떨지 말고 가볍게 칭찬해 주라고 했다.

♥ 경계를 정해서 그것을 지킨다.

아직 코디는 놀 때 엄마가 방에 있어야 했지만 전보다는 훨씬 독립적이 되었다. 작은 진전에 주목하고 멈추지 않는 것이 중요하다. 또 계속 목적지를 향해 움직여가야 한다. 다음 목표는 아이가 엄마의 부재를 견디게 하는 것이었다. 달리는 조금씩 아이에게서 멀어지다가 마침내 2미터 정도 떨어진 소파에 앉을 수 있었다. 그녀는 책을 읽거나 가계부를 정리하면서 다른 일에 정신을 쏟으려고 했다. 코디가 확인하러 오면 "나는 여기 있어. 아무데도 가지 않아"라고 말했다. 그리고 아이에게 안심하고 다시 가서 놀라는 뜻으로 하던 일을 계속했다.

달리는 일단 바닥에서 소파 위로 올라가긴 했지만 이제 방에서 나가는 것이 문제였다. 처음에 "금방 돌아올게, 코디. 엄마는 주방에서 할 일이 있다"고 말하면서 나가려고 하자 아이는 즉시 하던 일을 멈추고 울면서 달려왔다. 달리는 돌아서서 다시 거실로 들어갔다. "코디, 금방 온다니까. 주방에서도 엄마는 네가 보이고 너도 엄마가 보이잖니."

♥ 아이에게 위안물을 준다.

이제 코디에게 엄마가 없을 때 의지할 수 있고 감정을 추스릴 수 있는 위안물을 만들어줄 시간이 되었다. 코디에게는 특별히 애지중지하는 봉제 인형이나 다른 '안전담요'가 없었으므로 달리는 자신이 입던 부드러운 헌 스웨터를 주면서 "엄마가 돌아올 때까지 대신 이걸 안고 있어"라고 말했다. 그녀는 거실에서 주방으로 가서도 아이에게 계속 말을 걸었다. 몇 주 동안 하루에 1분씩 떠나 있는 시간을 조금씩 늘려갔다.

일단 15분 정도 방에서 나가 있을 수 있게 되자 그 다음에는 낮잠 시간에 도전해 보기로 했다. 원래 엄마에게서 떨어지지 않는 아이들은 잠에서 깨어났을 때 엄마가 보이지 않을까봐 아예 잠을 자지 않으려고 한다. 이제 코디를 낮잠을 재울 때 달리는 자신의 스웨터를 주었다. 처음에 코디는 그것을 침대 밖으로 던져버렸다. 하지만 달리는 조용히 그것을 집어서 코디의 손과 함께 잡고 있었다. 그녀는 아이와 함께 머물면서 나직하고 편안한 목소리로 속삭여주었다. 이 시간도 역시 하루에 1분씩 줄여갔다.

아이가 처음에 위안물을 거부한다고 해서 너무 쉽게 포기하지 말자. 아이가 그것을 원하지 않는다고 생각하지 말고 계속해서 손에 쥐어주자. 인내심을 갖자. 아이가 위안을 필요로 할 때 그것을 주면서 연결시켜 주자. 목표는 아이의 독립심을 길러주고 집중 시간을 늘려가는 것임을 염두에 두자. 일단 아이가 엄마의 존재에 마음을 쓰지 않으면 점차 뭔가에 집중하는 시간이 길어진다.

♥ 작은 승리에 주목하자.

달리는 코디가 갑자기 그녀의 스웨터를 항상 들고 다니면서 애착을 보이자 결승점에 가까워진 것을 알았다. 달리는 그것을 코디의 '러비'라고 부르기 시작했고, 곧 코디도 따라 불렀다. 어느 날 달리가 코디에게 물었다. "네가 항상 찾을 수 있게 네 러비를 어디에 두면 좋을까?" 아이는 그것을 거실 쿠션 뒤에 밀어 넣었다.

최종 테스트는 달리가 집을 나서기로 결심했을 때였다. 처음에 달리는 코디에게 말했다. "가게에 갔다 올게. 내가 없는 동안 프리다 언니가 여기 있을 거야. 엄마가 없는 동안 너의 러비와 함께 있을래?" 코디는 썩 내키지는 않았지만 이제 러비를 벗 삼아서 잠을 잘 수 있었다. 마지못해서 아이는 그것을 끌어안았다.

결국 전체 과정이 6주가 걸렸다. 만일 코디가 더 컸더라면(또는 달리가 계획대로 하지 않았다면) 더 오래 걸렸을지도 모른다. 반면에 코디의 버릇이 그렇게 굳어지기 전에 일찍 나를 찾아왔다면 더 금방 해결되었을 것이다. 이것은 특별한 사례가 아니다. 요즘 부모들은 아이들을 과보호하는 경향이 있다. 물론 사랑과 애정의 발로라는 것은 알고 있다. 하지만 너무 지나쳐서 본의아니게 아이의 독립에 지장을 줄 때는 한걸음 뒤로 물러설 필요가 있다.

성가신 노리개젖꼭지 떼어버리기

분리 공포를 이야기하면서 노리개젖꼭지에 대해 그냥 넘어갈 수는 없다. 나로서는 아이가 혼자서 자기 입에 다시 넣을 수 없는 물건보다는 차라리 자기 손가락이나 물병을 빠는 것이 낫다고 생각한다.

노리개젖꼭지에 무조건 반대하는 것은 아니다. 사실 나는 빨기 반사가 가장 한창인 3개월 이하의 영아들에게 노리개젖꼭지를 추천하고 있다. 그때는 아기들이 아직 자신의 손을 찾을 수 있는 신체적 능력이 없으며 노리개젖꼭지가 아이에게 필요한 구강 자극을 제공한다. 하지만 아이가 팔다리를 제어할 수 있게 된 후에도 입에 계속 노리개젖꼭지를 밀어 넣어주면 그것이 버팀목이 된다. 그것은 누군가가 입에 넣어주는 것이므로 자기 위안 방법이라고 할 수 없다. 그럼에도 불구하고 아이는 노리개젖꼭지를 물고 있는 느낌에 익숙해진다. 그리고 만일 아이가 6개월까지 거기서 벗어나지 못하면 고치기 어려운 버릇이 된다.

사실, 부모들이 상담을 요청해 오는 수면에 관련된 여러 가지 시간도둑의 유형을 분석해 보면 종종 아이가 노리개젖꼭지에 중독되어 있는 경우가 많다. 내 웹사이트에 올라오는 편지들 중에 상당수가 노리개젖꼭지를 물려주기 위해 밤에 네다섯 번씩 일어나는 부모들이 보낸 것이다. 다음에 소개하는 어느 엄마가 보낸 이메일은 그런 부모들의 곤경을 대변해 준다. 14개월 된 키미는 매일 밤 입에 노리개젖꼭지를 물고 잠이 들었다. 깊은 잠이 들면 입이 벌어지면서 노리개젖꼭지가 빠져나왔다. 키미는 노리개젖꼭지의 감각에 익숙해져서 그것이 없으면 어김없이 잠에서 깼다. 어떤 날에는 더듬거리다가 그것을 찾아서 스스로 입에 넣었다. 하지만 이불 속에 들어가거나 바닥에 떨어지는 수가 더 많았다. 불쌍한 키미는 깊은 잠에서 깨어나 엄마가 들어와서 그것을 찾아줄 때까지 악을 쓰면서 울었다. 그리고 노리개젖꼭지를 물고서야 다시 잠이 들었다.

때로 엄마가 이러한 아이의 의존을 지속시키기도 한다. 아이를 진정시키고, 더 나쁘게는, 아이의 입을 다물게 하려고 빨대 사탕처럼 아이의 입에 노리개젖꼭지를 물려주는 것이다. 당연히 아이는 자기 위안 방법을 배우지 못한다. 조시처럼 "스쿠터가 노리개젖꼭지를 치우지 못하게 해요"라고 말하는 엄마가 있으면 나는 엄마 자신이 그것을 필요로 하는 것이 아닌지 돌아보게 한다. 무엇보다 아이에게 노리개젖꼭지를 물려주는 것은 엄마의 소관이다.

"저는 스쿠터가 달라고 하지 않아도 항상 노리개젖꼭지를 갖고 다녀요." 조시가 고백했다. 간단히 말해서, 노리개젖꼭지에 의지하는 사람은 스쿠터가 아니라 그녀 자신이었다. 조시는 노리개젖꼭지에 마술을 불어넣었다. 그것은 아이를 조용하게 해준다. 노리개젖꼭지만 물리면 어디서나 아이를 재울 수 있다. 사람들 앞에서 난처해지는 일이 없다. 이 마술은 잘못된 환상일 뿐 아니라 아이가 칭얼거리기 시작하자마자 노리개젖꼭지를 입에 물리면 자기 표현을 하지 못하게 막는 셈이다. 아이에게 귀를 기울이지 않는 것이다.

만일 8개월 이후에도 아이가 아직 노리개젖꼭지를 물고 있다면, 그것을 치우고 안 치우고는 엄마에게 달려 있다. 엄마는 겁이 날 수도 있다. 지금은 네 살과 다섯 살이 된 아이들의 엄마는 당시의 불안감을 한마디로 요약해서 이렇게 말한다. "그게 제가 가진 전부였어요." 하지만 노리개젖꼭지가 보이지 않을 때마다 엄마를 불러서 찾아달라고 하는 것을 생각해 보자. 성가신 노리개젖꼭지 떼기가 늦어질수록 엄마는 더 많은 밤을 잠도 못 자고 고생할 것이다. 다음에 소개하는 노리개젖꼭지 떼는 방법들을 참고하여 각자 자신의 아이에게 맞는 방법을 찾아보자.

어떤 방법을 사용하든지 현실적이 되자. 아이가 허전해 하겠지만 견뎌야 한다. 며칠 밤 아이가 울어도 어쩔 수 없다. 결국은 극복할 것이다.

습관적인 떼쓰기, 필립 이야기

부모가 아이의 비위를 맞추어주다 보면 아이는 점점 더 억지스럽고 막무가내 행동을 하게 된다. 그리고 그러한 아이의 행동은 파괴적인 시간도둑으로 변할 수 있다. 떼쓰기에는 보통 다른 문제점들과 관련이 있으며 다분히 부모로서의 권위를 잃어버렸다는 것을 암시한다.

'안전담요' 요령

♥ 그대로 둔다!

아이가 지나치게 자기 위안물에 집착하지 않는다면, 즉 하루 종일 다른 활동을 못할 정도가 아니라면 그대로 두자. 이때 노리개젖꼭지는 예외이다. 아이의 나쁜 버릇을 고치는 최선의 방법은 모른체하는 것이다. 타이르거나 달래면 아이가 어떤 물건이나 행동에 점점 더 집착한다. 그냥 내버려두자.

♥ 자주 세탁한다!

천으로 만든 위안물은 자주 세탁을 해야 한다. 그렇지 않으면 아이가 그 냄새에서도 위안을 찾게 된다. 그러다가 세탁을 하면 그것을 빼앗기는 것만큼이나 상처를 받게 된다.

♥ 두 개 이상 만든다!

아이가 좋아하는 봉제 인형이나 장난감을 적어도 세 개를 산다. 안전담요를 대학까지 끌고 가지는 않겠지만, 몇 년간은 애지중지할 것이다.

♥ 갖고 다니자!

여행을 할 때는 아이의 '안전담요'를 챙기자. 어느 가족은 곰인형을 두고 와서 비행기를 놓친 일도 있었다.

세인트루이스에 사는 카르멘과 월터는 24개월 된 아들 때문에 전화로 1시간이나 나와 상담했다. 그들의 말에 따르면, 필립은 지금 6개월이 된 동생 보니타가 태어나자 "못말리게 공격적이고 심술궂은 아이로 돌변했다." 필립은 특히 부모가 아기에게 관심을 보이면 참지 못하는 것처럼 보인다. 예를 들어 카르멘이 보니타의 기저귀를 갈아줄 때

노리개젖꼭지에서 벗어나는 두 가지 방법

노리개젖꼭지는 아이가 클수록 떼기가 점점 더 힘들어진다. 어떤 경우든, 노리개젖꼭지를 떼기 전에 아이에게 위안물을 만들어주자. 일단 아이가 어떤 부드러운 천이나 봉제 인형에 애착을 갖게 되면 자동적으로 노리개젖꼭지를 덜 찾게 된다.

♥ 서서히 끊기

낮잠 시간부터 시작하자. 3일 동안은 노리개젖꼭지를 물고 자게 해주고 잠이 들자마자 아이 입에서 빼는 것으로 시작한다. 그 다음에는 낮잠 시간에 노리개젖꼭지를 주지 않는다. 무조건 '낮잠 잘 때 노리개젖꼭지는 이제 없다'라고 말하자. 아이가 울면 위안물을 주고 안아주고 다독여주면서 엄마가 옆에 있다는 것을 알게 해주고, "괜찮아, 아가야. 이제 자면 된다"라고 말한다.

일단 아이가 노리개젖꼭지 없이 낮잠을 자게 되면 밤에도 같은 방법을 사용한다. 아이가 8개월 이하이면 보통 1주일 정도 걸리고 8개월 이상이면 좀더 걸린다. 먼저, 입에 노리개젖꼭지를 물고 자게 해주고 잠이 들면 뺀다. 한밤중에 깨서 울지도 모른다. 아이를 다독거리고 손에 위안물을 들려준다. 양보하거나 안쓰러워하는 태도를 보이지 말자. 부모로서 당연히 해야 할 일을 하고 있다고 생각하자. 아이가 혼자 자는 기술을 가르치고 있는 것이다.

♥ 단번에 끊기

나는 돌 이하의 아이들에게는 단번에 끊는 것을 추천하지 않는다. '없어졌다'는 것이 무슨 뜻인지 잘 이해하지 못하기 때문이다. 하지만 때로 아이가 커서 아주 없어져 버리지 않는다는 것을 알 정도가 되면 더 힘들 수 있다. 한 엄마가 아이에게 말했다. "오, 어쩌나. 젖꼭지가 없어졌네."

"어디 갔어요?" 아기가 물었다.

"쓰레기 수거함" 엄마가 태연하게 말했다.

그 아이는 아마 쓰레기 수거함이 뭔지도 몰랐을 수도 있지만 어쨌든 노리개젖꼭지를 다시 볼 수 없다는 사실을 받아들였다. 1시간 동안 울고 보채다가 금방 단념하는 아이들도 있다. 어떤 아이들은 계속해서 물어보고 안절부절하지만 며칠을 넘기는 경우는 드물다. 두 돌된 리키는 예를 들어, 어느 날 아빠가 "네 노리개젖꼭지가 없어졌다. 그건 이에 좋지가 않아" 하고 말했더니 완전히 야단법석이 났다. 아이는 울고 또 울었지만 아빠는 아들의 눈물에 연민을 보이지 않았다. 그는 "오, 불쌍한 리키. 노리개젖꼭지가 없어지다니" 하고 말하지 않았다. 3일 밤이 지나자 리키는 극복을 했다.

♥ 절충법

어떤 부모들은 점진적으로 끊는 방법과 단번에 끊는 방법을 적절히 응용한다. 11개월 된 마리사는 이안이 노리개젖꼭지를 포기하는 것을 아침 기상 의식의 일부로 만들었다. 매일 아침 엄마는 아이를 꼭 끌어안아준 다음에 손을 내밀고 말한다. "이제 엄마에게 네 노리개젖꼭지를 줘야지." 이안은 투정을 부리지 않고 그것을 엄마에게 내밀었다. 하지만 여전히 잘 때는 노리개젖꼭지가 필요했다. 밤에 아이를 관찰해 보니 노리개젖꼭지가 그의 수면을 방해하지 않는다는 것을 알았다. 입에서 그것이 빠져도 아이는 깨지 않았다. 그래서 어느 날 마리사는 마침내 아이에게 선언했다. "이제 노리개젖꼭지는 더 이상 필요없다. 넌 다 컸으니까." 그리고 그 말대로 되었다.

마다 필립은 영락없이 떼를 쓴다. 달래려고 안아주면 엄마를 발로 차고 물기도 한다. 보다 못해서 아빠가 끼어들지만 결국 어른 둘이 아이와 바닥에서 뒹군다.

밤에 필립은 부모 사이에 끼어 자면서 엄마나 아빠의 귀를 잡아당기기 전에는 잠을 자지 않는다. 그들은 아이가 귀를 비틀고 잡아당겨도 그대로 둔다. 아무도 "그러면 아프다" 또는 "안돼, 대신 내 손을 잡아라" 하고 말하는 적이 없다. 두말할 필요도 없이 부모 양쪽 모두 완전히 지쳐 있었다. 수백 마일 멀리 떨어진 곳에서 할머니가 적어도 매주 한 번씩 와서 카르멘을 도와주지만 아무도 혼자서는 필립을 감당하지 못한다.

카르멘과 월터는 문제를 미리 막아보려고 노력하고 있으며 적어도 그렇게 하고 있다고 생각한다. 예를 들어, 그들은 최근에 필립과 보니타를 태우고 드라이브를 하면서 장난감 한 보따리를 가지고 갔다. 하지만 필립은 금방 장난감에 싫증을 냈다. 그리고 지루해지자 안전벨트를 벗으려고 했다. "벨트를 풀면, 차를 세울 거야." 월터가 아들에게 으름장을 놓았다. "집에 도착할 때까지 거기 앉아 있어. 안 그러면 혼날 줄 알아라!" 필립은 결국 그만두었지만 월터는 아들이 말을 들을 때까지 계속 고래고래 소리를 질러야 했다.

내가 보기에는 부모가 아이에게 이러저리 끌려다니고 있는 것이 분명했다. 겨우 두 돌박에 안 된 아이를 카르멘과 월터는 계속해서 설득하려고 했다. 아이에게 경계를 정해주는 것이 아니라 본의아니게 떼를 쓰게 만들고 있었던 것이다. 아이의 '공격적이고 심술궂은' 행동은 사실 경계를 정해달라는 것이었다.

"사랑은 아이가 부모의 귀를 잡아당기게 하고 묵묵히 고통을 참는 것이 아닙니다." 나는 최대한 기교를 부려서 말했다. "장난감을 통째로 주고 비위를 맞추어 주는 것도 아닙니다. 그리고 물론 부모와 동생을 자기 마음대로 주무르게 하는 것이 아니죠. 아이는 지금 경계를 애타게 찾고 있어요. 악을 쓰면서 말이죠. 필립이 머잖아 동생을 다치게 하지 않을까 걱정이군요. 물론 그래서 신경을 쓰고 계시겠죠?"

"하지만 우린 아주 화목한 가족입니다." 월터가 말했다. 그리고 사실이 그랬다. 엄마는 차분하고 부드럽게 말했고 아빠는 역시 분명 심지가 곧은 사람이었다. "그리고 필립은 아주 착한 아기였답니다" 하고 카르멘이 덧붙였다. 나는 그들이 하는 말을 의심하지 않았지만 어떤 시점에서 두 사람은 부모 노릇을 해야 했다. 필립은 사랑 이외의 것, 즉 부모의 다스림이 필요했다.

"떼쓰기에서 출발합시다." 내가 제안했다. 그것이 가장 시급한 문제였다. "아이가 제멋대로 굴 때마다 두 분이 방법을 정해서 그대로 실천해야 합니다. 예를 들어, 아이가 난동을 부리면 '이러면 마음에 들지 않는다'고 말합니다. 아이 방으로 데려가서 옆에 앉히고 아무 말도 하지 않는 거죠."

카르멘과 월터는 동의했다. 하지만 첫 시도에 효과가 나타나자 그들은 기뻐하는 대신 필립에게 미안하게 느끼기 시작했다. "우린 가혹한 부모가 되어서 아이의 기를 죽이고 싶지 않아요." 월터가 고백했다. "내가 나무랐더니 아이가 고개를 떨구고 방에서 나가더군요."

나는 아마 십중팔구는 필립이 처음에 빨간 얼굴을 한 작은 침입자인 보니타를 향한 약간의 질투심에 실망감과 피곤함이 덮치면 떼를 썼을 것이라고 설명했다. 처음에 그런 행동을 바로 잡아주는 대신 그들은 매번 아이를 구슬리고 비위를 맞추어주면서 부추겼다. 그리고 이제 필립은 그들의 관심을 얻는 방법을 알고 있다.

나는 또한 그들에게 나무보다 숲을 보라고 말했다. "규칙, 경계 그리고 실망은 우리 인생의 일부입니다. 필립은 교사들이 '안 된다'고 말하는 현실에 준비를 해야 합니다. 그리고 야구팀에 들어가지 못했을 때, 첫 여자친구가 그를 버리고 다른 남자에게 갔을 때 패배감을 느껴야 할 겁니다. 그런 고통스러운 순간들을 극복할 수 있도록 부모가 가르쳐야 합니다. 잔인한 세상이 가르치기 전에 지금 자애로운 부모 밑에서 배우는 것이 낫지 않을까요?"

월터와 카르멘이 이야기한 사례들을 기초로 우리는 간단한 계획을 세웠다.

첫째, 부모가 아이를 다스려야 했다. "당신들이 하는 말을 들어보세요. '필립이 못하게 한다'고 하셨죠? 열다섯 살 먹은 우리 딸이 '엄마가 못하게 해요' 하고 말할 수는 있지만 부모가 되어서 '우리 아이가 못하게 해요'라고 말해도 되는 건가요? 두 돌 된 아이에게 이리저리 끌려다녀도 되는 건가요? 당신들은 아이가 항상 행복하기를 바랍니다. 하지만 지금 다스리지 않으면 아이는 커서 주변사람들을 마음대로 휘두르고 싶어할 겁니다. 부모가 그렇게 하도록 만드는 겁니다."

둘째, 부모로서의 권위를 세워야 했다. 나는 필립에게 선택할 수 있는 조건을 제한해 주라고 말했다. 식사시간에는 두 가지 시리얼 중에 하나를, 차 안에서는 장난감 두 개 중에 하나를 선택하게 하라고 했다. 카르멘은 이 부분에서 잠시 생각하더니 질문했다. "하지만 아이가 떼를 쓰면서 평소대로 이것저것 달라고 하면 어쩌죠?"

나는 그녀에게 아이를 다스리라고 말했다. "'안돼, 필립. 로봇이나 트럭 중에 하나만 갖고 놀아라' 하고 말하세요. 아이가 하자는 대로 끌려가지 마세요." 내가 강조했다.

엄마가 보니타와 함께 놀거나 기저귀를 갈아주고 있을 때 필립이 떼를 쓰면 "필립, 그러면 안 된다"라고 말하고, 그래도 계속하면 아이를 자기 방에 데려가야 한다. 나는 이 시기의 행동은 좋아지기보다 나빠지기가 쉬운 법이라고 경고했다.

식탁에서의 전쟁, 샤논 이야기

아이를 먹이는 문제도 낭패스럽고 화가 나고 엄청난 시간 낭비가 될 수 있다. 게다가 먹는 습관을 잘못 들이면 그 후유증이 아주 오래 갈 수 있다. 문제는 부모 자신도 모르게 생긴다. 어떤 부모들은 식탁 예절을 너무 까다롭게 따지거나 아이가 잘 먹지 않는다고 걱정한다. 그래서 아이를 윽박지르거나 아니면 비위를 맞춰주면서 먹이려고 한다. 그런 식으로는 전쟁에서 질 뿐 아니라 먹는 문제로 인해 다른 일과에도 영향이 미칠 수 있다.

캐롤은 첫돌이 된 딸 샤논이 '지독한 고집쟁이'가 되었다고 나에게 방문을 부탁했다. 아이는 모든 것에 '싫어'로 대꾸했다. 대부분의 유아들이 거부하는 단계를 거치므로 그 자체로는 대수롭지 않은 문제처럼 들렸다. 하지만 종종 부모들은 그러한 거부반응을 지나치게 걱정하다가 본의아니게 고질적인 버릇으로 만든다.

내가 그 집에 도착했을 때는 마침 점심시간이었다. 샤논은 식탁의자에 앉아 있었다. 엄마는 어떻게든 아이에게 베이글을 하나 먹이려고 했지만 아이는 계속 고개를 이리저리 돌리면서 피했다. 엄마나 아이나 점점 더 짜증이 나기 시작했다.

"아이를 내려놓으세요." 내가 제안했다.

"하지만 아직 다 안 먹었는데요."

나는 캐롤에게 아이를 보라고 말했다. 아이는 얼굴을 잔뜩 찡그리고 발버둥을 치고 있었다. 입술을 꼭 다물고 열지 않았다. 하지만 엄마는 아랑곳하지 않고 계속 호소했다. "딱 한 입만, 아기야, 제발… 입을 크게 벌려봐."

그러다가 캐롤은 문제가 베이글이라고 판단했다. "그럼 다른 걸 줄까, 아가야? 시리얼을 줄까? 아니면 바나나? 요거트는 어때? 멜론도 있다." 샤논은 쳐다보지도 않았다. 고개만 점점 더 매몰차게 가로저었다.

"알았다, 알았어." 캐롤이 마침내 말했다. "내려줄게" 캐롤이 아이를 식탁의자에서 내려놓고 손을 닦아주자 아이는 뒤뚱거리며 걸어서 가버렸다. 캐롤은 한 손에 사과소스가 담긴 그릇을, 다른 한 손에는 먹다만 베이글 조각을 들고 아이를 뒤쫓아갔다. "음, 맛있네! 한 입만 먹어봐… 딱 한 입만." 그녀는 계속 돌아다니는 샤논을 따라가면서 구슬렸다.

"방금 아이에게 식사시간이 끝났다고 말하지 않았나요?" 내가 말했다. "지금 아이는 놀려고 하는데 당신은 계속 아이를 쫓아다니는군요. 아이를 보세요. 여기저기 다니면서 장난감을 꺼내고 하는 아이를 당신은 뒤에서 따라다니며 입에 음식을 밀어 넣으려고 하는군요."

캐롤이 나를 쳐다보더니 마침내 포기를 했다. 우리는 좀더 이야기를 나누었고, 나는 다른 때 샤논이 어떤지 물어보았다. 알고 보니 샤논은 목욕할 때나 취침할 때도 말을 듣지 않았다. "식사시간에 그랬던 것처럼 당신은 아이에게 항상 너무 많은 선택을 주고 있지 않은가요?" 내가 물었다.

캐롤은 잠시 생각했다. "음, 그래요" 그녀는 의기양양하게 말했다. "나는 아이에게 강요하고 싶지 않아요. 스스로 생각하는 법을 배우게 하고 싶어요."

나는 어떻게 하는지 예를 들어보라고 말했다.

"그러니까, 목욕 시간에는 '목욕하고 싶니?' 하고 묻고, 아이가 '싫어요'라고 하면 '좋아, 몇 분 후에 할까?' 하고 말하죠."

아이들은 '몇 분 후'가 뭔지 모른다. 나는 중간에 말을 가로막았다. "다음에 어떻게 되는지 알아 맞춰볼까요? 몇 분 후에 당신은 아이에게 몇 분 더 주고, 아마 그 후에 다시 몇 분을 더 줄 것 같군요. 결국 약이 오른 당신은 아이를 낚아채서 위층으로 데려가죠. 그러면 아이는 아마 발버둥을 치면서 소리를 지르겠죠, 안 그래요?"

캐롤은 멍하니 나를 쳐다보았다. 내가 계속했다. "그리고 아이에게 잠옷을 입히고 당신은 잘 준비가 되었는지 물어보겠죠, 그렇죠?"

"네" 캐롤이 우물쭈물 대답했다. "그런데 아이는 항상 '싫어' 하고 대답하죠." 나는 그녀가 내 말을 이해하기 시작한 것을 알 수 있었다.

"캐롤, 샤논은 아이에요. 그리고 당신이 부모입니다!" 내가 딱 잘라 말했다. 나는 샤논의 이런 버릇이 더 큰 문제로 발전할 수 있다고 설명했다. 캐롤은 아이에게 너무 많은 권한과 선택을 주고 있었다. 이것저것 늘어놓을 것이 아니라 두 가지를 정해서 "베이글을 먹을래, 요거트를 먹을래?"라고 물어야 한다. "지금 목욕을 할래?" 하고 묻는 것은 진짜 선택할 수 있는 것이 아니다. 왜냐하면 어차피 목욕은 해야 하기 때문이다. 게다가 아이가 '좋다' 또는 '싫다'라고 대답을 해서 빠져나가기 쉽게 만든다.

아이러니하게도, 캐롤은 샤논에게 너무 많은 권한을 주면서 동시에 충분히 아이를 존중하지 않고 있었다. "배가 고프지 않은 아이를 억지로 앉혀두지 마세요." 내가 나무랐다. "아이에게 귀를 기울이세요. '잘 먹는 아이'로 만들겠다는 욕심보다는 아이의 신체적 요구를 생각하세요. 그리고 제발 아이를 졸졸 따라다니면서 먹이지 마세요. 그러면 점점 더 나빠질 뿐입니다."

나는 캐롤에게 경고했다. "머잖아 샤논은 아예 식탁의자에 앉으려고도 하지 않을 겁니다. 아마 먹는 것을 스트레스와 연결할 겁니다. 그러면 당연히 식욕이 없어질 거구요. 억지로 한다고 되는 일이 아닙니다. 캐롤."

이 문제는 시간이 갈수록 점점 상황이 악화되기 쉬운 시간도둑이다. 샤논은 이미 집에서 왕이나 다름없었다. 아이는 점점 더 완강해질 것이다. 그리고 부모가 가정에서 아이에게 경계를 정해주고 다스리지 않는다면 어떻게 밖에 나가서도 제대로 행동하리라고 기대할 수 있겠는가?

"뒤로 물러서서 아이를 존중해 주고, 실랑이를 벌이지 않게 될 때까지는 아이를 데리고 식당에 가지 마세요." 내가 충고했다. "안 그러면 공공장소에서 아이가 식사를 망쳐놓을 겁니다. 그리고 명절에 시댁을 방문해서 샤논이 식탁 주위를 돌아다니고 소파에 음식을 쏟고 하면 시어머니가 질색을 할 테고 당신은 쥐구멍을 찾겠죠!"

다음 두 달 동안 캐롤과 나는 매주 전화로 상담했다. 처음에 우리는 먹는 것부터 시작했다. 캐롤은 샤논을 식탁에서 먹이고, 아이가 더 이상 원하지 않으면 식사를 끝내기로 약속했다.

2주 만에 샤논은 식탁이 아닌 곳에서는 음식을 먹지 않는다는 규칙을 이해했다. 그리고 더 이상 먹고 싶지 않다는 뜻을 전달하기 위해서 등을 젖히고 발버둥을 칠 필요가 없어졌다. 팔을 쳐들기만 하면 캐롤을 의자에서 내려놓았다. 캐롤은 또한 가짜 선택을 제시하는 대신, 그래서 샤논이 좌지우지하게 만드는 대신, 진짜 선택을 할 수 있도록 해주었다. "잘 때 엄마가 책을 읽어줄까, 아니면 아빠가 읽어줄까?" 그리고 "옛날이야기를 읽어줄까, 동물 이야기를 읽어줄까?" 당연히 다른 일과도 좀더 순조롭게 진행되었다. 물론, 샤논은 아직도 말을 듣지 않을 때가 있지만 캐롤은 이제 더 이상 승산 없는 싸움에 매일 시간을 낭비하지 않는다.

시간도둑을 해결하는 것은 처음에 그런 문제로 실랑이를 벌이는 것만큼이나 진이 빠지는 일이다. 하지만 좀더 앞을 내다보는 것이 중요하다. 아이가 서너 살이 되어서도 수면 장애나 떼쓰기와 같은 문제로 속을 썩이고 싶지는 않을 것이다. 그렇다면 지금 그런 문제들을 해결해야 한다. 몇 주일이나 몇 달이 걸리더라도 그만한 가치가 있다.

또한 좀더 큰 그림을 염두에 두자. 육아는 그 무엇보다 어렵고 중요한 평생의 과제다. 아이들을 키우려면 창의적이어야 할 뿐만 아니라 인내하고 현명해야 하며, 특히 훈련을 하는 문제에서는 그 어느 때보다 끈기가 필요하다. 그리고 마지막 장에서 보듯이, 가족을 늘리기로 결정한다면 신중한 사고와 선견지명이 더욱 더 필요하다.

9장

현명한 가족 계획 세우기

동생이 생기는 큰아이 육아법

변하지 않는 것은 아무것도 없다.

—헤라클레이토스

한 가족을 다스리는 것은 한 나라를 다스리는 것만큼이나 어려운 일이다.

—몽테뉴

현명한 가족 계획 세우기

유아를 키우고 있는 부모들에게 "동생은 언제 볼 건가요?" 또는 "지금 계획을 하고 있나요?"라고 물으면 모두 우물쭈물한다. 물론 어떤 부모들은 철저하게 계획을 세운다. 첫아이를 임신하기도 전에 아이들을 어느 정도 터울이 지게 할 것인지를 정한다. 게다가 운이 좋으면 모든 일이 착착 계획대로 진행된다. 하지만 모두들 그렇게 확고한 의지와 행운을 갖고 있는 것이 아니다. 실제로 나는 아이를 하나 더 가져야 하는지에 대한 문제로 고민하는 부모들을 많이 만났다. 과연 감당해 낼 수 있을까? 경제적으로 쪼들리지 않을까? 다행히 첫아이는 수월했지만 다음에도 그런 행운이 지속될까? 만일 힘들었다면 또 다시 그 모든 것을 겪을 용기가 있는가?

처음 임신을 했을 때는 뭐가 뭔지 잘 몰랐지만 이제는 아이를 키우는 일이 어떤지, 보람과 기쁨도 있지만 또한 얼마나 고달프고 복잡한 일인지 잘 알고 있다. 이제 세 식구로 가족을 이루었는데 더 늘릴 필요가 있을까?

이 장에서는 앞으로의 가족 계획에 대해 생각해 보고 아이에게 동생을 맞이할 준비를 시키면서 마찬가지로 중요한 문제인 우리 자신과 부부관계를 돌보는 방법에 대해 알아보려 한다. 새 가족을 맞이하면 당연히 더 많은 크고 작은 충돌이 일어난다. 따라서 새 가족을 기쁜 마음으로 맞이할 수 있어야 할 뿐 아니라 그로 인해 일어날 수 있는 문제점에 대비해서 미리 준비해야 한다.

다시 임신할 것인가?

신중히 생각하자. 이것은 중요한 결정이다. 물론 은행에 충분한 돈이 있는지, 집이 충분히 넓은지 그리고 무엇보다 둘째아이에게 사랑과 관심을 줄 여력이 있는지 생각해 보아야 한다. 엄마는 또 직장에 대해 생각해 보아야 한다. 만일 첫아기를 가졌을 때 직장을 떠났다면, 또 다시 아이를 돌보면서 계속 집에 머물 것인가? 만일 지금 직장에 복귀해서 다니고 있다면 아이가 하나 더 생겨도 계속 다닐 수 있겠는가?

아니면 그 반대의 경우도 있을 것이다. 첫아기를 낳고 엄마는 아이를 키우는 일이야말로 적성에 딱 맞는다는 것을 알았다. 의외로 모유를 먹이고 안아주고 보살피고 하는 것이 즐거웠다. 그런데 아기가 걷기 시작하고, 젖을 떼고, 말을 하기 시작하자 밀월 여행이 끝난 것을 알고 다시 아기를 안아보기를 갈망하고 있다. 설사 그렇다고 해도 그 모든 것을 다시 겪을 준비가 되어 있는지 따져보아야 한다.

종종 부부가 둘째아기를 가질 것인지 또는 언제 가질 것인지에 대해 말다툼을 하다가 사이가 벌어지는 수가 있다. 임신은 간단한 일이 아니므로 부부는 반드시 두 사람의 의견 차이를 조정해야 한다. 각자 솔직하게 둘째아이를 원하는 이유를 생각해 보자. 가족들이나 친구들이 압력을 넣기 때문인가? 한 자녀 가정에 대한 편견을 갖고 있거나 아이에게 형제가 필요하다고 생각하기 때문인가? 생체 시계가 멈추려고 하기 때문인가? 아니면 위의 모든 것이 원인인가?

다음은 둘째아이를 갖는 문제로 고민하는 세 부부의 이야기다.

♥ 존과 탈리아

존과 탈리아가 오래 기다려온 첫아기 크리스틴은 5년 동안 불임 치료와 두 번의 유산을 겪은 후에 태어났고 이제 세 돌이 되었다. 마흔이 다 된 탈리아는 오래 기다릴수록 인공수정을 이용한 임신 기회가 점점 줄어든다는 것을 알았다. 하지만 아내보다 열세 살이 더 많고 전처 소생의 두 아이가 있는 존은 아이를 또 갖는 것에 대해 확신이 서지 않았다. 그는 물론 작은 딸을 '중년의 선물'이라고 부르면서 애지중지했지만 크리스틴이 사춘기일 때 그는 이미 70대가 될 것이다. 탈리아는 존의 반대를 역으로 자신의 주장을 납득시키는 데 이용했다. "바로 그래서 우리가 아이를 또 가져야 한다는 거예요. 크리스틴에게는 늙은 부모 말고도 형제가 필요해요." 몇 달 동안 갑론을박한 후에 존은 마침내 탈리아에게 승복했다. 그는 크리스틴이 혼자 자라는 것을 원하지 않았다. 탈리아는 금방 임신을 해서 주위사람들을 놀라게 했다. 크리스틴에게 이제 남자동생이 생겼다.

♥ 케이트와 봅

소규모 의상실을 경영하는 케이트는 '아들에게 형제를 만들어주고' 싶었지만 여러 가지 형편을 생각해야 했다. 서른다섯 살인 그녀는 자기 사업에 재미를 붙였다. 그녀는 루이스를 가졌을 때 기꺼이 집에 들어앉았지만 항상 다시 일을 시작할 계획을 하고 있었고, 루이스가 6개월이 되자 다시 직장으로 돌아갔다. 하지만 파트타임 보모를 두었는데도 쉽지 않았다. 아이가 워낙 고집이 센 씩씩한 아이였고 잠버릇도 아주 불안정했다. 아침마다 케이트는 피곤한 몸을 끌고 출근했다. 형제가 다섯인 가정에서 자란 봅은 아이를 두 명 이상 원했고, 이제 루이스는 벌써 두 돌 반이 되었다. 설상가상으로 케이트의 친정아버지는 위독한 상태였다. "아버지가 루이스의 동생을 보고 돌아가시면 얼마나 좋겠니." 그녀의 어머니가 말했다. "그리고 나도 이제 자꾸 늙어가고 있다."

케이트는 고민스러웠다. 그녀 자신도 항상 아이는 둘을 원했지만 수면 부족으로 고생한 기억이 아직도 생생했고 또 다시 모유를 짜내고 기저귀를 갈아주고 해야 한다고 생각하니 앞이 까마득했다. 결국 그녀는 받아들였고 기꺼이 그렇게 했다. 루이스가 네 번째 생일을 맞이하기 며칠 전에 천사 아기 말콤이 태어났다.

♥ 패니와 스탠

둘째아이를 갖는 문제로 말다툼을 벌이는 부부들이 있지만 때로는 어떤 불가항력에 의해 결정되기도 한다. 두 사람 모두 마흔인 패니와 스탠은 불임으로 오래 고통을 겪다가 첫아이를 입양했다. 겨우 2개월에 캄보디아에서 온 찬은 그들이 꿈꾸던 아기였다. 찬은 두 사람과 금방 정이 들었고 게다가 아주 수월하고 원만한 천사 아기였다. 찬이 5개월이었던 어느 날 아침 패니는 아침에 깨어나서 구역질을 했다. 그녀는 1주일 전에 독감에 걸린 스탠에게서 전염된 줄 알았다. 놀랍게도 의사는 그녀가 임신을 했다고 말했다. 기쁜 소식이었지만 그녀는 경제적인 문제는 고사하고라도 두 돌이 안 된 아이를 둘이나 키울 자신이 없었다. 하지만 이러고저러고 할 수 있는 문제가 아니었다. 둘째아이가 이미 뱃속에 있었던 것이다.

만일 우리가 완벽한 세상에 산다면 모든 것이 제자리에 들어맞을 것이다. 둘째아이를 갖기로 결정하면 고려할 사항들을 목록으로 만들어서 준비가 되었는지 확인한다. 그리고 아이들의 터울을 정해서 예정에 맞추어 임신을 하면 된다.

하지만 어느 한 가지 우리가 바라는 대로 되지 않을 때가 많다. 은행에 돈도 없고 집도 좁고 첫아이와 좀더 많은 시간을 보내고도 싶다. 보류하고 싶지 않은 다른 계획도 있다. 그래서 갈팡질팡한다. 엄마의 생체 시계는 계속 돌아가고 남편은 둘째를 갖자고 조른다. 모든 것이 완벽하지는 않지만 뛰어들기로 한다.

둘째아이를 가질 것인가, 말 것인가?

저마다 둘째아이를 가질 때는 나름대로 이유가 있지만 결정을 내리기 전에 부모들은 여러 가지 형편을 고려해야 한다.

♥ 신체적인 준비

부모의 나이가 얼마인가? 건강은 어떤가? 아이를 다시 키울 힘이 있는가?

♥ 정서적인 준비

부모의 기질과 육아에 더 많은 시간과 에너지를 투자할 의지가 있는지, 첫아이와의 강한 밀착을 포기할 준비가 되어 있는지?

♥ 첫 아이

아이의 기질이 어떤지, 영아기와 유아기는 어떠했는지 그리고 얼마나 변화에 잘 적응하는지?

♥ 경제력

어느 한쪽이 직장을 그만두어도 꾸려갈 수 있는지? 사람을 고용할 여유가 있는지? 충분한 저축을 해두었는지?

♥ 직업

일을 보류할 의향이 있는지? 아이들을 키우고 난 후에 다시 직장에 돌아갈 수 있는지?

♥ 공간

두 아이를 키울 충분한 공간이 있는지? 새로 태어나는 아기는 어디서 재울 것인지? 첫아이와 한 방을 쓸 수 있는지?

♥ 동기

정말 다시 아이를 원하는지 아니면 다른 압력이 있는지? 한 자녀 가정에 대한 어떤 우려를 갖고 있는지? 형제가 많았거나 없었던 자신의 어린 시절과 어떤 관계가 있는지?

마음 다스리기

호르몬이 요동을 치고 몸 안에서 새로운 생명이 자라고 있는데 아이는 이리 뛰고 저리 뛴다. 기분이 좋은 날에는 단란한 가족과 함께하는 평화로운 광경을 상상한다. 저녁 만찬을 즐기거나 크리스마스날 아침에 선물을 열어보거나 아마 디즈니 월드에서 휴가를 보내는 광경일 수도 있다. 하지만 우울한 날에는 고민에 휩싸인다. 큰아이에게 어떻게 이야기할까? 어떻게 준비를 시켜야 할까? 동생을 반가워하지 않으면 어쩌나? 남편의 마음이 바뀌면 어쩌나? 이 생각 저 생각 하다가 항상 가장 무시무시한 질문에서 멈춘다. 내가 뭐 하러 이 고생을 하는 거지?

감정의 기복이 심할 때는 9개월이 아주 긴 세월처럼 느껴질 것이다. 스스로를 보살피고 배우자와 대화를 나누면서 동시에 큰 아이를 준비시켜야 한다. 그럼 어른들부터 시작하자.

♥ 자신이 느끼는 감정이 정상임을 자각하자.

둘째아이 임신 중에 "잘한 일인지 모르겠다"고 말하지 않는 엄마는 한 사람도 없다. 공포가 시도 때도 없이 여러 가지 이유로 엄습한다. 처음 몇 달은 참을 만하지만 몸무게가 늘고 아이를 안아올리기가 힘들어지면 다가오는 출산이 임박한 재난처럼 느껴지기 시작한다. 또는 수월하던 큰아이가 갑자기 말을 듣지 않는다. 둘째를 키우면서 다시 모든 것을 처음부터 겪어야 한다니 상상만 해도 끔찍하다. 공포는 예기치 않는 순간에 밀려온다. 남편과 함께 길을 걷다가 극장이나 멋진 레스토랑에서 나오다가 첫아기 때의 생활이 어땠는지 기억이 난다. 낭만적인 시간은 거의 없었다. 이번에는 미쳐버릴 것만 같다.

공포가 엄습하면 평온 기도문을 암송하자. "하느님, 제게 어쩔 수 없는 것들을 받아들이는 평온을 주시고, 제 스스로 변화할 수 있는 일들을 바꾸는 용기를 주시고, 또 이를 구별하는 지혜를 주소서."

임신은 우리가 바꿀 수 없는 일이지만, 마음가짐은 바꿀 수 있다. 따라서 심호흡을 한 번 하고 친구에게 전화를 하고 엄마 자신을 위해 기분전환이 될 만한 뭔가를 하자.

♥ 두려움에 대해 이야기하자.

얼마 전, 둘째아이를 임신한 지 7개월이 된 실내 장식가 레니와 회계사인 카터가 자꾸만 회의가 든다면서 나에게 방문을 해달라고 부탁했다. 나는 밴이 2년 반 전에 태어난 이래로 그들을 알아왔다.

"주로 밴 때문에 고민이에요. 지금처럼 밴에게 충분한 관심을 줄 수 없을 것 같아요. 두 아이를 함께 돌볼 수 있을까요?" 레나가 물었다.

"우리는 밴과 충분한 시간을 보내지 못한 것 같습니다." 카터가 동의했다. "그런데 또 아이가 생기면…." 내가 질문했다.

"언제가 적당할까요? 언제쯤이면 밴과 충분히 시간을 보냈다고 할 수 있을까요? 네 살? 아니면 다섯 살?"

두 사람 모두 내 말을 이해하고 어깨를 으쓱했다. 나는 그들이 왜 7개월 전에 임신을 하기로 결정했는지 돌이켜보라고 했다. "밴이 혼자 자라게 하고 싶지 않았어요." 레나가 말했다. "우리는 아이를 둘 이상 가질 계획이었죠. 밴이 태어났을 때 잠시 일을 하지 않았지만 그 후로는 제가 하는 일이 술술 풀렸죠. 우리 두 사람 모두 하는 일이 잘 되어서 경제적으로도 풍족합니다. 그리고 아기가 태어날 때면 밴이 세 살이 되니까 친구들과 놀고 혼자서도 잘할 거라고 생각했어요."

레나와 카터는 또한 새집으로 이사하기보다는 집의 일부를 개조해서 넓히기로 했다. 그들은 분명 숙제를 모두 끝내놓고 있었다. 무엇보다 두 사람은 아주 행복해 보였다. 밴은 수월한 아이였고, 훌륭한 입주 보모가 있었고, 레나는 실내 디자인으로 얼마 전에 상까지 받았다.

하지만 그게 다가 아니었다. 레나는 분출하는 호르몬과 12킬로그램

나이 터울

'이상적인' 터울이란 있을 수 없다. 결국 각자 형편에 맞게 시간을 계산하고 자연이 도와주기를 바라는 수밖에 없다.

♥ 11~18개월

터울이 적을수록 엄마가 힘들다. 두 아이가 기저귀를 차고 아기 물건도 두 배가 된다. 매일 생활이 너무 고되고 힘들기 때문에 아이 버릇을 들이기도 더 어려울 것이다. 좋은 점은 일찌감치 두 아이를 키우고 끝낸다는 것이다.

♥ 18~30개월

한창 첫아이가 말을 안 듣고 말썽을 부릴 때다. 첫아이가 필요로 하고 원하는 만큼 관심을 줄 수 없을 것이다. 첫아이에게 따로 시간을 내서 돌보면 문제점들이 완화될 수 있다. 그리고 첫아이의 기질에 따라서 두 아이 사이에 많은 다툼이 있기도 하지만 그러면서 강한 형제애가 생기기도 한다.

♥ 2년 6개월~4년

첫아이가 보다 독립적이 되고 자기 친구가 생기고 일정한 일과가 있으므로 동생을 질투하는 게 덜하다. 나이 차이가 커서 놀이 친구가 되지 못할 수 있지만 크면서 달라진다.

♥ 4년 이상

첫아이는 곧바로 놀이 친구가 생길 줄 알았다가 실망하기도 한다. 동생을 보살필 수는 있지만 지나친 책임을 주지 않도록 하자. 형제간의 경쟁이 적은 만큼 상호작용도 적다.

이나 불어난 체중 때문에 고생하고 있었다. 밴은 종종 엄마가 왜 자기를 안아주지 않는지 이유도 모른 채 투정을 부렸다. 또한 어느 거부가 말리부에 최근에 구입한 저택을 그녀에게 개조해 달라고 의뢰해 왔다. 만일 그 일을 한다면 한 재산과 명성을 얻고 더 많은 일로 이어지는 기회가 될 수 있었지만 시간이 필요했다. 그건 둘째아이를 출산할 여자로서는 불가능한 일이었다.

이야기를 나누면서 나는 둘째아이가 태어난다는 사실보다도 레나의 몸 상태와 좋은 기회를 놓칠 수 있다는 조바심이 그녀를 힘들게 한다는 것을 알았다.

"얄궂기도 하지." 내가 말했다. 레나는 그 일이 큰 건수인 만큼 일생에 단 한 번뿐인 기회처럼 느껴졌고, 동시에 마음속으로 그 일을 거절해야 한다는 것을 알고 있었다.

"당신이 느끼는 실망감을 동네방네 떠들고 다니세요. 속으로 끙끙 앓다가는 나중에 뒤통수를 맞을 수가 있어요. 더 나쁘게는 태어날 아이를 원망하게 될지도 모르죠." 내가 말했다.

♥ 모든 것을 다 가질 수는 없다.

우리는 살면서 소망하는 것들과 하고 싶은 일들이 있지만 그 모든 것을 다 가질 수는 없다. 회의가 생기면 처음에 임신을 하게 된 이유를 곰곰이 생각해 보자. 기회를 놓친다고 안타까워하지 말고 인생의 순리를 받아들여야 한다. 내가 레나에게 말했듯이 "일에 대해 협상할 수 있고 가정 형편에 맞춰서 일을 할 수도 있지만, 정말 그렇게까지 하고 싶은 건가요? 일은 나중에도 할 수 있지만 아기와 시간을 보내는 기회는 다시 오지 않아요."

며칠 후에 레나는 내게 전화를 해서 훨씬 기분이 좋아졌다고 말했다. "우리가 이 아기를 갖기로 결정한 이유와 지금이 적절한 시간인지에 대해 계속 생각했죠. 또한 그 일을 맡지 않기로 한 내 결정과 화해를 하니까 이제 다소 편안해졌어요." 레나의 고민은 요즘 여성들이 흔히 겪는 문제다. 일을 하면서 아이를 키우다보면 항상 뭔가를 포기해야 한다. 일은 오고 가지만 아이는 영원히 우리 곁에 남는다.

한 자녀 키우기

사상 처음으로 미국에서는 자녀가 한 명인 가정이 두 명 이상인 가정보다 많아졌다. 그럼에도 불구하고 한 자녀에 대한 선입견은 여전하다. 흔히들 혼자 크는 아이들은 응석받이고 버릇이 없다, 함께 나누기를 배우지 못한다, 세상에 원만하게 적응하지 못한다, 형제가 없어서 외롭다고 이야기한다. 1900년대 심리학자인 G. 스탠리 홀은 '혼자 크는 것은 그 자체가 병이다'라고까지 혹평했다.

제발 그만하자! 최근 연구를 보면, 혼자인 아이들이 자긍심과 지능 발달 면에서 더 유리하다. 한 자녀를 가진 부모들은 아이를 위해 사회적 환경을 만들어주려고 노력할 것이다. 모든 것은 부모가 하기 나름이다. 집에 아이가 하나이건 다섯이건, 저녁 식탁에 올리는 숟가락 숫자보다는 부모의 육아 방법, 신체적이며 정서적인 건강 그리고 부모의 사랑과 교육이 훨씬 중요하다.

둘째, 아이를 갖는 문제로 어느 정도 갈등하는 것은 당연하고 이해할 수 있는 일이지만, 신중하게 생각해 보고 아니다 싶으면 한 자녀를 가질 수 있는 권리를 주장하자. 세 식구로도 얼마든지 훌륭한 가족이 될 수 있다. 아이에게는 부모의 당당한 선택이었다고 강조하자. 부모가 미안해 하고 불안해 하고 후회하면 아이는 자신이 부모의 유일한 보물이라는 생각보다 형제가 없는 외톨이라는 생각을 하게 된다.

아이에게 너무 많은 것을 바라지 말자

부모들의 문제도 문제려니와 아이는 엄마의 배가 왜 불러오는지, 왜 엄마가 자기를 더 이상 번쩍 들어올리지 못하는지 모른다. 다음과 같은 지침을 따라한다면 그러한 변화를 좀더 매끄럽게 넘어갈 수 있을 것이다.

♥ 아이가 이해하지 못한다는 것을 기억하자.

"엄마 뱃속에 아기가 있다"고 말하면 아이는 무슨 소린지 이해하지 못한다. 아이는 엄마의 불룩한 배를 가리키면서 그 말을 그대로 따라 할 수는 있지만 새로운 생명의 탄생이 자신에게 무슨 의미가 있는지 이해하지 못한다. 그렇다고 아이를 준비시킬 필요가 없다는 것이 아니라 너무 많은 것을 바라지 말라는 것이다.

도와줘요! 엄마, 도와줘요!

첫아이 때보다 둘째아이를 임신하면 엄마는 더 피곤해질 것이다. 무거운 몸을 끌고 큰아이를 쫓아다녀야 한다. 아빠(또는 할머니, 보모, 친구, 누구든 도와줄 수 있는 사람)에게 구조를 요청하자. 그들이 해줄 수 있는 일들은 다음과 같다.

- ♥ 되도록이면 큰아이를 엄마에게서 데려간다.
- ♥ 심부름을 해준다.
- ♥ 요리를 하거나 가져온다.
- ♥ 아이 목욕을 시킨다. 엄마는 허리를 구부리기가 불편하다.
- ♥ 일을 시킨다고 불평하지 않는다.

♥ 너무 일찍 말하지 말자.

9개월은 아이들에게 영원이나 다름없다. 만일 "너한테 동생이 생길 거야"라고 말하면 아이는 내일 당장 그렇게 되는 줄 안다. 많은 부모들이 동생이 태어나기 몇 달 전에 소식을 말해주지만 나는 4~5주 전부터 시작하면 충분하다고 생각한다. 하지만 아이는 부모가 가장 잘 알고 있다. 아이의 성격에 따라서 판단을 하자. 아이가 엄마의 배가 불러오는 것을 눈치 채고 거기에 대해 물어볼 때를 출발점으로 삼을 수도 있다.

아이에게는 간단하게 설명하자. "엄마 뱃속에 아기가 있다. 너는 동생이 생길 거야." "아기는 어디서 살 건가요?" 또는 "아기가 내 침대에서 잘 건가요?"라고 물으면 솔직하게 대답해 주자. 또한 아기가 태어나자마자 걷고 말하는 것이 아니라는 사실을 주지시키자. "너한테 새 놀이 친구가 생기는 거야"라고 말했다가 나중에 잠만 자고 울고 엄마젖을 빠는 것밖에 아무것도 할 줄 모르는 작은 녀석을 집에 데려오면 어느 누가 실망하지 않겠는가?

♥ 아기가 태어나기 6개월 전부터 큰아이를 놀이 모임에 데려간다.

아이들은 또래들과 놀면서 함께 나누고 협조하는 것을 배운다. 쌍둥이 형제가 아닌 다음에는 나이 터울이 적다고 해도 큰아이는 갓 태어난 아기와 함께 할 수 있는 일이 별로 없다. 따라서 다른 아이들과 놀면서 적어도 나누는 것에 대해 어느 정도 배우게 하는 것이 필요하다.

♥ 다른 아이에 대한 애정을 보여주자.

부모가 다른 아이들과 함께 놀아주는 모습을 보여주자. 엄마가 다른 아이를 안아주거나 뽀뽀를 해도 별로 상관하지 않는 아이도 있지만 어떤 아이들은 화를 낸다. 그들에게는 엄마가 다른 사람한테 관심을 갖는다는 것은 있을 수 없는 일이다. 어떤 아이들은 깜짝 놀란다. 14개월의 오드리는 엄마가 놀이 모임에서 다른 아이를 안았을 때 눈이 휘둥그레지면서 완전히 충격을 받은 듯한 표정을 지었다. 엄마, 뭐 하고 있는 거에요? 그건 내가 아니에요. 오드리에게는 엄마도 나눌 수 있다는 것을 보여주는 것이 필요했다.

집에서도 아이가 엄마에게서 아빠를 밀어내려고 하면 엄마에게는 두 사람을 위한 충분한 사랑이 있다는 것을 알려주자. 얼마 전에도 어떤 엄마에게서 두 돌이 된 아이가 엄마 아빠가 서로 안는 것을 싫어한다는 말을 들었다. 나는 그 엄마에게 "이리 와라. 우리 모두 함께 안아주자"라고 하면서 아이의 행동을 고쳐주어야 한다고 말했다.

♥ 아기들을 보여주자.

아기에 대한 책을 읽어주자. 아이의 아기 때 사진이나 잡지에 나오는 아기들 사진을 보여주자. 실제로 직접 아기들을 만나볼 수 있으면 더욱 좋다. "이 아이는 엄마 뱃속에 있는 아기보다 크다." "우리 아기는 태어나면 이렇게 크지 않을 거야"라고 말해주자. 또한 아기들이 얼마나 약한지 가르쳐주자. "이 아기는 갓난아기야. 손가락이 얼마나 작은지 봐라. 우리는 아기를 아주 조심조심 다루어야 한다. 아기는 아주 약하니까." 그러면 아이를 병원에서 데려왔을 때 조심해서 다루어야 한다는 것을 알 것이다.

한마디 더

많은 부모들이 아이를 병원에 함께 데려가서 그곳에서 엄마가 아기를 낳을 것이라고 알려준다. 나는 동의하지 않는다. 어린 아이는 병원을 무서운 곳으로 여길 수 있다. 또한 아픈 사람들이 가는 곳에서 아기를 낳는다는 것이 혼란스러울 수 있다.

♥ 아이의 심정을 헤아리자.

아이는 정확하게 이해하지는 못해도 앞으로 어떤 변화가 생긴다는 것쯤은 알 것이다. 사람들이 무심히 '아기가 태어나면'이라는 말이 어김없이 포함되는 대화를 듣고 뭔가 큰일이 일어날 것을 안다. 엄마는 자주 누워 있고 모두들 "엄마 배를 조심하라"고 말한다. 전에 사용하지 않던 방은 '아기방'이 된다. 그리고 아마 이미 '큰아이 침대'로 바꿔주었을지도 모른다. 아이는 그와 같은 변화를 엄마의 임신과 연결하지 않는다고 해도 평상시와는 다른 중요한 변화가 있다는 것을 눈치챈다.

말을 조심하자. 아이가 쓰던 물건들을 정리하면서 "이것은 네 것이었지만 이제 아기가 입을 거야"라는 말은 하지 말자. 아이와 함께 신생아 용품점에 가서 쇼핑을 할 때 작은 옷들이 얼마나 '앙증맞은지' 법석을 떨지 말자. 아이가 아기 장난감을 만지면 "그건 아기 거야. 이제 너는 다 큰 아이야"라고 말하지 말자. 아이가 파스텔색의 봉제 인형들을 좋아하던 때는 그리 오래 전이 아니다. 무엇보다 마치 아이가

일찍 소식을 알린 엄마의 이야기

둘째아이를 임신한 동안 우리 부부는 솔직하게 큰아이에게 이야기했다. 아기가 어디에서 나오고, 아기가 태어나면 생활이 어떻게 달라질지 말해주면서 일찌감치 동생이 태어난다는 사실에 적응하고 익숙해지게 하려고 노력했다. 그리고 아기가 태어났을 때 우리는 동생이 주는 거라고 하면서 큰아이에게 선물을 하나 주었다. 그랬더니 아이는 동생이 자기를 사랑하고 자기 삶을 망치려고 하는 존재가 아니라고 느끼는 것 같았다.

새로 태어나는 동생을 사랑하지 않을 것처럼 자꾸만 동생을 사랑하라고 강요하지 말자.

♥ 아이와 떨어져서 밤을 지낼 계획을 하자.

엄마가 아기를 낳으러 병원에 가면 아이는 처음 엄마와 떨어져서 자게 된다. 할머니 할아버지, 고모 또는 친한 친구를 부르거나 아니면 아이를 그들 집에 맡길 수도 있다. 3일 전이면 아이를 준비시키기에 충분하다. "조이, 3일 후에는 할머니 집에서 지내야 할 거야. 또는 '할머니가 여기 와서 너와 함께 있을 거야. 그날을 달력에 표시해 둘까? 며칠이 남았는지 보자." 아이 짐을 함께 꾸리자. 잠옷과 장난감을 넣는다. 아니면 아이를 보살펴주러 오는 사람의 침대나 방을 함께 준비하자.

출산 한두 달 전에 엄마와 아이의 가방을 준비한다. 떠날 때가 되면 아이를 할머니 집에 보내는 것보다 엄마가 아기를 낳으러 가는 사실을 더 중요하게 이야기하지 말자. 단지 "엄마는 오늘 아기를 낳을 거

약점을 장점으로 바꾼 엄마의 이야기

나는 임신을 하고 점차 배가 불러오면서 세 돌이 된 아들을 안아주기가 아주 힘들어졌다. 나는 "엄마가 널 다시 안아주려면 아기가 빨리 나와야 할 텐데"라고 말했다. 그래서 내가 "아기가 태어나면 엄마가 제일 먼저 뭘 할 것 같니?" 하고 물으면 아이는 "날 안아주는 거죠!" 하고 대답했다.

아기가 태어난 후 남편이 아들을 데리고 병원에 왔을 때 나는 아기를 바구니에 내려놓고 약속한 대로 아들을 번쩍 들어서 안아주었다.

야. 너는 할머니 집에 가는 거다" 하고 말하자. 아이가 엄마와 떨어져서 자본 적이 있다면 그때의 즐거웠던 경험을 상기시켜 주고, 지난번처럼 엄마가 곧 돌아올 것이라고 말해주자.

♥ 상식적으로 생각하고 우리 자신의 직관을 믿자.

동생이 태어날 때에 대비해서 큰아이를 준비시키는 것에 대해 많은 조언을 듣게 될 것이다. 하지만 모든 이야기를 곧이곧대로 받아들이지 말자. 큰아이의 응석을 한껏 받아주라는 이야기를 듣고 마야가 내게 말했다. "아기가 태어나면 더 화목한 가정을 이루어야지 큰아이한테 휘둘리면 안 되죠." 마야의 말이 옳다. 가족 모두 존중받아야 한다.

♥ 가능하면 아이에게서 젖을 뗀다.

젖떼기는 모든 포유류의 자연스러운 성장 과정이다. 젖떼기는 부모가 하기에 따라서 아이에게 충격적인 경험이 될 수도 있고 순조로운 전환이 될 수 있다. 어떤 사회에서는 일반적으로 터울이 적은 두 아이에게 젖을 먹이기도 하지만 아무래도 엄마에게 너무 힘든 일이다. 연

젖을 뗄 때의 주의사항

♥ 천천히 한다.
적어도 3개월이 걸린다고 생각하자.

♥ 아기 이야기를 하지 말자.
젖떼기는 아이를 위한 것이지 동생이 생기기 때문이 아니다.

♥ 임신하지 않은 것처럼 행동하자.

년생이거나 첫아이가 모유만이 제공할 수 있는 영양 섭취를 필요로 하는 것이 아니라면 나는 항상 엄마들에게 다른 대안이 있는지 생각해 보라고 충고한다.

큰아이가 두 돌이 넘었고, 모유가 필요해서가 아니라 자기 위안으로 젖을 먹고 있다면 동생이 태어나기 전에 젖을 떼는 것이 아이에게도 좋다. 만일 아이가 위안을 받으려고 젖을 빤다면 엄마젖이 아닌 다른 위안물을 만들어줄 필요가 있다. 또한 동생이 생기기 전에 자기 위안 방법을 배우도록 도와주는 것이 좋다. 그렇지 않으면 동생을 미워할 가능성이 크다.

침입자의 등장

집에 새로 아기가 생기면 큰아이가 밀려나는 기분을 느끼는 것은 당연하다. 엄마가 어느 날 밤 사라지더니 하루 이틀 후에 꼼지락거리면서 하루 종일 울기만 하는 작은 녀석을 데리고와서 애지중지한다. 손님들도 오면 제일 먼저 그 녀석을 보여달라고 한다. 설상가상으로 모두들 큰아이에게 동생을 잘 돌보라고 말한다. 아이의 머리에서 작은 목소리가 말한다. 나는 어쩌고? 나는 이 침입자를 원한 적이 없어. 이것은 정상적인 반응이다. 모두들 질투심을 느끼지만, 어른들은 단지 드러내지 않을 뿐이다. 하지만 아이들은 감정을 있는 그대로 표현하는 가장 진실한 신의 피조물이다.

아이가 동생에게 어떻게 반응할지는 정확히 예상할 수 없다. 아이의 기질과 부모가 그 동안 어떻게 준비를 시켰는지 그리고 아기가 집에 올 때 주위에서 어떤 일들이 있었는지 등등 모든 것이 작용할 수 있다. 어떤 아이들은 처음부터 잘 적응한다. 이 책을 같이 쓴 멜린다 블로우의 첫아이 제니퍼는 병원에서 제레미가 집에 왔을 때 세 돌 반이었는데 동생을 보는 순간 꼬마 엄마가 되었다. 그것은 일부 아이의 기질(제니퍼는 원만하고 다정다감한 천사 아이였다)이고, 아마 나이 터울 때문이기도 했다. 제니퍼는 그 동안 엄마 아빠와 함께 있는 시간이 많았으므로 자기 영역을 빼앗길까봐 두려워하지 않고 동생을 포용할 수 있었을 것이다.

그런가 하면 반대로 아기를 보자마자 미워하고 심술을 부리는 아이도 있다. 다니엘은 공공연하게 적개심을 나타냈다. 23개월의 영악한 아이는 처음 동생 머리를 건드려보고 즉시 중요한 사실을 알아냈다. 오, 이런 식으로 하면 이 멍청한 아기에게서 엄마 아빠의 관심을 돌릴 수 있구나. 올리비아 역시 분노를 분명하게 표시했다. 아기가 병원에서 집에 온 며칠 후에 밀드레드 고모가 네 식구의 가족사진을 찍어 주겠다고 했을 때 올리비아는 계속 엄마 무릎에서 동생 커트를 밀어냈다.

동생에 대한 질투를 좀더 미묘한 방식으로 표현하는 아이들이 많이 있다. 동생에 대한 적개심을 돌려서 대신 다른 아이들을 공격하기도 한다. 장난감을 치우는 것처럼 전에는 잘하던 간단한 일을 거부할 수도 있다. 식탁에 음식을 던지기 시작할지도 모른다. 아니면 퇴행을 해

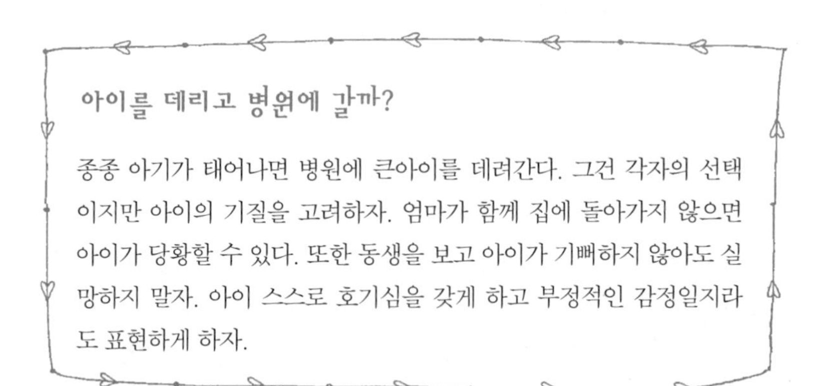

아이를 데리고 병원에 갈까?

종종 아기가 태어나면 병원에 큰아이를 데려간다. 그건 각자의 선택이지만 아이의 기질을 고려하자. 엄마가 함께 집에 돌아가지 않으면 아이가 당황할 수 있다. 또한 동생을 보고 아이가 기뻐하지 않아도 실망하지 말자. 아이 스스로 호기심을 갖게 하고 부정적인 감정일지라도 표현하게 하자.

동생을 사랑하는 아이 이야기

나는 최근에 둘째아이를 낳았다. 우리는 세 돌이 가까운 아들에게 끊임없이 아기에 대해 이야기하고 엄마는 아기를 낳으러 병원에 갈 거라고 준비시켰다. 함께 동생 방을 꾸미자고 하니까 아주 좋아했다. 자기가 갖고 놀던 장난감들을 갖다놓기도 했다. 내가 병원에 있는 동안 아이는 남편과 쇼핑을 갔다가 동생에게 줄 새 장난감을 샀고, 그러면서 아주 으쓱했다. 그는 동생을 무척 사랑해서 계속 입을 맞추고 말을 건다. 그런데 때로는 너무 지나치다!

서 몇 달 전부터 걸어 다니던 아이가 다시 기어 다니고 밤새 잘 자던 아이가 자꾸 깨기도 한다. 단식투쟁을 하거나 몇 달 전에 젖을 뗀 아이가 엄마젖을 먹으려고 한다.

그렇다면 이런 문제들을 미연에 방지할 수 있는 방법이 있을까? 어떤 문제는 그때그때 대처할 수밖에 없다. 하지만 이러한 과도기를 무난히 넘기는 데 다소나마 도움이 될 수 있는 조언을 하겠다.

♥ 큰아이와 단둘이 보내는 시간을 갖자.

아기가 처음 집에 와서 잠을 많이 잘 때 시간을 쪼개서 큰아이와 함께 지내자. 평소보다 더 많이 안아주고 더 오래 놀아주자. 휴식을 취하면서 함께 조용한 시간을 보내자. 하지만 틈만 나면 아이 하고만 보낼 수는 없다. 친구와 점심 먹는 시간은 피해가자. 날씨가 좋으면 낮에 잠시 밖에 나가서 공원 산책을 하거나 커피숍에 가자.

아기의 취침 시간에도 큰아이와 함께할 수 있다. 하지만 아무리 계획을 해도 갓난아기가 수시로 엄마를 필요로 할 것이다. 큰아이에게 그런 가능성에 대해 솔직히 말하고 준비시키자. 예를 들어 책을 읽어 주기 전에 미리 알려준다. "이 책을 읽다가 아기가 깨면 엄마는 가봐야 한다."

♥ 아이 나름대로 도와주게 하지만 기대는 하지 말자.

큰아이가 동생을 도와주고 싶어하는데 허락하지 않으면, "여기 사탕 상자가 있지만 먹지는 말라"는 것과 다름없다. 나는 바쁘게 움직이기를 좋아했던 우리 사라에게 내 대신 기저귀를 바구니에 담게 했다. 하지만 어린 아이라는 것을 잊지 말자. 두세 돌이 된 아이가 동생의 보호자가 될 수 있으리라고는 기대하지 말자.

한마디 더

아이가 동생을 사랑한다고 해도 장난감처럼 취급할 수 있다. 아이를 아기와 단 둘이 두지 말자. 엄마가 같이 있다고 해도 경계를 게을리하면 안 된다.

♥ 퇴행을 받아주되 부추기지 말자.

만일 아이가 퇴행을 보이면 지나친 반응을 보이지 말자. 이런 현상은 아주 흔히 있는 일이다. 어떤 아이는 오줌을 싸기도 하고, 아기침대에 들어가기도 하고, 아기 장난감을 갖고 놀기도 한다. 사라가 소피의 유모차를 타고 싶어했을 때 나는 허락을 했다. 하지만 잠시 후에 "좋아, 거기 타보니까, 네가 탈 만한 것이 아니지? 그건 소피 거란다. 소피는 너처럼 걸을 수가 없으니까 유모차를 타야 해"라고 말했다. 실제로 아기 물건에 대한 관심을 보이는 것은 처음 한두 주일에 불과하다. 일단 호기심을 채우면 기꺼이 자기 자리로 돌아간다.

하지만 젖먹기는 한번 해보라고 허락할 수 있는 문제가 아니다. 최

아기 대신 인형을 주지 말자

나는 아기가 태어난 날 큰아이에게 인형을 주고 자기 '아기'를 갖게 해주는 것에 반대한다. 인형은 아기와는 다른 장난감이다. 어린아이가 그것을 살아 있는 것처럼 생각하고 다루리라고 기대할 수 없다. 아이는 인형 머리채를 잡아서 끌고다니고 주먹으로 때리고 의자 뒤에 팽개쳐둔다. 며칠 후에는 인형을 먹인다고 얼굴에 찐득거리는 잼을 잔뜩 칠해 놓은 것을 보게 된다. 진짜 아기를 이런 식으로 다루면 큰일이다!

근에 몬타나에 사는 샤나라는 엄마가 전화를 했는데, 그녀는 앤이 15개월일 때 젖을 뗐고 몇 달 후에 동생을 출산했다. 아기를 집에 데려오고 며칠 후에 앤는 엄마젖을 달라고 조르기 시작했다. 샤나는 혼란스러웠다. 모유수유협회에서 만난 몇몇 엄마들은 아이가 원하면 젖을 주라고 하면서 거절하면 심리적인 상처를 줄지도 모른다고 했다. "하지만 저는 그러면 안 될 것 같아요." 샤나가 말했다. 나는 그녀의 생각에 동의하면서 엄마가 아이에게 끌려다니면 상황이 점점 더 악화된다고 덧붙였다. 나는 샤나에게 딱 잘라서 말하게 했다. "안돼. 앤. 이건 아기가 먹는 밥이다. 아기가 먹게 남겨두어야 해." 앤이 또한 고형식을 먹기 시작한 이후로 식사 시간마다 샤나는 그 차이를 주지시켰다. "우리가 먹는 과일과 닭고기가 여기 있다. 이건 앤과 엄마가 먹는 음식이야. 그리고 이건(엄마젖을 가리키면서) 아기 음식이고."

♥ 아이가 느끼는 감정을 표현하게 도와주자.

나는 둘째를 임신을 했을 때 여러 가지 생각을 많이 했지만 우리 사라가 "아기가 언제 다시 돌아가요, 엄마?"라는 질문을 하리라고는 꿈도 꾸지 못했다. 처음에 나는 많은 부모들이 그렇듯이 아이가 하는 말을 '귀엽다'면서 흘려들었다. 하지만 몇 주일 후에 사라는 "엄마를 하루 종일 바쁘게 만드는 소피가 밉다"고 말했다. 또한 내가 소피를 먹일 때마다 아이 방에 있는 서랍에서 물건들을 꺼냈다. 그 장난은 찬장에 안전걸쇠를 달아서 걸어놓자 겨우 끝났다. 하지만 그 다음에는 변기에 두루마리 화장지를 넣기 시작했다. 분명 나는 사라의 행동을 해석할 시간이 없었거나 아이가 느끼는 감정에 귀를 기울이지 않았다. 사라가 나의 관심을 요구할 때마다, 보통 아기를 한창 먹이고 있거나 기저귀를 갈 때 "엄마는 지금 바쁘다"라고 한 말에 아이가 분명 상처를 받았을 것이다.

아이가 나의 무관심을 얼마나 뼈저리게 느끼고 있는지를 깨닫고 나서 나는 소피를 먹이거나 기저귀를 갈 때마다 사라에게 크레용과 색칠하기 책을 주고 갖고 놀게 했다. 우리는 그것을 일종의 의식처럼 만들었다. "네 그림 가방을 갖고 오자. 내가 동생을 돌보는 동안 너는 그

큰아이의 감정을 읽자

큰아이가 다음과 같은 말을 할 때 '귀엽다'면서 한 귀로 흘려버리면 안 된다. 아이의 감정 표현이므로 주의해야 한다.

- ♥아기가 우는 것이 싫다.
- ♥아기가 못생겼다.
- ♥아기가 밉다.
- ♥아기는 언제 다시 돌아가지?

림을 그리자."

큰아이가 어떤 행동을 보이던지 바보 같다거나 잘못했다고 나무라지 말고 동생을 사랑하라고 강요하지 말자. 또 아이가 동생에 대해 느끼는 감정을 부모 탓으로 받아들이지 말자. 그것은 부모의 육아 방법과 아무런 관계가 없다. 그보다는 대화를 통해서 아이가 하는 말을 연구해 보자. "아기에게서 마음에 들지 않는 점이 뭐니?" 하고 물어보자. 많은 아이들이 "우는 거요" 하고 대답한다. 갓난아기 울음은 어른들이 들어도 짜증스럽다. 게다가 그 울음소리에 엄마가 즉시 관심을 보인다는 것을 생각하면 더욱 싫어질 것이다. 아기 울음이 아기의 '말'이라고 설명해 주자. "네가 아기였을 때 너도 그렇게 말했어" 하고 상기시키자. 또는 좀더 최근의 예를 들어주자. "네가 처음 한 발로 뛰는 법을 배울 때 계속 연습했던 것 기억나니? 언젠가 아기도 우리처럼 말을 할 거야. 하지만 지금은 목소리를 연습하는 중이란다."

♥ 말조심을 하자.

유아들은 주위에서 보고 듣는 대로 따라한다. 뭐든지 주워듣고 쉽게 동화된다. 만일 "아기를 질투한다"는 말을 들으면 정말 그렇게 된다.

또한 아이의 입장이 되어서 우리가 하는 말을 들어보자. 부모들은 때로 작은 아이들에게 밀려난 느낌이 얼마나 충격적인지 잊고 있다. "동생을 사랑해야 한다" "동생을 보호해야 한다"와 같은 말을 들으면 아이는 아마 속으로 생각할 것이다. 보호하라고? 고양이처럼 울면서 계속 엄마를 내게서 데려가는 이 조그만 녀석을? 절대 보호해 주고 싶지 않은걸! 유아에게 "네 나이답게 행동해라. 너는 이제 큰 아이야"라는 말은 잔인하다. 두 돌이 된 아이는 '컸다'고 느끼지 않으며 그런 짐을 지고 싶어하지 않는다.

한마디 더

"조나단이 낮잠 잘 시간이니까 이제 그만 놀고 가야겠다"는 식으로 아기를 핑계로 삼지 말자.

♥ 아이의 불평을 진지하게 들어주자.

저스틴은 동생 매튜가 태어났을 때 세 돌이었다. 처음에는 잘 지내는 것 같았지만 동생이 4개월이 되었을 때 갑자기 엉망이 되었다. 몇 달 전부터 용변을 가리던 저스틴은 자다가 오줌을 싸고 화장실 바닥에 똥을 쌌다. 목욕을 안 하려고 버티는가 하면 잘 시간에 투정을 부렸다. "우리 아이가 왜 이러나 몰라요." 저스틴 엄마 산드라가 말했다. "원래는 정말 착했는데 이제는 말썽꾸러기에요. 아무리 타일러도

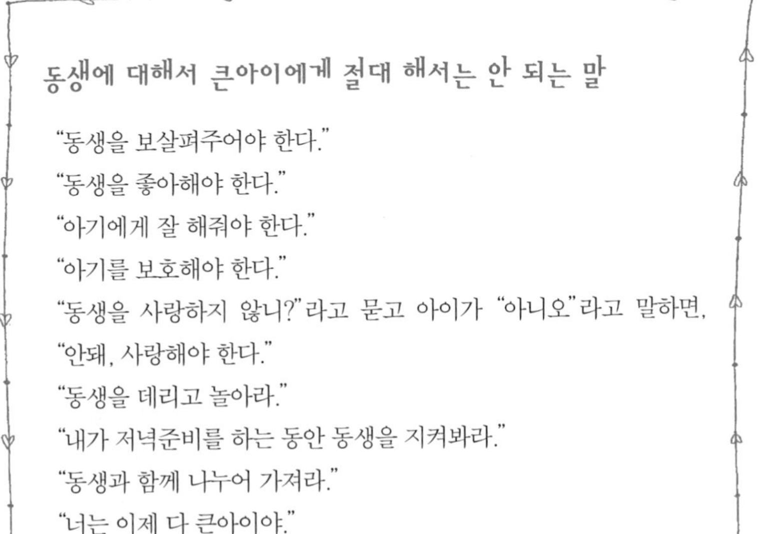

동생에 대해서 큰아이에게 절대 해서는 안 되는 말

"동생을 보살펴주어야 한다."
"동생을 좋아해야 한다."
"아기에게 잘 해줘야 한다."
"아기를 보호해야 한다."
"동생을 사랑하지 않니?"라고 묻고 아이가 "아니오"라고 말하면, "안돼, 사랑해야 한다."
"동생을 데리고 놀아라."
"내가 저녁준비를 하는 동안 동생을 지켜봐라."
"동생과 함께 나누어 가져라."
"너는 이제 다 큰아이야."
"큰아이답게 행동해라."

막무가내라 참 걱정입니다."

"동생을 좋아하니?" 내가 부모와 함께 온 저스틴에게 물었다. 아이가 대답할 새도 없이 아빠가 불쑥 끼어들었다. "그럼요, 동생을 좋아하죠, 안 그러니?"

저스틴은 내가요? 절대 아니에요! 하는 표정으로 아빠를 노려보았다. 아이의 표정을 읽고 나는 대화를 계속했다. "동생의 어떤 점이 마음에 안 드니? 동생이 하는 것 중에서 제일 싫은 게 뭐지?"

"우는 거요." 저스틴이 대답했다.

"그건 동생이 말을 하는 거야." 내가 설명했다. "아기는 말을 배울 때까지 그런 식으로 하고 싶은 말을 하는 거야. 어떤 울음은 '엄마, 밥 주세요' 하는 거고, 어떤 울음은 '엄마, 기저귀 갈아주세요' 하는 거야. 동생이 울 때 네가 무슨 말을 하는지 듣고 엄마한테 가르쳐주면 좋겠구나."

나는 저스틴이 머리 속으로 도와주고 싶은지 아닌지 가늠하고 있는 것을 알 수 있었다. "또 뭐가 마음에 안 들지?" 내가 말했다.

"엄마 침대에서 자는 거요." 아이가 말했다.

"너는 네 인형을 데리고 자지 않니?"

"아니에요." 그러자 아빠가 다시 참견했다. "데리고 자잖아."

"엄마는 아기에게 젖을 주려고 데리고 자는 거야. 또 뭐가 싫으니?" 내가 계속 말했다.

"동생하고 같이 목욕을 해야 해요."

"그래, 아마 그건 어떻게 해볼 수 있을 것 같구나." 나는 마침내 부모가 바꿀 수 있는 문제를 만나서 반가웠다.

저스틴이 나와의 대화에 흥미를 잃고 놀이로 돌아갔을 때 나는 산드라와 그녀의 남편에게 설명했다. "만일 저스틴이 목욕을 잘하다가 갑자기 욕조에 들어가지 않으려고 한다면 그 이유를 생각해 보아야 합니다. 두 아이를 욕조에 함께 넣으면 엄마는 좀더 수월하겠지만 아이는 좋아하지 않습니다. 분명 엄마와 단둘이 함께 하지 못해서 아쉬운 감정을 동생에게 전가하는 겁니다."

나는 동생을 먼저 목욕시키고 나서 저스틴을 혼자 욕조에 넣으라고 제안했다. "따로 목욕을 시키는 것쯤은 가정의 평화를 위해서는 아무것도 아니죠." 내가 덧붙였다.

당연히 아이에게 귀를 기울이는 것과 아이가 집안을 지배하게 하는 것은 다르다. 아이가 투정을 부리면 아이가 익숙한 뭔가를 빼앗긴 기분을 느끼고 있는지, 정말 무엇을 요구하고 있는지 알아보자. 만일 아이가 원하는 것이 합당하다면, 즉 그것이 아기를 다치게 하거나 배제하는 것이 아니라면 그 요구를 들어주자.

한마디 더

아이가 동생에게 잘할 때 칭찬해 주자. "정말 좋은 형이구나" 또는 "지나의 손을 잡아주다니 정말 착하구나."

♥ 아이에게 기대하는 바를 알게 한다.

아기를 돌보느라 바쁠 때는 아이에게 그렇다고 말하자. 아이는 그 말에 익숙해져야 한다. 아이가 심술을 부리거나 동생에게 해를 끼치지 못하게 하자. 다니엘의 경우에는 부모가 아이를 안쓰럽게 생각해서 훈련을 시키지 않았다. 아이는 기회가 있을 때마다 동생을 때리고 꼬집었다. 내가 엄마에게 왜 다니엘을 혼내지 않느냐고 물었더니 그녀가 말했다. "아이는 아직 뭐가 뭔지 몰라요." 내가 말했다. "그럼, 가르쳐야죠."

불행히도, 어떤 부모는 전체 가족에게 해가 돌아온다는 것을 인식하지 못하고 큰아이를 가엽게만 여긴다. "불쌍한 것, 내몰린 기분이겠

가운데 아이

새로 아기가 태어나면 가운데 아이가 종종 큰아이보다 더 충격을 받는다. 여전히 큰아이에게서 분풀이를 당하고 있는 판에 이제 자기 자리를 대신하는 동생까지 생긴 것이다. 갑자기 엄마는 "네가 사랑할 아기를 집에 데려왔다"고 말한다. 누가 갖다달라고 했나? 이 울보는 아무 도움이 되지 않는다. 설상가상으로 모두들 "너는 동생을 보살펴야 한다"라고 말한다. 세 살짜리가 그런 역할을 하고 싶어하겠는가?

지." 아이가 볼펜으로 동생 머리에 그림을 그렸는데도 몇 분 후에 "우리 아이는 동생을 사랑해요" 하고 주장한다. 아이의 잘못을 합리화하거나 부정하면 계속 문제가 일어난다. 다니엘이 아기를 꼬집으면 "동생을 사랑해야 한다"라기보다는 "동생을 꼬집으면 안 된다. 그러면 아파한다" 하고 규칙을 상기시키라고 나는 엄마에게 말했다. 아이의 기분을 인정해 주되 현실을 받아들이게 해야 한다. "네가 화가 난 것은 알겠지만 네가 아기였을 때 그랬던 것처럼 엄마는 지금 동생과 시간을 보내면서 보살펴야 한다."

♥ '시험'을 예상하되, 경계를 확고하게 지키자.

세 돌이 된 나네트는 아무리 "아기에게 잘해주라"고 강조해도 계속해서 부모를 시험했다. 아무도 보는 사람이 없다고 생각할 때마다 8주 된 아기의 침대에 기어올라갔다. 그리고 아기가 울 때까지 흔들고 찌르고 밀고 했다. 처음에 나네트의 기습 공격을 본 엄마는 당장 뛰어들어가서 아이를 침대에서 끌어내리고 더 이상 주스를 주지 않겠다고 말했다. 나네트는 항의했다. "아기에게 뽀뽀해 주고 있었어요." 일례

인은 세 돌 된 아이를 거짓말쟁이라고 부를 수 없어서 그 사건을 덮어 두기로 하고 아무 말도 하지 않았다.

일레인은 나네트 때문에 항상 조마조마했다. 일레인은 아기를 안을 때마다 칭얼거리는 나네트가 언제 질투심을 폭발할지 몰라서 아기를 보모나 할머니한테 맡기기 시작했다. 또한 친척들과 친구들에게 아기 선물을 사올 때 나네트의 것도 함께 가져오면 좋겠다고 말했다. "가뜩이나 내몰린 기분을 느끼는 아이를 나무라고 싶지 않아요." 일레인은 몇 주일 후에 나에게 상황을 설명하면서 털어놓았다.

내가 방문한 날 일레인은 나네트를 공원에 데려갈 준비를 하고 있었다. "왜 아기는 안 데려가세요?" 내가 물었다.

"나네트가 같이 가고 싶지 않다고 하네요." 그녀는 자신이 세 돌 된 아이에게 좌지우지되고 있다는 것을 깨닫지 못하고 대답했다. 바로 그때 나네트가 다시 침대로 들어가서 에텔을 때리려고 하고 있었다.

"당장 들어가 보셔야겠어요." 내가 재촉했다. "네가 하는 짓을 보았

훈련은 정서 교육이다

아이가 무시당하는 기분을 느끼면 "엄마, 다음 30분 동안만 나를 봐 주세요" 하고 말하지 않는다. 대신 화를 내고 충동적이 된다. 그리고 아기를 다치게 하면 엄마의 관심을 끌 수 있다는 것을 알고 있다. 그래서 시험 삼아 아기를 건드려본다. 그럴 때마다 화를 내지 말고 아이 손을 잡고 말하자. "아기를 꼬집으면 여기 있을 수 없다. 그러면 아기가 아프단다." 훈련은 정서 교육이라는 사실을 기억하자. 여기서 교훈은 다른 사람이나 동물을 못살게 굴어서 감정을 발산하면 안 된다는 것이다.

는데 그것은 절대 하면 안 되는 행동이라고 말하세요."

이 상황은 얼마든지 시간도둑으로 변할 수 있었다. 왜냐하면 일레인은 아이의 가장 이기적이고 억지스러운 행동을 부추기고, 게다가 에텔을 위험에 빠뜨리고 있었다. 내가 재촉하자 그녀는 곧 에텔의 방으로 가서 말했다. "안돼, 나네트! 그러면 에텔이 다친다. 아기를 때리면 안 된다. 나하고 같이 네 방으로 가자." 일레인은 나네트를 방으로 데려가서 아이가 서럽게 우는 동안 옆에 서 있었다. "네가 속이 상한 것은 알지만, 나네트, 아기를 때리면 안 된다." 일레인이 말했다. 그 후로 나네트가 에텔을 꼬집을 때마다 일레인은 아이를 데리고 나왔다. 반면에 조금이라도 동생에게 잘하면 칭찬해 주었다. 결국 나네트는 잘해서 받는 관심이 타임아웃을 당하는 것보다 훨씬 낫다는 것을 알았다.

일레인은 또한 나네트가 징징거리고 떼를 쓰면 반응하지 않기로 했다. 큰딸이 싫어한다고 에텔을 보모에게 맡기는 대신 "칭얼거리면 너랑 이야기하지 않을 거야. 내가 알아들을 수 있게 똑바로 말해"라고 했다. 또한 아이에게 굴복하지 않을 것임을 분명하게 알렸다. "나는 이제 아기를 돌봐야 한다. 아기도 엄마의 보살핌이 필요해. 우린 한 가족이니까."

♥ 지나친 반응을 보이지 말자.

아이가 주의를 끌기 위해 위험한 행동을 하면 엄마는 기겁하면서 자신도 모르게 호들갑을 떨게 된다. 하지만 지나친 반응을 보이면 잘못된 행동을 부추길 뿐이다. 내가 외할머니 집에서 일요일 점심을 먹으러 갈 준비를 하고 있을 때 우리 두 딸에게 흰 드레스를 곱게 차려입혔다. 그런데 내가 잠시 한눈을 파는 사이에 사라가 소피를 석탄통으로 데려갔다. 나는 머리부터 발끝까지 시커먼 석탄 먼지를 뒤집어

쓴 소피를 보고 심호흡을 한 번 했다. 그리고 사라는 무시하고 소피에게 차분히 말했다. "이런, 옷을 갈아입고 외할머니 댁에 늦지 않도록 서두르자."

리아나는 딸 카렌에게 2년 반 차이로 동생이 태어났을 당시 처음 몇 달 동안을 회상한다. "내가 아기에게 젖을 먹이면 큰아이가 아기를 꼬집거나 손가락을 구부리거나 했기 때문에 하지 못하게 해야 했어요. 그래서 아기에게 젖을 줄 때 카렌더러 책을 가져와서 보라고 했죠. 어떤 때는 말을 들었지만 떼를 쓰기도 했죠. 하지만 카렌이 어떤 행동을 하던지 그냥 내버려두기로 했어요. 내가 관심을 보이지 않으니까 씩씩거리며 성을 내다가 그만두더군요."

한마디 더

규칙적으로 생활하자. 리아나는 말한다. "규칙적으로 생활하면 훈련

큰아이가 떼를 쓸 때

엄마에게 가장 끔찍한 악몽은 갓난아기를 돌보고 있을 때 큰아이가 떼를 쓰는 것이다. 아이는 보통 엄마가 아기를 돌보고 있는 시간을 택해서 행동을 취한다. 떼를 쓰기에 그보다 더 좋은 시간이 언제이겠는가? 아이는 엄마가 사면초가라는 것을 알고 있다. 하지만 엄마가 두 아이 중에 누군가를 기다리게 해야 한다면 그것은 아기가 될 수 없다.

나는 엄마들에게 조언한다. "다음번에 당신이 아기를 돌보느라 바쁠 때 큰아이가 떼를 쓰면, 할 일을 끝내고 아기를 침대에 눕힌 후에 큰아이에게 타임아웃을 하세요." 또한 떼를 쓰는 것으로는 관심을 얻을 수 없다는 것을 알게 해주어야 한다고 지적한다.

에 도움이 됩니다. 왜냐하면 '지금은 그럴 때가 아니다'라고 말할 수 있으니까요." 사실, 둘째아이 키우는 일은 첫아이 때와 같을 수 없다. 큰아이와 부대끼면서 그럭저럭 꾸려가야 한다.

♥ 동생을 사랑하라고 강요하지 말자.

마가렛은 잔뜩 약이 올라 있었다. 한 달 동안 리암에게 "동생에게 잘하라고" 계속 주의를 주었지만 점점 더 고약하게 구는 것 같았다. 그 가족을 방문해 보니 이유를 알 것 같았다. 리암은 제스를 때릴 것처럼 손을 쳐들고 엄마를 쳐다보았다. 그러면 마가렛은 거의 애걸하듯이 부드러운 목소리로 말했다. "안돼, 리암. 아기를 때리면 안 된다." 그리고는 리암을 데리고 나가서 새 장난감을 사주었다.

"아이를 충분히 엄하게 다스리지 않는군요." 내가 말했다. "아마 리암이 동생을 원망할까봐 걱정이 돼서 그럴 수도 있겠죠. 하지만 아이는 이미 동생을 원망하고 있어요. 엄마가 그런다고 달라지지 않아요. 당신이 할 수 있는 것은 리암의 감정을 인정해 주고 경계를 분명히 정해주는 겁니다." 또한 아이를 가게에 데리고 갈 때마다 미안한 마음에 장난감을 사주는 대신 미리 준비를 하고 가라고 제안했다. "우리는 아기 기저귀를 사러 가게에 가는 거다. 장난감이 필요하면 집에 있는 것을 하나 가져가자."

한마디 더

동생이 태어난 뒤 몇 달 동안은 큰아이의 감정 조절이 매우 중요하다. 아이가 자제력을 잃는 것 같으면 규칙 하나 · 둘 · 셋을 기억하고 (267~271쪽 참고) 통제 불능이 될 때까지 방치하지 말자. "네가 화가 난 것 같구나" 하는 간단한 말 한마디로 제때 개입을 하면 부모가 주목하고 있다는 것을 알려줄 수 있다.

♥ '아기'라고 해서 규칙을 어기게 내버려두지 말자.

우리는 우는 아기를 '죄 없는 희생양'이라고 생각하기 쉽지만 항상 그렇지는 않다. 종종 다음과 같은 일이 실제로 일어난다. 큰아이가 오전 내내 정성들여 레고 성을 쌓아올렸는데 동생이 기어가서 다 부셔버린다. 아이의 심정이 어떨지 생각해 보자. 아기는 이제 기거나 걸을 정도로 크면 '싫어'라는 말을 배우기 시작한다. 연구에 따르면, 8~10개월이 되면 형제와 의사소통을 하고 교감을 형성하기 시작한다. 14개월이 되면 손위 형제의 행동을 예상할 수도 있다. 다시 말해, 작은아이는 아마 우리가 생각하는 것보다 좀더 많이 알고 있을지도 모른다.

한마디 더

동생이 큰아이가 노는 데 끼어들어서 방해를 할 때 큰아이에게 계속 같이 놀아주고 용서해 주라고 강요하지 말자. "오, 아직 아기니까 자기가 뭘 하는지 모르는 거야" 하는 말을 들으면 큰아이는 더욱 화가 난다. 끈적거리는 손을 가진 성가신 녀석을 너그러이 봐줄 만큼 성숙하지 못한 아이가 느끼는 첫 충동은 신체적으로 앙갚음하는 것이다.

♥ 큰 아이만을 위한 특별한 공간을 만들어주자.

엄마는 끊임없이 "동생에게 잘해주라"고 말하지만 인형을 갖고 놀려고 보니 이로 물어뜯은 자국이 나 있고, 좋아하는 책을 펴보니까 책장이 뜯겨나가고 없다. CD를 들으려고 하니 끈적거리는 것이 묻어 있다. 존중은 주고받는 것이다. 큰아이의 공간과 물건들을 아기가 건드리지 못하게 하자.

유난히 차분하고 부지런한 엄마인 리아나는 몇 가지 훌륭한 아이디어를 제공해 주었다. "세 돌이 된 아이는 자질구레한 물건들을 좋아하

다툼을 막자!

형제끼리 다투는 일을 막을 수는 없지만 줄일 수는 있다.

- 분명한 규칙을 정한다. 애매모호하게 "잘해주라"고 타이르지 말고 "때리거나 밀거나 욕을 하면 안 된다"라고 말하자.
- 너무 늦지 않게 개입을 한다.
- 동생을 과보호하지 않는다.
- 아이를 각각 개인으로 대하자. 각자의 약점과 장점과 버릇에 대해 알자.
- 아이들이 없을 때 배우자와 훈련 문제에 대해 상의하자. 그들 앞에서 다투지 말자.

죠. 그래서 나는 '카렌만을 위한 특별한 공간'을 만들었어요. 카렌이 사용하는 탁자를 정해주고 퍼즐이나 레고 같은 장난감들을 올려놓게 했죠."

리아나와 딸들을 방문해 보니 이제 막 걷기 시작한 동생 제이미가 어떻게 언니의 신경을 거슬리게 하는지 알 수 있었다. 제이미는 카렌이 갖고 노는 것은 뭐든지 뺏으려고 했다. 심술을 부리는 것이 아니라 단지 따라하려는 것이었다. 카렌이 점점 짜증을 내는 것을 보고 리아나는 구석에 놓은 안락의자를 가리키면서 말했다. "저걸 너의 특별한 의자로 만들자." 카렌은 즉시 그 의자에 올라가면 제이미의 습격으로부터 안전할 수 있다는 것을 이해했다. 물론 몇 분 후에 제이미가 의자를 향해 돌진했지만 리아나는 큰아이를 방해하지 못하도록 숟가락과 플라스틱 그릇을 주면서 관심을 돌렸다.

♥ 아이를 각자 개인으로 대하자.

아이들을 각각 공정하게 대하고 개인으로 존중해 주면 가정의 평화를 유지하기가 훨씬 수월하다. 자식을 사랑하는 부모 마음은 같지만 아이마다 똑같이 느낄 수는 없다. 아이들은 서로 다르다. 어떤 아이는 부모의 인내심을 시험한다. 또 어떤 아이는 부모를 즐겁게 해준다. 한 아이는 호기심이 많고, 다른 아이는 느긋하다. 아이들은 각자 다른 재능과 단점을 갖고 있으며 특별한 방식으로 삶에 접근한다. 각자의 관심거리가 다르고 자신만의 공간과 소유물을 필요로 한다. 그 모든 것을 고려해서 아이가 느끼는 감정을 파악해 보자. 만일 집중력 시간이 길거나 수월하게 말을 잘 듣는 아이라면 거기에 맞춰서 규칙을 정해야 한다. 여기서도 역시 규칙 하나 · 둘 · 셋을 적용하자. 만일 큰아이가 블록을 갖고 놀 때마다 작은 아이가 우는 것으로 끝난다면 계속해서 같은 소동이 일어나는 것을 막아보자. 큰아이에게 특별한 장소를 만들어주고 작은아이를 다른 곳으로 데려가자. 또한 비교하지 말자. "왜 형만큼 깨끗하게 못 먹니?" 또는 "언니는 식탁에 얌전하게 앉아 있네" 하는 식의 암시에도 아이들은 쉽게 상처받을 수 있다. 게다가 말을 듣지 않을 때 비교하면 오히려 역효과가 나기 쉽다.

물론 아무리 잘해도 문제는 일어난다. 부모가 신속하고 공정해지려고 해도 잘 안 될 때가 있다. 부모로서 할 수 있는 최선은 스스로 깨닫고 제자리로 돌아가는 것이다.

♥ 멀리 내다보자.

아이들 다툼에 중재를 하고 심판을 보다가 피곤해질 때면 아이들이 영원히 아기와 유아가 아니라는 것을 기억하자. 게다가 경쟁하는 것이 반드시 나쁘지만은 않다. 형제가 있으면 성격이 원만해지고 각자의 개성이 더욱 살아날 수 있다. 또한 나중에 친구들과 타협하고 양보

형제가 있을 때의 장점

아이가 동생을 꼬집거나 동생이 큰아이의 레고 성을 무너뜨려서 소동이 벌어지면 형제가 있을 때의 장점에 대해 생각하자.

♥ 언어

큰아이가 동생과 눈을 맞추기만 해도 대화 수업이 된다. 종종 동생이 말하는 첫마디는 그런 수업의 직접적인 결과다.

♥ 지능

분명 동생은 손위 형제를 모방하면서 배운다. 또 그 반대가 되기도 한다. 아이들의 지능은 다른 아이에게 문제를 해결하도록 도와줄 때마다 성장한다. 형제들은 또한 서로를 자극해서 탐험하고 창의적이 되게 만든다.

♥ 자긍심

큰아이는 동생을 도와주고 동생이 자기를 무조건적으로 따르고 숭배하면 자신감이 생긴다.

♥ 사회성

형제들은 서로를 본보기로 삼는다. 손위 형제들로부터 사회의 규칙과 여러 가지 상황에 대처하는 방법과 부모의 승낙을 얻어내는 전략을 배운다.

♥ 든든한 동반자

형제들은 인생의 험난한 지형을 여행할 때 도움이 될 수 있다. 형은 동생을 새로운 경험에 대비시키고 앞에서 이끌어주며 동생은 형을 응원하고 뒤에서 밀어주는 역할을 한다. 또한 형제가 있으면 감정을 표현하고 신뢰를 발전시키는 연습을 할 수 있다.

하고 인내하는 법을 배운다. 사실 형제가 있으면 동생이나 형이나 모두 여러 가지 이점이 있다.

리아나의 말처럼 "처음 1년간 내가 한 일은 두 아이를 서로 떼어놓는 것이었어요!"라고 느낄 수도 있다. 때로 그녀는 두 딸이 깨어 있는 시간이 아직도 힘들다고 말한다. "두 아이를 키우느라 다른 일은 꿈도 못 꾼답니다." 하지만 그만큼 보람도 있다. 제이미가 돌이 되면서 걷고 말을 하기 시작하자 두 아이가 좀더 잘 어울려서 놀고 있다. 카렌은 엄마가 항상 그 자리에 있으며 동생에게 엄마를 뺏기는 일은 없다는 것을 알게 되었다. 눈치 빠르고 공평무사한 부모 덕분에 아이들은 첫해를 무사히 보냈고 카렌 역시 이제 가족의 의미를 좀더 잘 알게 되었다.

부부간의 갈등

식구가 늘어날수록 점점 복잡한 일들이 일어난다. 아이들의 문제로 인해 부부간에 일시적이거나 지속적인 마찰이 생길 수 있다. 반대로, 부모 사이에 협조가 되지 않거나 해결되지 않은 문제점이 있으면 또한 아이가 제멋대로 행동하는 원인이 될 수 있다. 다음에는 부부 갈등의 몇 가지 공통적인 유형과 그런 갈등이 왜 해로운지 그리고 어떻게 하면 더 심각한 가정 문제로 발전하는 것을 막을 수 있는지에 대해 알아보자.

♥ 가사일 분담하기

요즘은 많은 남자들이 자녀들과 함께 시간을 보내고 가사일을 도와주기도 하지만 그래도 여전히 엄마들의 공통적인 불만은 아빠들이 자신을 '보조'로 생각한다는 점이다. 분명 가사일 때문에 많은 부부들이 갈등을 겪는다. "늦게까지 일하니까 어쩔 수 없죠." 아내는 남편을 너그러이 봐주기도 하지만 여전히 불만스럽다. "내가 더 할 수 있다면 하지 왜 안 하겠습니까?" "아이 키우는 것이 뭐 그리 큰일이라고 그러죠?"라고 남편들은 항의하지만 별로 바뀌는 것이 없다.

사실 어른 둘과 함께 산다면 아이들은 두 사람 모두에게서 배우는 것이 바람직하다. 각자 다른 개성과 재능으로 아이의 잠재력을 키워줄 수 있을 뿐 아니라 아이를 훈련시키는 문제는 둘이 하는 것이 혼자 하는 것보다 훨씬 수월하기 때문이다. 사실 모든 일에 두 사람이 함께 하면 아이가 한 사람에게만 버릇없이 굴지 않는다. 예를 들어 8장에서 만났던 말로리와 이반 부부는 두 돌이 된 닐을 교대로 재우기 시작하면서 두 배로 덕을 보았다. 말로리가 휴식을 취할 수 있었고, 아빠는 직접 부딪치면서 새롭게 아들과 친해질 수 있었다. 닐이 아빠에게 떼를 쓰지 않았던 이유는 이반이 잘해서가 아니라 유아들은 일반적으로 가장 많이 시간을 함께 보내는 사람을 만만하게 생각하고 시험하는 경향이 있기 때문이다.

어떤 엄마가 "어떻게 하면 남편을 육아에 좀더 참여하게 만들까요?" 하고 물으면 나는 그녀 자신의 태도와 행동을 들여다보라고 한다. 때로 엄마들은 무의식적으로 아빠의 참여를 가로막는다. 또한 남편이 어떤 일을 맡아서 하고 싶어하는지 상의해 보라고 한다. 물론 궂은 일을 여자가 한다는 것은 불공평하지만 현실을 받아들일 필요가 있다. 아이를 봐주라고 하면 함께 TV 앞에서 앉아서 농구 경기를 시청하는 남자들에게는 우선 좋아하는 일을 시키는 것부터 시작하자.

우리 외할머니가 "식초보다는 꿀에 더 많은 벌레가 꼬인다"고 말씀하시곤 했다. 상대방을 공정하고 너그럽게 대하면 그 사람도 공정하고 너그러워진다. 제이는 매일 토요일 오후에는 매디를 공원에 데리고 가서 아내가 친구와 만나 점심을 먹고 영화구경을 하고 손톱도 다

듣는 시간을 준다. 하지만 제이가 매디를 데리고 놀아야 하는 시간이 그가 안 보면 죽고 못 사는 축구 경기 관람과 겹치면 보모를 고용하거나 그레텔이 계획을 취소한다.

♥ 엄마한테 말하지 마.

어느 날 프랭크와 미리엄은 자카리를 차에 태우고 집에 가고 있었다. 그들이 집으로 들어가는 차도 입구에 들어섰을 때 프랭크는 두 돌이 된 아들에게 말했다. "자크, 아빠 대신 집까지 운전을 해볼래?" 프랭크는 차를 세우더니 미리엄의 반대에도 불구하고 자크를 안전시트

궂은일은 여전히 엄마의 몫

여자들이 아무리 사회적으로 활동을 해도 대부분의 가정에서는 여전히 여자가 집안일을 맡아서 하고 있다. 물론 요즘 자녀 양육에 참여하는 아빠들이 많이 있다. 네 명 중 한 명은 자유 시간의 75퍼센트 이상, 1주일의 20시간 이상을 아이들과 보낸다. 하지만 남자들은 좀처럼 궂은일을 하지 않는다. 1,000명 이상의 부모들에게 어떤 식으로 가사일을 분담하느냐고 물었더니 응답자들은 다음과 같은 일은 아빠가 아니라 엄마가 한다고 대답했다.

- ♥ 아이를 병원에 데려간다.(70%)
- ♥ 부부가 모두 직장에 나간다고 해도 아이가 아프면 엄마가 집에서 아이를 돌본다.(51%)
- ♥ 아이에게 목욕을 시킨다.(70 %)
- ♥ 가사일의 대부분을 한다.(74%)
- ♥ 아이를 먹인다.(76%)

에서 들어올린 뒤 자기 무릎에 앉혔다. "아빠 대신 운전해 봐라." 당연히 자크는 신이 났다.

그 후로 아빠는 아들과 단둘이 차에 타고 있을 때마다 '집 앞 운전'을 하게 하면서 말했다. "엄마한테 이르지 마라." 어느 날 미리엄은 자크가 아빠 무릎에 앉아서 오는 것을 보고 화가 울컥 치밀었다. "그러지 말라고 했잖아요." 그녀는 남편에게 소리쳤다. "위험하다구요." 프랭크는 웃으면서 "집 앞에서만 그러니까 위험하지 않아"라고 했다.

음식(내가 컵케이크를 사줬다고 엄마한테 말하지 마라), 행동(아빠한테는 엄마가 네게 립스틱을 바르게 했다고 말하지 마라) 또는 정상 일과에서 벗어나기(엄마한테 우리가 오늘 밤 책을 두 권이 아니라 네 권을 읽었다고 말하지 마라) 등, 어떤 문제든지 한쪽 부모가 다른 쪽의 권위를 무시하면 아이들이 몰래 나쁜 짓을 하고, 거짓말을 하고, 반항하게 된다. 결국 상대방이 그로 인한 결과를 감당하게 된다. 몇 주일 동안 자크는 아빠하고 운전을 하다가 엄마가 카시트에 앉히려고 하자 말을 듣지 않았다. 엄마 무릎에 앉아서 '운전'을 하고 싶어했다.

이런 경우에 나는 정직해야 한다고 생각한다. 아이와 공범자가 되지 말자. 둘째, 부부의 의견 차이를 어떻게 해결할지 타협하자. 한 쪽은 군것질을 사주고 다른 쪽은 사주지 않고, 한쪽은 잘 때 책을 두 권 읽어주고 다른 쪽은 네 권을 읽어준다면 아이는 부모가 서로 다른 기대와 기준을 갖고 있다는 것을 알게 된다. 하지만 여기서 가장 큰 문제는 규칙이 아니라 속임수와 그것이 주는 메시지다. 만일 아빠가 엄마의 규칙을 무시할 수 있다면 아이라고 못하라는 법은 없다. 이런 태도는 좀더 큰 아이들, 특히 10대들 사이에서 남을 속이고 이간질하는 법을 가르칠 수 있다.

안전이 걸린 문제에서는 타협의 여지가 없다. 프랭크는 단지 미리엄의 규칙이나 기준을 무시한 것뿐이 아니다. 아이들은 안전시트에 앉혀서 태워야 한다. 자크를 무릎에 앉히는 것은 실제로 위법행위다. '집 앞에서만'이라는 말은 변명이 될 수 없다. 두 돌이 된 아이는 그 차이를 이해하지 못한다.

♥ 내 방법이 더 낫다.

"그럼 수업 내내 조디가 옆에서 구경만 하는 걸 그냥 내버려둔다는 거요?" 고든은 아내 디아나에게 화를 냈다. "당신은 아이를 응석받이로 키우고 있군. 다음번에는 내가 데리고 가야겠소." 전직 미식축구 선수이고 지금은 헬스클럽 강사인 고든은 운동선수 집안의 출신답게 디아나가 임신한 동안 '꼬마 쿼터백'이 탄생하기를 애타게 기다렸다. 조디가 몇 주일 일찍 태어났을 때 고든은 소음과 빛에 잔뜩 겁을 먹는 비쩍 마른 아이를 보고 충격을 받았다. 그가 9개월 동안 상상했던 아이가 아니었다. 조디는 점차 건강해지고 튼튼한 아이로 성장했지만 아빠가 공중에 던져 올리는 등 엄마보다 거칠게 다루면 울음을 터뜨리곤 했다. 고든은 아내가 "아들을 여자아이처럼 만든다"고 비난했다. 이제 18개월이 된 조디가 짐보리와 같은 '유아 수업'에 잘 참여하지 못한다는 말을 듣고 고든은 그것이 디아나가 '잘못'하기 때문이라

가사일 분쟁 피하기

- ♥ 공정해진다.
- ♥ 이성적으로 타협한다.
- ♥ 각자가 좋아하는 일을 맡아서 한다.
- ♥ 부부가 함께하는 시간을 갖는다.
- ♥ 할머니 또는 친구에게 도움을 청한다.

고 확신했다.

디아나와 고든 부부는 특별한 경우가 아니다. 부모들은 종종 무엇이 '옳은지'를 놓고 다툼을 벌인다. 그들은 보통 태도(왜 당신은 아이가 음식을 흘리게 내버려두는 거요?) 훈련(어떻게 당신은 아이가 소파에 신발을 올려놓게 내버려두는 거요?) 또는 잠(아이가 울게 내버려둬요. 또는 아이가 저렇게 우는데 그냥 둘 수 없어요)에 대해 서로 의견이 맞지 않는다.

의견 차이를 좁히는 대신 그들은 아이가 듣는 자리에서 상대방이 아이를 감싸고돈다느니, 너무 엄격하거나 너무 물러 터졌느니 하면서 서로를 비난한다. 어느 한쪽이 너무 극단적이면 다른 한쪽도 정반대로 가는 경향이 있다. 부부 갈등은 아이에게 매우 해롭다. 아이는 다 알아듣지는 못해도 긴장감을 느낀다.

나는 이런 부모들에게 대화를 하라고 권한다. 어느 쪽이 옳은지 그른지가 아니라 아이에게 최선이 무엇인지를 아는 것이 중요하다. 보통 각자의 주장에는 나름대로 일리가 있지만, 서로 자기 주장을 내세우느라고 상대방의 말을 듣지 않는다. 말다툼을 멈추고 실제로 귀를 기울인다면 서로에게서 배우고 아마 두 사람의 생각을 절충할 수 있을 것이다.

나는 고든과 디아나에게 편견을 갖지 말고 조디를 바라보고 동시에 그들 자신의 입장을 평가해 보라고 했다. "조디를 밀어붙인다고 해서 아이의 성격이 달라지지는 않습니다." 내가 고든에게 말했다. "또한 엄마 아빠가 서로 다투면 아이는 점점 더 겁을 먹고 엄마 곁을 안 떠나려고 할 겁니다." 디아나도 자신의 행동을 솔직하게 평가해 보아야 했다. 그녀는 남편의 방식에 대해 지나친 거부감을 갖고 있는 것은 아닌가? 아이를 알고 아이의 속도로 진행하게 하는 것은 중요하지만, 아마 고든이 하는 말에도 일리가 있을 것이다. 조디가 옆에서 구경만 하고 있으면 엄마가 좀더 격려해 줄 필요가 있다. 고든과 디아나는 나의 충고를 받아들였다. 그들은 아들 앞에서 말다툼을 중단하고 함께 전략을 세웠다. 그리고 한 팀이 되어서, 고든이 조디를 짐보리에 데려가는 것이 좋겠다고 결정했다. 단, 아이를 응원해 주되 밀어붙이지 않기로 했다. 6주일이 더 걸렸지만 조디는 마침내 수업에 참여했다. 그것이 부모의 전략 덕분인지 아니면 아이가 마침내 준비가 된 것이었는지는 모른다. 하지만 만일 어른들이 함께 협조하지 않았다면 그 정도로 끝나지 않았을지도 모른다.

♥ 순교자 엄마와 악마 아빠

방송사에서 일하던 샤메인은 14개월 전에 타미카가 태어난 후로 전업주부가 되었다. 남편 에디는 음반회사 간부로 늦게까지 일하고 타미카는 보통 남편이 집에 돌아오면 잠자리에 든다. 샤메인은 육아의 짐을 혼자 지는 것이 불만이면서도 자기 자리를 빼앗기지 않으려고 한다. 그녀는 말로는 주말에 에디가 육아에 좀더 참여해 주기를 바란다고 하지만 사실 그가 하는 것마다 핀잔을 준다. "아니에요, 에디. 그렇게 하면 타미가 좋아하지 않아요… 아침을 먹고 나면 소방차를 갖고 노는 걸 좋아해요… 왜 그런 옷을 입혔어요? …공원에 갈 때에는 곰인형을 갖고 가야 해요… 간식을 가져가세요… 아니요, 초콜릿은 말고 과일을 가져가세요. 그게 아이에게 더 좋아요." 그녀는 끊임없이 잔소리를 한다. 아무리 인자한 남편이지만 "관둬. 당신이 하루 종일 데리고 있으라고…"라는 말이 나오지 않을 수 없다.

샤메인은 에디에게 자신이 1주일 내내 얼마나 힘들고 고독하게 느꼈는지 말하지 않고 속으로만 그가 알아주기를 원한다. 그녀는 에디가 도와주기를 바라면서도 선뜻 아이를 맡기지 못한다. 게다가 에디가 아이를 데리고 놀 때조차 샤메인은 휴식을 취하거나 기분전환을 하지 못한다.

물론 가장 고통받는 사람은 꼬마 타미카다. 타미카는 아빠가 놀아주려고 하면 밀어내거나 울음을 터뜨린다. "엄마와 놀고 싶어요. 아빠는 싫어요." 타미카는 지금 대부분의 유아들이 한창 엄마를 따르는 시기에 있다. 타미카는 엄마가 있으면 다른 누구에게도 가지 않는다. 하지만 엄마가 방에서 나가면 잠시 칭얼거리다가 잘 노는 것을 보면 분리 공포증이라기보다는 단지 엄마 스스로 아이를 두고 가는 것을 불안해 하기 때문인 것 같았다. 타미카는 엄마가 아빠를 감시하고 잔소리하는 것을 듣고 있다. 엄마가 무슨 말을 하는지 정확하게 이해하지는 못하지만 그러한 말 뒤에 숨은 의미는 분명하게 전해진다. 만일 계속 이런 관계가 지속되면 타미카는 점점 더 아빠가 접근하는 것을 겁낼 것이고 순교자인 엄마는 아빠를 악마로 만드는 데 성공할 것이다.

부부는 서로의 감정을 이야기하고 존중해야 한다. 샤메인은 그녀의 불만을 고백하고 기꺼이 아이를 맡겨야 한다. 그리고 에디는 타미카의 잔소리를 어떻게 느끼는지 이야기해야 한다. 또한 좀더 시간을 내지 못하는 것에 대한 책임을 느껴야 한다. "나는 직장에 있어야 한다"는 말은 변명일 뿐이다. 만일 진정으로 딸의 육아에 참여하고 싶어한다면 좀더 시간을 낼 수 있는 다른 선택을 할 수 있을 것이다. 또한 샤메인은 집에서 그를 위한 자리를 마련해야 한다.

"타미카가 아빠와 놀지 않으려고 한다고만 하지 말고 문제를 해결하세요. 아이가 아빠를 편안하게 느끼게 만드는 방법을 생각해 보세요. 아빠를 좀더 칭찬해 주고 핀잔은 줄이세요. 아이가 아빠와 함께 시간을 보내게 해주세요." 내가 샤메인에게 말했다.

에디 역시 타미카에게 접근하는 방법을 바꾸어야 했다. 샤메인의 불만 중에 하나는 그가 때로 딸을 '너무 거칠게' 대한다는 것이었다. 남자들은 엎치락뒤치락하면서 아이를 데리고 노는 경향이 있다. 타미카는 그런 장난에 익숙하지 않았다. "아마 아이가 크면서 바뀔 수도 있고 바뀌지 않을 수도 있죠." 나는 에디에게 설명했다. "어쨌든, 지금 당장은 아이를 존중해 주어야 합니다. 아이를 공중에 던질 때 아이가 울면서 엄마를 찾으면 그것이 싫다는 뜻입니다. 다른 놀이를 해주세요."

나는 반드시 타미카가 엄마를 더 좋아하는 것은 아니라고 말했다. 그보다는 엄마가 놀아주는 방식을 좋아하는 것이다. "아마 아이는 장난감을 갖고 노는 것을 더 좋아하고 그래서 엄마와 함께 있으려는 거겠죠. 아이가 좋아하는 놀이로 편하게 해주면서 차츰 다른 놀이도 해보세요."

♥ 풀리지 않은 응어리

과거의 문제가 부부 관계를 악화시키고 끝장낼 수도 있다. 가구 디자이너인 테드는 샤샤가 태어나기 전에 바람을 피웠다. 그의 아내 노마는 대기업의 부장으로 일하면서 자신이 임신한 것을 알고 그 사건을 덮어두었다. 그들은 태어날 아기를 위해 화해를 했고 아기가 태어났을 때 겉으로는 단란한 가족처럼 보였다. 샤샤는 건강했으며 노마는 훌륭한 엄마였고 테드는 착실한 아빠였다. 1년이 지난 후에 부모는 둘째아이를 갖는 문제에 대해 상의했다. 그러나 노마는 샤샤 젖을 뗀 후에 갑자기 상실감이 밀려왔다. 산부인과 의사는 많은 여성들이 모유 수유를 중단하면 극심한 감정 반응이 일어나는 수가 많다고 안심을 시켰지만 노마는 자신이 느끼는 감정의 골이 좀더 깊다는 것을 알았다. 그녀는 아직 남편의 외도에 대해 화가 풀리지 않았던 것이다. 한편 테드는 전혀 달랐다. 그는 예전에는 부모가 된다는 것에 대해 생각지도 않았지만 지금은 둘째아이를 원하고 있었다.

테드는 과거를 정리했지만 노마는 할 수 없었다. 그녀는 부부가 함께 심리치료를 받자고 제안했고, 그러면서 상처가 되살아났다. 노마는 이제 샤샤에게서 관심이 멀어지고 날이 갈수록 점점 더 화가 났다. "언제까지 계속할 거요?" 테드가 물었다. "우린 지금 예쁜 딸을 키우고 있고, 우리 생활은 정상을 되찾았소."

노마는 테드에 대한 원망을 해결하지 않은 채로 임신했지만 두 사람은 서로 벽을 사이에 두고 점점 더 멀어지고 있었다. 그녀는 상처를 씻고 싶어했고 그는 결혼을 지키기 위해 다시 아기를 원했다.

노마와 테드는 샤샤가 세 돌 때 헤어졌다. 노마는 분노를 삭일 수 없었고, 테드는 기다림과 죄책감에 지쳐버렸다. 노마는 한 가지에 대해서는 옳았다. 아이를 다시 갖는다고 문제가 해결되는 것은 아니었다. 그들은 뒤늦게나마 문제를 덮어두기보다는 해결해야 한다는 것을 배웠다.

첫 책에서 나는 아기가 산도를 빠져나오지 못해서 12시간 동안 진통을 했던 클로에 이야기를 했다. 클로에는 난산을 겪고 나서 5개월이 지난 후에도 그 이야기를 계속했다. 나는 그녀에게 감정을 묻어두지 말고 겉으로 표현하고, 전문가를 찾아가보라고 제안했다. 지금 이사벨라는 거의 세 돌이 되었다. 알고 보니 클로에는 남편 세스을 탓하면서도 당시에 그에게 솔직히 이야기하지 않았다. 그녀는 속으로 출산의 공포뿐 아니라 세스가 그때 도와주지 않았다는 생각에 집착했다. 그녀는 그에게서 버림받은 기분을 느꼈다. 그들은 그 상황에 대해 계속해서 이야기했다. 의사가 어떻게 마취를 했고, 남편은 얼마나 속수무책으로 느꼈는지, 아내는 얼마나 화가 났는지 등등. 하지만 클로에는 제자리걸음에서 벗어나지 못했다. 몇 달 동안 세스는 이해해 보려고 했지만 클로에는 툭하면 아빠 자격에 대해 운운하면서 점점 그를 거칠게 대했다.

세스는 점차 좌절했다. 한번은 그들의 관계를 개선해 보자는 생각에 둘째아이를 가져보는 것이 어떠냐고 제안했다. 그러자 그녀가 폭발했다. 그녀는 "그렇게 이야기를 했는데도 당신은 내가 어떤 일을 겪었는지 아직도 모르고 있군요" 하고 고함을 질렀다. 결국 세스는 떠났다.

부부 문제 예방

- 속으로 끙끙거리지 말고 원망을 털어놓는다. 하지만 아이 앞에서 싸우지는 말자.
- 함께 문제를 해결하자. 자고 먹고 외출하는 문제에 대한 계획을 세우자. 동의할 수 없는 부분이 있으면 동의하는 부분도 있을 것이다.
- 아이들은 부모가 일관성 있는 기준을 요구할 때 가장 잘 따라주지만 그렇지 못할 때, 예를 들어 '아빠는 책을 세 권 읽어주지만 엄마가 재울 때는 두 권을 읽어주겠다'고 솔직하게 이야기하면 이해를 한다.
- 배우자가 극단적이라고 생각이 될 때 그와는 정반대 방향으로 치우치지 않도록 하자.
- 우리 자신이 아이에게 어떤 식으로 말하는지 들어보자. 예를 들어, 아빠가 "의자에 신발을 신고 올라가면 엄마가 좋아하지 않는다"라고 말하면 은근히 자신의 생각은 엄마와 다르다는 것처럼 들릴 수 있다.
- 아이의 반응을 야속하게 받아들이지 말자. 아이들은 상대방에 따라 다르게 행동한다.
- 부부싸움이 계속되면 전문가의 도움을 구하자.

이 이야기가 주는 교훈은 우리가 스스로 어떤 원망을 가슴에 품고 있다는 것을 알면 그것을 표현하고, 가능하면 전문가의 도움을 받으라는 것이다. 만일 클로에가 일찍 심리치료를 받았거나 훌륭한 부부문제 상담원을 만나서 불만의 진짜 이유를 드러낼 수 있었다면 결혼을 유지할 수 있었을까? 그럴 수도 있고 아닐 수도 있다. 다만 내가 알고 있는 사실은 만일 원한을 쌓아두지 않는다면 좀더 바람직한 방향으로 해결될 수 있다는 것이다.*

그 이유가 뭐든 간에 부부 갈등은 아이들에게 해롭다. 만일 심각한 상황은 아니라고 해도 주의를 하자. 어떤 문제든 슬기롭게 해결을 해야 한다.

엄마를 위한 시간

부부 갈등을 예방하는 방법은 우리 자신의 에너지를 재충전하고 배우자뿐 아니라 친구들과의 관계를 유지하는 것이다. 아이를 보살피면서 또한 우리 자신을 돌보고 어른들 세계와의 연결을 유지해야 한다. 다음의 제안은 누구나 다 알고 있지만 아이들과 씨름하다보면 잊고 지내기 쉽다.

♥ 어른들의 세계를 위한 시간을 계획한다.

---

* 안타까운 일이지만, 이혼하는 가정이 늘어나고 있고, 헤어지는 부부 중에 대다수가 5세 이하의 아이들이 있다. 배우자와 별거를 한다고 해도 반드시 아이들 양육은 어떤 식으로든 함께 공동책임을 지도록 하자. 쉽지 않은 일이긴 하지만, 아이들을 위해 전배우자와 협조하는 것은 가능하다.

말로만 "나만의 시간이 필요해" 또는 "우리는 함께하는 시간이 필요해"라고 하지 말고 계획을 세우자. 우선 일정을 계획하는 것부터 시작하자. 엄마 자신뿐 아니라 부부 관계를 위한 시간을 정하자. 배우자와 함께 정기적으로 데이트를 하자. 친구들과 점심이나 저녁 약속을 하자. 아이가 없는 친구들과도 계속 만나자. 그렇게 하지 못하고 있다면 우리 자신에게 물어보자. 무엇이 나를 가로막고 있는가? 어떤 부모들은 아이들을 두고 나가면 죄책감을 느낀다. 또 어떤 부모들은 순교자 역할을 즐긴다. 하지만 에너지를 재충전할 시간을 갖지 않으면 재난이 닥칠 수도 있다는 것을 기억하자. 또한 휴식을 취하고 만족하고 자기 관리를 하는 사람은 아이에게 소리를 지르거나 배우자에게 화풀이를 하지 않는다.

♥ 휴식을 취할 때에는 철저하게 쉬자.

부부를 위한 시간

나는 하루 종일 집에서 아이와 씨름하다가 9시 30분 경에 재우고, 마이크(남편)는 1주일에 5일 저녁 4시에서 새벽 2시까지 근무하기 때문에 우리 부부는 함께하는 시간을 내기가 무척 어렵다. 그래서 우리는 '사랑 일기'를 쓴다. 우리는 생각이 나거나 시간이 있을 때마다 서로에게 보내는 짤막한 글을 쓴다. 그리고 침대에 놓인 일기책에서 상대방이 쓴 글을 읽는다. 그것은 사랑의 편지일 수도 있고, 집이나 직장에서 보내는 시간에 대한 이야기일 수도 있다. 쓰고 싶은 것은 아무거나 쓸 수 있다. 어떤 내용이든지 우리가 서로를 사랑하고 아끼는 부부라는 사실을 상기시켜 준다.

배우자와 저녁에 외출을 하면 아이들 이야기는 하지 말자. 친구들과 점심을 먹을 때에는 세상 돌아가는 이야기나 최신 유행이나 요가 선생이 얼마나 섹시한지에 대해 이야기하고 아이들 이야기는 하지 말자. 내 말을 오해하지 말기 바란다. 나는 부모들이 아이들이 커가는 모습에 대해 이야기하고 함께 문제를 풀어보고 정보를 주고받아야 한다고 생각하지만, 때로는 거기서 벗어날 필요가 있다.

♥ 잠깐씩 틈을 내서 휴식을 취하자.

'대탈출'을 기다리지 말고 잠깐씩 틈을 내서 휴식을 취하자. 혼자 또는 배우자와 함께 동네를 한바퀴 산책하자. 아이를 놀이울에 넣어두고 운동기구에 올라가거나 잡지를 읽자. 토끼잠으로 기운을 회복하자. 배우자와 함께 있을 때 마음이 내키면 서로 안아주자. 아침에 15분 더 일찍 일어나서 명상을 하고, 일기를 쓰자.

♥ 운동을 하자.

혼자 또는 배우자나 친구와 함께 운동을 하자. 이웃에서 함께 산책할 친구를 찾아보자. 헬스클럽에 가자. 중요한 것은 혈액순환을 시키고 폐에 산소를 공급하는 것이다. 적어도 하루 30분 이상 운동을 하자.

♥ 우리 자신을 대접하자.

하루 온천장에 다녀온다고 힘이 솟아나지는 않는다. 매일 한 번씩 시간을 내서 심호흡을 하고, 향기로운 바디로션을 몸에 바르고, 스트레칭을 하거나 뜨거운 욕탕에 몸을 담그자. 5분이라도 우리 자신을 대접하면 안 하는 것보다 낫다.

♥ 불꽃을 계속 타오르게 하자.

부부 관계에서 연애하는 기분을 유지하자. 섹스뿐 아니라 로맨스를 위한 시간을 만들자. 상대를 감동시킬 만한 사건을 만들자. 정열을 키우고 새로운 관심을 갖자. 아이들이 자라는 만큼 부모 자신도 성장을 멈추면 안 된다. 수업을 듣자. 새로운 취미를 찾아보자. 박물관과 화랑과 대학 캠퍼스처럼 흥미로운 사람들을 만날 수 있는 장소에 가자.

♥ 부모 모임에 참여하자.

아이를 키우다보면 고립될 수 있으므로 공동체에 참여할 필요가 있다. 아이와 함께 하는 육아 수업에 참가하거나 놀이 모임을 만들어보자. 같은 또래의 아이들을 가진 가족들을 만나보자.

♥ 가족의 범위를 확대하자.

하루 종일 아이에게만 매달려 있지 말자. 가끔 외출을 하고 사람들을 초대하는 것도 필요하다. 양가의 부모님이나 다른 친척들과 함께 하는 시간을 갖자. 정기적인 만찬을 갖고 명절을 기념하자. 가족 모임에 친구들도 부르자. 아이들은 자라면서 다양한 어른들과 만나볼 필요가 있다.

한마디 더

모든 부모들은 아이에게 다른 어른들을 만나는 기회를 갖게 해주어야 한다. 어릴 때 많은 어른들을 만날수록 바깥세상에 나갔을 때 사람들과 좀더 원만하게 지낼 수 있는 준비가 된다.

♥ 도움을 청하자.

엄마가 힘들면 다른 가족들에게도 신체적으로나 정서적으로 문제가 생길 수 있다. 만일 견디기 힘들게 피곤하면 배우자에게 이야기하

자. 여유가 있으면 파트타임이라도 사람을 고용하자. 만일 놀이 모임에서 육아 방법이 마음에 드는 엄마를 만나면 두 사람이 교대로 아기를 돌볼 수도 있다.

자기 관리는 육아의 필수조건이다. 안 그러면 힘겹게 느껴지기 시작한다. 부부싸움을 하고 아이들에게 소리를 지르게 된다. 원망이 쌓이고 화가 난다. 육아는 어렵기도 하고 또한 계속해서 변화한다. 우리 외할머니 말대로 "부모는 몇 가지 역할을 해야 한다." 엄마들은 대부분 자신을 제일 나중에 생각한다. 하지만 혼자 속으로 끙끙거리며 순교자 역할을 계속하다가 급기야는 포기하거나 폭발한다. 도움을 청하는 것은 실패를 인정하는 것이 아니라 현명한 엄마라는 증거를 보여주는 것이다.

에필로그

베이비 위스퍼러의 조언

명석한 스승은 평가하는 마음으로 돌아보게 되지만

우리를 인간적으로 감동시킨 스승은 감사하는 마음으로 돌아보게 된다.

교과 과정도 물론 필요하지만 자라는 나무와 아이의 영혼을 위해서는

따뜻한 애정이 반드시 필요하다.

—칼 융

부모로서 하면 안 되는 것들

좋은 부모가 되는 것은 보람되고 자랑스러운 일이지만 그만큼 어려운 일이기도 하다. 더군다나 발 밑에 채이는 유아를 데리고 하루하루를 숨 가쁘게 생활하다보면 차라리 아기에게 젖을 먹이고 기저귀만 갈아주면 되던 시절이 좋았던 것처럼 느껴질 것이다. 이제부터 문제는 점점 더 복잡해진다. 아이가 잘 걷고 있는지? 말은 잘 하는지? 친구를 사귀게 해야 하는지? 사람들에게 사랑을 받을지? 유아원에 보내면 잘 다닐지? 그러자면 지금부터 어떻게 해주어야 하는지?

여태까지 우리는 아이들을 험난한 세상에 내보내기 전에 준비시켜야 하는 모든 것에 대해 이야기했다. 끝으로 부모로서 하면 안 되는 것을 강조하면서 마무리하겠다. 부모는 아이를 격려하고 가르칠 수는 있지만 강요해서는 안 된다. 문제를 피하거나 해결하도록 도와줄 수

베이비 위스퍼러의 기본 자세

아이가 성장해도 이 책의 주제인 베이비 위스퍼러의 기본자세를 명심하자. 유아들이나 마찬가지로 10대들에게도 적용할 수 있다.

- 아이는 독립된 존재다. 아이의 참모습을 알자.
- 시간을 내서 아이를 관찰하고, 귀를 기울이고, 양방향 대화를 나누자.
- 아이를 존중해 주고 아이에게도 다른 사람을 존중하는 법을 가르치자.
- 아이에게는 예측 가능하고 편안한 규칙적 일과가 필요하다.
- 사랑과 훈련을 적절히 조화시킬 줄 아는 부모가 되자.

있지만 간섭해서는 안 된다. 아이를 다스릴 수 있고 다스려야 하지만 아이 자체를 부모가 원하는 대로 바꿀 수는 없다. 부모가 아무리 아이 등을 억지로 떠밀어도 아이는 자기 시간에 맞춰서 걷고 말하고 친구를 사귀고 부모가 생각지도 못한 방식으로 성장할 것이다.

누구보다 참을성이 많고 인자하셨던 우리 외할아버지는 언젠가 내게 가정은 아름다운 정원이고 아이들은 꽃이라고 말씀하셨다. 정원은 부드럽고 애정 어린 손길과 인내로 가꾸어야 한다. 또한 강한 뿌리, 비옥한 땅, 훌륭한 계획, 적절한 배치가 필요하다. 씨앗을 심은 후에는 뒤로 물러서서 싹이 트는 것을 지켜보아야 한다. 빨리 크라고 억지로 잡아당기거나 해서는 안 된다.

정원은 우리의 끊임없는 관심을 필요로 한다. 꽃들이 활짝 피어나게 하려면 거름과 물을 주고 매일 사랑으로 보살펴야 한다. 잡초가 묘목을 위협하고 해충이 잎을 갉아먹는 것을 보면 즉시 조치를 취해야 한다. 우리 가정도 정원과 같은 방식으로 보살피고 아이들을 진기한 장미나 모란처럼 정성껏 돌봐야 한다.

우리 외할아버지가 한 비유는 우리 집 아이들이 어렸을 때인 십수 년 전이나 오늘이나 변함없는 울림으로 다가온다. 부모라면 누구나 아이들을 주의 깊게 관찰하고 인내심을 가져야 한다. 아이들을 응원해 주고 무조건적으로 사랑하면서 우리가 없어도 살아갈 수 있는 모든 능력을 갖추도록 도와주어야 한다. 우리 아이들이 모든 준비를 끝내고 나면 이 세상 모든 것이 그들을 반갑게 맞이할 것이다.

부록

당신의 소중한 아기에게 들려주는 특별 선물2

아이들을 위한 영어 자장가 모음집 The Rock-A-Bye Collection

자장가(말로리의 노래)	Rock-A-Bye(Mallory's Song)
시소 타기	Teeter Totter
자장가 골목을 춤을 추며 내려가요	Waltzing Down Lullabye Lane
자장 자장 잘 자라	Lullabye And Goodnight
네 꿈이 모두 이루어지기를	May All Your Dreams Come True

Rock-A-Bye (Mallory's Song)

자장가(말로리의 노래)

Rock-A-Bye Rock-A-Bye Oh Baby Oh	자장 자장 우리 아기
With a Rock-A-Bye Lullabye la la lai lo	자장가를 들으면서
La la la la la la la la lai lo	자장 자장
Rock-A-Bye Rock-Bye Oh Baby Oh	잘 자라 우리 아기
Out from the covers what do I see	이불깃 위로
Two little eyes smiling at me	작은 두 눈이 날 보고 웃고 있네요
We both should be sleeping	우리 둘 다 잘 시간이에요
But I'd rather be	하지만 난 우리가 간직할
Here making memories for us to keep	추억을 만들겠어요
Rock-A-Bye Rock-A-Bye Oh Baby Oh	자장 자장 우리 아기
With a Rock-A-Bye Lullabye la la lai lo	자장가를 들으면서
La la la la la la la la lai lo	자장 자장
Rock-A-Bye Rock-A-Bye Oh Baby Oh	잘 자라 우리 아기
Rock-A-Bye Rock-A-Bye Oh baby Oh	자장 자장 우리 아기
Rock-A-Bye Rock-A-Bye	자장 자장
Quickly you'll grow	넌 금방 자라겠지
So things less important will just have to keep	그러니 작은 추억들도 간직해야 해요
While I'll Rock-A-Bye my baby to sleep	내가 아기를 재우는 동안에도
Rock-A-Bye Rock-A-Bye Oh Baby Oh	자장 자장 우리 아기
With a Rock-A-Bye Lullabye la la lai lo	자장가를 들으면서
La la la la la la la la lai lo	자장 자장
Rock-A-Bye Rock-A-Bye Oh Baby Oh	잘 자라 우리 아기
Things less important will just have to keep	작은 추억들도 간직해야 해요
While I'll Rock-A-Bye my baby to sleep	내가 아기를 재우는 동안에도

Teeter Totter

시소 타기

Teeter Totter Teeter Totter	오르락내리락, 오르락내리락
Teeter Totter Teeter Totter	오르락내리락, 오르락내리락
Teeter Totter Teeter Tottering	오르락내리락, 오르락내리락
Up and up and down	올라가고, 내려오고
My hometown has a small playground	우리 마을에는 작은 놀이터가 있어요
With a great big slide but my favorite ride	거기엔 아주 큰 미끄럼틀이 있죠
Takes me up and up and down	하지만 나는 시소 타기를 좋아해요
Up and down now we go up and down	올라가고, 내려오고
Oh so high we go in the sky	아주 높이 하늘까지 올라가요
We go up and up and down	올라가고, 내려오고
Here we go flying high and low	높이 날아올라요
On a summer wind	여름 바람을 타고
Oh what fun laughing in the sun	태양 아래서 즐겁게 웃으며
With my favorite friend	좋아하는 친구와
Teeter tottering	시소를 타요
Up and down now we go up and down	올라가고, 내려오고
Oh so high we go in the sky	아주 높이 하늘까지 올라가요
We go up and up and down	올라가고, 내려오고
Teeter Totter Teeter Totter	오르락내리락, 오르락내리락
Teeter Totter Teeter Totter	오르락내리락, 오르락내리락
Teeter Totter Teeter Tottering	오르락내리락, 오르락내리락
Up and up and down	올라가고, 내려오고
Up and up and down	올라가고, 내려오고

Waltzing Down Lullabye Lane

자장가 골목을 춤을 추며 내려가요

Here we go waltzing down lullabye lane	함께 자장가 골목을 따라 춤을 추며 내려가요
Down lullabye lane we go	자장가 골목을 따라 내려가요
On our way to sleepy time town	꿈나라를 향해
Waltzing down lullabye lane	자장가 골목을 따라 춤을 추며 내려가요
Hello Mr. Sleepy	안녕하세요, 잠꾸러기 씨
You're here just in time	때맞춰 오셨군요
We're listening to your song	당신 노래를 들려주세요
Come on Mr. Sleepy	어서요, 잠꾸러기 씨
Dance with us for a while	잠시 우리와 함께 춤을 춰요
We won't stay awake very long	잘 시간이 얼마 안 남았어요
Here we go waltzing down lullabye lane	함께 자장가 골목을 따라 춤을 추며 내려가요
Down lullabye lane we go	자장가 골목을 따라 내려가요
On our way to sleepy time town	꿈나라를 향해
Waltzing down lullabye lane	자장가 골목을 춤을 추며 내려가요
Now Mr. Sleepy	이제 잠꾸러기 씨가
Is closing his eyes	스르르 눈을 감고 있네요
It must be time to dream	꿈나라에 갈 시간인가 봐요
He wants someone to cuddle up close	그는 옆에서 누가 꼭 안아주고
And keep him company	함께 있어주기를 바라죠
Here we go waltzing down lullabye lane	함께 자장가 골목을 따라 춤을 추며 내려가요
Down lullabye lane we go	자장가 골목을 따라 내려가요
On our way to sleepy time town	꿈나라를 향해
Waltzing down lullabye lane	자장가 골목을 춤을 추며 내려가요
Here we go waltzing down lullabye lane	함께 자장가 골목을 따라 춤을 추며 내려가요
Down lullabye lane we go	자장가 골목을 따라 내려가요
On our way to sleepy time town	꿈나라를 향해
Waltzing down lullabye lane	자장가 골목을 따라 춤을 추며 내려가요

Lullabye And Goodnight

자장 자장 잘 자라

Little one the day is done	아가야, 하루가 끝났으니
Toys and bears will keep,	장난감과 곰인형은 제자리에 두고
It's time for you to sleep	이제 잘 시간이에요
I'll dim the lights and hold you tight	불을 낮추고 널 꼭 안아줄게
I see in your eyes, it's time for lullabye	네 눈을 보니 잘 시간이 되었구나
So lullabye and good night	자장 자장 잘 자라
There's a starlight twinkle dream in your eyes	네 눈 속에는 별빛이 반짝이며 꿈을 꾸고
And a world of wonder waiting	네 마음 속에는
Round each corner of your mind	멋진 세상이 기다리고 있지
So lullabye little one and good night	자장 자장 잘 자라
Little one the day is done	아가야, 하루가 끝났으니
All you've learned today is safely tucked away	오늘 배운 것들을 모두 잘 챙겨두자
And as you go to sleep I know	꿈나라에 가면
You'll keep discovering	네가 상상하는 것들을
What your imagination brings	만나게 될 거야
So lullabye and good night	자장 자장 잘 자라
There's a starlight twinkle dream in your eyes	네 눈 속에는 별빛이 반짝이며 꿈을 꾸고
And a world of wonder waiting	네 마음 속에는
Round each corner of your mind	멋진 세상이 기다리고 있지
So lullabye little one and good night	잘 자라 우리 아기
There's a world of wonder waiting	네 마음 속에는
Round each corner of your mind	멋진 세상이 기다리고 있지
So lullabye little one and good night	자장 자장 잘 자라

May All Your Dreams Come True

네 꿈이 모두 이루어지기를

I look at you here in my arms	널 내 품에 안고 있으니
And I know that dreams come true	내 꿈이 이루어진 거야
Tonight life is sweet	오늘 밤 세상은 달콤하고
And my dreams complete	나는 꿈을 이룬 거야
So I offer this prayer just for you	그러니 이제 널 위해 기도하마
May all your dreams come true	네 꿈들이 모두 이루어지기를
May life be good to you	좋은 세상이 되기를
May happiness follow you your life through	내내 행복하기를
May all your dreams come true	네 꿈들이 모두 이루어지기를
Someday you'll dream of a family	언젠가 네 꿈을 이룰 거야
Children of your own	가족과 너의 아이들
Perhaps you'll sit in this same rocking chair	넌 지금 이 의자에 앉아서
And sing your baby this song	네 아기에게 이 노래를 불러주겠지
May all your dreams come true	너의 꿈들이 모두 이루어지기를
May life be good to you	좋은 세상이 되기를
May happiness follow you your life through	내내 행복하기를
May all your dreams come true	네 꿈들이 모두 이루어지기를
May happiness follow you your life through	내내 행복하기를
May all your dreams come true	네 꿈들이 모두 이루어지기를
May all your dreams come true	네 꿈들이 모두 이루어지기를